经济学家的人生

经济学史中的自传与他传

ECONOMISTS' LIVES:
BIOGRAPHY AND AUTOBIOGRAPHY
IN THE HISTORY OF ECONOMICS

E. Roy Weintraub　Evelyn L. Forget

〔美〕E. 罗伊·温特劳布
〔加〕艾佛林·L. 佛哥特　编

李井奎　译

东北财经大学出版社
Dongbei University of Finance & Economics Press

大连

辽宁省版权局著作权合同登记号：图字06-2013-85

Economists' Lives，E.Roy Weintraub， Evelyn L. Forget， ed.

Copyright©2008 by Duke University Press

Chinese simplified translation rights©2016 by Dongbei University of Finance and Economics Press

图书在版编目（CIP）数据

经济学家的人生：经济学史中的自传与他传 / （美）E.罗伊·温特劳布（E. Roy Weintraub），（加）艾佛林·L.佛哥特（Evelyn L. Forget）编；李井奎译. 一大连：东北财经大学出版社，2017.3（2018.8重印）
（经济学家思想译丛）
ISBN 978-7-5654-2576-9

Ⅰ．经… Ⅱ．①E…②艾…③李… Ⅲ．经济学家-思想评论-世界 Ⅳ．F901

中国版本图书馆CIP数据核字（2016）第288487号

东北财经大学出版社出版发行
　　大连市黑石礁尖山街217号　邮政编码　116025
　　网　　址：http：//www. dufep. cn
　　读者信箱：dufep @ dufe. edu. cn
大连永盛印业有限公司印刷

幅面尺寸：170mm×240mm　字数：371千字　印张：22.75
2017年3月第1版　　　　　2018年8月第3次印刷
责任编辑：李　季　吉　扬　　责任校对：贝　力
封面设计：冀贵收　　　　　　版式设计：钟福建
定价：68.00元

教学支持　售后服务　　联系电话：（0411）84710309
版权所有　侵权必究　　举报电话：（0411）84710523
如有印装质量问题，请联系营销部：（0411）84710711

目　录

导 言[①]

E.罗伊·温特劳布　艾佛林·L.佛哥特

在非学术性书店里，传记和自传几乎与浪漫小说或神秘小说一样随处可见。人们似乎乐于了解其他人的生活，这或许可以让他们把自己的生活投射到传记主人的人生当中，或者去想想如果非富即贵的人生该怎么度过。不过，在更为专业的领域里，比如科学史，传记就必须力争才能得到一席之地了。如果科学史的主人公所树立的形象已经在启蒙的事业中为科学争得了一席之地，那么，我们主要关心的事情就是去就科学知识的发展进行解释和文本化就可以了：一个个体科学家的生活只在其知识产品与之后持续的重要影响有其关联这个层面才有意义。如果科学知识的增长与具体的科学团体和机构密切相关，那么，个人就必然会逐渐隐没在这种社会史的大背景中去了。然而，在20世纪的最后25年里，的确出现了一股转向个人的风潮，了解知识产生的具体环境——在诸多学科中为学者们所广泛共享的立场——已经大大打消了人们对科学史中传记和生平写作的疑虑。个人在科学中表达他们对生活的态度，而他们的科学研究也是他们生活的表达。正如历史学家玛丽·特劳尔（Mary Terrall）（2006，313）所注意到的那样，"历史学家从历史的隐蔽之处变魔术一般地构建历史形象，他们的手法或与小说家不同，或者说使用的技术手段不同，但是本质却无差别。从各种资料证据中重新拣选、重新构建，撰写个人的生平，也就意味着在通过其参与者的生活体验撰写科学本身。将那些尘封已久的信件打开，去搜寻那些驱使我们去研究的'易变而又感性的力量'，我们被引导着进入了读者们、旁观者们、制度、合作、争端以及所有构成科学生活的那些互动的世界。"

---

① 编者感谢杜克大学出版社、Cathy Davidson（杜克大学跨学科研究的副主任）、Susan Roth（杜克大学的社会科学系副主任）以及让－雅克·托马斯（加拿大和北美研究指导）为2006年HOPE会议所提供的慷慨的财务支持。

经济学史家对于生平写作一直摇摆不定，矛盾重重，如威廉·加菲（William Jaffe）所问——传记应否成为经济学史叙事的一员，或者真如乔治·斯蒂格勒（George Stigler）所坚持认为的——这类记述与思想史毫无关系。第一人称的叙述又将起到什么样的作用呢？在构建我们的历史上，我们会利用自传材料，但是作为一门学科，我们一直没有就这些材料是如何以及为何产生以及保存的，进行过严肃的考虑，我们也没有想过这些材料应该如何被当代历史学家们阅读和解释。在我们所做的思考之中，我们利用访谈和口述史这类关于传主的材料，因为我们试图去理解这些人在经济学发展过程中所发挥的作用是什么。但是，对于这类对话和证言，我们该作何解释呢？

我们不能完全模仿科学史家所给出的答案。经济学史和科学史之间存在着复杂的差异。与科学史家不同，经济学史家并不是站在他们要研究的学科的"大门外"，他们往往对经济学家的生活相对熟悉，因此，对于这些人的生活，他们对其中存在的各种偶然性多多少少会心有戚戚焉。在经济学史中，自传与传记差别不大，而就其大部分而言，经济学史家在他们的思想建构过程中已经谨慎地使用到了这些自我陈述。尽管很少有经济学家的传记可以和诸如理查德·S.维斯特佛（Richard S.Westfall）所做的牛顿传比肩，但是，经济学家们自己也和经济史学家一样在部分地将构筑传记作为他工作的一部分。

通过短篇传记、长篇传记、对谈片段和短篇传记文集这类可以取得的资料，有关生活叙事的研究文献不断增长，鉴于此，我们认为将这些材料更加充分地展示在经济学史家的面前，引起他们的注意，已经是时候了。我们最初征集稿件时即要求题材可以多种多样，举凡对自传材料的处理，对英雄和反面人物的写作，有关科学传记和文学传记之间的关系，与传主生平在近来历史中相关的各类记录，还有其他诸如此类的题材，都可以入选。我们收到了大量来稿，对此感到非常满意，最终我们将2006年HOPE会议的文章结集出版，这些文章涉及经济史学家需要关注到的方方面面。除了经济学史家之外，还有一些入选者来自文学、历史和社会学领域。会议的主题推陈出新，这就意味着参会者不必总是固守在一成不变的个人宣讲方式之下。因此，这次HOPE会议还包括与会者细致聆听相关人员的研究展示，对一些新的思想进行讨论，对于在会议上完成的工作进行集体性的重新思考。另外，即便大家不一定都达成了共识，这次会议至少深化了与会者之间对经济学史中的传记和自传写作的理解。

本书以思想传记的前景、局限之讨论开篇。在第一部分中，马拉奇·哈克恩（Malachi Hacohen）这样对我们提出挑战，他问道，传记作者是否了解我们本该在20世纪70年代和80年代所汲取的教训，彼时传记写作失去了活力，处于被流放的境地，不再相信思想史学者能够对这一领域做出什么贡献。传记是不是已经变成了一个不值得为其付出的自感卑贱的事情呢？它所宣扬的那些优势——对于个体生活的情境逻辑所具有的精确性能够就创造的可能性与局限性进行阐释，而且可以揭示彰显个体决策的集体结构——在认识到了其弱点之后还值得继续关注吗？哈克恩认为，当年的那些思想传记在流行话语的演进过程中所能给出的阐释并不多，它们对个体思想者的思想对他们追求其生活中各类事情的社会和思想世界的印象也诠释得不够好。

杰里米·波普金（Jeremy Popkin）也指出了自我和传记写作中更加宽阔的世界之间存在的关系。他这样问道，当一位学者，一位在某一学科领域为追求知识和理解这个世界而穷尽一生之人，开始撰写自传之时，到底会出现什么样的情况？这位作者自己的专业学术训练与他的传记写作之间会存在什么样的关系？尤其是，这种由经济学家构造起来的生平故事与那些历史学家或文学批评家构造起来的故事又有什么不同呢？波普金认为，所有优秀的学术著作都从学者那独一无二的激情之口获得了能量。不过，学术训练也可以为自我的认识提供手段。学术传记以学科范式所塑造的方式来对自己的人生进行架构，这些学科范式是作者在其学术生涯中使用的，以至于某种程度上要把真实的"自我"与取得职业成功的那个个人彼此分开几乎是不可能的。

本书第二部分提出了这样一个问题：经济学家是怎样在其思想研究中运用传记这种方式的。罗杰·巴克豪斯（Roger Backhouse）对经济学中更加丰富多彩的生平写作中的一种进行了验看，这种类型就是短篇传记文集，它们在尽其可能地帮助我们认识知识乃是经济学家们彼此交流的产物。可能通过检视除了少数几位值得为其树立长篇传记的学者之外的其他学者们的生平和贡献，我们有希望去理解有关流行话语演进的轨迹。罗伯特·迪曼德（Robert Dimand）对妖魔化和英雄化过去时代的经济学家的意义进行了思考，他认为，那些未经深思的宣扬和中伤既有好处，也有代价，二者各半。对传奇性格和脱离现实生活的性格特征的塑造，或许至少可以吸引到某些人对这些思想遗产的关注，如果没有这类戏剧性的表达，很可能会为只重视当下的科学氛围所遗忘。本质上来说，这类故事虽然本身存在着缺陷，但却可以为新的研究和思考提供机会。威廉姆·科尔曼（William Coleman）在他的论文中对类似的主题进行了考察，这篇文章反映了他对澳大利亚公共生活中经济学家的群体传记的研究成果。和巴克豪斯一样，科尔曼也问道，我们通过撰写"如同镜子一样的别人的生平"可以学到什么，而且他也和巴克豪斯一样总结道，群体传记可能更加能够让我们去理解经济学的演化过程，经济学乃是一门社会性参与的学科，在这个过程中，群体传记较之于伟大思想家的个体传记要更有力。

　　第三部分关注的是叙事身份和经济学家使用生平写作来创造自己的和群体的身份这类主题。保罗·约翰·伊金将我们带回到了 19 世纪，他问道，变化着的经济条件是如何反映到普通人的经济生活中去的，这个问题曾由亨利·梅修（Henry Mayhew）"卖豆瓣菜的八岁小女孩"的故事予以精彩地阐发过。在维多利亚时代的伦敦，一个童工是如何来理解她的经济贡献的，以及她的看法与 20 世纪的自传作家们所给出的参考存在着系统性的差别吗？麦克·里亚（Mike Reay）也涉足了同样的主题，他问道，20 世纪的经济学家是如何理解作为经济学家的他们自己的，以及这种理解是如何反映在他所做的那些访谈中的，他的访谈对象包括工作在不同的学术和非学术机构中的美国经济学家。经济学家的子群的身份也非常有意义。当我们说"芝加哥"经济学家或"异端"经济学家时，我们在指什么？罗斯·艾米特（Ross Emmett）对前者进行了审视，提亚哥·马塔（Tiago Mata）和弗莱德·李（Fred Lee）则关注了第二个，他们使用的都是访谈和口述史这样的办法。

　　第四部分转向一系列对具体的经济学家所做的传记研究。克里斯汀·泰尔（Christine There）和劳伊克·查尔斯（Loic Charles）完成了一项对弗朗西斯·魁奈的过往传记的知识考古，通过发现祭文、学术期刊出版的短篇颂词以及长篇传记，他们做了一项非常出色的研究。他们表明，在某些传记中不可避免存在的神话是如何得到加强，并保留在更多的学者传记中的，最终这带给我们的是一幅传主的同时代人根本无从辨别的图画，而这些同时代人才是更加理解当时的背景，以及对不同时代的文体更加熟悉的修辞方式的。他们通过魁奈传这样一个窗口，为我们揭示了 18 世纪波旁王朝的历史画面，泰尔和查尔斯对当时学者们的雄心壮志进行了丰富和细致的描绘。让-奥特玛尔·荷西（Jan-Otmar Hesse）回到了一个至少在很多这类著作中都被隐在背后的主题。到底是什么把一名经济学家与其他的学者区分开来的呢，要知道，在有些情况下，以及更可能在早期阶段，经济学家并不是纯粹的学者，他们都是在大学之外讨生活的人。他通过对 L. 阿尔伯特·哈恩（L.Albert Hahn）的研究提出了这样一个问题，即个人的开拓性行为是否不仅有助于塑造他们为其自身所塑造的身份，而且最终也塑造了其经济著作的撰写呢？罗伯特·伦纳德（Robert Leonard）关注奥斯卡·摩根斯坦（Oscar Morgenstern）的性格特征，以反思 20 世纪 20 年代对均衡和数学的影响。这是否模糊了传记中主客观之间的界限呢，有些与会者发出了这样的疑问，或者说，它是不是只就那些存在于传记作者和传主之间的不稳定的以及可渗透的边界予以诚实地披露进行反思呢？①克劳福德·D.古德温（Craufurd D.Goodwin）和帕特里西亚·劳伦斯（Patricia Laurence）两人对约翰·梅纳德·凯恩斯的生平和著作中社会、艺术和友谊所扮演的角色进行了探究。古德温提到，经济学史家很少去对他们研究对象的个人生活进行更为宽广的研究，这一点远不如政治、文化和企业领袖的传记作者。他的文章对凯恩斯著作中某些特别令人感到困惑的地方进行了研究，其中包括他对人们该如何生活在一个更高等的市场经济中的思考等。查看凯恩斯与弗吉尼亚·伍尔夫的关系便可发现，此人对20世纪的小说之影响，堪与凯恩斯对经济学的影响相媲美，古德温问道，伍尔夫是否对凯恩斯世界观的发展造成了影响，这本身也是特别值得经济学史家关注的。劳伦斯从一个更加宽广的视角提出了一类类似的问题，主要是研究布鲁姆斯伯里团体之间的关系是如何影响凯恩斯对艺术的兴趣的。

第五部分包括了三篇对著名的经济学传记的反思，其所立足的问题是经济学史中更为宏大的课题。唐·莫格里奇（Don Moggridge）在他关于哈利·约翰森（Harry Johnson）的传记中对如何使用自传材料进行了思考。布鲁斯·考德威尔（Bruce Caldwell）这位弗里德里希·A.哈耶克的传记作者，从他研究哈耶克的沟沟坎坎中给我们一系列的注记，这些沟沟坎坎都是他在写作20世纪经济学界最伟大学者之一的生平时所遇到的问题。彼得·格罗尼韦根（Peter Groenewegen）不仅回顾了他的马歇尔传记的写作，而且也对读者的反响进行了回应，他提醒我们，传记不仅是传主与传记作者之间的简单对话，而且最终躲不开的还有与读者之间的对话。

本书最终以罗伊·温特劳布的个人思考来做结语，在这篇结语中，他提出了很多关涉到生平写作的主题，并提醒我们为什么这类题材在读者中间能够引起这么大的反响。毕竟，创造一种生活，本身就是我们所有都涉乎其中的工程。

<hr/>

① 与其他会议论文不同,伦纳德的论文之前已经发表过。编辑要求伦纳德对这篇文章进行会议宣读,由于时间在杂志要求的发表期限之后,所以先行发表了,这位编辑对伦纳德所关心的事情以及会场出现的反应印象极为深刻。

参考文献

Terrall, M. 2006. Biography as Cultural History of Science. *Isis* 97:306-13.

第一部分

缘　　起

重新发现思想传记以及它的局限

马拉奇·哈克恩

　　传记开始重新进入人们的视野。那些经历过20世纪七八十年代的历史、科学研究和文学评论变革的人们，或许会对此感到惊诧，我的感受也是这样。20世纪80年代，当时的我还在攻读研究生学位，传记作为一种专业历史写作类型，几乎已经湮没无闻。社会和文化史对文学、人类学和文化研究的方法论多有借鉴，也对传记写作表现出了明显的敌意，尤其当传记的主人公是一些精英思想家的时候，更是如此。历史和科学哲学也在经历着文化上的转向，而且无论话语结构分析的方法论多么地丰富多样，传记写作都不是这类方法论中的一种。即便是在思想史方面，主流方法也遮蔽了文本与作者，使之湮没在话语表述之中，使语言而非生平成为了所关注的对象。的确，传记总是保留着一些备受偏爱的体裁，诸如大众历史、军事史和政治史这些方面的题材，它们所面向的读者是更为广泛的社会群体。可是，在过去十年中，于历史的诸多领域，传记写作均表现出强势回归的态势。2006年的HOPE会议——"传记写作与经济学史"——的举行可谓恰逢其时。通过我们在话语历史曲折前行中的所学所悟，我们现在有必要对传记写作的潜质和它所面临的困境进行反思。

　　作为一名因出版了青年卡尔·波普尔（Karl Popper）①思想传记而声名鹊起的历史学家，曾常年徘徊于历史学家共和国城门前，而今一举跃过龙门，成为一名成熟的历史学家，我或许会为之感到欣慰。但我的欣慰之情打了不少折扣，因为我并不确定，我们是否已经认识到被放逐的现实困境带给我们的深刻

---

① 　卡尔·波普尔，1902年7月28日出生于奥地利维也纳（当时属于奥匈帝国）的一个犹太裔中产阶级家庭，毕业于维也纳大学。波普尔是批判理性主义的创始人。他认为经验观察必须以一定理论为指导，但理论本身又是可证伪的，因此应对之采取批判的态度。在他看来，可证伪性是科学的不可缺少的特征，科学的增长是通过猜想和反驳发展的，理论不能被证实，只能被证伪，因而其理论又被称为证伪主义。20世纪50年代后，他的研究重点转向本体论，提出了"三个世界"的理论。著有《历史决定论的贫困》《开放社会及其敌人》《科学发现的逻辑》《猜想与反驳》等。——译者注

教训。可以肯定的是，历史学家写作传记的实验，在一些情况下，确实呈现出了一种语言学转向方法论上的姿态。新的传记并不总是能够凸显出我们对传记所存在的困难具有清醒的意识，反而会普遍地犯同样的错误，为此，我们这代人不得不忍受独守荒野的落寞。类似于这样的情况实在是不胜枚举。随便给我们的读者列举一个与此相关的例子吧，对于弗里德里希·哈耶克（Friedrich Hayek）[1]"暧昧不明的反犹太主义"（这是因为他对犹太朋友的高度尊重与他偶尔使用的反犹太主义的陈词滥调形成鲜明对比的缘故），我一直饶有兴趣，并一直关注学术刊物和电子邮件群中对这一问题的讨论，其结果，对那些在构造丰富的思想情境中显露出来的局限性，我只是大感失望而别无他想，而这些思想情境原本是可以营造出一种关于种族歧视的理性交流氛围的（Reader 2000，2002；Hamowy 2002；Weintraub 2003）。如果传记想要对经济思想史有所建树，它就不能再是20世纪80年代前普遍实践过的那种传记形态。

如若在此再对最近的那些传记作品再行审视和批评，就会产生相反的效果。对错误进行纠正，这样的提纲对于历史写作的革新，可以说几乎不会有什么贡献。取而代之的做法是，在此，我希望详细复述一下，我在撰写卡尔·波普尔的传记，阅读他的自传，并重新复原和再现他的知识发展情境时，我所遇到的诸多困难。在此，我还希望重申一下传记在思想史中的重要性：它在解释思想的流变、理解新思想逐步为人所接受的方面，都是不可或缺的。对个人生平情境逻辑的追求，是每一本优秀传记的标志，同时又能使历史学家们对个体所涉猎的思想范围和创造性的限度及其可能性进行评价。如果不能做到这般精密、细致，那么，在思想史的研究中，语境上的生搬硬套，形成错误的叙事逻辑，对传统传记写作进行批评时所指向的那种历史叙事中广泛存在的越界现象等危险就会潜滋暗长。但同时，我也希望阐明传统传记不会就此沉沦下去的原因所在，同时进一步表明，即便是最优秀的传记也会存在的部分局限性。自开始撰写青年卡尔·波普尔的传记以来，我已经更多地转移到叙事史的主题领域上来。当然，我认为，这样的领域转变，是存在着一定的代价的。就像制度和话语一样，传记可以为我们表明，个人思想之养成会融入总体结构，而个人在互动方面仍会独善其身，保有着自己的地位和个性。在叙事史上，总体结构的形成和影响，历来都是一个争论不休的话题。解释模型的复杂性在不断地上升，精确度却在逐步地下降。受制于把历史叙事作为多种传记的综合产品而毋

---

① 哈耶克(1899—1992)奥地利裔英国经济学家。新自由主义的代表人物。——译者注

庸考虑个体之中可能存在的那些微妙之处的传记作者，将会发现，他们从本文的阅读中收效甚微。而这些，也是传记的局限性所在。

新旧传记：对人生的塑造

传记作者们通常会继承一和传统上的写作习惯，对传主们的生平进行记述，所依据的常是传主们的讣闻、自传，偶尔也会参阅前人所作的传记。但他们很少照单全收，依样画葫芦。因此，对于波普尔的生平叙事就特别需要进行一次彻底的修改。似乎是历史的不断干预，在歪曲他的传记，使得他的面目模糊不清。波普尔（1902—1994）一生颠沛流离，即便在1937年移居国外之前，对其故乡来说他都还是籍籍无名之辈；可在最近的20年里，他已经成为奥地利这个国家哲学家中的翘楚。他的百年诞辰大会亦在维也纳隆重举行。尽管他出生并且长眠于维也纳，可他依然主要作为一名西方知识分子和冷战时期自由主义的先知而闻名于世。波普尔在与维也纳学派进行交流的过程中，发展了他的哲学。但波普尔坚决抵制他们的语言学转向。为了反对他们语言改革的平台，他充满敌意地与革命性认知论对立起来，而这一认知论使得哲学、甚至是形而上学复兴，使得仍是未知领域的探究"真理"的方法成为一个引人注目的任务。维也纳学派认为波普尔的工作对他们的科学哲学大有裨益，这种态度使得《研究的逻辑》有了面世的可能。这本书也被列入该学派的科学世界观系列丛书之中。波普尔在战后初期的绝大多数论述都要借助维也纳学派流亡者的二次转述。波普尔不断发出他是学派的批评者而非其盟友的抗议之声，可这种声音一直颇显微弱。被他称为'实证主义传奇人物"的那些学者开始呈现在世人面前。

在将维也纳的进步遗产推进到战后时代问题上，波普尔是最重要的哲学家。对维也纳学派和红色维也纳进行批判时，他遭遇了维也纳启蒙运动后期的哲学和政治问题，以及科学理性和中欧民主的两次战争危机。为了重塑世纪末的进步遗产，他一边畅想着致力于追求真理与改革的乌托邦式的科学和政治共同体，一边刻绘出了自由主义科学和政治的新愿景。他所做的关键性争辩，对政治和科学理性进行了检验。创建一个自由的公共领域是建立开放社会的必要条件，所以他对一个熟悉的自由主义主题进行了革新，这一主题曾被伊曼纽尔·康德（Immanuel Kant）[1]、斯泰尔夫人（Germaine de Staël）[2]、弗朗西斯·基佐（François Guizot）[3]、约翰·斯图亚特·穆勒（John Stuart Mill）[4]和尤尔根·哈贝马斯（Jürgen Habermas）[5]不同的思想家们所共同关注。

我所著的思想传记把波普尔复原到世纪末的维也纳和两次世界大战中的中欧，以及一个与被同化的犹太知识分子一起消逝的世界。我历史性地再现了波普尔，以期重新发现后冷战世界所恢复的激进的及社会主义的维也纳遗产。然而，这是一项艰巨的任务。自从20世纪80年代开启这项工作以来，我所面临的主要困难一直是如何重构波普尔的思想传记。起初，我以为他是战后自由主义者行列中的一员，但很快我便发觉：作为一名历史学家的我，在冷战的背景下阅读《开放社会》（1945）和《历史决定论的贫困》（1944—1945）这两本基础性著作时，它们对我而言毫无意义。这两本书所探讨的问题和人物从根本上来说属于不同的社会背景，而且流行的冷战思维也大大超过了文本抵制所能达到的范围。如若想要理解波普尔政治哲学的起源，就必须回溯到两次世界大战中的维也纳。可是这说起来容易做起来难啊！年轻一代的奥地利学者，通常是左翼分子，并且是徘徊于奥地利各大学边缘位置的一类学者，也仅仅是在最近20年里，才开始接触到那些精彩的著作，而正是这些著作，让我们重新找回了两次世界大战之间的维也纳文化。波普尔的档案至今仍未可得，而且他写于1974年的《自传》，远不如我所期望的那般有用，因为其中有些问题已经过时，有些则又缺乏历史细节。我曾经对波普尔进行了一场长达4小时的访谈，他非常热情友好，但是对世界大战那段岁月的记忆已经有些黯淡，而且似乎也不愿再提及它们。我拜读了他1928年的博士论文，以及他1925—1931年期间在奥地利学派改革运动报刊上发表的文章。这些文章让我清醒地认识到，《自传》根本就没有精确地描述其思想的演进，而是旁涉了一些我所不熟悉的问题和背景，所以，我又陷入了之前的茫然不知所措之中。别无他法，我只得遵循

---

[1]　伊曼努尔·康德(1724年4月22日—1804年2月12日)，出生于普鲁士的柯尼斯堡(现俄罗斯加里宁格勒)，著名德国哲学家，德国古典哲学创始人。他被认为是现代西方最具影响力的思想家之一，也是启蒙运动最后一位主要哲学家。——译者注

[2]　斯泰尔夫人(1766—1817)，法国女作家，活跃于法国大革命与拿破仑统治时期。——译者注

[3]　弗朗西斯·基佐(1787—1874)，法国历史学家、政治家。——译者注

[4]　约翰·斯图亚特·穆勒(1806年5月20日—1873年5月8日)，或译约翰·斯图尔特·密尔，也译作约翰·斯图尔特·穆勒，英国著名哲学家和经济学家，19世纪影响力很大的古典自由主义思想家，他支持边沁的功利主义。——译者注

[5]　尤尔根·哈贝马斯(1929—)，德国哲学家，社会学家。批判学派的法兰克福学派的第二代旗手。——译者注

着波普尔的著作和《自传》中的线索,去探究世界大战期间的维也纳文化和政治,从那些东鳞西爪、星星散散中重新构建与其作品相关的制度环境和话语语境。

我很快发现,世界大战中的维也纳文化和波普尔本人在我书中所占的比重不分伯仲。传记为我开启了一扇窗,让我不断地折服惊叹于维也纳文化当中集丰富性、精致性和创造性于一身的知识背景。世界大战中的维也纳,仅仅是一个小小共和国的首都,在社会和政治的辉煌程度上,当然无法与哈布斯堡王朝时期的维也纳相媲美,但在思想方面却堪与之比肩而立,而毫不逊色。20世纪末,知识创新主要在学院边缘的那些知识分子圈子里产生,而不是在大学之中进行。我逐步廓清了各式传记写作上的诸如迷雾萦绕的问题所在。最终所拼成的画卷,令人惊叹不已。从自传性的自我描述,到熟悉的冷战中的能言善辩之徒,再到心怀不满的实证主义者,与这些人的叙述相比,这幅画卷皆与之大异其趣。我很好奇,这些歧见到底从何而来呢?世界大战中的中欧和战后的大西洋世界的分裂肯定是其中的部分原因,但似乎这一点并不能解释全部。对其他流亡者的著作的接受,似乎远不像波普尔这样引起了如此之多的问题来。但是,我发现,一些更深层的巧合,使得人们对波普尔著作的接受更趋复杂化了。他的著作出版了一系列的英文版,这种出版的序列,打乱了这些著作背后的历史年份顺序,从而使得写作背景和接受背景之间的鸿沟更加扩大。1957年之前,他的《历史主义的贫困》,作为一本关于计划体制和社会科学方法论的专著,一直被湮没在《经济期刊》(Economica)杂志战时问题的讨论之中。在1959年(即《研究的逻辑》出现英文版的那一年)之前,他的科学哲学还主要依靠私下的学界传闻的形式流传于众。他撰写于20世纪50年代的三卷本《科学发现的逻辑补编》一直到20世纪80年代早期才得以出版。在1990年11月他的档案公开之前,即使是研究人员都难以看到他的早期手稿。关于他思想轨迹的大多数证据,在很长的一段时间内亦无法寻得,但是当将它公之于众之后,它似乎又在向我们表明,人们对他后半生发展出来的思想与前期的思想轨迹相去甚远的忧虑是正确的。

波普尔认为他写于20世纪20年代的关于心理学和教育学的作品尚且稚嫩,所以在其《自传》([1974]1976)之前,都很少提及,也更不愿意别人对它做出品评(波普尔1925,1927,1928,1931)。1929年,他从认知心理学转向了科学逻辑学。而标志着这一学术兴趣转移的几何学论文,也只是在其档案公开后人们才得以一睹真容。他写于1930—1932年的第一本书《认识论的两个基本问题》,一直到1979年才得以问世。在后续几年里,它也倒还好,终于出版了英文本。波普尔在对康德及其追随者雅各布·弗里斯（Jakob Fries）和莱昂纳德·尼尔森（Leonard Nelson）的批判中，显露出许多科学方面的新颖观点，你在品读《基本问题》一书时就可以见识到这些观点。《研究的逻辑》非常极端地压缩了这一批判，而且更糟糕的是，它经历了25年之久，才出版了英文版。波普尔哲学中关于逻辑实证主义的部分，正是在这段于无声中逝去的岁月中逐步形成的。实证哲学家们对弗里斯和尼尔森知之甚少，而且对他们也并不在意，波普尔自己后来也将他们抛之脑后了。（他在波普尔（1962，2-10）和（［1974］1976，74-75）中提到过他们，但他是否充分认识到这两位学者在其思想演进中所起到的作用，我们就不得而知了（比较波普尔（1979）的第11章和（1935）的第25章、29章）。他那些已经出版的著作，似乎让他在年轻时经历的思想转变显得更加晦涩难懂，而非清晰明朗。

波普尔以下两个方面的行为增加了我们的这种困惑：首先，他在其作品中略去了历史线索；其次，在重新构思他的思想自传时，他把大多数思想上的转折点和很多死结都掩藏了起来。他在新西兰撰写《历史决定论的贫困》一书时，就已经开始重塑中欧的语境，使之与西欧联系起来，但关于维也纳的知识分子群体，他却几乎只字未提，而且对于中欧的方法论之争也鲜有提及。离开欧洲之前，他就已经开始构思《历史决定论的贫困》，并在战前于新西兰写下手稿，之后在完成《开放社会及其敌人》以后，于1944—1945年重新撰写了这本书的绝大部分内容以供出版。波普尔的许多观点在这种情境——但是也没有其他的情境存在过——之中没有太大意义。对于那些力图确切地解释其"原初"目标的历史学家来说，一本经历了三个时间段、不同的文化交织，批判的目标在其间不断地转换，而且几乎没有历史标志的情况下完成的著作，注定是一场噩梦。

我所撰写的青年波普尔的思想传记，是关于其生平的第一部学术传记。在关于波普尔思想的卷帙浩繁的文献当中，在那个时候，尚且没有关于其思想的历史专著出现（现在，尽管不是传记，但已经出版了不少这方面的著作，而且还有一些正在酝酿之中）。历史学家们经常发现，他们必须投身到自己并不太熟悉的领域，所以波普尔的兴趣广度之大，也未能阻挡住他们的脚步。然而，对于波普尔，他们通常还是会有一种不知从何着手的感觉。几乎每一个了解他的人都认为，必须要回溯到世界大战中的维也纳，才能对他产生深刻的认识，但是在奥地利国界之外，世界大战中的维也纳的时代背景并非那么地广为人知。不必惊讶，奥地利学者和波普尔的那些懂德文的学生，从历史的角度对波普尔进行了一些探索性研究。正是他们，为我的研究提供了最有裨益的资料来源。

从20世纪80年代开始，年轻的奥地利学者就开始利用第二共和国的成就，要求重新继承世界大战期间的文化遗产，并且宣布波普尔这样一位曾经弃国逃生的常年流亡之徒是一位"奥地利哲学家"。经过艰苦的努力之后，他们终于成功地再现了世纪六的生活场景以及中欧的知识分子关系网络，由此也让波普尔著作的时代背景更为璀璨夺目。他们将奥地利社会主义视为波普尔政治哲学的重要时代背景。另外，还从维也纳学派及其附属的公开的档案中，找到了证据，他们强调，波普尔与该学派存在那种摇摆不定的矛盾关系（Dvorak 1986；Stadler 1991，第10章；Wallner 1985）。而波普尔的档案公开于1990年。尽管这些公开的档案中只包含一些有限的个人资料，但仍为我们传递了他更为鲜活的形象，包括他的古怪、他的焦虑以及他的内心世界。在20世纪90年代，维也纳知识分子的档案一直是对外公开的。这其中包含一些令人大开眼界的信函：有写给波普尔的，也有关于波普尔的。这些信件将波普尔在维也纳和中欧论坛中的地位描绘的可谓是淋漓尽致。我站在一位理性历史学家的角度，利用这些丰富的资料，创作了第一本关于他的工作的专著。

波普尔将他的《自传》称之为思想传记，这是再恰当不过的。《自传》描述的是他的思想历程，是他从一个哲学问题转向另一个哲学问题的演变历程。这部作品中涉及的人物和时代背景极少。再加之清晰、简洁、优雅的文风，让那些力求准确界定波普尔在著作中论述的具体论证和人物的历史学家们，在努力的过程中备受挫折。有时这甚至会误导他们。波普尔把他的成熟的哲学体系，加诸于他的思想发展之上。所以，从20世纪20年代开始，作为一个青年，他的思想兴趣从政治学扩到了心理学，再到30年代的科学逻辑学，再到第二次世界大战（后文简称二战）期间的开放社会，他的这种进步似乎是呈线性表现出来的。"科学革命的合理性"体现在了这本自传的整个的叙述风格上。只有那些禁得起时间和批判（尤其是波普尔本人的批判）的理论，才获准进入到他的《自传》中来。他把哲学和他那近乎脱离尘世的生活建立起内在的一致性。从他的思想发展，到悬想僵局，到对其他选择的拒斥，再到决定性的转折点，在所有这些方面，《自传》都掩饰了其方向的多元性。他的自传已经将他的生活和哲学做了历史性的消解。

上述就是我对波普尔的些许抱怨，读者们可以循迹后结构主义者对传记的不满，洞察到诸如此类的怨言。后结构主义者们认为，传记预设了作者稳定不变的身份。而由于传主自己或者传记作者可以不着边际地对传主进行构造，甚至不惜一切任意地加以塑造，因此，首先将自己的身份或者个性摈除于文本之外，相对于仅仅是以传记的方式对材料加以整理、集中来说，不失为是一项颇有前景的策略。而且，传记似乎就意味着对生活的线性描述，而非多元化地引导到其他的方向上去；意味着连贯一致的经历，而非多样化的环境；是一种目的论，而非偶然发生的意外之事。可是，在我看来，包括传记在内的历史性传记题材一直在稳定与变化、统一与分散、决定论与非决定论之间摇摆不定，立场极端，要么会将自己置诸死地，要么就是画蛇添足。后结构主义者们已经恰如其分地把对不够成熟的一致性的恐惧，植根于每一位在方法论上拥有清醒意识的历史学家心中。但同时，他们在历史学家们之间也闯出了以问题为导向、不循规蹈矩的学术和思想传记模式，而这样的模式正是我所热切推荐的。不过，我所著的传记就不会招致我对波普尔《自传》之类的不满，阐释清楚这其中的原因所在，会使我有能力对后结构主义者的一些抱怨进行裁断。

通常来讲，我们在讲述生活中的故事时，脑海中总是带有特定的目的性。在20世纪30年代初期，波普尔就已经在用他的传记与维也纳学派争论非基础主义（nonfoundationism）发明的优先权了。可是，在世界大战期间，他就几乎没有时间、也没有意向去从更长远的角度来审视自己的生活，作为一名寻找认同感，并且深信自己具有革命性理念的年轻哲学家，他正全神贯注在自己的事业之中。只是在战后，在他成为一名大西洋领头哲学家时，波普尔才开始系统地反思其间的思想历程。到了20世纪50年代，他已经将其哲学中的棘手问题解决了大半。他一直在反对那种关于他的研究所做的流行式的"实证主义"解释，而且还下定决心证明，他在思想上对维也纳学派并无亏欠。同时，他还与自己的学生，即哲学家约瑟夫·阿加西（Joseph Agassi）[1]和保罗·费耶俄本德（Paul Feyerahend）[2]产生了关于私人知识优先权的争议。他对于自己早期思想生活的记忆，已不再那么清晰明朗。往事是不堪回首的，这不仅仅是因为法西斯主义和背井离乡的生活经历，还在于他的思想发展进程就像是一个充满着连番的精神危机、在极度兴奋和郁郁寡欢之间进行着极端转换的故事。他努力地把自身的发展，描绘成一个具有内在一致性的、关于知识增长的范本。结果，关于他的思想发展，他所做的描述，给出的乃是一种落后于时代的错觉，那就是回转到过去，用世界大战时的眼光来理解其后期哲学。起初，我怀疑是他健忘，或者是故意曲解，但是似乎这两者都无法解释他所给出的描述（而且

---

① 约瑟夫·阿加西(1927—)，以色列学者，对逻辑学、科学方法和哲学颇有贡献。——译者注
② 保罗·费耶俄本德(1924—1994)，奥地利裔美籍科学哲学家、无政府主义者。——译者注

这两者也都是不可能发生的）。自传在年代上的记述存在错误本是件稀松平常的事，而且波普尔的记忆错误之甚，甚至已经无法让我再为之感到惊讶了，因为我在其他地方仍然会不时地发现这类错误。

但事实上，事情的进展并非如其所想。1930年以前，波普尔对归纳法和划界问题均未曾做过系统的阐述，而且他在科学逻辑学上的知识突破，要求他必须终止他之前称之为"心理主义"的心理学研究项目。此外，与维也纳学派的相遇，带给他的影响要远多于他所乐意接受的那些部分。尽管如此，20世纪50年代仍然为波普尔的《自传》设计好了路线图。他如此这般地进行了阐发，这番叙述澄清了对于他以及其他人来说，作为一名年轻的维也纳知识分子，他的经验所具有的意义。但是，他的阐述并未恰当地处理其在20世纪20年代的思想混乱。不过，这倒也无伤大雅。

然而，也不是一切都不值得汲取，这其中也自有可取之处。保罗·阿瑟·石里普（Paul Arthur Schilpp）编辑在编纂著名的健在哲学家文库时，曾告诉波普尔，他们计划出版他的哲学文集，波普尔热情地回复道："事实上，我已经开始撰写我的自传了。"（石里普致波普尔，1963年5月7日；波普尔致石里普1963年6月12日，波普尔论文集［334.2］）（石里普编撰的每一套文集都是以一本自传拉开序幕的，然后是其他人对该哲学家的哲学所做的评论性文章的结集，而这位哲学家会对这些评论性文章进行回应。）但是，波普尔在写作方面感到力不从心。在随后的岁月里，他写了诸多的梗概（这些都保存在其档案中），还撰写了一些他期望最终能够在其《自传》找到位置的只鳞片爪（波普尔论文集［134.4.6］）。他所给出的梗概包含着诸多关于维也纳学者、政治事件和一些我们后来在草稿中闻所未闻的书籍的引证，而这些书籍在其成书之中甚至也很少出现过。若最初的方案得到了贯彻，我们就会看到一本与当前版本大为不同的自传。但是，事实并非如此。他意识到，《自传》是树立其自身形象和学术遗产的大好时机，而且他也殷切地期望得到公众的认可；尽管如此，关于波普尔自身、及其哲学背后的生活方面，他仍然是只字未提。"我觉得撰写自己的思想传记是件挺难为青的事。到目前为止，我所已经写下的生平都在我的观点当中。""相比回顾一个人的失败，尝试着继续解决问题才更为有趣……资料太过冗杂，而且对于让它能够吸引到大家的眼球这件事，我也没有太多的信心可言。""撰写思想传记是一件如此的劳心费神的事情。"（《自传》节选，波普尔论文集［134.4］。）

回到波普尔年轻时期的维也纳，一个已经消逝的世界，波普尔忆起的也是满心的失落。他曾对自己的学生，哲学家约翰·瓦特金斯（John Watkins）说过，"维也纳的大街上鬼魅横行"（1996年3月8日，与Watkins的私人通信）。现在他却又必须与鬼魅对话。他总是非常忙碌，所以面对撰写自传这样一件令人不悦而且似乎又很难驾驭的任务时，他总是一拖再拖。1967年1月，终于柳暗花明，他开心地向瓦特金斯说，他发现自己年轻时，曾与父亲进行过一场激情澎湃的辩论，这场争辩是关于本质主义（essentialism）的：他曾经驳斥过这样一个概念，即词语或者说定义都有一个本质的含义，是惯用手段，而且与上下文语境相适应之外的含义（致John Watkins的便签，1967年1月19日，波普尔论文集［134.4］）。波普尔颇有些歉意，他以离题万里的形式来开始他关于本质主义的写作，他强调道，现在所使用的词语在其年轻时是无法想望的。而这种歉意和告诫之语最终都逐渐地消逝无踪。随着信心的与日俱增，他发现了一系列的早期哲学问题（其中一个是在他8岁时所思考过的无限问题），并且不断拓展这些个离题万里的话题，直到它们占据了他的整本著作。他向石里普回复称，他正在撰写一本"哲学传记"。尽管现存的手稿中关于第一次世界大战（下文简称一战）时的各种资料已然比较充分，但相比之下，他还是将更多的精力花费在前面的章节上。1969年春夏交替之际，书稿的大部分内容已然初具规模（石里普致波普尔，1968年12月31日，1969年6月6日，8月4日及9月20日；波普尔致石里普，1969年6月12日，7月23日，波普尔论文集［134，4，6，8-9，11，12］）。由于时间紧迫，他就以闪电般的速度，写出了一篇关于哲学问题的记述之文。他不无喜悦地讲道："前人用原著来作为他们的出发点……现在，人们则以一个问题情境、一个疑问来开始他们的思考。"（引自波普尔论文集［134，4］。）

波普尔曾经驾轻就熟地将其生平经历描写成一个思想进步的故事。他具有哲学史和科学史两个领域的现成样板。尽管他可能还没有认真仔细地对这两个学科的方法论进行过思考，但是，对于那种以问题为导向的历史叙事，他是心仪已久的。而且在其1929年的几何学论文里，他对几何学史的模型结构，显然是效仿了麦克斯·玻恩（Max Born）的《爱因斯坦的相对论》（1924）一文。玻恩从经典力学出发，逐步深入到牛顿力学、光学、再到电动力学，最后用爱因斯坦的相对论为全文画上圆满的句号。他概略地讲述了每一种理论，然后再解释相关领域的发现如何让它悬而未决，这样自然而然地为下一个科学进步创造了条件。只要波普尔探讨科学进步，他就总会采用这种解释模式。现在他又将其运用到自己的传记当中。他认为，这样一定会是大获成功。此前他还未曾有过传记类型的个人记述，现在，他终于有了一本，在这本传记里，他奇妙地把自己的一生塑造成为对不断增加的知识永无止境地探索，并赋予其至高无上的哲学意义的典范。波普尔因此备受鼓舞，所以在几篇论文中，在思想史和"情境逻辑"的关系方面，以及建立社会科学模型的方法方面他都做了进一步的说明。20世纪80年代，他极力主张比尔·巴特利（Bill Bartley）接受在为他所规划的一本波普尔传记中，采用同样的以问题为导向的叙述手法。

玻恩的解释模型颇有影响力。它代表了一种传统的观念史，即通过集中关注理论分歧和思想家们解决分歧时的努力，来解释这些观念的发展。这是一种极其重要的思想史方法，尽管近些年来始终被人们所忽略。在其他很多地方，我都一直坚决主张应该复兴思想史的这一研究方法（Hacohen，1996）。但它也有其局限所在。思想家们所面临的问题情境，不仅会体现在理论上，而且会反映出政治的、社会的和文化的多种语境。思想史的艺术正在于将内部（理论上）解释和外部（情境上）解释进行不断的融合。上一代的杰出思想史学家，莱昂纳多·克里格（Leonard Krieger），所选择的路径就是，在一个理论出现危机（其逻辑失败）之前，一直让理论解释顺其自然地发展，之后才允许其他的背景来解释该理论的转换。可是，这样就抑制了历史解释或者说"历史再现"的努力。理论上的问题情境很少将历史拒之门外。理论、著作和作者无时无刻不在回应着"历史"，也在不断地将历史变迁转换为理论的张力和新的问题。

人们很容易认为我所作的波普尔思想传记，是把反历史主义思想家出色地历史化了，但这是很具有误导性的。波普尔对历史主义的批评与历史再现并无太大关联。他将"历史决定论"（Historizismus）和"历史相对主义"（Historismus）进行了区分。前者蕴含的是"无可移易的历史规律"，而后者则是"我们思想的历史依赖性"（波普尔1957，3；1945，2：196）。前者是他政治批评的主要对象，也是个颇具危险性的理论；后者则就相对笼统得多。在他看来，历史相对主义包含着一个"无可否认却又相当平凡的真理内核"，而且通常会折射出对于科学在使整个世界趋于合理化的事业上的一种守旧势力的抵制态度（波普尔1945，2：242-43）。不过，他对历史相对主义的立场，取决于处在争论之中的历史再现（historicization）问题。他只是反对思想的社会决定论，对于运用社会情境来解释思想的形成并不反感。关于柏拉图、古代雅典和自然哲学方面，他自己也做出了一些精彩的历史学术成就。尽管他的结论存在争议，但是他将文本、传记和情境联系起来的方式却是值得效仿的，因为他在这些学术成就之中展现出了对文学脉络、心理学、习俗和思想发展过程的敏感性。

实际上，维也纳经济学家们曾经建立了一个用于解释市场状况和行为主体决策的模型，通过重塑这一模型，波普尔（波普尔1957，引自31-32；1972；［1963］1994；［1969］1994）从中演变出了一个历史再现的模式——"情境逻辑（situational logic）"。他认为，我们可以这样来对理论进展加以阐释（或者说对思想家们所做出的理论"动向（move）"进行解释）：首先建立起问题情境，然后把对问题的回应作为解决的方案来予以解释。这就推翻了决定论。行为主体在不断转换"动向"。问题情境可以解释它们运行之下的相关约束。每个情境的自由度各不相同。诚然，波普尔更倚重"内在论者（internalist）"的哲学解释：最有价值的是思想的问题情境。他对社会学和心理学的解释始终是持怀疑态度的，而且还经常运用它们让他的对手权威扫地，或者用它们来解释哲学上的失败之处，也就是说，用它们去澄清思想家们为何没有正确地看待事物或者没能做出正面动向的原因。关于历史再现，有一些情况使得它颜面尽失。这是心理学和社会学的一个失败之处，而非其成就所在，这也完全是一项画蛇添足的防御策略。同时，波普尔认为，思想上的根源与它们的正确性之间，并不存在什么干系。主体间批评主义（intersubjective criticism）是关于理论接受与否的一项标准，但是它避免不了偏见（不管是哪种类型），而且这在任何情况下，都是不可能真正避免的。如果他关于"客观性"的准则被接纳，那么历史再现对普遍有效性就不再具有任何威胁。波普尔本可以把他的语境网络拓展得更为宽广些的。

我被证明是正确的，而这种被证明的方式却是始料未及的。我的波普尔传记深受好评，而且极少（如果真有的话）受到近几十年来的方法论革新者的质疑。这些创新者中的大多数人，都将我的传记看作是语言学转向的一部分，而且据我所知，他们还认为与其自身的历史写作是相互兼容的。可令人奇怪的是，近年来，对传记叙事的文学性色彩不以为意的那些传记作品，竟又卷土重来。即使它们的作者意识到了传记在文学塑造上的优势，他们也似乎更倾向于对那种耐心地对背景进行渲染的方式弃之不用，因为这些背景可能会引起人们对于其中彼此冲突的各种认识进行评断。我将波普尔的《自传》作为一个值得警示的故事来对待，将我所作的波普尔传记作为一项证据来证明，努力地对传记记录的人生进行历史性的评断，并非毫无希望。

历史话语及传记的局限性

让传记重新回到我们的视野中来，并不该掩饰其局限性。无论其多么成功，但是，它的覆盖面依然是相对比较狭窄的。关于历史话语的形成和影响，所存在的绝大多数疑问，它都难以回答。但是，它的价值又是真实存在的：通过构建单个或小群体思想家们所面临的问题情境，历史学家们在解释那些思想家可以获得的选择范围以及他们所完成在政治和思想方面的动向方面，都已大获成功（Skinner［1969］1989）。经济思想史方面，罗伯特·莱昂纳德（Rober Leonard）（1995，1998）两篇关于中欧环境下博弈论的演变之论文就践行了这样的方法。就某一特定话语在对思想家的塑造上所产生的影响方面，传记可以较为精准地加以判定。然而，对于其相对立的那些方面，也即，在对一个传统的塑造方面，如何有效地评估一个个体、一个群体或者一种理论在其中的作用，在这些方面，传记很少能够发挥什么作用。那些话语通常缺少的是一些有关其结构的单个支点，因为这些点既繁多又冗杂。关于结构的分析，要求更为宽泛的一般化，这就需要冒过早地下定论，或者是只是得到了一套虚假的统一表象之险。有些话语的起落发展，颇有悖于社会变迁和重要事件的背景，对这些进行记录，历史学家们通常还是把它处理成一种内在统一的整体。他们把毫不相干的"反常迹象"与那些和行为主体清晰表达的话语相关的传记信息，堆砌在一起，而不以为意。话语变迁之宽泛，对于详尽的解释而言，又过于复杂，或者说过于晦涩。这些就分别是传记和历史话语叙事的局限所在。

诚然，从事话语结构的历史学家们已经构建了一套社会和文化语境来解释话语的流变，然而，在从行为主体和话语之间转换到解释范式的变化上，在界定个体的表达似乎是在创造一种话语体系的流变之时刻上，我们依然问题重重。解释范式变化的模型极为复杂，所涉及的变化因素远非传记所能涵盖。只有良好的方法和上佳的运气（以及极大的耐心）综合在一起，才能精确地判断出变化的时刻所在。多数历史学家追寻的是另一种方法，这种方法倾向于消解个体的角色，并对话语叙事采取一种戛然而止的方式，以此来简化模型的复杂性。如果将诸如话语、国家和社会之类的集体性构造，转换为个体的行为主体，那么，它们就可以重新恢复一种可以操作的情境逻辑。这就表明，少一些粗心和懈怠，才能多一些对可重的事物之认知。历史学家们从主要的社会变革和政治事件，来广泛地抽取话语的各类决定因素，这样就能够适当地把话语变化予以理论化，把它作为（比如说）对社会危机的回应。该理论的宽广笔触，对于一般性问题的回答，可能已然足够，但是，它其实还反映如下这些被简略掉的内容：对异常现象的解释，往往是以特设的理论加以完成的，这些特设的理论总是需要特殊的条件才能成立，而历史学家们很快就发现，这些异常现象远比理论有趣得多，在内容上也丰富得多。这些就是历史话语叙事的危险所在。

但是，他们还是必须直面这些危险，因为话语（或者说传统）的形成和影响，仍然是历史主要关心的东西，而影响相比较于形成而言，往往更富迷惑性、更加难以追踪和度量。历史学家们希望了解话语叙事在塑造庞大的社会阶层、制度的信念、乃至习俗惯例，以及在所关注的时代终结之时，所发生的那些事件的过程上，到底发挥着何种作用。当方法论个人主义者从传记转向话语、从个体转移到制度时，他们所遭遇到的困难，同样为历史学家和经济学家普遍共同面对。制度与传统，部分程度上代表了无明确总体意识的个体之间交互的结果。同时，它们又对个体的行动做出了限制。因此，社会性的集体就拥有了它们自己的行为模式，而且方法论个体主义者也承认，这些制度的"某种意义上的存在"是不得不言及的（尽管他们坚持认为制度和传统应该在最后的分析中从个体交互的角度来加以解释）（波普尔［1962］1976，103；Agassi1960，1975；Jarvie 和 Matzner1998，尤其是353–54页，和365–80页）。我们如何才能将交互的个体行为转变为一项能够转而对个体行为加以修改的制度或传统呢？交互模型应该在个体和制度之间进行调节、在微观分析和宏观分析之间不断转换吗？可是，或许正如我上文所提到的，它们是错综复杂地搅合在一起的。对于这些问题，我们都知道，它们是没有简单明了的解决方式的。

在最近的工作中，我也遭遇到了这些问题。自波普尔传记写作之日起，我就一头扎到了中欧犹太知识界和一些诸如启蒙运动、犹太解放运动以及民族国家这些现代人构设的概念之历史中去。在现代民族国家中，犹太人被作为同等公民加以接纳，这一点引发了犹太教和基督教话语的范式变迁，而且创造出了对多元文化论的当代争论至关重要的新的困境。雅各（Jacob）和以扫（Esau）这两位《圣经》中的兄弟争夺他们父亲的遗产，我力图从他们的象征意义的演变过程中，来追踪犹太教和基督教话语中的那些变迁。

犹太教徒和基督教徒已经将圣经中雅各和以扫反目的故事重述了两千多年。每一方都宣称他们是雅各的遗产继承者，而谴责另一方为以扫。对于犹太人来说，以扫已经成了所有设法迫害雅各、犹太人和上帝子民的非犹太人的象征。成了犹太教徒和基督徒之间永恒存在的主题。但是自18世纪90年代至19世纪60年代（当时德国和哈布斯堡王朝君主政体给予了犹太人政治权利）起，关于解放的争论席卷中欧，这激发基督教徒和犹太教徒重新改写了，或者说重新出版了这个古老的故事。然而，19世纪80年代中欧出现的民族国家主义，尤其是种族的反犹太主义（以及犹太复国主义者的回应）却又重新强化了这一陋俗。社会现实似乎将雅各和以扫一直以来的敌对再次确立了起来。但是，这并不意味着象征主义实验方法的结束。反法西斯斗争以及后来中东的犹太人和阿拉伯人之间的冲突，使犹太知识分子和德国知识分子给出一些颇具创造性的回应，这些回应革新了这种象征主义的分类方法。

这种话语的历史叙事呈现出传记中的不同问题。从历史上来讲，话语涉及的范围要更加宽广得多，而对于毫本传记的传主，历史学家们不可能对历史上的每个时刻都给予同等的关注。传记中流行的情境逻辑对话语形成过程中的每一个时间段仍然是有效的，但话语的形成、传记或人物传记的细节，并不一定总是能够有效地引起历史学家的注意。历史学家们通常会用大多数行为主体所共有的少数决定因素来构建情境逻辑，也就是说，为了话语的一致性，他们要剥离出个体的特性。如果有谁认为这么做都没有丢失任何东西的话，这无疑是痴人说梦了。个体的原创性可能丧失了，而且一般化的推进只能在更不坚实的基础上来进行。历史学家们在精工细作方面的能力下降，从而导致学术精度降低，这类情况可谓比比皆是。我的办法是选择关注一些有代表性的传记，然后将它们与话语的背景进行比照，对于传记写作的完成，这些背景也是参与到其中的。传记和话语史，这两种体裁的混合也同样无法提供一个堪称神奇的解决办法：传记无法达到我在写作波普尔传记时所期待的那种对细节的一丝不苟，而我亦无法完全逃避话语史的捷径所带来的风险。但是，如果非要编撰一门话语史的话，那也是我们必须付出的代价。

话语的传播问题在话语史中比在传记中似乎更为重要而且也更容易驾驭。哲学家们可能不一定认可波普尔的影响，而且波普尔的哲学在受过良好教育公众中的影响大小更是难以探察清楚，但若要求得到波普尔确实产生了影响这样的断言证据，我们还是存在着一些既定的程序和资源的，比如学术引用和期刊引用，译本的数量及销售量的大小等等。波普尔的影响力问题，似乎也没有他的贡献大小问题重要。所以，在完成了对波普尔的哲学形成过程的追溯之后，我就可以认为已经完成了自己的主要任务了。用雅各和以扫来研究话语在较大社会阶层的渗透问题极为重要，而且可靠的来源少之又少。对话语的追踪就要依靠运气，甚至可能只是猜想。

更加棘手的则是社会行为的话语塑造问题：在犹太教徒和基督教徒中，对方持有的流行概念如何影响自身的看法和行为？它们是提高还是降低了犹太教人融合的可能性？抑或它们仅仅（作为症状）记录了犹太教徒与基督教徒的关系状态？又或者两者都不是？也只有具体的情况下话语和现实流变之间罕见而又幸运地出现一致时，我们才有机会对这一问题进行裁断。历史学家们将具体的情况与话语和现实背景进行细微的比较，或许是为了努力地建立一种趋势感。在大多数情况下，历史学家们可以说明话语和现实的一致性，却无法解决其偶然性问题。用理论来解决这个问题，这种诱惑是很大的，但是，我们却应该对之加以抵制：我们毋庸持有一种极端的反决定论的激进历史观，以便认识到具体而特殊的关系可能皆是出于偶发所致，或者说，至少是超出了历史传记的控制范围之外。若要回答影响的问题，我们缺少相关证据，而且模型的复杂度难以控制，可是，并没有什么理论可以帮助我们规避这些问题。在理解情境逻辑方面，来自心理学和社会学的洞见是颇值得我们欢迎的，可它们依然无法提供终南捷径。

诸如犹太教徒的和解故事既是对解放的回应，也是促进解放，而异化的传统刻板印象却导致了排他主义，伴随而来的是反犹太主义和犹太复国主义的高涨；这类显而易见的一般化，并未能将我们带到更远的地界，而且还不断地被我们所驳回：历史的偶然性允许行为个体违抗话语的趋势，而发挥想象力，寻找现实的替代品。既是由于这一替代品自身的绝妙性，也由于它可以告诉我们那个时代人们所焦虑和渴望到底是什么，所以，思想史学家们对这一替代品可谓是兴趣颇高。如果这还不够，当话语的无意识后果和社会行动开始运转起来时，历史的反讽和悖论就变得再明显不过了：话语解放运动的胜利引发了种族间的反犹太主义，而作为已经迈入现代化行列的犹太人则从话语解放的人物变为了反犹太主义者（Roscher，1878；Penslar 2001，144-58）。尽管无法为话语史提供什么工具，但传记作者们依然在庆祝他们所取得的一场胜利。

为个人传记和话语史提供的情境逻辑是一致的，可它们产生的问题、提出的答案以及涉及的行为个体却相去甚远。在经济思想史中，传记是一种不可或缺且有望成功的体裁，而且能够极好地回答经济理论在其形成方面的问题。经过恰当的处理之后，传记已经克服掉了后结构主义者的怀疑，而且还充分地回应了后结构主义者的质询。传记仍然是一项必不可少的方法论上的组成部分，它是一个平台，在经济学的话语史中，它也是如此；但是，传记无法回答后者提出的更加宽广、或许也更为重要的历史问题，这些问题与经济学范式的巨大成功和它们的历史影响相关。为了回答这些问题，我们通常要放弃传记的细节和精度。在我职业生涯的这一阶段，我在中欧犹太知识界方面所追寻的问题要求我如是来做。我并没有放弃在传记上的求索，它只是已经变成了一项更大的工程中的一个部分而已，而这一工程，则是单凭传记自身所无法负荷的。

参考文献

Agassi,Joseph.1960.Methodological Individualism.*British Journal of Sociology* 11:244-70.

———.1975.Institutional Individualism.*British Journal of Sociology* 26:144-55.

Bailyn,Bernard,and Donald Fleming,eds.1969.*The Intellectual Migration.*Cambridge,Mass.: Harvard University Press.

Born,Max.1924.*Einstein's Relativity Theory.*Translated by Henry L.Brose.London:Methuen.

Bretenbach,Breyten.1991.The Long March from Hearth to Heart.*Social Research* 58:69-83.

Dvorák,Johann.1986.Karl Popper und die Wissenschaft von der Geschichte in der Epoche des Faschismus.In *Versuche und Widerlegungen:Offene Probleme im Werk Karl Poppers,*edited by K.Müller,F.Stadler,and F.Wallner.Vienna:Geyer.

Hacohen,Malachi.1996.Leonard Krieger:Historicization and Political Engagement in Intellectual History.*History and Theory* 35:80-130.

———.1999.Dilemmas of Cosmopolitanism:Karl Popper,Jewish Identity,and"Central European Culture."*Journal of Modern History* 71:105-49.

———.2000.*Karl Popper,1902-1945-the Formative Years.Politics and Philosophy in Interwar Vienna.*New York:Cambridge University Press.

———.2006.From Empire to Cosmopolitanism:The Central European Jewish Intelligentsia, 1867-1968.*Simon Dubnow Institute Yearbook* 5:117-34.

Hamowy,Ronald.2002.A Note on Hayek and Anti-Semitism.*HOPE* 34:255-60.

Jarvie,Ian,and Egon Matzner,eds.1998.Situational Analysis.Special issue,*Philosophy of the Social Sciences* 28.3.

Leonard,Robert.1995.From Parlor Games to Social Science:Von Neumann,Morgenstern, and the Creation of Game Theory,1928-1944.*Journal of Economic Literature* 33:730-61.

———.1998.Ethics and the Excluded Middle:Karl Menger and Social Science in Interwar Vienna.*Isis* 89:1-26.

Penslar,Derek J.2001.*Shylock's Children:Economics and Jewish Identity in Modern Europe.* Berkeley:University of California Press.

Popper,Karl.Papers.Hoover Institute Archives,Stanford University,Stanford,Calif.

———.1925.Über die Stellung des Lehrers zu Schule und Schüler.Gesellschaft-liche oder individualistische Erziehung? *Schulreform* 4:204-8.

———.1927."Gewohnheit"und"Gesetzerlebnis"in der Erziehung.*Hausarbeit* submitted to the Pädagogisches Institut,Vienna.In Popper Papers(12,11).

———.1928.Zur Methodenfrage der Denkpsychologie.PhD diss.,University of Vienna.

———.1929.Axiome,Definitionen und Postulate der Geometrie.2 vols.Popper Papers(4,6).

———.1931.Die Gedächtnispflege unter dem Gesichtpunkt der Selbsttätigkeit.*Die Quelle* 81: 607-19.

———.1935.*Logik der Forschung:Zur Erkenntnistheorie der modernen Naturwissenschaft.*Vienna:Julius Springer.

———.1944-45.The Poverty of Historicism,I,II,III.*Economica* 11-12:86-103,119-37,69-89.

———.1945.*The Open Society and Its Enemies.*2 vols.London:Routledge.

———.1957.*The Poverty of Historicism.*London:Routledge.

———.1959.*The Logic of Scientific Discovery.*Translated by Karl Popper.London:Hutchinson.

——.1962.Julius Kraft:1898−1960.*Ratio* 4:2−10.

——.[1957]1963.Science:Conjectures and Refutations.In *Conjectures and Refutations*,by Karl Popper.New York:Basic Books.

——.1972.On the Theory of the Objective Mind.In *Objective Knowledge*,by Karl Popper.Oxford:Clarendon.

——.[1962]1976.The Logic of the Social Sciences.In *The Positivist Dispute in German Sociology*,by Theodor Adorno et at.Translated by Glyn Adey and David Frisby.London:Heinemann.

——.[1974]1976.*Unended Quest:An Intellectual Autobiography*.La Salle,Ill.:Open Court.

——.1979.*Die beiden Grundprobleme der Erkenntnistheorie*.Edited by Troels Eggers Hansen.Tübingen:Mohr.

——.1981−82.*Postscript to the Logic of Scientific Discovery*.3 vols.London:Hutchinson.

——.[1963]1994.Models,Instruments,and Truth.In *The Myth of the Framework*,by Karl Popper.London:Routledge.

——.[1969]1994.A Pluralist Approach to the Philosophy of History.In *The Myth of the Framework*,by Karl Popper.London:Routledge.

Reder,Melvin W.2000.The Anti-Semitism of Some Eminent Economists.*HOPE* 32:833−56.

——.2002.Reply to Hamowy's Note on Hayek and Anti-Semitism.*HOPE* 34:261−72.

Roscher,Wilhelm.1878.Die Juden in Mittelalter.*Ansichten der Volkswirtschaft* 2:321−54.

Skinner,Quentin.[1969]1989.Meaning and Understanding in the History of Ideas.In *Meaning and Context:Quentin Skinner and His Critics*,edited by James Tully.Princeton,N.J.:Princeton University Press.

Sombart,Werner.[1911]1951.*The Jews and Modern Capitalism*.Translated by M.Epstein.Glencoe,Ill.:Free Press.

Stadler.Friedrich,ed.1987−88.*Vertriebene Vernunft*.2 vols.Vienna:Jugend und Volk.

——.1997.*Studien zum Wiener Kreis*.Frankfurt:Suhrkamp.

Stadler,Friedrich,and Peter Weibl,eds.[1993]1995.*Vertreibung der Vernunft.The Cultural Exodus from Austria*.2nd ed.New York:Springer.

Wallner,Friedrich.1985.Popper und die österreichische Philosophic.In *Karl Popper-Philosophie und Wissenschaft:Beiträge zum Popper-Kolloquium*,edited by Friedrich Wallner.Vienna:Braumüller.

Weintraub,Roy.2003.Prejudice and the History of Economics:A Minisymposium.*HOPE* 35:685−86.

自传不但无用而且与学术相背离吗？关于学术性自传的几点思考

杰里米·D.波普金

无论在经济学抑或其他学科中，人们都可以举出很好的例子来证明，自传的写作是一项与严肃的学术研究的价值观念极不相容的活动。自传是对个性和三观能动性的恣意发挥，极尽浮华之能事，大概只有这一体裁之下的浪漫主义的诗意地描绘才会有这样的表现；而严肃的学术研究上的努力（至少在社会和自然科学方面）通常是集体性的，而且其研究结果也不应该受到研究者个人利益和情感的任何影响。在大众文化领域，尤其是在美国，过去的几十年已经将它们塑造成为一个"回忆录时代"，但是，学术界却因循着自己的节奏前进，而引以为傲。在过去几十年间，许多受人尊敬的学者都出版了他们个人生活的记述文字，这样的事实或许表达了一个令人忧心的迹象：愚昧之徒以及对名人的盲目崇拜已然冲破了传记的象牙之塔。经济学家们可能会因为坚信他们学科的堡垒依然固若金汤而倍感欣慰。在本书各篇论文最初提交的研讨会上，有几位与会者曾引述过乔治·斯蒂格勒（George Stigler）[1]强有力的断言："科学是一项社会性的事业，一个人一生中并未影响到自身及其科学家同伴之间关系的那些部分，才是完全的对科学的反动。当有人告诉我们，为了理解他之真正所指而必须要了解他的生平时，他们就是在要求我们去放弃科学。"（引自Moggridge 2003。）斯蒂格勒的评论本意是对在传记上的煞有介事、大耗心神提出批评，不过，这也清楚地表明，对于态度认真的经济学学生们来说，自传不应该具有任何真正的重要性。

1985年斯蒂格勒自己却对自传食言了，他自己也成为了一本题为《一个

---

① 乔治·斯蒂格勒，1911年1月17日生于美国华盛顿州雷登的西雅图郊区，是"信息经济学"和"管制经济学"的创始人。1982年，斯蒂格勒获得了经济学家的最高荣誉——诺贝尔经济学奖。——译者注

自由主义经济学家的回忆录》自传的作者，这一事实自然就证实了自传的隐伏特征。可是，品读斯蒂格勒的回忆录会让我们觉得，当学者们致力于自传时，就不仅仅只具有学术界所认可的那些价值，而是要冒着一定的风险。斯蒂格勒的回忆录很少去迎合自传的流行观念。关于作者的家庭出身及其童年，读者看到的只是一个简略的轮廓，而且几乎没有给出其一生中有关非专业方面的任何信息。斯蒂格勒对其个人职业生涯的叙述，与其对经济学的客观思考掺杂在一起。可是，斯蒂格勒的书仍然不失为生平记叙的传记作品，对于这类作品的基本要求，他的书悉数满足。它讲述了作者的生平故事，尽管或许并不是一个非常完整的故事；但没有哪一本自传可以做到面面俱到。我们没有理由去担心作者风格大变，写起小说来，而且如果我们有任何理由怀疑斯蒂格勒的话，他关于其生平的绝大多数叙述都可以得到证实。

　　像斯蒂格勒这类专业知识分子回忆录的作者，能不能通过展示自传所能包含以及实际上也必须要将其基础扩大的文本，从而改变自传的文学体裁呢？这类文本缺乏几乎所有我们一般将之与自传联系起来的吸引力，尤其是在读者和作者之间所建立起来的那种情感上的共鸣。《一个自由主义经济学家的回忆录》是不是在向我们揭示，自传并不像它所自称的那样是一份个人主义的事业呢？斯蒂格勒的书之所以会被撰写出来，似乎主要原因并不在于作者要与读者分享其生活细节的强烈意愿，而是学术机构向其施加压力的缘故。《一个自由主义经济学家的回忆录》，连同赫伯特·西蒙（Herbert Simon）[①]的回忆录，一起构成了由阿尔弗雷德·P.斯隆基金会资助的科学家回忆录丛书的一部分，这套丛书宣称，它们的目的是提高科学事业的公众鉴赏力。在斯蒂格勒同意为该丛书写稿之后，他很有可能已经想到，他代表的更多是经济学，而非作为经济学家的他本人。在第一位撰稿人是大名鼎鼎的核物理学家弗里曼·戴森（Freeman Dyson）的这套丛书中，收录经济学家的传记，正是这一学科被接受为真正的科学的一项标志。因此，斯蒂格勒的回忆录表明，自传既可以是社会的产物，也可以是个人事业，而且除了阐述其作者的个性之外，也还有其他许多功用。《一个自由主义经济学家的回忆录》这个例子表明，对学术自传的研

---

　　①　赫伯特·西蒙(1916—2001)，美国管理学家和社会科学家，经济组织决策管理大师。1916年生于美国威斯康星州密尔沃基。毕业于芝加哥大学，1943年获得博士学位。曾先后在加利福尼亚大学、伊利诺伊理工学院和卡内基—梅隆大学任计算机科学及心理学教授，从事过计量学的研究。他还担任过企业界和官方的多种顾问。他倡导的决策理论，是以社会系统理论为基础，吸收古典管理理论、行为科学和计算机科学等的内容而发展起来的一门边缘学科。由于他在决策理论研究方面的突出贡献，他被授予1978年度诺贝尔经济学奖。——译者注

究或许可以迫使我们修正以往我们对自传到底为何物以及它因何而存在的看法。

2006年HOPE会议上的讨论给出了明确的阐释，学术性自传仅仅是学术性传记写作众多形式中的一种。它和许多形式的其他体裁所共存，这当中包括：或长或短的个人传记，以及对一个群体所做的传记；日记；通信集；以及诸如18世纪的颂词，或者是在现代术语中很难归类的学术颂文等其他形式。自传和回忆录之所以与各式各样的传记形式区分开来，都是基于这类个人传奇经历的主人公同时也是它的作者这个事实。结果，自传作者可能做出的过度自我关注，也许比由传记作者对传主们可能做出的过度关注，存在着更大的争议：第一人称作者天然就会成为极度自我主义的嫌疑犯。他们的项目与日记和书信写作不同，因为那些形式的传记通常是在脑海里并没有预设关注自己的读者类型，自传则不然，自传的作者在写作之时必然在脑海中想像过他所写下的自传读者会是哪些人。日记和书信也不需要像自传和回忆录所要求的那样，对回忆努力进行刻意追索，所以，这些更加私人化和个性化形式的自我叙述，并未提出与回忆和叙事结构一样的问题。最后，自传和回忆录是一个从业者并不拘囿于学术界的文学体裁：那些致力于这一事业的学者们知道，他们不得不与经典文学作品和流行畅销书进行一番比较。基于以上这些原因，学术性自传才提出了一些与其他形式的学术性传记写作有所不同的特殊问题。

自从15年前读到著名法国历史学家们的自传文集《自我史论集》，我就开始对学术性自传提出的问题产生了学术上的兴趣。这并不是我第一次读到大学学者所写的个人回忆录：我的父亲，就是一位知名的哲学教授，在早些年出版的一本献给他的纪念文集中，也曾发表了一篇这样的论文（Popkin 1988）。他遴选出的一些关于其私人生活方面的家庭讨论话题以供大家讨论，这一行为就已经向我展示了自传写作可能提出的一些难题。我在几年后无意间读到了一本法语文集的前言，它立刻让我意识到这样一个事实：有些人认为学术性自传具有广泛的哲学意义。该文集的发起者、出版商兼历史学家皮埃尔·诺拉（Pierre Nora）[①]宣称，他同事们的个人文章都反映了认识论范式的一个主要流变。"科学"知识的通行定义是关于世界的知识，或者是客观地、独立于研究它的生物主体的知识，而我们所有人正是在这种主流的认识时代接受教育的。

---

① 皮埃尔·诺拉，法兰西学院（Academie Francaise）院士，法国当代最重要的历史学家之一，曾先后任教于巴黎政治学院（IEP）、高等社会科学研究院（EHESS），以研究法国国家认同与记忆闻名。——译者注

诺拉（1987，5，6）写道——不过他的这些话同样也可以应用到大部分的其他
学术科目上去——历史学家们被教导"要在他们的工作中隐匿自身，要将个性
隐藏于知识的背后，要把个人隐蔽在他们所做的那些读书卡片的背后"。可
是，他又宣称，近几十年来的知识发展给出了不一样的经验教训。到了20世
纪80年代，我们不可能不认识到，承认学者们对于他们所研究的对象可以建
立起"直接、密切且非常个人的联系"，这要比"徒劳的客观性断言"更有说
服力。

诺拉文集中提出的问题，让我觉得，学术性自传在延续着一个至少可以追
溯至18世纪意大利哲学家詹巴迪斯塔·维柯（Giambattista Vico）[1]的争论
（Verene 1991），维柯本人也是一本自传的作者。维柯对源自科学革命的客观
科学理解范式做出了挑战，他宣称，人类完全能够做到对他们所经历过的和创
造出的一切加以理解。因此，他坚决主张，相比于自然科学，社会科学是一个
更好的知识模式。19世纪末，德国哲学家威廉·狄尔泰（Wilhelm Dilthey）[2]
在他的实证主义批判中，将自传置于认知论争论的中心舞台之上。他认为，一
个能够将内部视角和外部视角结合起来观察人类经历的观测者，所得出的见
解，要比其他任何人都更为深刻，而且在了解我们所面对的生活方面，自传是
"最高且最具指导性的形式"（Dilthey［1914］1962，85）。诺拉关于其同事文
章的展示，将这一争论放置于现代学术之中，并且表明，对一个学者洞察力的
真正检测，乃在于他或者她是否能够理解自己的人生。

---

[1]　詹巴迪斯塔·维柯(1668—1744)，意大利伟大的哲学家、语文学家、美学家和法学家，在世界近
代思想文化史上影响巨大，其著名代表作有《新科学》、《普遍法》及《论意大利最古老的智慧》等。——译
者注

[2]　威廉·狄尔泰(1833年11月19日—1911年10月1日)，德国哲学家，历史学家，心理学家，社会
学家。他最初属于新康德主义，后转向生命哲学，致力于所谓"历史理性的批判"，主张"历史的相对主
义"。认为哲学的中心问题是生命。通过个人"生活的体验"(Erlebnis)和对生命同情的"理解"(Verste-
hen)，就可认识到文化或历史即生命的体现。强调和不同的生活类型(理性的、情感的、意志的)相应的是
不同的宇宙观，不同的历史时期也有不同的宇宙观为其特征。他同时认为任何一种宇宙观都是相对的，
这就是历史主义的要义。他创立了一门新的学科——"精神科学"，它的研究对象是"人以及人的精神"。
他认为，要了解人的历史和社会现实存在的各种联系，就得再度体验人的各种生活，只有通过这种"体验"
才能达到"理解"。精神科学家在分析研究对象时，是从人给予他周围世界的意义出发。这种意义表现在
人的讲话和行动的习惯之中，表现在对道德价值的看法和艺术作品之中。因此，人通过"体验"这些生活
的表现，就能理解自己的历史，而这种理解又为人系统地解释自己的经历提供了依据。狄尔泰强调人的
直觉和心理因素，否定19世纪兴起的用历史方法来研究文学艺术和其他人文科学的做法，与以舍勒尔为
代表的强调证据、强调事实的实证主义方法相反。尤其是狄尔泰对生命价值、超越性意义的强调，以及穷
尽生命意义和本质的观点，深刻影响着从传统到现代深刻裂变的文化语境。狄尔泰的这种学说对20世
纪初德国的文学理论和文学创作产生了很大影响。——译者注

　　不久之后，我便发现，《自我史论集》只是更为广泛的现象之中的一部分。无论是在历史学家之中，其他领域的学者之间，抑或是在美国或者其他地方，这类出版物都在以迅雷不及掩耳之势变得司空见惯起来。这样的激增现象，已经与哲学和文学理论的现代发展联系了起来，但我的研究也让我注意到了一些更加古老的学术性自传，让我不禁对自传这种体裁不过是当前的一种时尚这一观念深表怀疑。同时，我发现学术自传可谓是形式百出，从具有相似生活环境的同时代人的严格有序的作品集（比如说诺拉文集），到不受约束的回忆录，形式不一而足，这些回忆录常常会冒险进入作者生命中最令人意想不到的角落。同时，我也认识到，如果真的想要认真地探究这一学科，我就必须走出自己驾轻就熟的学科范围，去学习诸如文学、哲学、社会学和人类学领域的理论。我还发现，有一些学者，像解构主义文学批评家，以及现在家喻户晓的、曾经谴责自传事业是最具欺骗性的文学形式的保尔·德曼（Paul de Man）[①]（1979）（此人在战争期间曾与纳粹合作），也曾尝试对纸面上的语言都不予采信，因为它们永远不可能做到对世界真理做出最精确的描述。还有一些学者将自传与其他文学形式区分开，比如詹姆斯·奥尔内（James Olney）（1972）、菲利普·勒约恩（Philippe Lejeune）（1989）和保罗·约翰·伊金（Paul John Eakin）（1985，1992），他们虽然认为这一体裁具有文学性特征，从而与小说写作颇有几分相似，但是他们仍然深信，自传作者的求真意念仍可被视为这一体裁的基本特征。

　　随着研究的逐渐深入，我又写了一本关于历史学家和自传的书籍之后，慢慢地，我意识到学术性自传不仅仅具有跨学科的意义，更是一个理解一般人类意义问题的途径（Popkin 2005）。并非每个人都写回忆录，出版的就更少了，但是，追忆往昔，并且尝试着将一个人的人生经历建立起内在一致性，却是司空见惯之事。这一体裁最尖锐的批评家之一，保罗·约翰·伊金，把这一人人皆有的自传冲动，看作是"自我意识历史的第三个阶段，也是其顶峰阶段"，之前的两个阶段，分别是孩童时期的语言习得，以及童年和青少年时期作为一个个体所形成的独特的自我概念。伊金得出结论道，"自我关照的意识是我们人性中与众不同的特点，撰写自传的冲动只是这一自我关照意识中一个特殊且被深化了的形式而已"，而且最近他又拓展了自己的论点，大意是说，在某种

---

　　①　保尔·德曼是当代美国最重要的文学理论家之一。他曾经被认为是第一个明确地把理论观念引入文学批评的人，是美国文学批评思想史上的关键人物，而且在未来的文学批评论争中也占有重要的地位。——译者注

意义上，讲述我们生命的故事乃是一个生理必然性的取向，是"人类有机体自我平衡调整活动"当中的一部分（Eakin1985，9；2005，3）。如果能够对讲述真实故事时涉及的问题进行坦率的表达，那么由受此训练的作者来撰写的学术性自传，就有希望为这一广泛共享的人类冲动之内涵，提供某种特殊的洞见。

尽管自传的理论家们可能在理论上愿意将学者的自传涵盖在其研究范畴之内，但他们很少选择此类文本进行延展分析。一般来说，这些学者喜欢就来自"真实世界"人物的自传文本进行研究。古典文学家（比如歌德）的自传，或者是已经跨越严肃文学和大众文学界限的当代自传文本传，像汤亭亭（Maxine Hong Kingston）①的《女勇士》，我们经常会看到关于它们的批评。近年来，人们对"圈外之人（农民、非裔美国人和移民）"所写的自传文本关注度日益高涨，关于这一体裁，大家通常不喜欢其中那些文学意义上的表达，而且，基本上对于该体裁中存在的内在缺陷毋庸置疑这一点颇不认同。（Lejeune 1989；Olney 1980）当代学者撰写的一些自传文本已经开始吸引批评界的关注，而且赫然现身于课程阅读书目当中，但是，也容易被认为是一种集体性的孤芳自赏，乃至是近亲繁殖式的自我认同感情结；这样的怀疑从未停止过。一些学院派学者，孜孜不倦地把大把工作时间花费在为彼此的人生传奇添写注脚的事情上，这一点恰恰给了人们这些"教授们过于沉浸在自己的一片小天地"的口实。

一些评论家认为，学术性自传并不值得探讨，因为它们就是自传体裁本身固有的劣等样本。一个性情暴躁的评论家，在被迫阅读一个案例之后，这样问道："倘若一位学院派历史学家的视野，终日局限于申请资助、终身教职以及学术文章，那么，他们那些喃喃自语，我们又何必要对之关注呢？"（Eby 1969，650）菲利普·勒约恩一向因其对各式各样的传记写作都极富包容性的同情之心而知名，可他也发现自己的耐心竟然也被其同伴知识分子的作品所耗尽。他在自己早期的一篇论文中写道："有些人不过是有些智力天赋，还有一些是在文学、心理学或者哲学领域取得了一些声望，在他们心血来潮要谈论自己的生活时，我竟天真又愚钝想着去影响他们；对此，我自己都困惑不已。他

---

① 汤亭亭（1940—）是华裔作家。她出生于1940年10月27日。她是家中6个孩子中的长女，他们家在加利福利亚斯托克顿市开了一家洗衣店。她1962年毕业于加利福利亚大学伯克利分校，现为该校荣誉教授。她的作品通常反映了中国文化的影响，并且在小说中融合了非小说元素。她于1976年发表的《女勇士》，获国家图书评论奖，1980年的《中国佬》也获得此殊荣。她的另一部小说《孙行者》以中国神话人物孙悟空为原型。《女勇士：生活在群鬼中的女孩的回忆录》是汤亭亭1976年发表的作品。它是一部半自传体的小说，书中结合了许多小说元素。这部小说成为美国文学后现代主义的典范。——译者注

们不仅失去了批评意识，也不再认真判断到底什么才是能够吸引众人的东西……而且尤为令我惊讶的是，似乎只有他们自己才对他们正在叙述的内容深感兴趣。"（Lejeune 1989，235）在对我所写作的历史学家自传作品进行的评论中，艾伦·麦吉尔（Allan Megill）认为：由其作者的职业身份所限定的自传体裁，本身必然缺乏深度，因为这一类由作者自觉地、并且往往是在其晚年所做出的承诺，对于种族或宗教身份所决定的意识，恐怕并不具有真实存在的影响。他这么问道："这是一个存在的优先权问题：换句话说就是，我们需要仔细考虑这样一个问题，在自我的层面上，其中"作为历史学家"的程度，到底有多么深邃？"（Megill 2006，482）那些索然无味的学术性叙述，在冒着损害学术界整体威望的风险，将学者以一种并不比其他人更适合于解决人类生活问题的普通人的形象，展示在世人面前，甚至不能像回忆录占据畅销书排行榜的畅销书作家那样来有效地表现自己。

在任何一个图书馆的书架上，你都一定可以找到符合这种固定模式的学术性自传，以及由政治家、电影明星和其他"真实世界"的作者所作的同样让人难以卒读的自传。学者们所著的既索然无味又过于肤浅的回忆录于其中所占的比例，是否超过了其他几类作者之所著，仍不得而知。关于个人的社会阶层在职业身份的介入中达到了多深的地步这个问题，我们可以这么回答：如果有相当一部分人都准备将其大部分的成年时光奉献给学术生涯，然后撰写其将自身认定为社会学家、哲学家或者文学学者的个人回忆录，那么，这似乎就将表明，撰写个人回忆录乃是一项对精神资源的可观投资。我们与生俱来的或者童年时期获得的身份特征，必定比我们在之后的生活中选择着去发展的更为深刻且更有意义，这样的观念所反映出的，乃是值得予以讨论的那些关于人类生活的假设，而不是可以视为既定的东西，而学术性自传恰恰是因为它们如此清楚地提出了问题，也许可以成为这类讨论的重要资源。

如果我们承认学术性传记是自传的一个重要主体，那么，学术性自传到底属于哪个学科这一问题会有差别吗？从事多个学科的学者的例子不胜枚举，所以你可以这么认为：把所有这些文本当作思想自传的更普遍现象的例子，会更加合理。在我对历史学家自传所做的研究中，的确没有发现总是将此类文本与其他学科的学者所作的，或者是非学者所作的自传区别开来的明显标志。相比其他人来说，历史学家们或许多多少少地更倾向于提醒人们注意潜藏在他们自传背后的文献材料，而且自己也更注重他们生活的历史背景，但是这些充其量只是统计上的倾向，而不是固定不变的规则。而且，也确实有一些这样的叙事，它们甚至还不如这一专业的圈外之人所作的自传那般关注这些问题。尽管如此，有一点却很清楚：绝大多数——尽管不是全部——历史学家的自传作者们，把他们是历史学家这一事实看作其身份的一个主要方面；而且就我对其他学科成员的自传所做的不系统的阅读经验来看，这一点对他们来说亦是如此，每一个学科都把自己学科的特征看成是自己身份的一个主要方面。

　　撰写其职业生涯发展历程的历史学家们，通常对吸引他们的那些特殊的学科品性都颇为坚持。他们不断讨论当初选择历史作为自己一生追求的那些伟大时刻，这既反映了他们个人特性中的某些方面，也反映了这在塑造他们的方式当中所起到的作用。我怀疑，如果进行进一步的研究，我们将会发现这一点对于其他学科的作者来说亦是如此；对近些年来被广为探讨的某些文本的作者来说，情况确实是这样，比如爱丽丝·开普兰（Alice Kaplan）的《法语课》（1993）和皮埃尔·布尔迪厄（Pierre Bourdieu）①的《自我分析》（2004），就是这样。当然，现代的学术自传已经摆脱了思想自传的古老传统，而且一些经典文本的作者很难被归属于特定的学科，诸如奥古斯丁（Augustine）②的《忏悔录》以及约翰·穆勒的《自传》。然而，尽管我们为促进学科的交叉而努力作为，但是，依据学科原则划分知识是现代学术性传记的一个不可争辩的事实。在我看来，学术性自传实际上是理解这一情况如何产生，以及其对于学术界的人们到底意寓为何的最好办法之一。

　　我在自己的书中提出了对历史、历史学家和自传之间存在重要联系的认识，但这并不意味着，我会为自己学术领域的成员在学术性个人叙事的规范方面要求什么特权。相反，对历史和自传关系的案例研究，应该激发起人们对自传和其他学科间联系的新兴趣来。历史和自传共享着重构过去这样一种联合规划，但这只是传记写作的一个方面。许多学科都以各式各样的方式与自传写作产生交叉，可能和历史与之交叉的方式一样有趣，比如，通过叙事手法和结构以及语言运用与之产生联系的文学研究，由于其对自我形成的兴趣而联系起来的心理学、社会学和人类学，通过对意识的专注产生联系的哲学，甚至是由于"bios"既是"autobiography"又是"biology"的一部分的自然科学。经济学也要解决每个个体所面临的问题，有个人层面的问题（我们必须要谋生，使得我们能够收支平衡），还有关于人类理性以及就塑造我们自身命运的能力范围所提出的哲学问题。自传本身就是一个可以形态多样的事业。它不仅与历史交叉，还与许多其他学术科学相互交叉，更有展现出它们中的每一个的重要方面的潜力。

事也凑巧，在收到在 2006 年 HOPE 会议上致辞的邀请之前，我的研究并未涉及经济学家的自传。罗伊·温特劳布（Roy Weintraub）的邀请，让我马上开始沉思起这样两个问题来：经济学家们写自传吗？这些是学术性自传吗——也就是说，它们的作者是否按照其对一个学科的承诺而将其自身和他们的人生视为以某种有意义的方式塑造而戒的呢？撰写会议论文时，我在普林斯顿做访问学者，就粗略地找了一下第一个问题的答案，在普林斯顿大学的在线图书馆目录中输入"经济学家"和"自传"，它出现了十条结果，其中八条是符合传统自传定义的以英文出版的文集。这与许多其他学术科目处于同一范畴。普林斯顿大学的图书馆目录下，关于社会学家产生了八条类似条目，心理学家是十七条，物理学家是八条，而人类学家则只有三条。可是，搜索"历史学家"和"自传"却出现了五十条结果，其中不仅包括个体自传和自传文章的作品文集，还有关于历史和自传关系的理论文献。

有一次，我来到美国国会图书馆索书号为 HB119、学科目录为"经济学家–美国–传记"的编目书籍的书架处，却得到了更多数据。首先，我大致浏览一下，就识别出九本应该明确列入在线目录、实际上却未列入的书籍，其中包括约翰·肯尼斯·加尔布雷斯（John Kenneth Galbraith）[①]、赫伯特·西蒙和乔治·斯蒂格勒的回忆录。（其中两本在按照"回忆录–经济学家"的方式搜索时才出现。）我们实在是过于依赖计算机化的目录搜索啦！正如被计算机搜索驳回的标题一样，所有这些书目都是被图书管理人员拟定的。（迪尔德丽·麦克罗斯基（Deirdre McCloskey）[②]的《十字路口（Crossing）》［1999］则被搁置在不同的编目下。）而非常有趣的是，在一位研究历史学家自传的学者看来，这些自传出版物在数量上远远超过了传记，而一项对存放"历史学家–美国–传记"的书架进行的调查则表明，传记充其量与第一人称的叙事文体类

---

① 约翰·肯尼斯·加尔布雷斯（1908—2006）美国经济学家，新制度学派的主要代表人物。——译者注

② 原名唐纳德·麦克罗斯基，生于1942年，美国经济学家、经济史学家，毕业于哈佛大学，曾任教于芝加哥大学和艾奥瓦大学。迪尔德丽本是男身，后做了变性手术，成为一名女性，《十字路口》一书中描述了她的这一经历，成为当年纽约时报畅销书排行榜中的一本畅销书。——译者注

似。诸如米尔顿·弗里德曼（Milton Friedman）[①]，加尔布雷斯和保罗·萨缪尔森（Paul Samuelson）[②]等当代经济学家，更是多种研究的对象，而美国的历史学家中却只有一位人物享受了这一地位，那就是亨利·亚当斯（Henry Adams）[③]，这位历史学家已经逝世了将近一个世纪，现在却主要因其自传而非其对历史学问的贡献被人们颂扬。

　　但是，普林斯顿大学的在线目录和对书架的手工人力搜索都具有误导性，因为两者都未表明还有许多短篇自传论文丛书的存在，这一点被唐纳德·莫格里奇（Donald Moggridge）[④]（2003）和罗伊·温特劳布（2005）在最近的文章中给逐条列举了出来。可是，自己认为自己是经济学家的作者撰写的长篇自传相对较少，而给那些文集类作品投稿的经济学家，在数量上却非常可观：莫格里奇数出了不少于198位。这种类型的集体创作，在许多学科中都较为常见——这类文集允许投稿者就像受到其他人的写作邀请那样去将自己展现出来，以此来巧妙地处理虚荣心问题；而且它们看起来并不像在大众文学市场中参与角逐的略显奇特的个人项目，而更像是为学术做出贡献（Popkin 2001）——但是，在经济学中，比起长篇的单个作者的传记故事，此类短篇作品的比例却是非同一般的高。在过去20年里，此类出版物增加的原因非常明显：它们普遍被认为是极具价值的重构经济思想史的材料。因此，它们所反思的更多是经济学思想史家这个群体的集体情况，这要比对它们作者的个人主观事务给予了更多的关注。尽管如此，即便关于经济学家以第一人称出版的作品何以会出现如此激增现象，所给出来的原因比其他学科的成员所引用的理由都更为"科学"，但是，这一现象的时间选择——首先出现在20世纪70年代末，而到了

---

①　米尔顿·弗里德曼(1912—2006)，美国经济学家，以研究宏观经济学、微观经济学、经济史、统计学及主张自由放任资本主义而闻名。1976年被授予诺贝尔经济学奖，以表彰他在消费分析、货币供应理论及历史和稳定政策复杂性等范畴的贡献。曾与其妻罗斯·弗里德曼合写传记《两个幸运的人》。——译者注

②　保罗·萨缪尔森(1915—2009)，美国著名经济学家，1935年毕业于芝加哥大学，随后获得哈佛大学的硕士学位和博士学位，并一直在麻省理工学院任经济学教授，是麻省理工学院研究生部的创始人。他发展了数理和动态经济理论，将经济科学提高到新的水平，是当代凯恩斯主义的集大成者，经济学的最后一个通才。他是当今世界经济学界的巨匠之一，他所研究的内容十分广泛，涉及经济学的各个领域，是世界上罕见的多能学者，并且写出了一部被数百万大学生奉为经典的教科书。他于1947年成为约翰·贝茨·克拉克奖的首位获得者，并于1970年获得诺贝尔经济学奖。——译者注

③　即亨利·布鲁克斯·亚当斯(1838年2月16日—1918年3月27日，通常被称为亨利·亚当斯)，美国历史学家、学者和小说家。出生于马萨诸塞州的波士顿，1858年毕业于哈佛大学，曾任美国历史学会主席。——译者注

④　唐纳德·莫格里奇是英国经济学家，因编纂《凯恩斯全集》而知名。——译者注

90年代这类出版物明显增多——却表明经济学家和其他学科的成员一样都受到了当今"回忆录时代"同等程度的影响。

我本来是要等到有人给予我一大笔研究补贴之后，才会开始比较经济学家自传和其他学科的自传在内容及特色主旨上有什么异同这一项目。可是，实际上我已经就这一领域展开了一项小型的可控实验研究。具体来说，我阅读了两卷本的经济学家自传文章作品集，以此满足我这位历史学家敏而好古的职业嗜好，该作品集作为一部涉猎甚广的多学科丛书中学术自传的一部分，在20世纪20年代出版于德国，即菲利克斯·梅那尔（Felix Meiner）（1924，1929）的《自传中的经济学》（当代经济学的自画像）。这部作品集的大部分撰稿者现今已经被人们遗忘，他们有埃杜尔德·伯恩斯坦（Eduard Bernstein）、卡尔·迪尔（Karl Diehl）、欧文·费雪（Irving Fisher）、海因里希·赫克讷（Heinrich Herkner）、卡尔·考茨基（Karl Kautsky）、罗伯特·利福曼（Robert Liefmann）、阿琪里·拉利亚（Achille Loria）、弗兰兹·奥本海默（Franz Oppenheimer）、海因里希·派什（Heinrich Pesch）、埃德温·R.塞利格曼（Edwin R. Seligman）、卡米洛·萨皮诺（Camillo Supino）、列波德·冯·维斯（Leopold von Wiese）以及朱丽斯·伍尔夫（Julius Wolf），但是该作品集却可以让我与自己早已熟悉的、且与之同一系列的两本历史学家自传文章的作品集进行对比，它们的编辑是塞利格曼·斯坦伯格（Seligman Steinberg）（1925）。粗略地判断一下这些经济学家的声誉，其中六位要么是《社会科学百科全书》条目下的主角，要么是其他方面的贡献者（塞利格曼是这部作品的总编辑）。如果其他几位依然健在的话，他们大概也会被收录于该作品之中。这12位中的7位出现在《社会科学国际百科全书》（1968）中，但是只有一位被列入《社会和行为科学国际百科全书》（2001）。而且奇怪的是，在这些百科全书多年来屡有增删的条目中，只有一条让其读者们去参考梅那尔作品集中的传主的自传文稿。

人们可能会这么抗议：这两个文集中的投稿者们全都出生于19世纪的后半期，且其生活的世界与当今时代迥然不同，所以，拿这两部作品集进行对比，与当今形势自然并不相干；但我对它们的品评却表明，事实并非完全如此。它们的确反映的是一个更早的年代，举例来讲，我曾经对年纪轻轻就不得不长期待在疗养院的经济学家的数量感到震惊，这就提醒我们，医学的进步在每一个人的生命过程中起到了很大的变化作用；而且，它们似乎也的确反映出了这两个学科成员之间一些经久不衰的区别所在。

我注意到，两个自传文集中的最引人注目的区别就是：经济学家与历史学家们思索过，却很少遇到过的著名的"真实世界"之间的联系，要更为深远；

其次，与历史学家们截然相反，甚至可能多少还有些相矛盾的是，在经济学家的一生中，理论极其重要。以上两点就是我在这两部自传文章作品集中所注意到的最值得注意的区别所在。由于涉及的样本很小（只有十六位历史学家和十二位经济学家），关于作者背景的社会学分析，只能给出一些提示性结果。尽管如此，它还是清楚地表明，经济学家的父亲更多是从事商业或制造业，而历史学家则多是出自书香门第。历史学家们通常记得童年时的自己都是热情洋溢的书虫，而经济学家们通常会忆起自己在父亲的工厂或者店铺里所观察到的点点滴滴。大多数经济学家在大学里从事研究，这也是历史学家们通往其职业生涯的唯一途径，但是，经济学家当中会存在一些例外的情形。将其成年的职业生涯进行对比，就会发现，其差别最为显著。作品集中的十六位历史学家，终其一生都是一位学者。他们生活在一个相对封闭的学术环境中，研究和教学撑起了他们的一生。他们或许也从事其他的活动，尤其是政治，可即使是像1918年德国战败之后发生革命这般重大的事件，也没能让他们离开自己的大学。

　　然而，经济学家们截然相反。那些活跃于银行业、政坛、新闻业、非营利性基金会、政府部门以及学术界的作者，在我们这里都能找到，而且还有许多人在一个行当和另一行当中反复游走。历史学家们却都坚信，"史学工作者"实际上是最能准确描述他们的术语，这些作者也很少像经济学家那样执着于自己的观念。这部文集中的两位德国社会民主党领导人（埃杜尔德·伯恩斯坦和卡尔·考茨基）可能就很少被冠以那样的标签；此外，更加具有学术倾向的列泼德·冯·维斯更喜欢把自己看成是一位社会学家。所有的撰稿者们与其周围世界的联系是如此紧密，所以，该书的编辑菲利克斯·梅那尔（1929，2：v）就用了下面这样一个事实，来解释第一版和第二版文集相隔五年才得以出版的原因：在他的撰稿者们完成对他的允诺之前，他们必须优先考虑那些"更加具有现实意义的任务"，比如，对恶性通货膨胀的处理、赔款问题以及一战后欧洲基础设施的重建问题。尽管当今的时代问题已经改变，可是，主要经济学家在学术界、商界和政府之间往复，而历史学家仍隐居于大学的趋势，似乎还是相当类似，未尝稍改。正如J.A.克里戈尔（J.A.Kregel）（1989，2：xⅶ）在当代经济学家撰写的短篇自传论文集的引言中所写的那样，"如果你想要在这些文章作者的职业生涯中搜寻统一的一面，那么最明显的特征之一就是他们在政府或商界均有着相当丰富的经验。"这种现象导致的一个结果就是，许多经济学家的自传，就不如其他学科的同事们那般纯粹的"学术化"，而事实上，最近一些美国经济学家的自传，也被归入了名人回忆录的名目之下。据来自一位出版商的传言称，他已经为艾伦·格林斯潘（Alan Greenspan）[①]的回忆录，提供了高得离谱的850万美元的报酬，而任何一位历史学家在短时间内都将难以望其项背。

梅那尔文集中揭示了经济学家和历史学家之间的另一种不同，他们在与社会和政治现实的结合方式方面多少存在一些争论。其实这就是经济学家对理论的关注所致。然而，梅那尔作品集中的历史学家们一般会将他们的记叙，与按照单一的年代顺序陈述下来的主要研究项目，以及从一项工作到另一项工作的起承转合结合起来；经济学家们所写就的文章则通常包含两个部分，一部分以一个简短的简历开篇，另外一部分就转而探讨一些他们最为关心的理论问题。另外，梅那尔作品集中的历史学家们则经常是乐于表明他们研究的学科领域，而不愿花费太多的精力去阐释他们对这一领域所做的具体贡献，而经济学家们则被认为会就他们对该学科的独特贡献加以阐发，并且往往要与其对手争辩到底。这在当代经济学家的回忆录中依然如此，而且倾向于根据他们"经济学说史上的要角"一词来证明其合理性（Moggridge 2003，599）。一些历史学家认为，历史研究似乎只有一种可以被普遍接受的方法，而且他们也倾向于这么写作，相比梅那尔文集中这些历史学家所贡献出来的文稿而言，那些经济学家的文稿在方法论问题上则显得更为突出。结果，经济学家们的文章就描述了一个充满着各种争吵和争议的学科，而其历史学家同事们则勾勒了一幅一群学者各自追逐着自己的兴趣且很少横跨到竞争对手道路上的景象。

即使是对经济学家回忆录只做短暂的一瞥，也能发现经济学与自传体裁之间存在着不同寻常的关联，而且它反映了这样一个事实：经济学科以一种其他大多数学科都没有的方式与商界和政坛产生相互影响，而且理论争议也往往起着重大的作用。但是，与此同时，那些仍将自己界定为经济学家的自传作者们，又没有将自己从抽象概念领域以及知识追求中完全脱离开来。埃德温·R.塞利格曼（Edwin R. Seligman）（1929，2：144）在1929年为梅那尔作品集撰稿时就总结道：他始终均衡地关注着"历史和比较关系的形成，理论的分析以及实践上的应用"。六十多年之后，赫伯特·西蒙也将其自传勾勒为一位被界分为"科学家和教师"以及致力于国际事务的"科学政治家"的个人传奇。然而，西蒙依然给"个人"故事在这两个领域之间腾出一些空间，来记述那些成

---

① 艾伦·格林斯潘(Alan Greenspan,1926—),美国犹太人,在1987年8月11日至2006年1月31日期间一直担任美国联邦储备委员会主席。艾伦·格林斯潘被认为是美国国家经济政策的权威和决定性人物,他被媒体和业界看作是"经济学家中的经济学家"和"大师"。——译者注

长的故事，爱情、亲情、友情、旅游和闲暇的经历；换句话说，就是为我们通常称之为自传的领域让出一些位置。

　　既然乔治·斯蒂格勒对传记研究的反感已经帮衬着框定了这一讨论，那么我很乐意通过重新复归到那个观点上来，而做出简要的总结。尽管斯蒂格勒的回忆录与阿尔弗雷德·P.斯隆基金会丛书中的其他书籍一样作为独立文集出版，但是，它们仍然是作为一个集体项目（阿尔弗雷德·P.斯隆基金会丛书）的一部分才得以出版的；这一点与梅那尔作品集中的文稿并无二致。这套丛书初版于1979年，当时回忆录时代正好在大众文化和学术文化中萌芽。当我们向更为广阔的读者群阐发现代科学上所存在的困难时，该丛书第一本文集中未署名的前言表明这个项目可以克服一二。对于一个外行读者而言，科学研究的细节或许太过深奥而无法与之沟通，可是自传的叙事却能向他们传递这样一个信息：科学也是"典型地富含人情的事业"（Dyson1979，ⅶ）。斯蒂格勒的文集是目前该丛书中包含的两本经济学家传记中的一本（另一本由西蒙所著），它处于光谱当中更加非个人化和反文学化的那一端，而该光谱的另一个极端则是以弗兰西斯·雅各布（François Jacob）[1]的《心灵雕像》（Statue Within）（［1987］1988）为代表，这是一本激情洋溢且与让-保罗·萨特（Jean-Paul Sartre）[2]《词语》的文本遥相呼应的记述之文。尽管如此，正如我此前所坚持认为的那样，斯蒂格勒的自传仍在自传体裁的边界之内。

　　在传统的学术回忆录如何用于维护美国和整个世界的价值观方面，斯蒂格勒的传记故事，正如他所勾勒的那样，堪称是一个经典案例。与绝大多数美国学者一样，斯蒂格勒绝非生来就是一个教授的料。他的父母是一战前夕从中欧迁徙到美国的移民，斯蒂格勒成长于美国内陆地区的华盛顿州。斯蒂格勒把自己描述成一个随性之人，偶然间才走到了学术的道路上来，因为大学期间他一直认为自己将来会从商；而且仅仅是由于1931年的就业困难，他才去攻读研究生的。他写道："我逐渐感到，经济学是一门富含知识养分的学科，值得投入全部的精力去研究，而不再是作为进入商业生涯的入门课程来蒙混过关的。"他向几位激发了他在这方面兴趣的老师致敬，是他们给予了他从事这门

---

　　① 　弗朗西斯·雅各布(1920—2013)，法国生物学家，1965年荣获诺贝尔生物医学奖。——译者注
　　② 　让-保罗·萨特(Jean-Paul Sartre,1905—1980)法国20世纪最重要的哲学家之一，法国无神论存在主义的主要代表人物，西方社会主义最积极的鼓吹者之一，一生中拒绝接受任何奖项，包括1964年的诺贝尔文学奖。在战后的历次斗争中都站在正义的一边，对各种被剥夺权利者表示同情，反对冷战。他也是优秀的文学家、戏剧家、评论家和社会活动家。《词语》是其于1963年发表的自传性质的小说。——译者注

学问的鼓励之情；他还对一些同学表示感谢，他认为这些同学教会他的比自己的教授还要多。他还意识到，历史环境把他塑造成了一群能够彻底改造这一学科的年轻经济学家之一。由于大萧条的原因，"大批极端优秀的研究生开始研究经济学，因为这一学科抓住了当时社会最迫切的问题。"在学术界，他找到了一个品性独特且各方面条件看起来都很适合的环境。"与生活中其他大多数职业相比，大学往往更能容忍高度专业化的人才的发展。如果某某是一位大数学家，那么即使他穿得像个流浪汉，餐桌礼仪表现得像只大猩猩，而且讲课也异常晦涩难懂，人们也会默默忍受……这在其他行业是不大可能出现的，因为对于一名企业家、官员、牧师或律师而言，只有具备更全面的素质，才能在其职业生涯中获得成功"（斯蒂格勒 1985，15，51，31）。

　　尽管那些后来成为了历史学家的年轻人把二战期间的大萧条的惨状和美国的全民动员所带来的经验，作为支持政府积极介入的论据，但斯蒂格勒和他的"芝加哥学派"经济学家同事们却得出了相反的结论。新政期间，他在首都华盛顿待了一小段时间，致力于一些从未实施的工程；而且在他效力于价格管制办公室期间，还要眼睁睁地看着自认为合理的经济学原理在战争期间被完全予以忽略。他写道："在我们的工作中，我的角色如此不受人重视，以至于只要我的主张没有帮到敌人就是万幸了。"相比大多数的学者而言，尽管经济学家更有可能被招募到公共服务的行列，但是根据斯蒂格勒自己的经验和他对其同事行为的观察，他认为，在一般情况下，坚持研究和教学会让他们过得更为舒适。"对一名经济学家而言，政治生涯最终会将他推上一个既受约束又难有作为的尴尬地位。在这种地位之上，他必须对自己所痛恨的政策，比如最低工资法或保护主义行为保持沉默，或者谨言慎行。即使政策错得近乎荒唐，他也必须表示支持"（62，135）。

　　尽管斯蒂格勒基于其个人经历对美国社会和学术界给出了一些批判性的评论，但他依然提醒读者，他的一生基本上是平淡无奇的，而且他们将很少能够在其叙述之中发现他有什么紧张不安或者焦虑的情绪："我的经济学家同事们对我颇为宽容。在美国经济这半个世纪的发展进程中，大家没有愤怒，而且连抱怨都极少出现。"他很清楚，学术界没有乌托邦，但是他通常会通过对整体的观察而非个人经历的描述来谈论学术界的不足之处。他写道："我不该夸大大学对学术能力持之以恒的追求"，他也承认"充斥于学术学科间的剧烈竞争"，他常去揭穿关于天才和创造力的空想观点："但是，重要的个人贡献和大胆的孤注一掷都只不过是整个科学工作中极小的一部分，有如冰山的一角。科学研究的本质还是市场运作；与杂货商或者电脑生产商的活动相比，虽然形式迥异，但本质上大同小异"（xi，31，33，84）。他也的确给出了学术争执如何危害学者生活的具体描述，可是在他描述的案例中涉及的乃是他两位老师，而不是他自己。

乔治·斯蒂格勒无疑是一位极具才能又颇有影响力的经济学家，可是公平地来讲，他确实撰写了一部相当无趣的自传。可能他对这项任务本就反感：正如我前文所述，他认为传记方法对于经济学说史并无太大裨益。关于《一个自由主义经济学家的回忆录》，我们想问的最有趣的问题就是，它为何竟然会被出版出来呢？我们发现，像斯蒂格勒所撰写的这种学术性回忆录，其目的乃是为了再次肯定学术学科以及造就作者职业生涯的机构之优点。尽管在斯蒂格勒对投身于美国政治的经济学家命运的评论中，暗中隐含了对美国政治的负面特征的批评，但是他的故事依然是表达了对美国社会的基本价值观的肯定，像他这样的移民儿童可以基于自身能力而成就一番颇具声望的事业，这本身就是美国价值观的体现。事实上，具有一定讽刺意味的是，正如斯蒂格勒回忆录标题所表示的那样，他的经济学事业全都在致力于保护无约束的自由市场的好处，而你可能会怀疑市场需求本身是否可以解释他那平淡乏味且不多么有趣的传记故事得以出版的原因。《一个自由主义经济学家的回忆录》是在一家私人基金会的支持下得以面世的，这就向我们展示了，学术界在出版加强其价值观的传记故事方面的机制是如何形成的。而这些机制是否能够确保读到这一普通传记的读者取得这样的价值观，就另当别论了。

即使是对经济学家和传记叙事的关系进行一个粗略的检视，我们也会发现学术学科的差异确实影响了其实践者创作的传记故事的种类。具体来说，经济学家一心想要把他们的学科描述为一个"冷酷的"学科，即以独立于人类主观性的客观规律为基础的学科；这就使得他们将自传这一与生俱来的主观性工程，与其他一些学科加以区别对待，而在那些学科中，解释性的说明则被看作知识中必不可少的一面。然而，即使是像斯蒂格勒的回忆录这类相对"非自传"的文本，它也在提醒我们，我们期望从经济学家传记故事中学到的，与其他形式的学术性传记中呈现的经验，也并非是完全分离，彼此不同的。尽管斯蒂格勒在个人生活那些方面惜墨如金，可你仍能感觉到，在他对经济学的奉献背后，是一份真诚的热爱；而且环境对其职业生涯也产生了一定的影响。一些经济学家或许会反对这些推论，但也有一些人愿意接受它们。迈克尔·森博格（Michael Szenberg）（1992，ix），是最积极拥护自传的经济学家之一，他曾提出，经济学对自传的漠视意味着它已经"忽略了个人和社会因素在经济话语形成中的作用"，而且它还拒绝承认阅读其他人的传记所产生的能量。在其三册自传论文集的第二册中，森博格赢得了一位堪与保罗·萨缪尔森（1998）比肩的杰出人士的支持，来宣讲阅读和撰写经济学家传记故事之优势的观点。因此，至少一部分经济学家似乎会乐于加入那些来自其他学科的同事之列，来支持这样一种可能性：自传写作或许反而会使他们的学科更加充实，而且可以帮助证明自传是可以成为人类创造力多种形式中的一种的，并不是像斯蒂格勒所警告的那样，会削弱经济学科的地位。

　　因此，经济学家们已经在努力地想让学术界接受，自传是一种合理的体裁。然而，正如我在本文的开头所表明的那样，在此过程中，他们业已证明：在自传研究范围内得出的学术性自传结论，要求我们修正一些对以第一人称来进行写作的特点所做的一般性假设。绝大多数经济学家的回忆录，至少迄今为止，已经是相对客观了，而且几乎全然没有此类作品所固有的那种情感倾向和主观性的因素。正如我之所述，这些回忆录中的绝大多数，都出现在了多人供稿的文集中，而这些文集就是学术性自传对自传文体的特殊贡献之一。最后，非常清楚的一点是，推动经济学家自传作品激增的主要力量，乃是来自于一些机制的运行，而这些机制植根于经济学这一学科的结构之中，而非在其个体成员的心灵之内。因此，与一般的学术性自传一样，经济学家的自传也提出了这样一个问题：个人主义和一个通常被假定为是对个人身份最具代表性的描述的文学体裁之间，到底具有着怎么样的联系。

参考文献

Bourdieu, Pierre.2004.*Esquisse pour une auto-analyse.*Paris：Raisons d´agir.

De Man, Paul.1979.Autobiography as De-Facement.*Modern Language Notes* 94：919-30.

Dilthey, William.[1914]1962.*Pattern and Meaning in History：Thoughts on History and Society*, edited by H.P.Rickman.New York：Harper and Row.

Dyson, Freeman.1979.*Disturbing the Universe.*New York：Harper and Row.

Eakin, Paul John.1985.*Fictions in Autobiography：Studies in the Art of Self-Invention.*Princeton, N.J.：Princeton University Press.

——.1992.*Touching the World.Reference in Autobiography.*Princeton, N.J.：Princeton University Press.

——.2005.Living Autobiographically.*Biography* 28：1-15.

Eby, Cecil.1969.Review of *Historian´s Quest*, by Gabriel Jackson.*Book Review Digest*, 19 October, 650.

Jacob, François.[1987]1988.*The Statue Within：An Autobiography.*Translated by Franklin Philip.New York：Basic Books.

Kaplan, Alice.1993.*French Lessons.*Chicago：University of Chicago Press.

Kregel, J.A., ed.1989.*Recollections of Eminent Economists.*2 vols.New York：New York University Press.

Lejeune, Philippe.1989.*On Autobiography.*Translated by Katherine Leary.Minneapolis：University of Minnesota Press.

McCloskey, Deirdre.1999.*Crossing.A Memoir.*Chicago：University of Chicago Press.

Megill, Allan.2006.Review of *History, Historians, and Autobiography*, by Jeremy D.Popkin.*Biography* 29：481-85.

Meiner, Felix, ed.1924, 1929.*Die Volkswirtschaftslehre der Gegenwart in Selbstdarstellungen.*Leipzig：Felix Meiner Verlag.

Moggridge, D.E.2003.Biography and the History of Economics.In A *Companion to the History of Economic Thought*, edited by Warren J.Samuels, Jeff E.Biddle, and John B.Davis.Malden, Mass.：Blackwell.

Nora, Pierre.1987.*Essais d´ego-histoire.*Paris：Gallimard.

Olney, James.1972.*Metaphors of Self.The Meaning of Autobiography.*Princeton, N.J.：Princeton University Press.

——.1980.Autobiography and the Cultural Moment.In *Autobiography：Essays Theoretical and Critical*, edited by James Olney.Princeton, N.J.：Princeton University Press.

Popkin, Jeremy D.2001.Coordinated Lives：Between Autobiography and Scholarship.*Biography* 24：781-805.

——.2005.*History, Historians, and Autobiography.*Chicago：University of Chicago Press.

Popkin, Richard H.1988.Intellectual Autobiography：Warts and All.In *The Sceptical Mode in Modern Philosophy：Essays in Honor of Richard H.Popkin*, edited by Richard A.Watson and James E.Force.Dordrecht：Nijhoff.

Samuelson, Paul A.1998.Foreword to *Passion and Craft：Economists at Work*, edited by Michael Szenberg.Ann Arbor：University of Michigan Press.

Seligman, Edwin R.1929.Edwin R.Seligman.In *Die Volkswirtschaftslehre der Gegenwart in Selbstdarstellungen.*Vol.2.Leipzig：Felix Meiner Verlag.

Simon, Herbert A.1991.*Models of My Life.*New York：Basic Books.

Steinberg, Sigfrid, ed.1925.*Die Geschichtswissenschaft der Gegenwart in Selbstdarstellungen*.2 vols.Leipzig: Felix Meiner Verlag.

Stigler, George J.1985.*Memoirs of an Unregulated Economist*.New York: Basic Books.

Szenberg, Michael, ed.1992.*Eminent Economists: Their Life Philosophies*.Cambridge: Cambridge University Press.

Verene, Donald.1991.*The New Art of Autobiography: An Essay on the Life of Giambattista Vico Written by Himself*.Oxford: Clarendon.

Weintraub, E.Roy.2005.Autobiographical Memory and the Historiography of Economics.*Journal of the History of Economic Thought* 27:1−11.

第二部分

形形色色的经济学家传记

生平提要：经济史学家短篇传记作品的写作及其用途

罗杰·E.巴克豪斯[1]

言以简为贵。

——莎士比亚，《哈姆雷特》

保持适度的简洁想必是作传人的首要责任，也就是说，我们既要除去一切冗余之物，同时又不能略掉任何重要之事。

——利顿·斯特拉奇（Lytton Strachey）[2]
《维多利亚时代四名人传》（1918）

对于许多从事传记体裁写作的作家来说，利顿·斯特拉奇的《维多利亚时代四名人传》不仅代表着一个新征程的起点，而且还是维多利亚时代"标准"传记的范本：

或许，撰写出一个美好的人生与活出一个精彩人生一样，都不是件容易的事。这厚厚两大册的文集，各个篇章对大量的材料囫囵吞枣、不求甚解，风格草率，通篇充斥着乏味的颂词般的味道，没有经过精心选择，没能具备超然于传主生活的那种态度，亦没有匠心独运地进行设计，难道这些就是我们用来纪念那些我们对其茫然无知的逝者的习惯作风吗？作者们和殡仪员的送葬队伍一样熟悉葬礼，也就在其中弥漫着一种相同的沉闷气氛和粗鄙作风。（Strachey 2003，6）

斯特拉奇对维多利亚时代不加区分就全然斥责，这一点着实有些过于不公。这个时代毕竟创作出了托马斯·卡莱尔（Thomas Carlyle）的散文，还有莱斯利·斯蒂芬（Leslie Stephen）的《英国人物传记辞典》，所以它或许应该

---

① 非常感谢 Bradley Bateman，Philippe Fontaine，Bruce Caldwell 以及为本书中这篇文章初期的草稿提出建设性意见的编辑们，还要感射 Steven Durlauf 和 Morgen Witzel 与我分享他们对这一主题的观点。

② 利顿·斯特拉奇（1830-1832），英国作家，文艺评论家，所著《维多利亚女王传》深受好评。——译者注

被称作是一个小传时代（age of the biographical sketch）。维多利亚时代的传记颇具代表性地被扩展为"两本厚厚的文集"，这样说倒是有些夸张的成分在里头，但是，通过从中袭用和审慎地选择，即使是这样的材料，也可以为斯特拉奇提供足够充分的资料，结果竟也勾勒出了自己对这一时代的描绘（Sutherland 2003；Gittings 1978，34；Bell 1989，54）。然而，在深入思考最近激增的一个体裁（也就是，经济学家短篇传记）方面，它的确提供了一个颇为有用的新起点。①经济学家约翰·梅纳德·凯恩斯的作品成了这类文章的新起点，而斯特拉奇既是他亲密的朋友，又是带给他灵感启发之人。我们可以期待着从经济学或其他学科的短篇传记那里获得什么，关于这方面的讨论又该放至何处？斯特拉奇对传记的态度恰好为这些问题提供了一个有力的落脚点。

斯特拉奇认为自己的任务就是书写出传主的人生概略，还要从他们长长的一生中拣选材料，并向大家表明：这些完全不是在恭维，而是实录。所以，毫无疑问，根据以上引用的话语，我们可以知道，他认为简传应该独具一格、超凡脱俗，而且还要匠心独运。《牛津人物传记辞典》（ODNB）的前任编辑、最初一版《英国人物传记辞典》的新晋继任者，布里安·哈里森（Brian Harrison）（2003）追随着斯特拉奇的脚步，声言道，短篇传记应该以人物生平故事的中心为焦点，而不是将其埋没于厚厚的文卷之中；而且，对简洁性的要求也会让作传者更有激励去提供出人意料的新奇之见。他还认为，短篇传记并不一定会次于长篇的大部头传记作品。报纸上的讣告，就像记者报道一场板球比赛那样，通常意欲传达的是逝者的个性，而且极可能会以一段最难忘的经历叙述作为开头，之后再组合成对其一生的完整描述。当然，并不是所有短篇传记都会以这些作为目标。有一些无非是基本事实的年代叙事罢了，可能是由传主自己所提供，也可能是一个外行编纂，比如说《经济学名人录》（Blaug 和 Vane 2003），就是其例。②

①　我将会使用的，且最接近短篇传记定义的，是这样的书籍：它并没有占据整个文集的篇幅，即使是一本文集的主要部分也不可以，但它又是以一部作品集中的一部分出现。因此，我将唐纳德·莫格里奇（Donald Moggridge）（1976）和罗伯特·斯基德尔斯基（Robert Skidelsky）（1996）创作的《约翰·梅纳德·凯恩斯传》排除在外，因为这些都是完整的传记，尽管这两本的篇幅并不大。我还将《梅林1997》排除在外，因为其三篇传记中的每一篇都太过丰富，而且三篇传记又无法足以构成一本作品集。另外，凯恩斯关于马歇尔的传记文章却被包括在内，因为不管多长，都可以被列入辞典或者百科全书的传记条目中。这一点看起来或许有些独断，但它确实把重要的短篇作品集中呈现了出来。

②　通观全文，这篇文章不包含任何关于自传的讨论，因为这样就提出了一个不同系列的问题。想要了解更多最新的短篇自传文章的作品集，请参考 Backhouse 和 Middleton（2000，ix-x）。

超越了个人生平，短篇传记就为哈里森所描述的那种"艺术作品之间的内在比例"提供了机会。在"长篇传记"方面，传记的广度是由传主重要性之外的其他许多因素决定的，其中最显著的当属原始资料的可用性，此外还有作传人的可用来消磨在这个项目上的时间以及他或她对之所做出的承诺，相比这种"长篇传记"所需要的篇幅，在文集（比如说《英国人物传记辞典》DNB）编辑们给出的篇幅之内，就更加容易反映出"有些生平更加有趣，而有些则比较乏味"这样的事实。根据这一标准，我们应该选出一些传记作品集，比如《英国人物传记辞典》（DNB）、《英国经济学家传记辞典》（BDBE）（Rutherford 2004），也算是列出了与并未采用这一准则的传记作品集不太相同的作品，或者列出一些诸如综合性百科全书和《新帕尔格雷夫经济学大辞典》（Eatwell, Milgate 和 Newman 1987；即将接手的是 Blume 和 Durlauf）参考工具书中的传记条目。[1]要说短篇传记让我们看到了"平凡如邻人"的经济学家，可能有些言过其实（这样也许会要用到研究人的外貌和性格的学科或者文献统计学），但它们确实让我们离这一目标近了一步。知识是属于社会的，而且即使只有极小一部分个体负责设定议题，可如果不能尽可能地囊括除了那些值得为其撰写长篇传记的经济学家之外的更为广泛的群体，我们基本上也还是无法理解他们的思想。

凯恩斯和熊彼特

凯恩斯的传记作品向我们表明了布鲁姆斯伯里小圈子对这一体裁的兴趣。[2]所以，他的文章反映出了自己的朋友斯特拉奇的许多顾虑和看法，这也是不足为奇的。凯恩斯探究了他笔下那些传主们的家庭背景和心理特点。所以，他关于托马斯·马尔萨斯的文章就为马尔萨斯的父亲丹尼尔与大卫·休谟之间的友谊，甚至是马尔萨斯与让-雅克·卢梭（Jean-Jacques Rousseau）之间的联系方面都留出了足够的篇幅：这是因为马尔萨斯在其《人口论》中认

---

[1] 作为《英国经济学家传记辞典》的总编辑（十来个条目的作者）之一和《新帕尔格雷夫经济学大辞典》第二版的副编辑，我要说明的时，我自己并没有负责任何传记条目的编撰。

[2] 虽然我本着探索他们的原则做了一些改进，但在撰写这一小节的初稿时，我并未意识到沃克尔（Walker）（1985）对凯恩斯的讨论以及 Shionoya 对熊彼特的讨论（1997,279-92）。Walker 更为突出地强调了凯恩斯对其传主作品的评价。

为，他与卢梭的关系所具有的意义要远远超出丹尼尔·马尔萨斯为自己的儿子所提供的教育类型的影响。尽管凯恩斯对马尔萨斯作品的探索不如最近的历史学家们所做的那么全面，但毫无疑问的是，他对马尔萨斯在当时的政治氛围、他父亲的激进主义联盟以及其众多好友中的定位都还是能够公允处之的。而关于威廉·佩里（William Paley）、托马斯·潘恩（Thomas Paine）、萨缪尔·泰勒·柯尔律治（Samuel Taylor Coleridge）和珀西·毕什·舍勒（Percy Bysshe Shelly）这些名字均如雷贯耳，他们均是马尔萨斯的朋友，这一点或许会让那些认为马尔萨斯在亚当·斯密和大卫·李嘉图（David Ricardo）之间起着桥梁作用的读者大感惊讶。

在凯恩斯为他所认定的经济学家们撰写的文章当中，同样具有这类特征。[①]将主要精力都投入在了对他们的"血统"、家庭背景、个人心理特点以及他们的宗教信仰的探究之上。在了解这些事情的过程中，我们也更多地认知到了他和权威之间的据理力争。马尔萨斯不仅仅是在与威廉·葛德文（William Godwin）和潘恩这些激进分子进行辩论，同时也在质疑他父亲所生活过的那个由卢梭所激起的激进环境。阿尔弗雷德·马歇尔和玛丽·佩里（Mary Paley）都反对严厉的，甚至是"专横的"福音派父母。然而，马歇尔自己也未曾幸免：

> 他（指马歇尔的父亲）专制作风的最直接受害者，就是他的家人们，最容易受到伤害的是他的妻子；但是这一帝国一样的家庭模式，其在理论上的影响甚至可以扩及所有的女性……遗传的力量是非常强大的，阿尔弗雷德·马歇尔自己也未能完全摆脱他的父母所带给他的那种教育模式的影响。他对女性有一种与生俱来的专横，这与他对妻子的深情和敬意是相互冲突的；他处在一个妇女受教育和解放运动的大背景之下，但与此同时，在他心中，种种控制妇女的倾向也深深地扎下了根。（凯恩斯 1972，162）

凯恩斯或许认为威廉·斯坦利·杰文斯（William Stanley Jevons）父母的英年早逝，恰好使得杰文斯免于遭受对家庭氛围的背叛，从而可以沉浸于经济学的研究之中，这样的推测还是极有诱惑力的！当然，并不是所有人都可以被归于此类，而且，我们依然有足够的例子证明，斯特拉奇式的风格也仍然为之所沿袭。据目前所知，赫伯特·福克斯韦尔（Herbert Foxwell）对他的双亲并没有什么叛逆之举，但是据凯恩斯所述，马歇尔对福克斯韦尔的经济学分析方

---

① 主要是其在《传记文集》中所写的那些文章。

法持有偏见，对此，福克斯韦尔本人也颇为苦恼，而且他认为正是这一点导致他在剑桥学术等级中的地位无法得到提升。

最为重要的一点是，这和斯特拉奇的讽刺手法多有类似之处。这一点只能通过引证来说明。之前关于马歇尔对女性态度的描述，斯特拉奇多半已经写过，与下面我们从中随机挑选出来的任何一个段落一样。我们来看一下凯恩斯对玛丽·佩里父亲的描述（1972，234）。

但是这些严格的原则是一件多么奇怪，有时又是件多么可怕的事情啊！为什么只有当一个时代相信，或者说，至少被塑造为一个值得相信的时代时，它才是伟大的，到底什么才是荒谬至极的原则？Simeonite 教区牧师的信仰是如此严格，结果，他甚至与邻近的任何一位牧师都无法友好相处。

对伦理规范的怀疑、对宗教的疑惧以及有关维多利亚时代社会的诸多荒谬行径，总结起来，就是这简短的三句话，虽然简短，但是这其中任何一句本身就已足够尖锐、到位了。杰文斯对统计学的运用与道德和宗教信仰并无关联，而凯恩斯却用相当不屑的语言对其进行了批评。

然而，毒素已经浸入了他的体系。那些曾经整日忙于不断调整，以与这种特性达到一致的人中，没有一个可以让自己轻易地摆脱被质疑的烦恼。（124）

无疑，除了马尔萨斯这个例外，凯恩斯所探讨的其他人物，要么是与他个人相亲善，要么就是他所在的那个圈子与之有渊源，比如说杰文斯曾教过福克斯韦尔，还与马歇尔交流沟通过；明白这一点，也具有重要意义。即便是马尔萨斯这位剑桥的另一位经济学家，凯恩斯也可以通过威廉·佩里而将他与自己所熟识的那些人联系起来。[①]这都有助于获取各色的一手文献，其中包括作为其传记文章基础的许多信件。正如他在接受马歇尔对自己作品的诸多要求时所表现的那样，他与传主的亲密关系可能在某种程度上削弱了他的批判机能。但是，在凯恩斯提供的一段与福克斯韦尔惺惺相惜的记述之中，他对马歇尔却又隐含着批评的意思。与福克斯韦尔一样，凯恩斯后来也极为反对马歇尔对李嘉图的过度吹捧。关于福克斯韦尔的广泛影响，凯恩斯只写出了使得马歇尔对一些问题的看法发生变化的部分。关于杰文斯，凯恩斯的钦佩之情却因其方法论的差异和自己继承自马歇尔的批判而大打折扣。同样地，尽管凯恩斯也很敬佩马尔萨斯（而且在《通论》中对其更是大加赞扬），可他并不赞同马尔萨斯的

---

① 更一般地来说，Walker(1985,185)认为他的文章正是因为与英国经济学联系的太过紧密，反而有所损害。

保守主义——布鲁姆斯伯里的小圈子的观点与马尔萨斯反对的亲社会党激进主义相去甚远，但是双方都在怀疑既有的权威。

这些文章都将关注点放在了经济学家的生平之上，对他们作品的讨论竟几乎总是沦为了他们生平背景的一部分。但还是有一些例外的，凯恩斯撰写的关于亨利·坎宁汉姆（Henry Cunynghame）的文章，只有一个相当普通的生平介绍，结尾评论道，"像亨利·坎宁汉姆这样的人，不愧为英国政界尊贵与荣耀之人"（凯恩斯1972，300），[①]接下来又列出了其"对经济学的贡献"的目录，并给出了分析，而且这些与他的生活竟都没有联系。或许对于那些把绝大部分的职业生涯都倾注于理论经济学之外，且著作也主要集中于数学研究的人来说，这是很自然的事情。凯恩斯（1972，335）将弗兰克·拉姆齐（Frank Ramsey）关于税收和储蓄的作品描述为"对数理经济学做出的最卓越贡献之一"，[②]但在关于他的文章中，凯恩斯完全没有对其生活表现出任何兴趣：他只说拉姆齐是一位哲学家兼逻辑学家。在一本书评中，他提到过这篇文章的起源，这或许可以解释部分原因。同样地，也可能由于他们人生观（主要涉及的是同性恋）的不同，使得细究拉姆齐的生活这件工作太过艰难，尤其是凯恩斯想要在拉姆齐去逝后来称颂他时，这个任务就更显得困难了。但也有人会这样认为：凯恩斯最敬重拉姆齐的地方在于他的逻辑分析能力，这自然就意味着对拉姆齐生活的考察无关紧要。

凯恩斯主要关注剑桥以及他相当亲密的圈中人，而他最大的对手，约瑟夫·熊彼特却大大拓展了自己的涉猎范围，其中包括他的《十大经济学家》（1997）和他《经济分析史》（1954）中的那些短篇传记。[③]在这里比较一下还是很有价值的，因为关于传记的视角，熊彼特所代表的与凯恩斯的颇为不同。熊彼特的文笔更具说服力，他在其传记中所记载的那些经济学家，情况与凯恩斯的那些传记非常相近：除了马克思以外，《十大经济学家》中的所有传主都与熊彼特私交甚好；[④]不仅大多是他钦佩之至的经济学家，而且不少文章都是讣告之文。但两者之间还是存在着一些更为显著的差异。凯恩斯主要关注个人的心理特点和教养，熊彼特对此却不屑一顾。他甚至一度认为，传主的生平和

---

① 或许这一点是有意反讽，但是我认为没有理由这么想。

② 在作者死后编辑出版的《传记文集》中，拉姆齐分别被列在"经济学家"和"朋友"的目录之下。

③ 马克·佩尔曼（Mark Perlman）在熊彼特（1997）中所作的序言，对本文的这一部分助益颇多。正如前文所注，如果我及时地看到了它，Shionoya（1997）对我也将会同样有用。

④ 这不包括在附录中简要讨论的那些经济学家，因为把他们包含在内并非熊彼特本人所为。

科学成就彼此很难相互联系起来。

像（凯恩斯所写的马歇尔传）这样的传记，它的最大困难就在于，它将一个人的生命历程与对其科学成就的展示这两个部分结合在了一起，将它们弥缝得如此天衣无缝，是十分困难的。（熊彼特 1933，654）

相对于探究私人的信息，熊彼特反而认为传记乃是"关注个人生活经历中的时代和环境的艺术"（652）。正如《经济分析史》开篇第一章所阐明的那样，他真正的兴趣在于探究社会、意识形态和科学之间的关系。传记或许正为他提供了一个研究这些广泛主题的途径，但他并不认同布鲁姆斯伯里小圈子中为了个人的兴趣而对个体及其心理状态产生兴趣的做法。也有可能是这样的，熊彼特在其关于伟大的经济学家的文章中忽视私人信息，是想要用例子来表明他希望后人也以这样的方式来对待他：他想要自己的私生活保持私密。

熊彼特感兴趣的地方在于专主的成就。在撰写卡尔·门格尔（Carl Menger）时，他声称，传记的细节不需要再"给门格尔这个名字增添什么声誉"了，它的主要部分应该是他给经济学理论带来巨大变革的决定性成就（熊彼特 1997，81）。熊彼特的兴趣点在于他描述的"门格尔的科学人格"（81；重点为本书所加），这一点无法由其心理特点，而只能由门格尔出生时的环境来解释。这个环境，他曾在关于市场经济兴起的一个段落中予以总结过。熊彼特就从这一环境出发继续探究为何门格尔迅速成功之后，接踵而来的竟是失败，最后他把落脚点寻到了德国的思想史。在关于列昂·瓦尔拉斯（Léon Walras）的文章中，熊彼特提供了更多的传记细节，列出了关于其生平的简要事实陈述，然后就直接跳转，开始评鉴瓦尔拉斯的主要成就。之后，关于瓦尔拉斯著作的背景，他又给出了简要的阐述；并且评价了它所引导的方向。类似地，熊彼特又概述了维尔弗雷多·帕累托（Vilfredo Pareto）的生平，并将其定位在一个与"英美传统"相去甚远的知识背景之下。所以说，关键在于社会环境，而不是个人心理特点。

有人认为，马歇尔的经济学像亚当·斯密和约翰·斯图亚特·穆勒（John Stuart Mill）的学说那样都过时了，而熊彼特关于马歇尔的探讨就主要来回答这个问题。其答案是这样的：马歇尔的著作具有"能够有效抵抗被人迅速遗忘的独特品质"（熊彼特 1997，93）。马歇尔满脑子都是进化思想，而且还将其运用到了自己的理论工作中去。熊彼特将自己的著作描绘成建立在"19世纪英国资本主义的经济社会学"（94）基础之上的作品，这一判断乃是基于其对经济史的充分理解而做出的。相比之下，马歇尔的理论似乎就不那么经久不衰了，因为它是一个静态理论，却用于表现天生具有动态性的现象。熊彼特进一步批评了马歇尔对其"不具人格色彩的盟友"——数学的感激之情，而马歇尔将自己的成就都归功于在著作中对数学的使用。

所有的这些评论，都可以看作熊彼特在为评定自己的著作而奠立基础。[①]他评判经济学家的主要依据，在于他们是否创造了新的视角，这可以在其关于（比如说）马克思、瓦尔拉斯和马歇尔的文章中找到。这就是一个根据熊彼特自身所长而制定出的准则。此外，他一方面仔细品评马歇尔，从而为自己的作品（动态的、渐进的变化）奠定基础，另一方面又反过来批评马歇尔运用了一个不恰当的理论框架，因为它是静态的。其中有几篇文章，可以看作是作者意图正本清源的工作：欧根·冯·庞巴维克、凯恩斯和卫斯理·米切尔（Wesley Mitchell）都是以这样或那样的方式而与熊彼特产生过紧张关系的经济学家。[②]

在评论凯恩斯的《传记文集》时，对于采用了与他类似方法的章节，熊彼特都颇为激赏。比如，凯恩斯联系马尔萨斯的《人口论》出版之前的社会背景，并对之进行描述，熊彼特对此大加称赞，可是他又批评凯恩斯没有给出应有的评价，熊彼特认为，马尔萨斯对社会需要非生产性消费的论述是"明显错误的"，而且关于弗兰西斯·伊斯多罗·埃奇沃思（Francis Ysidro Edgeworth），凯恩斯又忽略了他在垄断、国际贸易和税收方面的著作，从而只呈现出一个有失偏颇的形象（熊彼特 1933，653，655）。

熊彼特关于优秀传记构成要素的阐述，或许也能让你觉察出他对凯恩斯的敌视。他并不掩饰自己对他所谓的凯恩斯的"艺术鉴赏"、他对艺术理解力的欣赏，并赞誉他是"一位资深艺术家"（熊彼特 1933，652），同时还特别挑选出了一些关于他的卓越才华的佐证。然而，毫无疑问的是，这一点应该根据熊彼特对"科学"分析的痴迷来进行解读。他认为优秀的传记需要一个具有时代视角、在"字里行间都可以产生共鸣"的人，同时还要"精通各行各业，了解主人公的思维方式"（652）。凯恩斯所生活的布鲁姆斯伯里小圈子的时代视角，在其传记中，多有体现，但是或许不如熊彼特在他所作的传记中展现的那么明朗。在撰写作为社会学家的马克思、作为经济学家的马克思和作为先知的马克思时，熊彼特运用了一个不仅能够突出马克思的宽广视野，同时也非常适合自己的分类方法。

---

① 相反，凯恩斯的许多传记文章都是在他知晓自己在经济学的主要工作之前就已完成的。
② 参见佩尔曼关于熊彼特（1997）的评论，x-xi。

熊彼特的《经济分析史》，因其包罗万象，涵盖了不计其数的传记短论而蜚声学界（Shionoya［1997，285］声称他大约已经数出了其中的300个）。尽管一些不是那么重要的人物被涵盖在脚注中，但正文当中也占了不小的篇幅，比如他对马歇尔的叙述，虽然关于其生平，我们能够找到的只是一篇以下述评论为开头的参考文献：他的肖像曾由"凯恩斯勋爵用无可超越的明快笔调加以描绘"（熊彼特1954，832）。当他自己并不是非常尊敬某个人的时候，这种引用别人的称颂的技巧或许可以让他免于必须亲尝对之大加赞赏之苦。但是，最生动的短篇传记都隐藏在脚注中。下面这段引文就一定可以体现出作者的这种风格。

约翰·A.霍布森（John A. Hobson）（1858—1940）有幸在马歇尔学派称霸的全盛时期使自己成为大异教徒，并且一直活到这种身份成为光荣标志的时期。在许多方面他都是一个很有趣的人——生气勃勃、多才多艺、积极进取。就受过古典教育这一点而言，他是一个受过教育的人，又是一个易动感情的激进派——这两者结合产生了当时许多的英国社会科学文献。他的经济学是自学出来的，这使他既能够理解受过训练的经济学家不肯去理解的问题，又理解不了受过训练的经济学自认为理所当然的问题。他……绝不讨厌那种使自己感到安慰的解释，也就是，他的马歇尔派对手之所以打倒持异议的人，如果不是受阶级利益的驱使，便是受好追究的脾气的驱使。无论人们怎样常常向他指出，他怎么也想不出有这样的可能性，即由于他所受的训练不充分，他的许多命题，特别是他的批判，很可能可以证明是错误的，而错误不是别的，只是由于他理解不了。（熊彼特1954，832-33 n.5）[1]

这是一篇非常出色的概括——尽管不太公正，却极其精确地描绘了霍布森的性格特点。其中关于其个人心理特点的描述，与斯特拉奇相比，也不遑多让。[2]我们再来看另外一个例子，以熊彼特对亚历山大·哈密尔顿（Alexander Hamilton）的描述为例，他是一位"读者已经非常熟悉，以至于如果再来述说他是谁以及他是做什么的这些内容就显得有些奇怪的"人物："他是那种屈指可数的政策实践者之一，他认为比起一知半解，去获取能够妥善安顿好某一特定类型对象的经济政策更有价值"（199 n.9）。熊彼特认为他需要使用哈密

---

① 这段翻译参考了商务印书馆出版的《经济分析史》，第三卷，第123页，脚注1的译文。——译者注

② Shionoya（1997，286）认为熊彼特非常钦佩斯特拉奇的短篇传记，所以风格上的相似或许并非巧合。

尔顿的部分生平来构建自己独特类型的分析史，这一点简单明了地给出了他自己对这种需要的感受。另外一个例子就是他对柯尔贝尔的概括。

让·巴蒂斯特·柯尔贝尔（Jean Baptiste Colbert）（1619—1683），出身于资产阶级家庭，在路易十四统治初期从普通文职人员升至财政大臣……他是个诚实、能干、精力充沛的行政官员，知道如何筹措款项，恫吓债权人，改进行政管理和会计核算方法，刺激工业，建造宫殿和港口，发展海军，等等……我们没有任何理由去吹捧他的成就，特别是没有理由像他的某些赞美者那样，硬把他看作是某些伟大原则的倡导者。（148 n.5）[1]

我们再来看看被描述为后进生的卡尔尼斯的形象。

约翰·E.卡尔尼斯（John E.Cairnes）（1823—1875）作为一名研究工作者、作家、大学教师及政治家（尽管一直位于幕后）的生涯——如果生涯这个词确实是一个恰当的字眼的话——被他的不良的健康状况给毁了，他的巨大能力为什么没有得到充分的发挥，都是因为健康不佳所致，这也是他壮志未酬的明显原因所在。（533 n.7）[2] 上述所有这些事例，熊彼特都清楚地阐明了他对个人生平的评鉴。

小品文——职业生涯、生平和作品

如若只有基本的传主信息，恐怕很少有人会考虑"名人录"这样的条目，尽管这可能是传主本人所主张的，尽管这可能和传记一样十分有趣，也尽管这些作品对于作传人来说是那么地不可或缺。然而，此类著作（其中包括 Blaug 和 Vane1999；Arestis 和 Sawyer 2001；Hagemannn 和 Krohn 1999）寥寥百字，却悄然融入了可以被命名为小品的这类题材之中，而且由此渗入到短篇传记，之后更是蔓延至长篇传记之中。与名人录形式最为相近的或许就是霍华德·维恩（Howard Vane）和克里斯·穆尔何恩（Chris Mulhearn）的《诺贝尔经济学纪念奖获得者：学术生涯和主要出版物介绍》（2005）。它的写作符合这样的准则：

---

① 这段文字中文版见于商务印书馆《经济分析史》第一卷第226页，脚注1，本处参考了其译文。——译者注

② 这段引文的中文版见于商务印书馆《经济分析史》第二卷第240页，脚注1，本处参考了其译文，但做了较多的改动。——译者注

每个条目都以经济学家的生平和学术生涯为起点，之后才转而讨论其主要作品。尽管这些条目并未囊括对个人心理特点或传主生平当中顿悟深刻洞见的那些时刻（参见 Denzin 1989，70-71），但它们依然诠释得十分清晰详备。若是纯粹出于评判，我们就来看这样一个例子，"提起斯蒂格勒，人们首先想起的就是他在产业组织和经济管制方面的创造性工作"，这句话就解释了那些并未受到反映这一领域现代工作者之评判的影响的一种作传方式。

马克·布劳格（Mark Blaug）的两本文集，《凯恩斯以前的著名经济学家》（1989）和《凯恩斯之后的著名经济学家》（1985），尽管每位经济学家在其中所占的篇幅不超过三页，有些甚至只有一页，但无疑也是在诠释学方面推进了一大步。比如，讨论杰文斯时，除了一些传记梗概和学术生涯之外，我们还能找出关于其思想发展的几个重要阶段的线索：杰文斯早年对社会问题的兴趣，家族企业失败导致的后果，以及他想要成为一名带来领域革命的学者的意识。下一篇关于理查德·琼斯（Richard Jones）的条目，将其置于其剑桥朋友——威廉·赫威尔（William Whewell）和约翰·赫舍尔（John Herschel）——这个群体之中，从而来解释琼斯对归纳法的追求。之后，它又展示了该方法如何在其关于财产和社会制度的文章中发挥作用，并且论证了他应当被看作是早期制度主义者的主张。

迈克尔·毕友德（Michel Beaud）和吉利斯·多斯塔勒（Gilles Dostaler）所著的《凯恩斯以后的经济思想》（1995，3）也表达了类似的意愿，即通过分析其传主对"经济思想的贡献"来补充基本的传记细节和选定的出版物目录。对这些作家的选择（相比布劳格文集中同一时段的100位，本书选出了150位）和诠释，都反映了迈克尔·毕友德和吉利斯·多斯塔勒的选取立场，他们偏爱一些非正统的经济学家。该文集以凯恩斯之后的经济思想史脉络为先导，这使得他们在当代主要经济学家大辞典中卓尔不群，而且也为他们选择经济学家的视角提供了一个明确的指引；这些经济学家包括撒母耳·阿敏（Samir Amin），保罗·巴兰（Paul Baran），查尔斯·贝特海姆（Charles Bettelheim），克里希那·巴拉瓦基（Krishna Bharadwaj）以及为布劳格所忽略的那些（即使再增加五十位经济学家，他基本上也一定会忽略的那些）。比布劳格的、抑或迈克尔·毕友德和吉利斯·多斯塔勒的文集在选择上更加挑剔的，当属斯蒂芬·普莱斯曼（Steven Pressman）的《五十大经济学家》，其中所涵从托马斯·孟（Thomas Mun）一直到罗伯特·卢卡斯（Robert Lucas）。大概是由于该书所囊括的经济学家确实过少，所以选中者多为常见的经济学家，而且处理得也都相当中立，就是将简要的生平与经济学家的工作梗概结合起来进行介绍而已。

　　有一本对传主生平异乎寻常地加以关注的文集，那就是杰夫·哈考特（Geoff Harcourt）的《后凯恩斯主义传记文集》（1993）。实际上，它在内容上与其标题大相径庭，大部分文章都是在凯恩斯的传记后面亦步亦趋。它关注的多是哈考特自己熟识的经济学家，而且写作的前提也是假定个人生平对个人思想的理解不可或缺。回忆录和讣告与追溯得更远的文章交织融杂。与凯恩斯如出一辙的是，在这所有传记文章的写作中，作者都充满了深情厚谊。当然，这些文章也都经过哈考特的后凯恩斯主义观点的不少润色，所以，其他人或许想要质问的批评性问题并不一定都要一一回应；但是比起凯恩斯的文集，该文集就少了一份凯恩斯所运用的那种布鲁姆斯伯里式讽刺性的风格，即使当他讨论与自己堪称莫逆之交的那些经济学家时也是如此（尽管他在讨论自己的一位知交拉姆齐时没有保持这一风格）。

　　或许有些自相矛盾的是，当短篇传记变为长篇时，我们所定义的传记的构成因素问题也就随之增多。一个早期的例子就是两卷本的《英国的当代经济学先驱》（奥布莱恩（O'Brien）和普莱斯利（Presley），1981；格林纳威（Greenaway）和普莱斯利，1989）。全书十五章都以一个题为"导言——传记"的小节为开端，展示的一些资料也堪与上述文集中探讨的材料相媲美。一些额外的可用篇幅并未用于扩展传记性的内容，而是讨论了传主的著作。其中有一部分例子，比如说约翰·葛丽娣（John Creedy）关于埃奇沃思担任《经济学杂志》主编的分析，还有大卫·柯腊德（David Collard）关于 A.C. 庇古（A.C.Pigou）的讨论，都让我们深入地了解到了传主的生平及其与传主著作之间的联系；但是在多数例子中，他们还是感觉，在分析传主作品这件严肃的事情之前，列出一些传记事实只不过是出于礼节的需要罢了。关于下面这些作品，我们可以给出与此类似的评论：《十二位当代经济学家》（沙克立顿（Shackleton）和洛克斯里（Locksley），1981）、《20 世纪后期的美国经济学家》（萨缪尔斯（Samuels），1996）、《20 世纪的意大利经济学家》（米基（Meacci），1998）以及《20世纪早期的欧洲经济学家》（萨缪尔斯，1998，2003）。其中有些涵盖了一些有关经济学家生平的有趣短文，这些短文通常是利用一些更加翔实的传记；但也有一些完全关注的是训诂方面的内容，或是另外再提供一个正式而又不露声色、叙事相对客观的生平陈述，纵使言辞典雅，但也很少超越"名人录"这一条目所达到的水平。还有一些文章，我们能看到的只是经济学家所做工作的成果罗列，而作者是否认为传记会对其产生任何影响，我们却不得而知。此种文章或许有其价值所在，但它们还称不上是传记，或者用一个被更加滥用的术语，还称不上是思想传记。多数情况下，这些文集都是经过编辑的文章合集，其编纂的方式也都取决于个体投稿人；可有些文章的作者对其传主的生平就不会那么津津乐道、乐此不疲了，因此，那些所谓的短篇传记就与这样的文章掺杂在了一起，尽管这些文集标题通常暗示着它们是在介绍经济学家而非其著作，但实际情况并不尽然。

紧随《英国经济学家传记大辞典》（BDBE）其后的，是一部关于美国经济学家的类似辞典，其开篇就比较约翰·希克斯（John Hicks）和凯恩斯的传记方法。鲁德福德（Rutherford）（2004，vii）指出，希克斯"倾向于专心致力于经济学家的理论成就"，而凯恩斯在分析经济思想之前通常会提供"生动的描绘"。鲁德福德进一步表达了他的期望，他希望BDBE能够"更加本着凯恩斯这样的作传人的精神"去做。尽管该辞典在说明这类著作的整体特点和问题时，不可避免地会各有所异，因为这部辞典意在让人循此而去进一步探究一些细节，但是大多数条目还是实现了这一目标。这些条目的长度由编辑决定，这样可以显示出他或她对传主重要性的评判。

我们再以第二版的《新帕尔格雷夫经济学大辞典》为例。①如表1所示，绝大多数经济学家的条目都在500~2 000字，基本上是750字。篇幅更短的条目所涵盖的，要么是一些实在无话可说的人物，或者认定这位传主是一位边缘人物。（比如说，按照惯例，大家普遍认为丹尼尔·笛福（Daniel Defoe）在经济史上的重要性远不如在英国思想生活上。）另一个极端的例子是李嘉图、埃奇沃思、瓦尔拉斯、斯密和马歇尔的条目，马歇尔和凯恩斯的条目超过了12 000字。这些人的共同特点就是：他们都被认为是对经济学的长期发展起到重要作用的历史人物，对于他们，也都存在着大量的具有争论性的文献。所有这些作品都是作者对自己的传主进行过大量的研究之后才撰写而成的。

关于《英国经济学家大辞典》，我们也可以给出类似的评论。它总共囊括611个条目，其中被委托的规定长度分别为600字（50%），600~2 500字（40%），以及2 500~4 000字。尤其是对于那些最短的条目来说，一般会接近这些范围的极值。短篇条目的数量如此之大，则说明它们涵盖了许多小人物。条目择取也并不"中立"，取材的标准是传主是否是被频繁引用的经济学家，而且要求这些传主们的作品在非学术界也相对更加广为人知。

---

① 此处的数字基于2006年3月10日所示的"规定的预期长度"。最后的分配可能会有少许的差异，尽管很少有内容可能会发生改变。

表1　　　　　　《新帕尔格雷夫经济学大辞典》传记长度分配表

长度	数量（篇）
250字及以下	9
251~501字	21
501~1 000字	240
1 001~2 000字	108
2 001~5 000字	68
5 001~10 000字	28
10 001字及以上	7

　　当然，招募一个更大的传记作者团队所需要的谦恭有礼意味着对于作传人的资格要详加解释，对于这些人要精心挑选，诚心收揽。编辑们可以试着去劝说，但最后他们也不能强迫那些适合此项工作的人一定得交出稿件。要么接纳一位有潜质的作者，要么让他或她出局；若是面临这样的两难抉择，也就不可避免地会出现这样的情形：他们并不能保证一定可以得到前一类作者。有些传主的作传人只会严守着编辑的底线，而有些传主的作传人则不吝言辞，并试图说服编辑们认为自己的材料仍然值得给予更多的篇幅，所以结果很可能就是：前者的条目要比后者稍短，而后者的篇幅又过于冗长。但在第二版中，其限制就更为严格。由于唐·帕廷金（Don Patinkin）在过渡期间不幸逝世，《新帕尔格雷夫经济学大辞典》的编辑们不可能再去邀请他修订第一版中27 000字的凯恩斯条目，所以他们宁愿让其依然如故也不愿将其替换掉或者去找其他人修订。

　　短篇传记和长篇传记在写作上必定存在本质上的差异。一部长篇传记，通常是作者呕心沥血、全心投入而后才有的大作，而短篇传记作传人一般不会在其传主身上大费心神。[①]或许一个更重要的区别在于资料的可得性。若没有足以构筑起作者一生的大量档案资料，很少有人能够创作出一部长篇传记；于是，许多被认为本该受到传记关注的潜在传主们，因此不能得偿所愿。但事实上，大多数时候根本不是没有足够的材料去撰写，而是其他原因所就。所以，

---

　　① 有人提议说，短篇传记的激增主要源于这样的事实：对于作者来说，它们的创作成本极低；而且这也构成了一条扩充自己简历的捷径。这可能存在一定的真实性，但是另一方面，撰写它们带来的只是低声望，进而只能是低收益。就长度而言，在文学方法和质量方面发现的各式各样的情况，也毫无疑问地映射出了写作过程下潜藏的各色动机。

最终的结果就变成了这样：许多短篇传记论文关注的只是从公共档案得出的一些概略性的信息，比如出生、教育经历、学术生涯和逝世，或许还包括婚姻和其他一些人生大事，再附上一些出版物目录。但是，即便只是一个600字的辞典条目，它所涵盖的内容也很可能远非如此，而通常是以国家报纸上的讣告作为开端。未留下任何出版物的经济学家寥寥无几；而且即使他们的档案不存在或者难以企及，在一些可得资源的基础上，运用简单的历史或文学批评的方法去仔细筛选那些不连贯或者不完整的描述，进而建立起传主的形象也不是不可能。这样就提供了一个可以据以对其发表的著作进行分析的背景。

从这里便可得出传记为何如此眷顾那些发表较多的人物了，作者从中阅读传记资料，对传主作品加以解读，然后挑选出一些能够让经济学家的生平得到不少润色的资料。[①]这或许是依据对档案证据的了解而直接赋予的，也或者它只是间接地利用了这类证据，即引用那些将自己的作品以这类证据为基础的著作。然而，篇幅的限制，以及出于粉饰的需要，就意味着这类证据不可能过于引人注目。一些出版过长篇作品的作传人，也会发表短篇传记作品，仔细思考一下这些作品，然后问问传记的长度被严格限制之后，它到底发生了什么变化；或许只有如此，我们才能对这种方式的压缩效果进行最好的阐释。[②]

长篇传记被压缩了吗？

菲奥娜·麦卡锡（Fiona MacCarthy）在其传记《威廉·莫瑞斯》（William Morris）以及随后为《牛津人物传记辞典》所作的条目中写道，

将我（耗费了七年时间）拓展至300 000字的传记作品压缩成一篇仅剩7 000字的故事，可是存在技术性挑战的。这个史诗般的作品必须被改写为短篇故事。我喜欢缩略过程中的感觉，也很欣赏这种对精髓的关注感。最后，我

---

① 斯特拉奇的《维多利亚时代的马名人传》放在此处正好匹配，尽管有人希望现代的规范做法能够选择性地运用原始资料，进而不再像他那般剽窃和歪曲事实。将斯特拉奇的一些段落与更早的传记进行比较之后，他的编辑总结道，尽管斯特拉奇让这一风格再度恢复生机，但是"如若有学生在其博士毕业论文中这么做的话，那他一定会被评定为剽窃"（Sutherland 2003,xiv）。

② 有些短篇传记正在被改写为更加翔实的传记，还有一些根据后者而再度改写的传记，看清楚这两者之间是否存在可识别的差异或许才比较有趣。但这里并未对此进行尝试。

竟然感觉，这篇文章要胜过这本书籍。①

　　那么经济学家的短篇传记和长篇传记之间到底又存在着什么样的关系呢?

　　按照长篇传记的标准，《罗伯特·洛维的政治经济学》(Maloney 2005)一书，正文区区146页，几乎不能算长，BDBE上(加上参考文献)也只有1页。然而，尽管标题如此，可马勒内(Maloney)的作品是一本传记，主要探究洛维的生平大事及其与他的经济学之间的关系。马勒内在BDBE的条目中，为我们介绍了洛维的个人背景，详细地阐释了他的学术生涯和个人观点(他的教育经历及其在澳大利亚的早期学术生涯)、澳大利亚议会以及他的视力衰退所带来的影响(这是医生解释其某些行为时给出的意见)。但是关于洛维的思想，马勒内只给出了一个简短的概括，即"自由的定义应是这样的信条：国家中的任何一个阶级都不应该成为另一个阶级的附庸"(Rutherford 2004，698)。

　　马勒内的书只能看作是对BDBE条目中列出的评价加以扩充，而非做了任何不同之事。尽管后者关于洛维的心理特点和政见也提供了清晰的注解，但最后我们仍然发现，其中一些评论却都像蜻蜓点水一般。洛维的"粗鲁和讥刺风格"几乎难以让人公正地对待他那种充满着冒犯意味的行为，这一点在书中做了详细的记载，而且还解释了他之所以是这样一位特立独行的人的原因。BDBE条目中关于洛维愿意就自由放任政策妥协的记录是正确的，而且这也是那本书中的一个重要主题;可是，马勒内这样评论道，洛维"作为功利主义者的一位鲜明代表是十分突出的，19世纪的国家权力与日俱增，他也甘愿忍受。然而，这种妥协却大多是按照洛维自己那怪异的速度得以完成的，因为这尚在他的容忍范围之内"(Maloney 2005，3)。他对诸如贸易协定这些事情的观点可谓是瞬息万变，甚至可以称得上摇摆不定，这些使得他的众多同辈们(甚至是一些传记读者)都感到无所适从，可是本书对此却略去了，没有就此给出任何的线索。再加上如今看起来都似乎难以置信的一点：他既是一位政治家又同时兼任《泰晤士报》的匿名主笔，这两个方面即使是在一篇很短的传记中也一定都是非常值得探讨的事实，但马勒内的书却未曾涉及，真是咄咄怪事。洛维对经济原则普遍性的信从态度——他认为政治经济学已经基本上达到完备的信念，他对相对主义的反感，以及他对社会学这门学科存在的必要性之否认，所有这一切，全都在BDBE中得到论述，而这些对于解释约翰·斯图亚特·穆勒的评论可以说是大有裨益的，即"政治经济学的一些'朋友'其实就

---

① 引自牛津大学出版社印制的《牛津人物传记辞典》广告宣传单，日期不详。

是它最大的敌人"（Rutherford 2004，698）。然而，书中却又表明这一观点的背后或许隐藏着更多的内容：如果洛维只是一个政策问题的实用主义自由派，那么穆勒的评论所剖析的就没有那么入木三分了。

马勒内撰写BDBE条目的同时，也在从事着这部长篇传记的写作。这或许就可以解释为何后者不仅使得主题取得了进一步的发展，而且还显著地精炼了这一论述；或许，当其撰写短篇传记时，那些可以对长篇传记加以评判的判断，他还未完全得出。不过也有可能是这样的：当马勒内在冥思苦想着那仅有1页的条目时，由于受到体裁的限制，他感觉难以展示出对洛维绝对公平的描述，所以当其被剥夺了更加详细的解释权利时，他就克制着不去给出一些被认为是比预期还要糟糕的表述。[①]无论是哪种原因，即便是过分的轻描淡写，短篇传记也依然清楚地给出了长篇中将会描述的内容。

相反，彼得·格罗尼维根（Peter Gronenewegen）在BDBE上撰写阿尔弗雷德·马歇尔的条目时，就已经完成了他（800页）的长篇传记——《翱翔的鹰》（1995）——参见本书中的格罗尼维根的文章。根据基本的事实信息，他将马歇尔的人生划分为两个阶段，从而做到简洁明了。格罗尼维根注意到"马歇尔最主要的成名之处就在于他的经济学成就"（Rutherford 2004，739），所以他接下来就按照时间顺序对马歇尔发表的作品进行了广泛的分析。他向我们阐述了马歇尔关于穆勒的数学理论的早期译本，还有他与夫人玛丽·佩里·马歇尔一起撰写的《工业经济学》，实际上格罗尼维根认为这本书有时候比人们所认为的更加重要。然后他又引导我们回顾了《原理》一书的历史以及马歇尔后期的一些著作。其中详细地讨论了《工业和贸易》一书。之后，格罗尼维根又分析了马歇尔经济学的内容，其中主要以他所致力的各个领域为主要关注点。

如若以凯恩斯和熊彼特为基准，这种叙事方式则更接近熊彼特的风格，尽管格罗尼维根不像他那般关注个人及时代背景。对于一本经济学家辞典而言，格罗尼维根明确提出，马歇尔发表的作品非常重要，而且相信需要告诉读者们这些著作的内容及其价值所在。这一点就与《翱翔的鹰》形成了鲜明对比，因为在书中，关于其生平、其与朋友和同事之间的关系、剑桥大学经济学学位的创立，以及"剑桥经济学"本身等方面，可以说都是条分缕析，不厌其烦的。但是，就经济学家辞典来说，格罗尼维根显然不认为这些方面对其具有重要意

---

① 　在所有情况下，我都假定辞典条目的书写不是由编辑们决定的，而是作者们自己挑选出来的。

义。马歇尔与亨利·西季维克（Henry Sidgwick）的终身对抗并未被提及，他对功利主义和生物学的倾心拜服也未被提及（或者说根本就是付诸阙如）。这个条目对于马歇尔的生平本身，以及对于《翱翔的鹰》的绝大部分内容，似乎都异常地不相关联。从历史编纂的角度来说，这两本传记确实是天差地远。

和格罗尼维根（Gronenewegen）的马歇尔短篇传记一样，布鲁斯·考德维尔（Bruce Caldwell）关于弗里德里希·哈耶克（Friedrich Hayek 的）《新帕尔格雷夫经济学大辞典》的词条也是追随着《哈耶克的挑战》（2004）一书，这是考德维尔努力多年所写的一本传记；本书对考德维尔在词条中的描述提供了具体阐发。这本书开篇就对哈耶克学术生涯的主要方面给出了一个既通透明了又简明扼要的概括，他想要经济学家们知道："哈耶克有幸一次又一次地在合适的时间出现在合适的地点，与这个世纪中最出色的经济学家和思想家们不期而遇……但至少在其绝大多数同代人看来，他的那些观点又多是错误的观点。"[1]这篇传记起自 19 世纪末的维也纳，后辗转至伦敦政治经济学院（LSE），有哈耶克与凯恩斯的邂逅，有关于社会主义经济计算的大论战，也有关于社会主义的战后争论，还有战后秩序的规划。之后哈耶克移居美国，来到芝加哥，结识了米尔顿·弗里德曼（Milton Friedman），此人是战后经济学发展中的一位核心人物。哈耶克本就一直被视为在宣扬错误的观点，而 20 世纪30 年代，与凯恩斯的一场争论将之带到了更加糟糕的境地，他成了所谓的社会主义经济计算大论战的失败方，而且他的警告也未能成功地阻止人们投向中央计划的怀抱。即便是在芝加哥，他也未能成为经济学系的一份子：尽管哈耶克与凯恩斯在政见上或许一致，但其研究经济学的风格却判若云泥。

考德维尔节略版的传记忠实地追随着长篇传记，对哈耶克曾经致力过的研究项目进行了逐一追溯。这里，我们发现了从一个项目到另一个项目的研究历程，将那些看似差别巨大的事情转换到了同一个逻辑路径上：引用一下这本书中间部分的标题——哈耶克的旅程——中一直充斥着考德维尔明确地认定为可以让人感到信服的理论。最终，他终于取得了回报，苏联的解体，凯恩斯主义的消亡，再加上自由市场资本主义的胜利，这一切都证明他才是正确的。他曾经或许一直在宣扬他的同侪们不愿听到的观点，而且，可能还不止是他们不愿意听闻，甚至还深为不满。这些主题都涵盖在了构成《哈耶克的挑战》一书核心内容的几个章节之中。很明显，细节已经不在，但长篇叙事的传记为短篇叙

---

[1]　引自 Caldwell 提供的未出版的打印稿，所以缺少页数参考。

事的传记提供了合理的基础，而短篇传记又为长篇传记的内容提供了措辞更为
精巧的描述。不过，这些描述是否发生了什么显著的变化呢？

　　卡尔·门格尔（Carl Menger）和马克斯·韦伯（Max Weber）所给出的
《方法论之争》的争论，还有20世纪早期关于实证主义和历史相对论的辩论，
在短篇传记中全都被一一带过。在这样一个思想史阶段，《哈耶克的挑战》一
书的读者或许以为，这是考德维尔所认为的即将到来的准备性阶段，竟无人去
尝试探究一下哈耶克思想的早期渊源。不管是熊彼特强调的社会背景，抑或凯
恩斯标榜的心理特点分析，考德维尔全都没有这般处理，所以结果只能是，短
篇传记使得哈耶克著作的思想起源悬而未决。这正好符合了对"在正确的时间
出现在正确的地点"这种好运的强调。鉴于此，对哈耶克的个性缺乏讨论也就
无可厚非了，尽管它也的确带来了传记到底是在阐释些什么这样的问题，但是
总归无伤大雅。

　　在另一端，考德维尔在《新帕尔格雷夫经济学大辞典》中的哈耶克词条，
却也遗漏了深入探究方法论的长篇结语。其原因大概是这样的，考德维尔认为
在《新帕尔格雷夫经济学大辞典》的条目中所面临的是不同的读者群体。他将
条目中的结语描述得比长篇传记书中的其余部分都更加个人化，结果这一结语
又重新回到了实证主义和方法论之间的争论中来，而这是考德维尔（2004）在
其第一部书中就已关注过的。为了展现出短篇传记剥夺了作者诸多方面的关
注，比如说，这篇短记中既缺少对哈耶克信奉实证主义的探讨，也没有他与波
普尔之间关系的介绍，所以，为了给出哈耶克思想传记的全景，他的做法就是
改变叙事风格：这也就说明，何以在《哈耶克的挑战》这本书中，实证主义既
是起点也是终点，而且哈耶克的学术生涯与实证主义息息相关，这样的哈耶克
在整个传记过程中经常会突然冒出来。[1]尽管这么说可能有些言过其实，但是
依现代的着眼点来看，考德维尔的短篇传记把哈耶克描述得不太像德国人，而
更像英美人士，这么说多少还是有些道理的。

　　考德维尔认为，《哈耶克的挑战》是一本思想传记。尽管有人会质疑这是
否可以作为定义思想传记的一个恰当方法，[2]可这一术语蕴含着一种专注于哈
耶克系列研究项目的方法，而且它还表明考德维尔并未怎么关注哈耶克的生

---

　　[1]　"法律实证主义"在NDBE的条目中出现过一次，而且还有一个参考文献提到哈耶克曾经帮助波
普尔进入伦敦政治经济学院。这就是全部的情况。
　　[2]　参见莫格里奇（2004）的评价。考德维尔对此的回应是：直到出版前不久，副标题一直是《F.A.
哈耶克和社会科学的界限》，这或许能够更加精确地描绘出该书的方法。

平，而哈耶克的其他学生却对此饶有兴趣。无论是一些短篇还是长篇传记，比如说，都曾提到了哈耶克与安东尼·费希尔（Antony Fisher）的重要联系，因为此人的经济事务研究所或直接或间接地促进了自由市场的兴起。哈耶克作为政治活动家的一面，也不在考德维尔的考虑范围之内。关于哈耶克的私人生活细节，亦是如此。

戈登·弗莱彻（Gordon Fletcher）的《理解丹尼斯·罗伯特森：伟人和他的工作》一书却颇为不同。故事的主人公备受自我怀疑的折磨，这主要来源于他的家庭教育和涉及他的性取向方面的一些问题。他与凯恩斯决裂之后的思想孤立，与他最终加入了三一学院而非国王学院所带来的孤独感密切相关。这不仅仅是因为他与产生主要思想发展的地方隔离开来，还在于他所处的环境不是那么宜人，因为他有同性恋倾向，颇不为周围所包容。为了将罗伯特森的个人传记与弗莱彻对其文学作品之分析彼此交互，弗莱彻就对罗伯特森经常引用的刘易斯·卡罗尔（Lewis Carroll）的"爱丽丝"系列丛书施以浓墨重彩，大费笔墨，所以，关于其内心的痛苦，也就占据了书中所详细描述的生平的核心部分。

可是，弗莱彻在 BDBE 中的条目却忽略了罗伯特森生平中的这一面，只是在参照他新近才予以认可的"使徒会（Apostles）"和20世纪20年代末私密的同性恋问题时才有所暗示。但这并不是说短篇传记就失去了个人的色彩。事实上远非如此。罗伯特森的经济学方法与其"复杂的个人性格"是不可分离的（Rutherford 2004，1026），[①]而且就他的个性如何影响了他与凯恩斯的早期合作，以及他后来对凯恩斯主义的反对这些方面，词条还是给出了一个简要的阐释。尽管他是以一种颇难加以概括的方式将罗伯特森的工作与异常活跃的人生交织在一起的，但该条目也的确对他的工作进行了探讨。他采取的乃是一种颇有意味的写作风格，它并未按时间顺序进行，而是以罗伯特森的商业周期理论、他的货币经济学以及《银行政策和价格水平》（1926）（弗莱彻借鉴了凯恩斯赋予其的重要性，认为该书"影响深远"）来结束行文。事实证明，罗伯特森的工作贯穿于他的一生。

尽管对这些或长或短的传记进行评价是不可避免的，但这些评论的目的并非仅限于此。所有这些传记都是作传人以自己的方式铸就的珍贵作品，这些作

---

① 如果长篇传记是正确的话，那么这就是比 Maloney 对 Lowe 人际关系技巧的总结还要保守的陈述。

传人或是深深地为他们的主人公所折服，或是大大地提高了我们对这些传主的理解。相反，这么做是为了证明，将长篇传记浓缩为短篇，所涉及的不仅仅是以更加简洁的方式描绘同一个传主的一生，也不是直接忽略掉支撑起对其一生所做的这些解释的细节方面而已。解释会发生变化。或许是短篇传记设定的读者对象不同，所以关注的乃是那些读者可能认为比较重要的方面（Caldwell 2004 和 Groenewegen 1995）。也可能是，作传人在讨论材料时施以了更加谨慎的态度，因为缺乏更为详细的背景时，这些材料很可能被误解（Maloney 2005 和 Fletcher 2000）。此外，在努力完成传记的第一个版本之后，作传人一定会从中学到些什么。也许，根本就不存在"客观中立的"的浓缩这样的可能性：即使作传人试图在不改变既有解释的前提下进行精炼，而且也只是仅仅省略掉那些对读者可能会激起难以预测的影响之细节，也仍然有可能意味着，其内在意涵，作为综合考虑了读者和作者的社会产物，不可避免地会发生一些变化。

问题到底是什么？

在回顾了 ODNB 之后，司迪芳·科里尼（Stefan Collini）（2005）指出，相比最初的 DNB，它具有更强的包容性。它变得更加民主，而且不再只是"大人物"的集合。在这本辞典中，它反映了过去三四十年间不断变化的一些期待，这些期待又在那些旨在"弥补"其缺点的文集中有所折射，这是一些激进分子、女权主义者、商人、哲学家甚至是经济学家的传记辞典。同样地，经济学领域内也有许多专家文集。《女性经济学家传记辞典》的编辑们（Dimand，Dimand 和 Forget 2000，xv）就以这样的猜疑开启行文："对我们学科做出贡献的女性人数，要远多于经济学家们已经了解的那个数字。"这些质疑是再公正不过的了，因为他们发现了越来越多的被长期忽略的女性经济学家：一个普遍的问题是，历史学家们通常不太关注女性所致力的领域（通常是应用领域）；而且在有些情况下，我们难以根据发表的作品来清楚地识别出作者的性别，除了上述这两项事实之外，忽视女性这个潜在的倾向亦是问题所在。哈考特（Harcourt）（1993）集中精力研究后凯恩斯学派的相关传记。阿莱士底斯（Arestis）和索耶（Sawyer）（2001）所涵盖的则是"持异见"的经济学家，或者是金（King）（1988）所称的"经济学中的流亡者"，当然这个称谓可能或多或少会有些令人感到困惑，有点不明所以。真正的流亡者都被做了归类，他们的思想轨迹也都在黑基曼（Hagemann）和克劳恩（Krohn）（1999）中得到了分析。

尽管 BDBE 在构思时可能并不是为了这一目标，但它却有助于以一种更为巧妙的方式，来更正那些经过更为严格筛选的传记作品集所做出的记录和表述。经过更加严格筛选的作品集，甚至是能够囊括像 NPDE 或者 OBDN 那样多的经济学家的作品集，所关注的经济学家必可归入以下几种类别之一：他们在其他领域（可能是政治学或者文学）和在经济学的成就一样卓尔不群；他们获得了一些组织所颁发的荣耀，比如说诺贝尔基金会；或者他们是被其健在的同侪们所敬重的同代人（通常是最近已故的人）。BDBE，基本包括了发表过经济学论文或作品的所有人士，现又撒下了一张更大的网，又涵盖了可能曾经归入过最后一类，但现已不再属于任何一类的那些人。

除了附于诸如名人录这样的通讯录或者美国经济学会会员名单之中这些用处之外，这类经济学家传记还有其他什么用处呢？正如上文所提到的，其中一个用途便是它们告诉了我们那些"普通的"经济学家——告诉我们经济学过去的"真正"样子，在这个方向上这类作品又迈进了一步，将那些埋没了很久的人的名字重新放置在了适当的背景之中。此外，在界定对经济思想的创作极为重要的社会网络结构时，它们也颇有益处。讣告多会以一种通讯录很少采用的方式来告诉我们，谁曾与那些经济学家们一起工作过，谁曾对他们产生影响过，以及他们是在何处融入到了一个更为广阔的情境之中。有时候，这些社会网络结构在启发大量的不同萌芽思想的类型时也很重要，这些思想并不符合传统标准。也有时候，它们通常对传主自身的经历和成就更感兴趣：社会网络结构本身就是一个历史研究的课题，而短篇传记能为这一课题提供出自己的答案。[①]

结　论

在短篇传记的写作方面，凯恩斯和熊彼特彰显了两种不同的风格。尽管凯恩斯的传记明显地更加"传记化"，但熊彼特也可以被认为是将传记置于自己

---

① 　巴克豪斯（Backhouse）（2005）分析了议会中的经济学家，围绕着议会中的经济学家成员的传记展开分析，这些成员也都被涵盖在 BDBE 之中。

的生活背景之上的代表，只不过他以一种不同的方式来书写传记。本文试图论证随后的大多数著作，都在追随着熊彼特，将更多的精力集中在经济学家的著述之上。但是，这样就忽略了熊彼特对社会学和时代背景的关注，而这一点正是将他的方法与经济学家对这一学科贡献所做的许多新近分析区别开来的重要标志。而且相矛盾的是，在此类作品激增的同时，史学风尚已经远离了熊彼特所选择的，并被称之为经济思想的起源的那种格调。然而，这也可能是因为人们对20世纪更加关注所造成。不仅现代"专业"经济学的立场，可能改变了传记或者说社会背景与经济思想的关系，而且比以往任何时候都更加真实的是，新思想的萌生是经济学家团体努力的成果，想要从中择出一些个体是更为困难的。[①]因此，个人传记和思想兴起之间的联系就变得更加薄弱。就像熊彼特想要实现的那样，通过个体去概括一个时代的重任渐行渐远了。[②]

　　即使是出自同一作者之手的短篇传记也不会与长篇传记雷同，而且很可能一定会出现这种局面。它们也明显不是那些更为详尽的作品的替代品而已。但是，它们同样是极为重要的：它们引进了那些由于各种原因而无法将其更加翔实的一生写作成书的经济学家，而且还尽其所能，将作传人所认为的生平本质浓缩得比大型文集更为清晰可见。它们不仅贯彻了所谓的"简洁性原则"，而且只要减轻了"传统传记浪漫的个人主义"倾向，这些短篇传记就可以提供出其他方式所无可获得的观点（Walter 2006，321，335-36）。当然，并非所有的传记都达到了这一标准：有些根本就配不上传记这个称呼。那么到底是什么造就了一篇好的传记呢？熊彼特曾这样写道，作传人必须拥有能够让所有篇幅都充斥着"激情"的想象之能力。他本人就具有这种让他的《十大经济学家》一书的所有页面都充斥着激情的想象之能力。布劳格（Blaug）的《伟大的经济学家》文集与此差相仿佛：即便它们并未以相同的方式展示出同一种想象力，但它们却因作者想要做出大胆判断的意愿而均变得生气勃勃。

---

　　①　请注意，这项声明与波特（Porter 2006,315）所批判的观点完全不同，即专业科学家的个人生活与他们的工作毫不相干。或许是相关团体的较大规模和较大程度上的一体化改变了个体传记的重要性。

　　②　值得注意的是，T. W. 哈钦森（Hutchison）（1953）发现了两次世界大战期间的这一真理，这一点反映在他资料的不同组织当中。

参考文献

Arestis, P., and M.Sawyer.2001.*A Biographical Dictionary of Dissenting Economists*.2nd ed. Cheltenham,U.K.: Elgar.

Backhouse.R.E.2005.Economists in Parliament in Britain, 1848-1914.In *Economists in Parliament in the Liberal Era, 1848-1920*, edited by M.E.L.Guidi and M.Augello.Aldershot, U.K.: Ashgate.

Backhouse, R.E., and R.Middleton, eds.2000.*Exemplary Economists*.Vol.1.Cheltenham, U. K.: Elgar.

Beaud,M.,and G.Dostaler.1995.*Economic Thought since Keynes*.Cheltenham,U.K.: Elgar.

Bell,M.1989.Lytton Strachey's Eminent Victorians.In *The Biographer's Art.New Essays*, edited by J.Meyers.London: Macmillan.

Blaug,M.1985.*Great Economists since Keynes*.Brighton: Wheatsheaf Books.

——.1989.*Great Economists before Keynes*.Brighton: Wheatsheaf Books.

Blaug,M.,and H.Vane.2003.*Who'sWho in Economics*.4th ed.Cheltenham,U.K.Elgar.

Blume, L.E., and S.N.Durlauf, eds.Forthcoming.*The New Palgrave Dictionary of Economics*.2nd ed.Basingstoke,U.K.: Palgrave Macmillan.

Caldwell, B.2004.*Hayek's Challenge: An Intellectual Autobiography of F.A.Hayek*.Chicago: University of Chicago Press.

Collini,S.2005.Our Island Story.*London Review of Books*,20 January.

Denzin,N.K.1989.*Interpretive Biography*.London: Sage.

Dimand, R., M.A.Dimand, and E.L.Forget, eds.2000.*A Biographical Dictionary of Women Economists*.Cheltenham,U.K.: Elgar.

Eatwell, J., M.Milgate, and P.Newman.1987.*The New Palgrave: A Dictionary of Economics*. London: Macmillan.

Fletcher, G.A.2000.*Understanding Dennis Robertson: The Man and His Work*.Aldershot, U. K.: Elgar.

Gittings,R.1978.*The Nature of Biography*.London: Heinemann.

Greenaway, D., and J.R.Presley, eds.1989.*Pioneers of Modern Economics in Britain*.Vol.2. London: Macmillan.

Groenewegen,P.D.1995.*A Soaring Eagle: Alfred Marshall, 1842-1924*.Aldershot,U.K.: Elgar.

Hagemann, H., and Claus-D.Krohn, eds.1999.*Biographisches Handbuch der deutsch- prachigen wirtschaftswissenschaftlichen Emigration nach 1933*.Munich: Saur.

Harcourt, G.1993.*Post-Keynesian Essays in Biography*.London: Palgrave Macmillan.

Harrison, B.2003.British Biography, Large and Small.*History Compass* 1.

Hutchison, T.W.1953.*A Review of Economic Doctrines, 1870- 1929*.Oxford: Clarendon Press.

Keynes, J.M.1972.*Essays in Biography*.Vol.10 of *The Collected Writings of John Maynard Keynes*.London: Macmillan.

King,J.E.1988.*Economic Exiles*.London: Macmillan.

Maloney,J.2005.*The Political Economy of Robert Lowe*.London: Palgrave Macmillan.

Meacci,F.1998.*Italian Economists of the Twentieth Century*.Cheltenham,U.K.: Elgar.

Mehrling, P.G.1997.*The Money Interest and the Public Interest: American Monetary Thought, 1920-70*.Cambridge,Mass.: Harvard University Press.

Moggridge,D.1976.*Keynes*.London: Fontana.

——.2004.Review of *Hayek's Challenge*, by Bruce Caldwell.http://eh.net/pipermail/ hes/ 2004-July/002473.html.

O'Brien,D.P.,and J.R.Presley,eds.1981.*Pioneers of Modern Economics in Britain*.London：Macmillan.

Porter,T.M.2006.Is the Life of the Scientist a Scientific Unit?*Isis* 97：314-21.

Pressman,S.1999.*Fifty Major Economists*.London：Routledge.

Rutherford, D., ed.2004.*The Biographical Dictionary of British Economists*.Bristol：Thoemmes.

Samuels,W.J.1996.*American Economists of the Late Twentieth Century*.Cheltenham,U.K.：Elgar.

——, ed.1998.*European Economists of the Early Twentieth Century：Studies of Neglected Thinkers of Betlgium,France,the Netherlands,and Scandinavia*.Vol.1.Cheltenham,U.K.：Elgar.

——, ed.2003.*European Economists of the Early Twentieth Century：Studies of Neglected Continental Thinkers of Germany and Italy*.Vol.2.Cheltenham,U.K.：Elgar.

Schumpeter,J.A.1933.Feview of *Essays in Biography*,by J.M.Keynes.Economic *Journal* 43：652-57.

——.1954.*History of Economic Analysis*.New York：Oxford University Press.

——.1997.*Ten Great Economists*.London：Routledge.

Shackleton, J.R., and G.Locksley 1981.*Twelve Contemporary Economists*.London：Macmillan.

Shionoya,Y.1997.*Schumpeter and the Idea of Social Science*.Cambridge：Cambridge University Press.

Skidelsky,R.1996.*Keynes*.Oxford：Oxford University Press.

Strachey,L.2003.*Eminent Victorians*.Edited by J.Sutherland.Oxford：Oxford University Press.

Sutherland,J.2003.Introduction to *Eminent Victorians*,by L.Strachey.London：Heinemann.

Vane,H.,and C.Mulhearn.2005.*Nobel Memorial Laureates in Economics.An Introduction to Their Careers and Main Publshed Works*.Cheltenham,U.K.Elgar.

Walker, D.A.1985.Keynes as a Historian of Economic Thought：The Biographical Essays on Neoclassical Economics.*HOPE* 17.2：159-86.

Walter,J.2006.The Utility of Short Lives.*Biography* 29.2.329-37.

经济学史上的一个问题：英雄人物与反面角色的创造

罗伯特·W.迪曼德

    当历史学家们去神化或者妖魔化经济学家时，他们就会让大家去关注这些人物，但是，如若根据注重当下这样的原则，这些人物本是不该如此受到关注的；而且这些神化和妖魔化，既会塑造、也会过滤人们对如何理解这些经济学家的贡献所做的努力，以及这些贡献影响、激励对后续发展的启发程度与方式等等。约翰·梅纳德·凯恩斯（John Maynard Keynes）在德国是一位英雄，因为在这里，人们满腔热情地接受了《和约的经济后果》（1919）一书中的观点，而在法国，他成了一个反派。尽管在逻辑上，这与需求管理问题并不相关，但它依然影响了《就业、利息与货币通论》（以下简称《通论》）在这两个国家的接受程度。关于《通论》，其中最具敌意的评论之一就是由凡尔赛会议上的主角之一乔治·克列孟梭（Georges Clemenceau）①的儿子来执笔撰写的，后来，他又写了《迦太基式的和平》，又叫《凯恩斯先生的经济后果》（Mantoux 1952）。另一个对《通论》的敌对反应来自雅克·路易夫（Jacques Rueff），此人在德国的转移支付问题上曾与凯恩斯发生过冲突。在《资本主义、社会主义与民主》（［1942］1987）一书中，当约瑟夫·熊彼特（Joseph Schumpeter）提议，我们应该认真地把卡尔·马克思（Karl Marx）看作一位经济理论家和社会科学家，而非一位诚心皈依的先知或者一位阴谋颠覆的威胁分子时，他也提出了这个问题。本文既探讨在经济学中创造英雄形象和反面角色所带来的后果（主要关注与其他社会和行为科学的类似现象），也论及了这一现象的起因。

---

① 乔治·克列孟梭(1841年9月28日—1929年11月24日),法国政治家、新闻记者、法兰西第三共和国总理,法国近代史上少数几个负有盛名的政治家之一,他的政治生涯延续了半个多世纪,与法国多次重大政治事件紧密相联。为一战协约国的胜利和凡尔赛和约的签订做出重要贡献,被当时欧洲人称为"胜利之父"。——译者注

对英雄的需求，其来源之一，乃在于新思想发展所出现的拥护者，与在其他情境之下涌现出来的杰出人士一样，想要寻找可与他们的对手们一样具有令人尊敬的颇为体面的谱系，或者通过援引那些伟大的名字构筑起一个同盟军，寻找自己理论或思想的先驱，以求得自我肯定。有些人则希望把自己的作品打扮成值得大家广为传颂的创新佳品，将自己的贡献说成打破陈陋之见的革命之作，反而有动力把他们自己感到厌憎的，故而想要推翻的思想家的作品或学说描绘成一幅颇具讽刺性的画卷。在这样的画卷里，有铁石心肠、假定经济体会持续充分就业的前凯恩斯主义者，也有那些要求无限的政府预算赤字，并想着制造高通胀以诱使人们从事自己真实意愿之外的工作而误入歧途的凯恩斯主义者。

对英雄的需求，其另一个来源在于，那些本不该紧紧跟随着来凑热闹去争取学科关注（更不用说尊敬）的经济史学家们，用颇为老套的庆典仪式，来强调周年纪念和那些伟大人物出生之地的紧密联系（譬如亚当·斯密之于苏格兰，克努特·维克赛尔（Kunt Wicksell）[1]和斯德哥尔摩学派之于瑞典，欧文·费雪（Irving Fisher）之于耶鲁，还有芝加哥学派之于芝加哥大学），这真是研讨会举行和文集发行的绝佳场合，其结果无非是为了取得对学术作品创作的赞助而已，造就了一批在这一过往领域中本不大会有人关注的经济学家。因此，凯恩斯《通论》发表七十周年纪念与他对锡耶纳唯有的一次造访恰逢百年，两个纪念有此巧合，再加上锡耶纳一家银行的赞助，就有了一场在锡耶纳召开的题为"凯恩斯的《通论》：七十年之后"的国际经济学会研讨会。

对英雄和反派的创造，提供了一个抓人眼球的焦点，和一些颇为方便人们记住的象征性手法，它们对政策讨论、尤其是经济学的讲授大有裨益，因为它是一个可以将某一理论与某个人的名字联系起来的实用记忆技巧，而且经过如此浓缩之后，会让这些人物显得个性鲜明，颇有滑稽意味。在引导学生进入一门学科时，使用此类简化手法，已是一种根深蒂固的思想习惯，同时，这样的颂扬和谴责，也曲解了我们的理解，使得对学术的探究偏离了方向；但是，我们同时也要发现，这也为我们对那些本不会出现的学术研究、反思和批判性争论提供了一定程度上的激励，进而促进了知识的提升。这个过程对思想史的发

---

① 维克赛尔(1851—1926)，瑞典经济学家，瑞典学派的主要创造人。主要著作有《价值，资本和地租》(1893)，《财政理论考察，兼论瑞典的税收制度》(1896)，《利息与价格》(1898)，《国家经济学讲义》(2卷1901—1906)；《经济理论文集》(1958)等。——译者注

展有利亦有弊，因为它给那些或许原本永远都不会被完成、被支持或者被关注
的史学研究，制造了重重困难。

勇敢的坏人、雄风犹在的骑士以及他们自己笔下的英雄

　　克拉伦登伯爵，一位在流亡期间也要设法理解自己时代动乱的历史学家兼
政治家，将奥利弗·克伦威尔①描述为"一位勇敢的坏人"。对于那些令人大感
不悦之事做出此类解释，经济学家们有时会感到颇为方便或者说很满意，但是
对于克伦威尔，这类解释却把全部的实情给隐藏了起来，使得他的形象变得晦
涩不清，难以辨识。据穆雷·罗斯巴德（Murray Rothbard）所言（1972，159-
60），"拉尔夫·霍特里（Ralph Hawtrey）②摇身变成了20世纪20年代邪恶的天
才之一……他是1922年热那亚会议上实行稳定性决议的主要鼓吹者。"罗斯巴
德承认，在繁荣时期，对于支持稳健的货币政策而反对通货膨胀、稳定价格水
平的想法或许能起些作用；但他又警告说，它也会阻碍在繁荣之后为了恢复经
济健康运行而实行必要的通货紧缩政策。霍特里（1919至1945年任英国财政
部的金融研究主管）由于倡导干预自由市场而被罗斯巴德贬斥，同时，根据
1929年财政部对劳合·乔治（Lloyd George）③的公用事业建议的批判这一情况
（撰写白皮书时，霍特里在哈佛大学做访问教授，但对于财政部所形成的思想

---

　　①　奥利弗·克伦威尔是英国革命家、政治家、军事家、宗教领袖。在17世纪英国资产阶级革命中，
是资产阶级－新贵族集团的代表人物、独立派的首领。克伦威尔生于亨廷登，曾就读剑桥大学的雪梨苏
塞克斯学院，信奉清教思想。在1642—1648年两次内战中，先后统率"铁骑军"和新模范军，战胜了王党
的军队。1645年6月在纳西比战役中取得对王党的决定性胜利。1649年，在城市平民和自耕农压力下，
处死国王查理一世，宣布成立共和国。1653年，建立军事独裁统治，自任"护国主"。——译者注
　　②　拉尔夫·霍特里（Ralph Hawtrey，1879—1975）英国著名经济学家、货币银行理论家。他出生
在英国斯劳夫，1898年进入英国剑桥三一学院学习数学，曾到美国哈佛大学任客座教授，1919年，他任
财政部财政调查局局长。他是英国皇家学会会员、伦敦大学荣誉经济科学博士、剑桥大学三一学院荣誉
院士，并于1956年被英国女王加封为爵士。主要著作有：《商业的盛衰》《商业和信用》《商业萧条及其出
路》《资本与就业》《工资政策的自相矛盾的目的》《收入与货币》等。——译者注
　　③　劳合·乔治，英国自由党领袖。1890年当选为英国下议院议员。1911年任财政大臣期间提出
国民保险法。一战期间任军需大臣、陆军大臣等职。1916年12月7日出任首相，对内扩大政府对经济的
控制。战争结束后，在英国保守党和英国自由党联合政府中，劳合·乔治仍任首相。1918年议会通过选
举改革法，扩大选民范围，颁布国民教育改革法，实行14岁以下儿童的义务教育。1919年他出席并操纵
巴黎和会，是巴黎和会"三巨头"之一，签署了《凡尔赛和约》。1921年给爱尔兰以自治领地位。——译
者注

氛围，他仍然是有贡献的），他又受到凯恩斯主义者在相反方向上的指责，因
为他对于长期失业，给出的是听之任之的态度。他一直被当成凯恩斯的陪衬。
所以，劳伦斯·克莱因（Lawrence Klein）（1947，45-46）在其关于通过实施
扩张性财政政策，以挤出私人投资的麦克米伦委员会证词中总结道，霍特里
"一定是一直在萨伊定律和（或者）充分就业的假设下工作的"，而且在之后的
几页中他又这样评论说，"霍特里相信宽松的货币政策可以使得任何复苏都得
以发生"（53）。克莱因并未将关于货币政策有效性和财政政策无效性的两段话
联系起来再去推断利率无弹性的货币需求这一隐含的假设，而不是充分就业这
一隐性假设，他只是评论说（也没有忆起在此七页之前，他就已经注意到，英
国回归金本位，使其恢复到战前平价上来，这是为了对宽松的货币政策进行限
制），"很难看到一位生活于20世纪20年代的英国经济学家会去支持这样的理
论"（53）。正如在另外一些贬低经济学家的情况中所发生的那样，无论是将霍
特里讥讽为一位稳定价格的邪恶天才，还是将其丑化为在遍地失业现象的现实
中盲目地假设充分就业的前凯恩斯主义者，都会遮蔽我们对他所提供的政策和
分析之理解，真可谓总为浮云能蔽日。

　　正如诺曼·梅勒（Norman Mailer）所述，有些经济学家一直是他们自己笔
下的英雄。塞巴斯蒂安·勒菩雷斯特雷·德·沃邦（Sébastien Le Prestre de
Vauban）[1]，这位边防论和税收论的作者，兼路易十四的元帅之一，以自己的
回忆录开创了作为经济学家自传这一体裁，这本回忆录的前四册在其逝世一个
多世纪以后才得以面世（也可以参考一部更短些的作品，见 Vauban（1839），
以及 Paret（1986））。约翰·R.康芒斯（John R.Commons）、米尔顿·弗里德
曼、罗斯·弗里德曼（Rose Friedman）、约翰·肯尼思·加尔布雷斯（John
Kenneth Galbraith）、本杰明·希金斯（Benjamin Higgins）、埃尔文·约翰逊
（Alvin Johnson）、查尔斯·金德尔伯格（Charles Kindleberger）、玛丽·佩里·
马歇尔（Mary Paley Marshall）、约翰·斯图亚特·穆勒（John Stuart Mill）、莱
昂内尔·罗宾斯（Lionel Robbins）、赫伯特·西蒙（Herbert Simon）、托马斯·
索维尔（Thomas Sowell）、乔治·斯蒂格勒和芭芭拉·伍顿（Barbara Wootton）
都写过自传体书籍，还有那些我们不是非常熟悉，但同样有趣且重要的经济学

家，从文森特·保尔登（Vincent Bladen）到詹姆斯·马沃（James Mavor），到埃莉诺·兰斯·杜勒斯（Eleanor Lansing Dulles），再到斯科特·尼尔瑞（Scott Nearing）（参见本书的莫格里奇的文章）。还有更多的人，写出的是自传体的论文（比如巴克豪斯和米德尔顿（Middleton）2000），其中包括被美国《经济学家》征集的自传，还有诺贝尔奖获得者以及圣安东尼奥三一大学关于诺贝尔获奖者生平的系列讲座中那些情况（Breit 和 Hirsch 2004）。但正如黑泽明（Akira Kurosawa）在其电影《罗生门》中为我们展示的那样，参与者们都会从自身的角度看待事物，而且最为关注的还是那些自身参与的或直接影响自身的事件，而非那些涉及其他人的相关发展的内容，在这一点上，即便那些并不是那么自恋的自传作者也不能免俗。温斯顿·丘吉尔（Winston Churchill）曾满怀信心地表示，历史会对我"从轻发落"，因为他想要亲自去书写这一历史。随着时间的流逝，对遥远往事的追忆会逐渐黯淡，甚至会发生改变，就像亚当·斯密没有引述詹姆斯·斯图尔特（James Steuart）爵士，就强调自己已经将他驳倒了一样，对信息的披露总是有选择性的，其结果有时显豁，有时未尝不是经过了有意的忽略。这些思考本不该让人讶异，但是偶尔确实如此。他们总是希望自己的学术成就获得举世公认，远远超出侪辈。而且，在这些书中，有一些的确（但那些文章中并不是很多）既十分有趣又颇为翔实。阅读了金德尔伯格的《经济学家的一生》之后，你就会知道，当他就职于美国经济学会提名委员会时，委员会注意到从未有加拿大人、（美国）南方人或者是女性担任过美国经济学会的会长，所以决定找到一位合适的加拿大人来担此职位，最终就选定了哈罗德·尹尼思（Harold Innis）于1952年就任美国经济学会会长。

英雄人物的另外一个起源在于：经济学家的传记经常是交由他们所赏识的弟子或者年轻的信徒来撰写的。罗伊·哈罗德（Roy Harrod）撰写的约翰·梅纳德·凯恩斯的传记、《经济学期刊》上凯恩斯为阿尔弗雷德·马歇尔，以及奥斯丁·罗宾逊（Austin Robinson）为凯恩斯所书写的回忆录文章先入之见已经颇为明显了，不过，这一体裁还可以追溯到孔多塞（Condorect）的《生活中的杜尔哥》。此外，理查德·维特利（Richard Whately）的传记以及威廉·阿什利（William Ashley）爵士的传记是由他们各自的女儿所撰写的，而欧文·费雪（Irving Fisher）的传记则由其子执笔（比如，在辉格党的历史学家之中，麦考莱勋爵（Lord Macaulay）的生平是由其外甥书写的，乔治·奥托·特利维廉（George Otto Trevelyan）爵士的传记则是由他的儿子乔治·麦考莱·特利维廉（George Macaulay Trevelyan）所作）。

当然，也有一些只对某一位人物进行持续的学术探讨的例子，而作者对这位人物还充满着深刻的反感，例如，史蒂夫·富勒（Steve Fuller）的《托马斯·库恩：我们这个时代的哲学史》（2000），这本书不乏诙谐、博学和卓有见地之处，但同时也是一部加长版的谴责性作品，其中有的章节竟以"将政治无能予以形式化的库恩范式"为题。敌意也可以充满活力，因为威尔·布莱斯（Will Blythe）在记述杜克大学与北卡罗来纳大学的篮球对抗赛时，就曾以《厌恶至此才能永远幸福》（2006）来作标题。有时候，距离产生美，过于接近反倒会阻碍工作的开展：根据唐纳德·沃克尔（Donald Walker）对威廉·贾菲（William Jaffé）关于列昂·瓦尔拉斯（Léon Walras）的论文之介绍称，贾菲作为瓦尔拉斯主要作品的翻译者和信件的编辑者，却还是无法撰写出他许诺已久的权威版瓦尔拉斯传记，因为他对瓦尔拉斯的个性已然无法从根本上提起兴趣。那些将任务委托给其崇拜者们的研究，多以思想和情感上的共鸣与仰慕作为开端，但也不是不需要对之进行批判。心理学家莱斯利·赫尔萧（Leslie Hearnshaw）在希瑞尔·伯特（Cyril Burt）爵士的葬礼上致悼词，之后应伯特妹妹之邀，为伯特撰写一篇权威的传记。而伯特这位曾大规模造假的学者，不仅捏造了虚假的合著者（以及吹捧自己作品的书评的虚构作者），而且关于同卵孪生子异地抚养的系列数据全部都是蓄意伪造（尽管在伦敦遭到轰炸的战争年代丢失了真实却又微不足道的数据集，伯特依然马不停蹄地发表着论文，因为他想尽力在其设定的退休日期之前牢牢控制住他所成立的院系和杂志）；1979年，赫尔萧最终将伯特的这一形象大白于天下，并且在伯特那位虽然也极为沉痛却又大义凛然的妹妹全力支持之下，将此传记出版。理查德·何恩斯坦（Richard Herrnstein）和查尔斯·穆雷（Charles Murray）（1994，11-12）曾试图在《钟形曲线》中恢复伯特的名誉和他据以发表的数据，最终却假装压根就没有看到赫尔萧的作品一般，无视这一切，将针对伯特的指控完全归咎于那些左翼记者。

经济学家或者其他领域的学者，可能会被描绘成一位反派，因为他个人的政治与社会观点，与其个人的专业著作相悖，就像在伯特的例子中何恩斯坦和穆雷（1994）所给出的那种令人难以信服的观点一样，有些互联网上的网站致力于持续地对保罗·克鲁格曼（Paul Krugman）的《纽约时报》专栏中的观点进行批判和指责，尼克松的智囊们将保罗·萨缪尔森（Paul Samuelson）列入了尼克松总统的敌人黑名单（这是因为他的敌人在其开设的新闻周刊专栏中引用了萨缪尔森的观点），此外还有托马斯·索维尔（2000）所经历过的那些辱骂和歪曲。不过，经济学界至少产生了一个无可否认的反面角色（尽管他没有留下半点作为经济学家的特点），此人就是柏林大学的前经济系主任、教授弗兰兹·斯克斯（Franz Six）博士。（同时也是至少在纳粹党卫军中获得了荣誉军衔的亨利希·冯·斯塔科尔伯格（Henrich von Stackelberg）在学界的领导者）。斯克斯教授在纽伦堡的战争罪犯审判中，因曾在设于俄罗斯的党卫军别动队（机动的杀人小组）中担任职务，被判处20年监禁，但在4年之后获释。在取得了海狮计划预期的成功之后，他又被指派到英国领导帝国中央安全局（RSHA，领导着包括盖世太保、刑事警察和国家安全局的特工人员），同时他还曾制定了一份要逮捕2 300人的特殊搜查名单，这一名单并没有放过英国的那些经济学家（Shirer 1960，782–84）。

体面的血统和假想敌

与新晋的富人和新封的贵族一样，那些在博学的学科中新晋的名人，也要去寻找体面的祖先，以求配得上他们当前的地位。因此，美国镀金时代的新晋百万富翁总是要从下面两个地方购买家族肖像：英国的贵族家族，即一群声称自己是拉斐尔前派兄弟会的英国艺术家，还有骄傲地跻身于尤里乌斯·凯撒（Julius Caesar）先生同列的英国詹姆斯国王一世的财政大臣。有一些关于过去经济学家的回顾性品鉴，往往轻易地就被人加以接受：罗伯特·卢卡斯（Robert Lucas）"曾经认为自己是奥地利人的一支后裔，但凯文·胡佛（Kevin Hoover）的著作使我相信，这是因为我对哈耶克和其他的一些人产生误解而致"（见斯诺登（Snowdon）和维恩（Vane），2005，274）。尽管罗伊·哈罗德在努力说服凯恩斯不要带有倾向性地去颂扬那些愚蠢之辈（哈罗德心中是这么认为的），但是凯恩斯依然在其《通论》中为自己构建了一个新的才智不凡的祖先谱系，一个"英勇的异教徒军队"，从西尔维娅·嘉素（Silvio Gesell）一直追溯到消费不足主义者约翰·霍布森（John Hobson），再到托马斯·罗伯特·马尔萨斯（Thomas Robert Malthus），最后直至重商主义者。凯恩斯就将这次探索运用到思想史中，以便于将曾和其先辈打成一片的诸如A.C.庇古（A.C. Pigou）的那些人回归到萨伊定律的正统拥护者李嘉图。伊里·赫克歇尔（Eli Heckscher）的古典主义（和亲古典主义）的著作为凯恩斯提供了大量的素材，而对于凯恩斯对其研究所做的扭曲（在他看来是这样的），他则愤怒地予以了回击，但是随之而来的对于重商主义的重新评价，却又促进了知识的发展。从更严肃和更加深远的角度来讲，卡尔·马克思在《剩余价值理论》

（［1862-63］1963-71）中，以及欧根·冯·庞巴维克（Eugen von Böhm-Bawerk）在《资本与利息》中，作者从过去的经济学家是如何成功地向历史上那些已经被学者们详细表达过的确切理论靠拢这个角度，各自重新撰写了关于资本所有权的收益来源与数量的过往历史（当然，在这两本著作中并非基于同一个真正的理论）。在此之前的皮埃尔·塞缪尔·杜邦（Pierre Samuel du Pcnt），以及在此之后的杜邦·德·内穆尔（du Pont de Nemours），在"新科学的起源与发展方面"，对于重农三义，他们都以一种可与其他重农主义者们（他们所创作出来的文章足可与François Quesnay的经济表匹敌）相媲美的口吻进行写作。为了实现当代的思考方式而做出各种不够完美的尝试，这类对过去思想的处理方式，使得深受其苦的已经不再是经济学一门学科，还有其他诸多领域：丹尼尔·布尔斯汀（Daniel Boorstin）（1941，428，426）就曾沉痛地叹息："法律史学家们向执业律师们俯首帖耳，以至于在法律教材和专著中所给出的分类，竟然也已经成为了法制史资料的分类标准。"马克思、庞巴维克和凯恩斯对经济学说史进行再解读的区别性特征在于，他们各自把自己装扮成英雄之后，也把自己学科的过往描述成这番景象，即那些不够完美的尝试，无非是为了实现他们这些人在理论上的创新而已。尽管在庞巴维克之前，杜尔阁（Turgot）已经不把未来的商品当成与当前的商品完全相同的东西，并以此为由来论证利息的正当性，但是庞巴维克在《资本与利息》一书中却对杜尔阁的土地自然生产果实之理论未加任何考虑；这种情况表明，从当代英雄般的创新立场出发，重新解读过去的作家们会冒着何种风险（参考罗斯巴德在《新帕尔格雷夫经济学大辞典》中关于时间偏好的文章，以及彼得·格罗尼维根对杜尔阁所做的版本校订）。格罗尼维根在这次研讨会上提醒我们，马歇尔极不赞同庞巴维克对待杜尔阁的态度，他让自己的学生在庞巴维克关于早期经济学家的讨论中找出此类曲解之处，并已此举行一场比赛。

　　如此地发掘思想先驱的谱系，是具有选择性和争夺性的：如果"古典经济学家"无所不包，将所有涉及经济思想的作家悉数网罗的话，那么，大卫·李嘉图当然也就是其中之一，但是新古典主义、新古典以及新李嘉图主义却又各有所指，意思彼此大相径庭。否认政府债务是净资产的一部分，这是李嘉图主义的观点，与皮耶罗·斯拉法（Piero Sraffa）所高举的新李嘉图主义旗帜之间存在的共同之处，并不比崇尚自由市场的美国学院派奥地利经济学家与欧洲的新奥地利资本理论家之间的共同之处来得多，而且可能还不如新凯恩斯主义者与后凯恩斯主义者之间的共同点多。援引李嘉图，是将他树立成以下两个概念的值得尊崇的经济学前辈：一个是债务中性，即著名的李嘉图等价的另一种说法；另一个是在需求条件中对价格决定机制进行重新建构，这是斯拉法主义的建构，他经过这番建构，即可跻身于主流经济学中的殿堂之上。当然，要实现这一点也是需要付出代价的：我们不能忘记，在强调李嘉图在关于债务中性的表述之后，他紧接着认为这一理论不能在实践中得到践行，或者是不能以斯拉法主义那种情况下所解释的条件践行，斯拉法在阐述李嘉图的级差地租理论时，将注意力转移到边际分析之外的原因上去，而在李嘉图比较优势理论的数值实例中，他也并未强调从交换中获得的相互收益，这些都是代价之所在。

族群的偶像：当地的英雄

将自己的理论攀附在某位可敬的先辈身上，并不是只有作为个体的经济学家（或者其他学科的学者）如此，某所大学或者某一个国家的经济学家（或者其他社会科学、行为科学或自然科学的工作者）也会颂扬属于他们那个圈子或者地方的英雄。这样不仅带来了对过去某些特定经济学家作品的关注——除了这些学者与当地的联系之外，当代经济学家也许已经不是那么记得或者认可他们的成就了——而且也促进了人们对某些经济学家所在学科知识遗产的局部（至少是片段）研究和纪念，当代经济学家是这样一群人，他们本不会太多地关注自身在进入研究生院之前（有一些也包含在此之后）发表作品的经济学家。如果《斯堪的纳维亚经济学》杂志和《苏格兰政治经济学》杂志不是分别为了对维克赛尔和斯德哥尔摩宏观经济学院，以及亚当·斯密和苏格兰的政治经济学传统进行回顾而加以尊崇的话，它们就不大可能欢迎经济思想史方面的论文。除了本次会议对欧文·费雪的贡献进行了颂扬之外（Dimand 和 Geana-koplos 2005），让耶鲁大学考尔斯（Cowles）经济研究基金会的会长，一位专攻不完全竞争市场的一般均衡理论的数理经济学家去编辑主要关注过世已久的经济学家的作品的会议论文集，可以说是极为罕见之事。詹姆斯·托宾（James Tobin）教导耶鲁大学的经济学家们重视他们那个大学传统下的经济学家：当托宾在 1950 年（费雪逝世三年之后）从哈佛转至纽黑文时，他就发现，与一般人一样的是，耶鲁大学这个社区之所以纪念费雪，更多的是因为其在 1929 年 10 月的股票市场中值得引以为戒的失误，而非他的科研成果。稍早些时候召开的会议（参与者有部分重叠）是为纪念费雪逝世五十周年，此会议由欧文·费雪研究协会举办，这个协会是由费雪的研究助理——已故的汉斯·

科尔森（Hans Cohrssen）先生——成立的一个关于货币经济学的德国学术团体（Leaf 和 Monissen 1999）。

　　与本地的英雄相结合的周年纪念，是召开研讨会、编纂会议文集，以及发行杂志特刊（用于吸引经济思想史之外的经济学家关注某位同行的主要思想）的特有的温床。所以，约翰·雷（John Rae），这位资本理论的先驱者，内生增长和技术变革的理论家，对新生产业实施关税保护和补贴的新生工业论的倡导者，在纪念其生于 1796 年的 200 周年诞辰纪念会时，就吸引了来自其出生地苏格兰以及来自加拿大的经济学家的浓厚兴趣（Hamouda、Lee 和 Mair 1998），正是在这两地，约翰·霍写出了自己的主要著作。周年纪念和对本地英雄的崇仰，虽都是机缘偶致，但它们却可以帮助那些沉寂已久的重要经济学家们重新获得众人的推崇。

　　1983 年的马克思逝世百年纪念大会，以及凯恩斯和熊彼特诞辰百年纪念大会，是尤其适于举办高水平的学术活动的盛会，其中不仅包含经济思想史的学者，同时包括当今世界一流的经济理论家；此外，1976 年《国富论》出版两百周年纪念大会、1990 年马歇尔的《经济学原理》百年纪念大会以及斯密逝世两百年的纪念大会，也都是如此。尽管其他地方也在举行一些小型的欢庆活动以纪念这些通晓俗世事务的哲学家[①]的作品，但剑桥还是要再去颂扬马歇尔和凯恩斯，苏格兰依然要再去歌颂亚当·斯密。从传统意义上来讲，正如约翰逊博士所指出的那样，你并不是在讨论颂词中的誓言，所以在这些集会上做出的关于这些当地英雄贡献的独特性、有效性及重要性的断言着实有那么一点点言过其实。但尽管如此，那些原本不会被开展的出色研究仍然会被撰写、被出版、被关注，思考也依然会被其激发，而且不管是那些被邀请出席庆典的知名经济学家，还是用心倾听或阅读的经济学家，都受到了一定程度的教导。

　　为了防止我们对周年纪念庆典这类事件太不当回事，我们可以回忆一下这样一个事情：瓦克拉夫·哈维尔（Vaclav Havel）"宣布他已将 3 月 15 日（在 1939 年的这一天，希特勒入侵布拉格）西德总统的到来仪式安排妥当，而一位记者强调说哈维尔'喜欢庆年纪念日'时，哈维尔立刻更正他，并说道：'不，我并没有说我"喜欢周年纪念日。"我只是在谈论政治中的象征、隐喻和一种戏剧性的结构感'"（Klima 1994，64）。所以，在经济学中，象征、隐喻

---

　　①　这句话源于著名经济思想史家亨尔布鲁纳的一本书的名字，他将经济学家称为 worldly philoso-pher，即注重俗世事务的哲学家。——译者注

和戏剧性的结构感也有助于我们对先人的追忆和理解。

霍布斯鲍姆和罗格斯（Hobsbawm and Roger）（1983）的标题，为这种对传统的革新赋予了一个术语，这类对本地英雄加以传颂的传统，可以作为他们传统延续的一种例证。传统和英雄为包括学术研究者在内的群体提供了凝聚力和归属感。对于本地英雄的再现或创生，表现最为激烈的，当属 1956 年弗里德曼公开赞扬的芝加哥货币经济学的口述传统。唐·帕廷金（Don Patinkin）在最终收录于帕廷金（1981）的文章中，质疑了这一传统的存在性，他辩称，尽管弗里德曼和学生们一定会利用过往的芝加哥同仁们的贡献（比如亨利·西蒙斯（Henry Simons）关于货币规则方面的著作）来抗衡货币政策的权威，但弗里德曼的方法在许多重要方面（最显著的是作为投资组合的货币需求）均源自于 1936 年的凯恩斯的作品，而非任何的芝加哥大学的渊源。大卫·拉德勒（David Laidler）（在（Laidler 2003）第 10 和 11 章中重印的文章中）发现，弗里德曼所描绘的关于芝加哥货币经济学的三个特征中的其中两个，也出现在芝加哥大学之外的其他经济学家的著作里，比如哈佛大学经济学家艾伦·杨格（Allyn Young）和劳钦林·科里（Lauchlin Currie）的分析，以及供职于英国财政部的经济学家拉尔夫·霍特里（Ralph Hawtrey），此人曾于 1928—1929 年作为访问教授接替杨格在哈佛大学的教学工作（此时杨格已转至伦敦经济学院），杨格的学生科里担任其助理。乔治·塔芙拉斯（George Tavlas）（1997，1998）却坚持芝加哥传统的独特性和连续性，对拉德勒给予了猛烈的回击。这场公开论战因为发生在学校内部而变得声名远播：在这些质疑芝加哥传统的独特性和连续性的学者中，帕金斯（Patkins）在芝加哥大学完成了全部的大学教育，拉德勒是一位坚定的弗里德曼式的货币主义者（与新古典经济学家截然不同），而约翰逊（Johnson）（［1971］1978，1972）在质疑弗里德曼关于其传统的记述时仍在芝加哥大学任教。

1776，1936，及其所有的时刻：简化和回忆

史蒂夫·富勒（Steve Fuller）（2000，xi）指责道："托马斯·库恩（Thomas Kuhn），将科学史中伟大的范式门限与引发革命的天才者的名字联系起来，这些天才者们为那些不太知名的杰出人物树立了榜样，进而极好地完成了对人类共同追求的精英神话的更新。'牛顿'、'拉瓦锡'和'爱因斯坦'都

作为范式的开山鼻祖而出现在库恩自己的文本之中。'达尔文'和生物及社会科学中的其他大家也已被库恩的仰慕者们一一添加进去。"早在库恩之前很久的时候，此类品鉴就已是司空见惯之事，其原因之一就在于：伊萨克·牛顿（Isaac Newton）爵士、安东尼－劳伦特·拉瓦锡（Antoine-Laurent Lavoisier）、阿尔伯特·爱因斯坦（Albert Einstein）与达尔文，以及亚当·斯密和凯恩斯实际上确实完成了集大成之作，与他们的先辈以及当代人的作品相比脱颖而出，而且还对各自领域的其他作品产生了影响。

但另一个原因则是教学方面的：有些教科书和讲座针对的是学习经济学、生物学、化学、物理学或者心理学的学生，而非学习这些学科的历史的学生，所以它们将这些人的名字与他们的理论结合在一起，就讲述了一点这些理论的历史，进而让学生们觉得这些理论既有趣又难忘。将某个人的名字与某个概念或者模型联系在一起是一个颇为有效的记忆技巧，比如：斯勒茨基方程，罗伊恒等式，迪维西亚（Divisia）指数、派氏（Paasche）指数、拉氏（Laspeyres）指数和费雪指数，阿莱悖论和埃尔斯伯格悖论，费雪图表，基尼系数，洛伦兹曲线、恩格尔曲线和拉弗曲线，贝叶斯法则，菲利普斯曲线以及埃奇沃思盒形图，虽然听说过罗伊恒等式的人要远超过能够认出瑞尼·罗伊（Rene Roy）的人，但是把它们与名字结合起来之后，都变得更加易于学习和记忆。布劳威尔的不动点定理和角谷静夫的不动点定理之所以如此命名，并不仅仅是为了尊敬首先阐明它们的那些人，也是为了更容易忆起哪个是哪个。在个人贡献和观点中列出长串的名单和细微的区别，并不会达到教学的目的。拉伯德·冯·兰克（Leopold von Ranke）的格言"据事直书"（思考一张 1∶1 比例的地图），尽管取得的成就可想而知，但是，它却与某些教科书中对名字和简化历史运用的观点背道而驰，这些教科书对那些致力于这一学科的人所持有的对学科的过往塑造成的模糊形象，要远超过专注于该学科的历史的书籍和文章所塑造的形象。如此方便的标签也向学生们明确地传递着这样一种印象：就《1066 年及之后》（Sellar 和 Yeatman 1930）和玛莎·斯图尔特（Martha Stewart）的意义而言，名字被冠于概念之上的那些人都做了一件"巨大的功业"。

在教学方法上实施一个名字对应一个概念的限制，所造成的结果之一就是会忽视默顿式（Mertonian）的多种发现，即关于完全相同的或紧密联系的概念在实际上或表面上独立的发现，比如在各自的小册子中出现的经典地租理论，他们有马尔萨斯（Malthus）、爱德华·维斯特（Edward West）爵士、罗伯特·托伦斯（Robert Torrens）和 1815 年 2 月在伦敦的李嘉图（Ricardo）；或者是忽略由菲利普·威克斯蒂德（Phillip Wicksteed）在 1888 年和费雪在 1892 年给出的独立证明，即如果一个人的效用函数在自变量上具有可加性，那么可度量的效用函数就会存在；或者是忽视保罗·斯威齐（Paul Sweezy）、R.L.霍尔（R.L.Hall）以及 C.J.希契（C.J.Hitch）同时在 1939 年提出的关于寡头市场上拐折需求曲线的描述（Merton 1973；Stigler 1982，第 9 章）。在约翰·莫瑞斯·克拉克（John Maurice Clark）1917 年给出了引起广泛关注的新投资加速理论之前，约翰·霍布森（John Hobson）、阿尔伯特·穆米丽（Albert Mummery）、查尔斯·比克德克（Charles Bickerdike）、托马斯·尼克松·卡尔夫（Thomas Nixon Carver）、拉尔夫·霍特里以及阿尔伯特·阿芙塔里恩（Albert Aftalion）就都以某种形式表达了新投资加速理论；另外，比较优势理论到底该归属于 1815 年的罗伯特·托伦斯（Robert Torrens），还是 1817 年的大卫·李嘉图，至今仍是 HOPE 会议上一个被热烈讨论的问题。简写的短语"柯布–道格拉斯生产函数"，使得学生们很容易记住这一复杂的生产函数，但如果告诉学生们，在查尔斯·柯布（Charles Cobb）和保罗·道格拉斯（Paul Douglas）发表其文章四年之前，克努特·维克赛尔（Knut Wicksell）就已于 1924 年用瑞典语在一篇评论文章中使用了这一函数，并不会有助于上述目的的实现（维克赛尔的优先权早在熊彼特（Schumpeter 1954）的书中第 1024 页就已经记录过）。

使用唯一的纪念性名字去联系一个概念，这种要求，不仅使得多重独立发现（同时的或非同时的）模糊不清，同时也掩盖了一个更加普遍的事实：学者和科学家们相互影响，对各自的贡献彼此依赖又相互呼应。米尔顿·弗里德曼（1957，ix）清晰地、不吝言辞而又措辞激烈地解释了一群经济学家的知识交流如何造就了消费的永久收入假说："里德（Reid）小姐，以其独特的热情、坚毅和巧妙，持续不断地对源于［弗里德曼、罗斯·狄雷克托·弗里德曼、玛格丽特·吉尔鹏·里德（Margaret Gilpin Reid）和多萝西·斯塔尔·布拉迪（Dorothy Stahl Brady）之间的］对话的假说进行一项关键性的检测。当这一假说似乎成功地通过了测试时，她就竭力劝我详细写出基础理论，以供她在展现其结论的论文中参考。这本书就是成果，而且尽管是我执笔所作，尽管我也要为它的瑕疵负全责，但从本质上来讲，它是这个团队的共同产物，不仅包括参与了发展的成员，还有在各个阶段阅读原稿并给予批评的成员。"同样地，弗兰克·莫迪格里安尼（Franco Modigliani）在其诺贝尔演讲中也持同样的看法："不论是对于生命周期假说，还是大致同时产生的米尔顿·弗里德曼先生（1957）的永久收入假说（PIH），玛格丽特·里德（Margaret Reid）那极富想象力的分析…都是灵感的重要来源。"但是，如果一个概念只能与一个名字结合，那一定是执笔之人或者做出最大（或最显著）贡献之人的名字。不论那两位诺贝尔奖得主如何明确地阐述了其他人的重要作用，教科书（和诺贝尔委员会）依然把永久收入假设归于弗里德曼，把生命周期假设归于莫迪格里安尼（但是里德荣获了1980年美国经济协会的杰出学者，这是荣膺此荣誉的第一位杰出女性）。弗里德曼和莫迪格里安尼都在尽力促使人们关注他们学科那内容丰富的历史（当然，并非所有的主要理论家们都会这么做），可这在中级宏观经济学教科书的消费函数的章节中并没有起到什么作用。另一个因素就是：教科书和经济学说史对理论家给予的关注要远超过诸如布拉迪和里德的实证研究者，而且其中可能也有性别和关注度之间的关系问题。大卫·立德勒的《制造凯恩斯革命》（1999），将凯恩斯的《通论》置于货币均衡论、经济波动和失业的起因及补救在两次世界大战期间的理论化背景之中，进而对一些经济学教科书中的隐含表述手法进行了强有力的反驳，这些教科书关注的是由独立的、英勇的天才们引导的一系列革命性进步方面的经济学说史，而非那些专门关注该学科的历史的教科书。同样地，熊彼特（1954，184）坚称：尽管"毫无疑问的是，斯密不需要任何人的帮助就可以把这些组成部分很好地协调成为一个整体"（183），但"事实的情况是，《国富论》所包含的分析思想、分析原则或者分析方法，在1776年时没有一个是全新的。"虽然至少有部分学生可能会对自由放任主义这一通常被用作斯密政策的简单概括，似乎并非成于这位苏格兰人之手而感到诧异，但我们在（关于经济学课程而非经济思想史课程的那些）教科书和演讲中，认为是亚当·斯密在1776年创见了其全部的理论和政策体系，还是很方便的（参见Clark 2003）。

　　当代人的目的并不仅仅是通过将一个名字与一个概念相联系这种教学上的便利来制造英雄人物。他们也有动机去塑造一些被英雄们所打败的可以溯及的假想敌。作为"政治经济学重商主义体系"的重商主义这一概念（这与各色的德国经济学者、游说政府批准特权的英国商人以及诸如柯尔贝尔（Colbert）这样的法国管理者们形形色色的小册子或者行动截然不同），就是斯密在其《国富论》中进行系统阐述的，也是对他所厌恶的、过去两个世纪的公共政策和经济观点的一个系统化的清理。斯密将重商主义变得比之前任何时候都更为统一，更为系统，所以他可以将之随意嘲弄，将之驳倒在地。进化生物学领域的出现，则把达尔文和达尔文主义看作英雄，把拉马克和拉马克主义当作反派。哈里·约翰逊（Harry Johnson）（[1971] 1978，186）采用了米尔顿·弗里德曼的"似是（as if）"方法论①在其艾利演讲中，曾这样问道：

假如我想要开启一项针对货币理论方面的凯恩斯革命的反革命，我该如何进行呢？尤其是，在技巧方面，我从这场革命中能学到什么呢？当然，以此种方式提出这一问题，就是要在目前公认的职业道德面前能够符合其要求，而根据这一职业道德，纯粹的科学思考和非政治思考都被认为是对科研工作的进展产生了激励；但我可以断言：对"似是"方法论的捍卫是在抵制对个性特征的诽谤，或是对科研工作的诋毁方面的任何暗示。

无论是凯恩斯革命还是货币主义者的反革命，都从"已有的正统学说的存在"中有所获益，这一正统学说"明显地与现实中最突出的事实不一致，但它对其智识能力仍有足够的自信，所以它仍将试着去解释那些事实，而恰恰在它所做的努力中，它又以一种可笑的形式将它的无能暴露无遗"（186）。约翰逊认为，现有的凯恩斯之前的货币理论已经足以用来分析出20世纪20年代和30年代英国失业的原因，乃是在于错误的货币政策和一个固定的、却又定值过高的汇率政策。尽管如此，"那些一流的英国经济学家们依然试图将大量的失业现象解释为现实中人类的需要无法被满足所带来的结果，……其他的经济学家则把萧条看作是对企业和个人的投机活动以及错误的微观经济决策这一系列过错的惩罚"（187）。约翰逊的其他文章（收录于 Johnson 和 Johnson 1978）清楚地表明，第一种解释是指丹尼斯·罗伯特逊（Dennis Robertson）1930年在麦克米伦委员会的证词，而第二种解释是指哈耶克（Hayek，1931）和罗宾斯（Robbins，1934）这两篇文章的观点。据约翰逊（［1971］1978）所言，凯恩斯的经济学同样不能用来分析通货膨胀，但在这里，他却丝毫没有提到自己在1958年的声明，即相比货币数量学说，凯恩斯的《如何筹措战费》为通货膨胀的分析提供了一个更好的框架（参见 Dimand，2001）。

成功的思想革命或反革命，应当具备的第二个条件就是："它看起来要像新理论的产物，而且尽管这个新理论所吸收的全部已在现有理论中发生效力，却仍要尽可能地赋予这些有效的概念以令人目眩神迷的新名字"（Johnson ［1971］1978，194）。与帕廷金（Patinkin，1981）一样，约翰逊把弗里德曼在1956年对货币数量论的重新表述看作是对凯恩斯的流动性偏好概念的归纳，而非排斥凯恩斯，从而支持之前的芝加哥大学对货币理论的口述传统，因为，

---

　① 这是指弗里德曼于1954年发表的《实证经济学方法论》一文中的主张，认为假设可以不重要，只要预测准确即可被认为是一个良好的理论，后人以 as if 方法论来指称之。——译者注

早在 1936 年，凯恩斯就首次明确地将货币需求写作总收入和利率的函数，而且把货币需求看作是资产间的投资组合，这一点与弗里德曼是一致的，但与 20 世纪 30 年代的其他芝加哥货币主义者不同。约翰逊（1972，60）认为："其起点就是，在吸收了凯恩斯和欧文·费雪的最精华的思想，且不涉及两项假设中的任何一项的情况下（这两项假设已经成为凯恩斯主义者由于对先前的理论进行嘲讽而招致不平的原因），将货币数量论重新表述为货币需求的资本理论公式。这两项假设分别是：其一，经济会自然而然地趋向充分就业，但这已被公认是一个不太适合归属于货币理论的供给反应方面的问题；其二，流通速率对任意变量都是参数恒定的，这也已被下面的主张所取代，即速率是一些变量的行为函数关系，这些变量必须予以适当的度量。"（如果"充分就业"可以被"自然失业率"代替，那么第一项假设很快就会被货币主义者和新古典经济学家们所接受。）

约翰逊（[1971]1978，197-98）曾公开谴责芝加哥大学口述传统的创造性，"在凯恩斯主义专制统治下的晦暗岁月里，这一传统被认为是维持了一小群初学者对基本真理的理解……在中途的神秘圣殿里，没有一盏始终在燃烧着的孤灯，鼓励着信徒们聚集起来云等待真理安然地大白于天下的那一天：只有当蜡烛的光线有机会照得更远、更广，吸引到新的皈依者转向旧式宗教时，蜡烛才会被创造出来，而不再仅仅是将其点燃。"纵然乔治·塔芙拉斯（George Tavlas）（1998，217-18）一直坚持认为弗里德曼是悠久的芝加哥传统的创始人之一，但在弗里德曼对凯恩斯主义的流动性偏好所欠下的学术债务方面，他还是认为这是"确定无疑之事"，而且不再声称"弗里德曼的传导机制……部分源于凯恩斯，部分源自 20 世纪 30 年代的芝加哥大学"（或许正如罗伯特·里森（Robert Leeson）所指出的那样，这是因为凯恩斯的《货币论》是他 20 世纪 30 年代在芝加哥大学受教时所学到的一部分）。

就像对待费雪的成本收益比率一样，约翰逊不再把凯恩斯的资本边际效率看作是对资本边际产量的重新命名，而是承认，相比于他的前辈们，凯恩斯更多地强调了预期收益的不确定性，而对实际生产力的强调则相对较少。这样的困顿正好可以帮助一个新的理论满足"成功的第三个准则，即一定程度上的理解困难，这是一种刚好能够威慑住老一辈的学者，又能达到挑战并奖励年轻学者的程度，并以此为那些雄心勃勃之人开辟出一条职业晋升的大道"（Johnson [1971]1978，195）。进一步来讲，一个成功的理论还应该是这样的：为初露头角的计量经济学家提供一项实证关系课题，以评估诸如凯恩斯主义的消费函数或者一个稳定的货币需求函数，让他们行动起来："此外，由于聪明的年轻人只有在成功地找到一项据说是非常重要的理论关系的统计验证时，才会选择在这个领域留下来，然后再把自己的结果解释为支持最初预示这一关系的理论证据，从而认为自己的努力不可避免地倾向于支持处在争论中的理论"（196）。

结　论

熊彼特（1954，481）指出"凯恩斯对马尔萨斯的偏爱虽然在道德上是令人钦佩的——因为称赞先驱者的人毕竟是少数，而凯恩斯则认为马尔萨斯是自己的一个先驱者——但他却走向了极端。自从《人口论》问世之日，直到今天，马尔萨斯很幸运地——因为这真是一种幸运——成为同样不合理的、彼此矛盾的论说对象。有人说他是人类的恩人。又有人说他是恶魔。有人说他是深刻的思想家。也有人说他是笨伯。"为什么熊彼特会认为这些被当作英雄或反派的描述不过是好运气在作祟呢？这些"富有感情色彩的评价"证明马尔萨斯的著作已经"激发了很多人的心灵"（481）。对马尔萨斯或者凯恩斯（或是萨缪尔森或弗里德曼或克鲁格曼）进行大肆吹捧或贬低，不管其中的曲解有多深，也总胜过漠不关心。曲解是可以达到极限的，正如艾伦·奇思（Allan Chase）的《马尔萨斯的遗产：新的科学种族主义的社会成本》（［1977］1980）一书，本该是一本对美国优生学运动进行翔实的历史揭露的书籍（该书获得了安斯非尔德-沃尔夫种族关系图书奖），但却因下面这样一种信念而遭到歪曲：科学种族主义或多或少起源于马尔萨斯，而且由于埃德温·查得威克（Edwin Chadwick）希望通过政府行动来改善卫生状况，所以他和马尔萨斯必定早就是敌人。有些过分热情的读物把马尔萨斯看作了早期的凯恩斯主义者，但它们并未注意到马尔萨斯根本没把储蓄决策与投资决策区分开来，也没对那些能够使得储蓄与计划投资达到均衡的力量进行分析。尽管如此，这些把马尔萨斯看作反派或英雄的论述就表明人们已经足够关注他，所以才会去思考他，去思考他所提出的问题，正如修订了其之前关于马尔萨斯的一篇文章以收录到其《传记文集》一书的凯恩斯，他也转向思考有效需求的问题，或者是查尔斯·达尔文（Charles Darwin）和阿尔弗雷德·鲁塞尔·华莱士（Alfred Russel Wallace）阅读了马尔萨斯关于人口的著作之后，受到启发（各自独立地）去思考自然选择的问题。

与马尔萨斯一样，包括当地英雄在内的其他反派和英雄也都是如此。贬低和吹捧的过程产生了片面的、选择性的作品，制造了由英雄们因过分夸大过去正统的讽刺漫画的不连贯性所导致的思想革命，或者说构建了一些确有开创性的新传统，这些传统确立了真实或是想象中的可敬的过往正统连贯性。鲁西·休斯-哈里特（Lucy Hughes-Hallett）在她最近的《英雄：救世主、叛徒和超人》一书中提醒道，"对杰出个体的过分敬重会造成一种潜在的诱惑"（2005）。"它允许崇拜者们抛弃责任，祈求伟人来解救或者满足他们，可如果他们自己去做这些事情，应该会完成得更加妥当"（引用Scott 2005）。但英雄的创造，一方面在经济学说史方面会起到这样一种作用，即吸引人们关注思想遗产，在注重当下的原则下，这些遗产被忽视的程度比它应有的程度还要深；另一方面会为研究与反思那些轻率的颂扬和中伤提供契机甚至是激励。这一结论应该不会让经济学家们感到震惊：因为它只是阐明一项会被继续推行下去的活动，这项活动必然会有其收益所在，而不仅仅是耗费成本。

参考文献

Backhouse, R., and R.Middleton, eds.2000.*Exemplary Economists*.2 vols.Cheltenham, U.K.: Elgar.

Blythe, W.2006.*To Hate Like This Is to Be Happy Forever: A Thoroughly Obses-sive, Inter-mittently Uplifting, and Occasionallj Unbiased Account of the Duke-North Carolina Bas-ketball Rivalry* New York: HarperCollins.

Boorstin, D.1941.Tradition and Method in Legal History.*Harvard Law Review* 54:424-36.

Breit, W., and B.Hirsch, eds.2004.*Lives of the Laureates: Eighteen Nobel Economists*.4th ed. Cambridge, Mass.: MIT Press.

Chase, A.[1977]1980.*The Legacy of Malthus: The Social Costs of the New Scientific Rac-ism*.Reprint, Urbana: University of Illinois Press.

Clark, H., ed.2003.*Commerce, Culture, and Liberty: Readings on Capitalism before Adam Smith*.Indianapolis: Liberty Fund.

Dimand, R.2001.Harry G.Johnson as a Chronicler of the Keynesian Revolution.*American Journal of Economics and Sociology* 60.3:667-91.

Dimand, R., and J.Geanakoplos, eds.2005.*Celebrating Irving Fisher: The Legacy of a Great Economist*.Malden, Mass.: Blackwell.

Dobbs, Z.1969.*Keynes at Harvard: Economic Deception as a Political Credo*.2nd ed.West Sayville, N.Y.: Probe Research.

Du Pont de Nemours, P.S.[1768]2003.On the Origin and Progress of a New Science.In Clark 2003.

Fisher, I.1997.*The Works of Irving Fisher*.Edited by W.J.Barber.14 vols.London: Pickering & Chatto.

Friedman, M., ed.1956.*Studies in the Quantity Theory of Money*.Chicago: University of Chi-cago Press.

——.1957.*A Theory of the Consumption Function*.Princeton, N.J.: Princeton University Press.

Fuller, S.2000.*Thomas Kuhn: A Philosophical History for Our Times*.Chicago: University of Chicago Press.

Hamouda, O.F., C.Lee, and D.Mair, eds.1998.*The Economics of John Rae*.London: Rout-ledge.

Hayek, F.A.1931.*Prices and Production*.London: Routledge.

Hearnshaw, L.S.1979.*Cyril Burt, Psychologist*.Ithaca, N.Y.: Cornell University Press.

Herrnstein, R.J., and C.Murray.1994.*The Bell Curve: Intelligence and Class Structure in American Life*.New York: Free Press.

Hobsbawm, E., and T.Ranger, eds.1983.*The Invention of Tradition*.Cambridge: Cambridge University Press.

Hughes-Hallett, L.2005.*Heroes: Saviours, Traitors, and Supermen*.Toronto: Viking Canada.

Johnson, E.S., and H.G.Johnson.1978.*The Shadow of Keynes*.Chicago: University of Chica-go Press.

Johnson, H.G.1972.*Inflation and the Monetarist Controversy*.Amsterdam: North-Holland.

——.[1971]1978.The Keynesian Revolution and the Monetarist Counter-revolution.In John-son and Johnson 1978.

Joravsky, D.1970.*The Lysenko Ajfair*.Cambridge, Mass.: Harvard University Press.

Keynes,J.M.1919.*The Economic Consequences of the Peace*.London:Macmillan.

——.1936.*The General Theory of Employment,Interest,and Money*.London:Macmillan.

Kindleberger,C.P.1991.*The Life of an Economist*.Cambridge,Mass.:Blackwell.

Klein,L.R.1947.*The Keynesian Revolution*.New York:Macmillan.

Klima,I.1994.*The Spirit of Prague and Other Essays*.London:Granta Books.

Laidler,D.1999.*Fabricating the Keynesian Revolution:Studies of the Inter-War Literature on Money,the Cycle,and Unemployment*.Cambridge:Cambridge University Press.

——.2003.*Macroeconomics in Retrospect:The Selected Essays of David Laidler*.Cheltenham,U.K.:Elgar.

Leaf,H.-E.,and H.G.Monissen,eds.1999.*The Economics of Irving Fisher*.Cheltenham,U.K.:Elgar.

Linder,M.,with J.Sensat.1977.*Anti-Samuelson*.2 vols.New York:Urizen Books.

Mantoux,E.1952.*The Carthaginian Peace,or The Economic Consequences of Mr.Keynes*.New York:Scribner's Sons.

——.[1937]1977.Mr.Keynes'"General Theory."Translated by P.Cortney and H.Hazlitt.In *The Critics of Keynesian Economics*,edited by H.Hazlitt.2nd ed.New Rochelle,N.Y.:Arlington House.

Marx,K.[1862-63]1963-71.*Theories of Surplus Value*,3 pts.Translated by E.Burns and S.Ryazanskaya.Moscow:Progress.

Meek,R.L.,ed.1953.*Marx and Engels on Malthus*.London:Lawrence and Wishart.

Merton,R.K.1973.*Sociology of Science*.Chicago:University of Chicago Press.

Modigliani,F.1985.*Life Cycle,Individual Thrift,and the Wealth of Nations*.Stockholm:Nobel Foundation.

Paret,P.,ed.1986.*Makers of Modern Strategy from Machiavelli to the Nuclear Age*.Princeton,N.J.:Princeton University Press.

Patinkin,D.1981.*Essays on and in the Chicago Tradition*.Durham,N.C.:Duke University Press.

Robbins,L.1934.*The Great Depression*.London:Macmillan.

Rothbard,M.1972.*America's Great Depression*.Los Angeles:Nash.

Schumpeter,J.A.1954.*History of Economic Analysis*,edited by E.B.Schumpeter.New York:Oxford University Press.

——.[1942]1987.*Capitalism,Socialism,and Democracy*.6th ed.London:Unwin Paperbacks.

Scott,C.2005.No Man Is a Hero to His Hallett.*Toronto Globe and Mail*,5 November.

Sellar,W.C.,and R.J.Yeatman.1930.*1066 and All That:A Memorable History of England,Comprising All the Parts You Can Remember,including 103 Good Things,5 Bad Kings,and 2 Genuine Dates*.London:Methuen.

Shirer,W.L.1960.*The Rise and Fall of the Third Reich*.New York:Simon and Schuster.

Skousen,M.1997.The Perseverance of Paul Samuelson's Economics.*Journal of Economic Perspectives* 11.2:137-52.

Snowdon,B.,and H.R.Vane.2005.*Modern Macroeconomics.Its Origins,Development,and Current State*.Cheltenham,U.K.:Elgar.

Sowell,T.2000.*A Personal Odyssey*.New York:Free Press.

Stigler,G.J.1982.*The Economist as Preacher and Other Essays*.Chicago:University of Chicago Press.

Tavlas,G.1997.Chicago,Harvard,and the Doctrinal Foundations of Monetary Economics.

Journal of Political Economy 105.1 : 153−77.

——.1998.Was the Monetarist Tradition Invented? *Journal of Economic Perspectives* 12.4 : 211−22.

Vauban, S.1839.*Abrégé des services du maréchal de Vauban, fait par lui en 1703.*Edited by A.Augoyat.Paris.

作为一种经济学家传记写作体裁的群体传记[①]

威廉姆·科尔曼

本文旨在探讨撰写经济学家"群体传记"的经验教训，即《吉卜林班子：经济学家在澳大利亚公共生活 "的磨难与成就》（Giblin's Platoon：The Trials and Triumph of the Economist in Australian Public Life）（Coleman，Cornish 和 Hagger，2006）一书。该书讲述了 L.F. 吉卜林（L.F.Giblin）（1872—1951）、J.B. 布里奇顿（J.B.Brigden）（1887—1950），D.B. 柯珀兰德（D.B.Copland）（1894—1963）和罗兰德·威尔森（Roland Wilson）（1904—1996）四人的私交与思想联系；1950年之前的三十年里，这四人一直主导着澳大利亚的经济思想、政策制定和体制建设。

《吉卜林班子》一书阐述了作为传记写作体裁的群体传记在经济学说史中所担负的责任和面临的挑战。它的研究也就经济学家传记写作的各种其他领域，以及群体传记会如何提供另外一个新的领域提出了各种问题。

该团体生活的简史

我们要研究的这个群体的核心人物，L.F. 吉卜林，1872年出生于塔斯马尼亚，是殖民地总督之子，亦是大法官和财务主管。1890年至1892年在伦敦大学学院求学期间，吉卜林似乎就已经在那里与爱德华·加奈特（Edward Garnett）建立起了友谊，而且正是此人的儿子大卫（"巴尼"）此后将吉卜林引入了布鲁姆斯伯里的圈子。1892年至1896年在剑桥大学国王学院期间，吉卜

作者非常感谢罗杰·巴克豪斯(Roger Backhouse)、罗伯特·迪曼德(Robert Dimand)、苏珊·豪森(Susan Howson)和罗伊·温特劳布(Roy Weintraub)的评论。

林又在数学荣誉学位考试中获得了第二名。在大英帝国偏远的角落流浪了十几年之后，他以吉卜林上尉的身份于1916年回到英格兰，并在查尔斯顿与约翰·梅纳德·凯恩斯相遇，成为知交。大约与此同时，二等兵布里奇顿也刚好在牛津医院养他在西部前线所负的伤，并且受到了爱德华·坎南（Edward Cannan）和F.Y.埃奇沃思（F.Y.Edgeworth）的热情款待。在他们的帮助下，布里奇顿开始在牛津大学攻读并最终获得了经济学和法学文学士。1919年，吉卜林受命前往塔斯马尼亚大学委员会，在此，他为詹姆斯·布里奇顿谋到了商学院的任命，还促成道格拉斯·贝利·柯珀兰德晋升为该院的教授。随后，柯珀兰德和吉卜林又劝导罗兰德·威尔森攻读商业学士，当时他是一位非常聪明但有些犹豫不定的17岁少年。后来，吉卜林、柯珀兰德和布里奇顿成功地说服这位"不情愿的年轻人"（Wilson，1976）前往国外（澳大利亚之外）进行更加深入的学习：先是获得牛津大学的哲学博士，随之便是在芝加哥大学雅克布·维纳（Jacob Viner）的门下获得哲学博士学位。

匆匆几年，"这个团体"就写作出版了三本著作：《资本进口和贸易条件》（Wilson 1931）、《澳大利亚，1930》（Giblin，1930）以及《澳大利亚的关税》（Brigden等，1929），它们在国际经济学方面提供了重要的洞见。然而，他们职业生涯的其余部分却全都致力到了公共服务当中，或许人们认为，那些职业生涯可以看作是澳大利亚公共生活中经济学家介入的开始。在吉卜林的护佑之下，威尔森完完全全地转变成为进入澳大利亚公共服务的第一位经济学家，同时布里奇顿也成为第一位领导一个政府部门（社会服务部）的经济学家。20世纪30年代至40年代期间，四人设计并见证了澳大利亚联邦政府实施的"财政均等化"，缓和了澳大利亚进入国际货币基金组织时的不适感，改良了这个国家华而不实的社会管理体制，在财政官员之间普及凯恩斯主义公共财政的思想，并且成功地捍卫了联合国宪章中要实现充分就业的誓言。

重要性的重要意义

上述这些要素还只是一部值得一述的故事的纲要。但是它们似乎缺乏一些关键的要素，那就是他们在经济学方面的非凡成就；而对于那些会对经济学说史做出贡献的、并像专著那么长的传记来说，我们通常也会作如是期待。正如我们通常所理解的那样，作传人的任务就是去记录，并在一定程度上解释传主的特殊成就，这也是大家所希望看到的。但是，至少在经济思想史方面，这本传记中的四位主人公都是次要人物。所以正如经济史学家们那样，在着手《吉卜林班子》这本书时，作者们不得不去深思：什么因素让这些人物值得详细地记录成为一部传记呢？或者，换句话说，什么方式才能让次要人物变得引人关注呢？对于作传人来说，还是有一些通用的方式可以借鉴的。

间接的荣耀。让次要人物变得有趣的一个常用方法便是将其与光辉之人联系起来。所以，纳里·特尔南（Nelly Ternan），不论是在其与查理·狄更斯（Charles Dickens）交往期间，还是在这之前和之后的时光里，都变得引人注目。同样地，我们之所以对莉迪亚·凯恩斯（Lydia Keynes）感兴趣，"一方面是因为她凭自身之力成为了一位重要人物，但特殊的兴趣仍在于她是与凯恩斯共度一生的女人"（Butlin 1951，96）。在《吉卜林班子》一书中，"间接的荣耀"是其旨趣的来源之一：它记录了传主们与维纳、坎南、埃奇沃思、J.A.熊彼特，尤其是与凯恩斯的广泛联系。无论凯恩斯做什么都会引入关注，所以，在全书的十章之中，其中八章都出现了凯恩斯：与这四人的分别会晤、与他们的会谈、与他们的分歧、还有（大萧条期间）令他们深深的失望。

但是，把间接荣耀作为传记写作的根据，其缺点在于：有些人物主要借助其与某些荣耀的联系，为了让他们的传记值得撰写，就真的去强求这些联系对于荣耀的来源而言十分重要。而且，从思想史的角度来说，尽管吉卜林和凯恩斯两人的个性脾气确实相投，但他们之间是否成功地维系着一种重要的思想联系，似乎仍然值得怀疑。从思想的角度来讲，他们被一个大大的分歧隔离开来：凯恩斯是一位理论家，而吉卜林则是一名经验主义者。凯恩斯对吉卜林在乘数和贸易保护主义方面的工作根本不感兴趣（Coleman，Cornish 和 Hagger 2006，96-103）。

奉承地攀附。赋予次要人物关注的另一种方式就是把一项重大的荣耀附加到一位次要人物身上：所以陶西格（Taussig）成了"美国的马歇尔"（Schumpeter，1954b）。那吉卜林有可能被创造成澳大利亚的欧文·费雪（Irving Fisher）吗？这两个故事中还是存在一些相似之处的。他们生活的年代类似（1867—1947 和 1872—1951）；两人都被培养成了公理会的教友；两人成年之前便已遭遇丧父之痛；两人又都是优生学家；而且两人在涉猎经济学之前学习的都是数学；两人也都注重定量和经验主义研究（在20世纪30年代，吉卜林是澳大利亚学术界在计量经济学协会的唯一成员）。但是《吉卜林班子》一书的作者们在这类对比上却选择了回避。我们之所以这么做，其原因在于这些容易被人认为是在奉承地攀附，实际上是在贬低他们，并没有提升他们的地位。一个人或许渴望成为委内瑞拉最伟大的小说家。但谁又想成为委内瑞拉的狄更斯呢？

并非不重要，而是被忽略。若要提升传主的重要性，另一个方法就是坚决主张他或她并非是一个那么不重要的人物，只是被忽略了而已（比如说，参见Fletcher［2000］关于罗伯特逊（Robertson）的传记）。换句话说就是，我们进入了重新评价的界域之内。《吉卜林班子》一书就致力于重新评价。作者们探究了这四人的理论化以及与具有更加广泛认可度的理论之间存在的某些联系。我们坚信在 20 世纪 20 年代的末期，他们四人把三次值得纪念的初次尝试成功地纳入了国际经济学，而且其中两次产生了十分重要的影响。

出口乘数

多年来，关于乘数起源的权威论述已经承认，正是吉卜林在柯珀兰德和布里奇顿的帮助下，在理查德·卡恩（Richard Kahn）之前，就已经阐述了一个关于"乘数"的观点（Wright 1956；Dimand 1988；Moggridge 1993）[1]。在剑桥大学乘数理论出版15个月之前，乃至在乘数理论被构想出来的几个月（1930年的夏季）前，吉卜林的观点——把进口作为唯一的漏出，把出口作为唯一的投入——就已于1930年4月以《澳大利亚，1930》一书的形式出版。吉卜林、柯珀兰德和布里奇顿在大萧条的早些年里就已开始展开了他们的乘数概念。实际上，他们还利用它来预测大萧条的程度。1929年9月16日，也就是华尔街破产的五个星期之前，布里奇顿在悉尼向保守的宪法协会宣讲了澳大利亚的经济形势，而且以惊人的预见性预言了即将到来的不幸事件。他运用两个乘数预测到，当时较近的出口价格和资本流入的下降意味着1930年澳大利亚的国民收入"至少以10%"的比率下降"（Coleman，Cornish和Hagger 2006，96-103）。

但对于经济史学家来说，我们的问题在于，吉卜林的乘数是凯恩斯经济学构思的一部分吗？

凯恩斯经济学史给出的答案似乎是否定的。尽管吉卜林的优先权得到了认可，但在凯恩斯《通论》的史料中，吉卜林的乘数大部分都被忽略掉了。因此，唐·帕廷金（Don Patinkin）（1982，1993，1994）对乘数起源所作的各种

---

① 关于优先权，吉卜林最激烈的竞争者是詹恩思·沃明(Jens Warming)(Boserup,1969)。关于一战前的优先权问题,可以参见 Wright 1956,Goodwin 1962 以及 Hegeland 1954。

研究中也从未提及吉卜林。罗伯特·斯基德尔斯基（Robert Skidelsky）的凯恩斯传记中也只有一次提到吉卜林的乘数——而且只是在脚注中含蓄地提及。[①]

由于没有确切的证据表明凯恩斯或者他的圈中人读过，甚至是听说过吉卜林的乘数，所以，这种情况似乎也无可厚非。[②]尽管如此，考虑到吉卜林与凯恩斯和国王学院的密切联系，我们来推测其中存在关联的可能性，亦是符合情理的。国王学院的图书馆确实藏有《澳大利亚，1930》的复本这一事实，更让我们不仅多了一丝遐想，这一点从理智上讲，也算是合理的。吉卜林亲自将它寄出，随后于1930年6月寄到了国王学院。[③]

尽管如此，在缺乏进一步证据的前提下，经济思想史学家还是应该把这两个乘数记录为"另一个独立的发明"。

"第二贸易条件"

罗兰德·威尔森的《资本进口和1931年的贸易条件》一书，在吉卜林和柯珀兰德的帮助下得到出版，从此植下了一颗可以长成适宜高度的橡树的橡子。在这项研究中，威尔森就资本流动和贸易品对非贸易品价格之间的联系展开了一项讨论，这项讨论在20世纪70年代，因荷兰病和格雷戈里命题（Gregory Thesis）的概念而达到高潮。

威尔森这本书，开篇时探讨了资本流动对出口商品和进口商品相对价格的影响，也就是我们所熟悉的"贸易条件"。可是，威尔森的兴趣却引导着他去检测资本流动对"第二个"相对价格的影响：即贸易品与非贸易品的相对价格。关于资本流动对这一"第二贸易条件"的影响，似乎在此之前从未有人做过调研。威尔森在分析伊始便做出这样的评论：资本流动相当于把购买力从贷出国转移给了借入国。由于借入国对本国非贸易品的消费倾向一定比贷出国对借入国非贸易品的消费倾向高，所以购买力向借入国的转移就一定会增加它对自身非贸易品的需求，同时提高它们相对于贸易品的价格。

----

① 迪曼德(1988,105-8)确实给出了关于吉卜林乘数的详细论述。

② 关于剑桥对吉卜林的乘数有任何了解的唯一确切证据就是，Ronald Walker在1933年的博士论文中利用了吉卜林的乘数，此人是剑桥大学圣·约翰学院的一名澳大利亚学生（Cairncross 1998）。

③ 国王学院的复本《澳大利亚，1930》上记录到，它是由"作者所赠"。

正是澳大利亚的经济学家们培养了威尔森对第二贸易条件的洞见，尤其是特拉沃·斯旺（Trevor Swan）（1918—1989），自威尔森辞去澳大利亚国立大学（ANU）经济学研究院的经济学首席教授一职后，他便于1950年成为了威尔森的继任者。在20世纪50年代初期的堪培拉，新晋教授通常都与时任的财政部高官们保持联系。斯旺对威尔森理论培育出的第一个果实就是斯旺表（Swan［1955］1963），它证明了在新凯恩斯主义的背景下，资本流动如何使得服务价值（即非贸易品）升高。威尔弗莱德·索尔特（Wilfred Salter）（1929—1963），1956—1959年一直就职于澳大利亚国立大学的社会科学研究院（RSSS），也在索尔特表中以新古典主义的形式重新表述了上述思想（Salter 1959）。但最有意义的复兴还要数20世纪70年代早期，斯旺经历了一些"艰难的时光"以后，带着他在《经济实录》中的"澳大利亚的海外投资：财政部第一号经济论文"重返公共舞台。

这篇文章或许应该被标为第二号，因为关于这一主题的第一篇文章已于1931年由罗兰德·威尔森出版……［当时］他怀疑并推翻了已经由陶西格、维纳和凯恩斯所持有的关于资本进口和贸易条件的观点……出现这样一个［经常账户］赤字的重要条件…就是我们的国内成本应该相对于进口商品和出口商品的价格而有所提升。这个事实…就是罗兰德·威尔森所宣称的反对之前的正统观念的那个理论。（Swan 1972，282）

对斯旺所培育理念的关键运用在这个时候就快要出现在格雷戈里的论文中了。R.G.格雷戈里（R.G.Gregory）于1971年加入社会科学研究院，受训学习国际经济学。在他的《矿业增长的一些含义》（Gregory，1976）一文中，关于威尔森的理论，他强调了一个简单但又具有十分重要的社会意义方面的含义：即非贸易品价值的增加会导致进口竞争行业的产量和收入下降。这篇文章与当时的实际经济形势产生了强烈的共鸣。20世纪七八十年代，燃料价格的猛涨以及燃料的大举开发，双管齐下，都大大提升了去工业化的前景。麦克斯·考尔德（Max Corden）（Corden 和 Neary 1982）运用索尔特的图表使得这些思想获得广泛传播，因为他曾参与过这一图表的策划。

"澳大利亚的贸易保护实例"以及斯托尔帕-萨缪尔森定理

布里奇顿、吉卜林和柯珀兰德共同执笔了1929年的一部半官方专著：《澳大利亚的关税：一项经济调查》（以下简称《调查》），它旨在推动一项会"引起分析争议"的"澳大利亚贸易保护实例"，这项争议"帮助我们发现了著名的现代国际贸易理论"（Samuelson 1981，147；也可以参见 Cain 1973；Manger 1981；Irwin 1996）。

1941 年，沃尔夫冈·斯托尔帕（Wolfgang Stolper）和保罗·萨缪尔森（Paul Samuelson）证明：如果一个国家进口竞争部门的劳动资本比高于出口竞争部门，那么毫无疑问，高关税一定会增加实际工资。"保护主义保护高工资"这一旧的保护主义理念，似乎忽然之间有了一个可靠的理论基础。1929年的调查在这里似乎也显得意义非凡，因为它已经通过明确地主张高度的保护主义的确会增加实际工资，而使得新古典主义贸易的某些权威（比如雅各布·维纳）难以容忍。

对《调查》引发的争论之论证，是由布里奇顿（1925）首先推动的。在布里奇顿的模型中，假设劳动在食品行业的边际生产率递减，而在制造业的边际报酬则不变。于是，增加制造业的关税并不会降低劳动在制造业的边际生产率（根据假设），也不会降低制造业方面的工资。可是，现在相比食品业而言，制造业的价值更高，劳动力自然就会从食品业向制造业分流。所以，劳动在食品业的边际产量也就被提高了。结果，制造业的工资保持不变，食品业的工资上升。而且只要工人们消费的食品数量不为零，工人的效用（即，生活标准）就一定会提升。正如《调查》在其第一页上明确断言的，在澳大利亚当前的形势之下，自由贸易会降低其"生活水平"。

《调查》一书受到了广泛评论，但很少有人真正去注意这本书。似乎就是确保它要被遗忘一般，它也确实被维持在了被人遗忘的状态。卡尔·安德森（Karl Anderson）（1938）试图在《经济学季刊》上发文以全面驳倒澳大利亚的贸易保护实例。马里昂·克劳福德·萨缪尔森（Marion Crawford Samuelson）（1939）则对安德森报告中未能如愿的反驳给出了机敏的回答。在引用"澳大利亚实例"时，M.C.萨缪尔森从未提及名字或者出版社。P.A.萨缪尔森（P.A. Samuelson）（1981，151）随后写道："M.C.极有可能从未读过 1929 年的报告。"萨缪尔森也只是含糊地说她"或许"读过柯珀兰德在 1931 年对《调查》一文的概括。

1941 年，萨缪尔森和斯托尔帕作为共同执笔者，马里昂作为抄写员，撰写了"贸易保护主义和实际工资"（Stolper 和 Samuelson，1941）。作者们回顾了这一问题的相关文献，即反对保护主义会增加实际工资这一主题的绝大部分文献；并且参阅了之前一些与布里奇顿观点相似的论点。[①]作者们并未参考《调查》，而且萨缪尔森随后表明自己并未读过。萨缪尔森在结论中给出建议，澳大利亚的经济或许可以用来说明斯托尔帕-萨缪尔森定理，而且还提示读者，他们没有进一步深入阐明柯珀兰德、M.C.萨缪尔森和安德森的论文。

那么，得出的结论到底是什么呢？将实例的论点和实例的论据做一个清楚的界定是大有裨益的。我们坚信"澳大利亚贸易保护实例"这一论据对"现代贸易理论"的发展并无意义。首先，保罗·萨缪尔森并未读过《调查》一书。其次，无论如何，对于那些得出与《调查》一书类似结论的旧文献，萨缪尔森都是已经知道的。最后，也是最重要的一点，《调查》与现代的贸易理论并不相干，因为"现代的"贸易理论主要指向部门之间的资本流动性，但是《调查》一书却完全忽视了资本及其流动性。[②]但尽管如此，实例的论点对于现代贸易理论的发展意义重大，似乎也是言之有理。在战后理论那种充满期待又焦躁不安的气氛下，《调查》一书，在普通的经济学原理和经验证据的辅助下，宣扬了保护主义会提高实际工资这一概念，同时也是有效地对M.C.萨缪尔森的一系列批评进行了变化。希望已经变为事实。用P.A.萨缪尔森自己的话说就是："对于马里昂·萨缪尔森在1939年验证了'澳大利亚关税实例'正确性的最终研究结果，至少在斯托尔帕-萨缪尔森的深入调查过程中，我就已经进行了深入的思考。"

传记的其他合理性

但是，无论吉卜林、布里奇顿、柯珀兰德或者威尔森四人对理论做出了什么贡献，也没有人会把他们描述为称职的"理论家"。他们虽然拥有一些值得深入探究的聪明构想，却不够深入。我们似乎仍旧缺乏从卓越成就方面来撰写他们传记的合理基础。

---

① 那个边际生产率可能是这样的，即亨利·西季威克(Henry Sidgwick)于1887年在《政治经济学原理》中已经预料到的关税降低可以减少实际工资。若需更加深入的探讨，请参阅 Coleman、Cornish 和 Hagger 2006,64。

② 布里奇顿的实例或许可以被看作是斯托尔帕-萨缪尔森经济的一个"退化的"特例，这里进口竞争部门根本没有资本需求。

当每个人是某个人时……

回应这一不足的一个方法就是，驳斥卓越成就是传记写作的标准之一的做法。认为卓越成就是传记写作的一个标准，不过是一种传统上的习惯看法，并非一定之规，这样或许可以达到此目的。说到底，这种摒弃，首先需要坚持认为重要性总是需要依靠价值判断，而众所周知，价值判断乃是多种多样的。

表达这种价值观异质性含义的一种方法，就是坚持认为"所有的英雄都是只具有区域性质的英雄。"每个城市都有自己的上帝，每个部落都有自己的神明。有些英雄自称享誉全人类，但事实上，这也只是自吹自擂，因为价值观实在是太过纷繁。在这种相反价值观的马赛克之下，每个人都很重要，但与此同时，每个人又都不重要。

不过，这种立场站得住脚吗？或许正是价值观这么多元而分散，才使得它这样的。而且正是因为价值观足够的多元而分散，才使得一些公认的世界英雄饱受争议。举个极端的例子来说，两次世界大战期间，法国人民和德国人民对凯恩斯的尊重程度可以说是泾渭分明。斯基德尔斯基所作的凯恩斯传记的第三卷出版，其中给出了二战后整个大西洋的各式评价。一个人心中的英雄是另一人心中的大恶人。（Dimand，参看本书迪曼德的文章）

但尽管如此，经济思想史上的价值观是否真的足够多元而分散，以至于使得所有的英雄都是区域性的英雄这一点，则是颇有疑问的。

"不是历史，而是生平"

摒弃卓越成就标准的另外一种方法则是，用一个不同的理论来取代传记的主题。我们可以用"描绘一些有价值的个体"来作为传记目的，从而给出另外一种传记诉求的表达。这或许可以叫作传记的普鲁塔克理论。"我意欲撰写的并非历史，而是生平"（Plutarch［ca.75］1973）。[1]依据这种观点，对作传人技艺的测试以及这一技艺的成功与否，就是要看他所写的传记是否包含传主的全部个人信息。如果作传人没有正确地解读出传主的性格，那这篇传记就是一部失败之作。或者换句话说，如果只有当传主被人引述时，才能突然从中窥见一些性格，那么作传人也还是没有成功。这正是为何之前关于吉卜林的传记性研究——《吉卜林：学者与常人》（柯珀兰德，1960）——尽管存在着诸多优点，却并非那么成功的原因所在。它并未阐明吉卜林的非凡之处或者说其特殊

---

① 我的任务就是详述能够说清楚他灵魂的活动……一个偶然的评论或者一句笑话或许比赢得战斗这样的壮举更能揭露一个人的真实性格……我把他那些最伟大的奋斗故事留给其他人去记述。(Plutarch ca.751973,252)。

之处所在。

关键还在于，在这一理念之下，对于传记来说，特殊成就并非那么不可或缺，因为特殊成就并不一定意味着个体就有价值。事实上或许有人认为，"特殊成就"本身几乎并不值得我们去思忖。比如，奇才的卓越光辉，更多地激发的是人们的"惊叹"而非"敬仰"。看起来更加伟大的，是个人，而非其成就。所以，即便缺乏成就，也仍有可能赢得我们的尊重。失败——悲剧性的失败——也可以赢得我们的关注和同情，而且自有其壮丽之处。英雄气概更多是在于敢于尝试，而非一定要在尝试中取得成功。一个有价值的个体不一定意味着取得特殊成就。

在普鲁塔克的传记观点下，撰写个人传记的理由更多是在于这个人的品格：或是可以赢得我们的同情，或是值得我们敬仰，或者至少要拥有一定程度的魅力。我们可以看伊丽莎白·加斯凯尔（Elizabeth Gaskell）的例子，此人付诸多年心血，最后写成了权威性的夏洛蒂·勃朗特（Charlotte Brontë）传记。"加斯凯尔［在撰写她的勃朗特传记时］的主要担心在于如何描写一位她仰慕已久的朋友，而不是那些社会名流"（Shelston 1977，58）。加斯凯尔自己的传记理念则是"撇开作者的身份不说，她作为女性这个特点对于独特性这一点就已经非比寻常了"（Gaskell，引自 Shelston 1977，58）。作为小说家的加斯凯尔并未要求她的传主必须具有一些特殊成就，并以此来评判他们是否值得一写。同时，作为传记作者的加斯凯尔，似乎也没有要求勃朗特一定要有什么特殊成就，并以此评判她是否值得为其写上一部传记。

吉卜林一定可以保证写出一篇符合普鲁塔克标准的传记。他本人那强大而神秘的个人品格，已经足以让我们为之惊叹不已。正如一位对吉卜林身后出版的著作《中央银行的发展》一书作出评价的学者所说，"我发现自己不断地被吉卜林所吸引，结果竟然忘却了对联邦银行的关注"（Bopp 1952，383）。

可是，把"迷人的性格"作为传记写作的理由还存在一个难处。熟悉的人不会为之着迷。现代作传人的调查十分广泛，把自己的调查之网撒向了这个人的全部；可是这全部之中，不可避免地会有某些部分不是那么地惹人喜欢。我们可以用凯恩斯为例来解释这个困难。我们很尴尬地了解到，"不管凯恩斯多么熟悉所有印度学生的名字"，他总是"习惯地称呼他们为'黑鬼（Darkie）'"（Butlin 1951），而且既非彬彬有礼地称呼，也非玩笑似地那么叫。他对优生学的热情现今看来仍觉可疑。他在1936年对苏联共产主义献上的颂歌完全可以……称得上是可笑（参见 Coleman 1992）。他在法国版《通论》的前言中对极权主义的不当评论，以及斯基德尔斯基在他传记的最后一卷中所记录下来的对凯恩斯颇具敌意的评论，都让人难以理解。

简单地着手去写一部吉卜林的颂扬之作，也会存在类似的困难。随地吐痰总是个不那么光彩的习惯。他的厌女症也惹人不快。他对男孩陪伴左右的喜爱，在今天基本上一定会立刻（而且毫无疑问是正确地）被诊断为鸡奸者。他（时而持有）的优生主义似乎又带有民族主义的倾向。直到1937年，他仍隐含着用一些宽容性的评论来评判纳粹主义，以缓和他对纳粹主义的憎恶表达，这同样让人失望。①

由于对传主性格的全面调查研究所带来的困难，以下还有几种办法可以用来应付在维护他或她的魅力方面存在的困难。

1.相比于承认那些令人厌恶的特征，传主的魅力所带来的影响则会更加持久，这在心理学上是件老生常谈的事。爱德华·吉本·威克菲尔德（Edward Gibbon Wakefield）就是一个恶棍，但一位回忆录作者却这样记述道，"几乎每位遇到过威克菲尔德的人都会品评他性格的迷人之处"（Fairburn 1990，573）。一位敌人也曾宣称，拒绝威克菲尔德的唯一方法就是立刻恨上他。没能成功地立刻对之心生恨意的那些人，或许已经顾不上他的不妥之处，仍会认为他十分有趣。

2.或者，我们可以说传记并非是为"伟大的人"而作，而是要写出某个人的伟大之处，这样也可以维护传主的魅力。记录并解释这个伟大之处，而不是记录那些不伟大之处，才是作传人的任务。那些只有伟大之处的人并不存在——的确如此——，但这并不重要。依据这样的观点，做到真正兼顾的传记（比如说罗伯特·茹德思·詹姆斯（Robert Rhodes James）[1970] 所作的关于丘吉尔在1939年的生活的传记），其缺点则在于太过于均衡。我们对真正全面视角下的丘吉尔并不感兴趣，我们在意的只是他伟大的部分。

3.最后，个体的感召力或许不会被作为传记的一个完全不能胜任的基础。做过一些卓越的事，或者获得过一些重大的成就，就可以让你为他量身定做一本传记，除此之外，并不需要其他特别的要求。我们并不期许一个天才同时也是一位好男人，而且也并不会真的在意。狄更斯对他的妻子"极端残暴"，对

---

①　人性的远非完美已经为一种与颂词相反的传记（披露性传记）提供了丰富的材料。特雷萨修女（Hitchens 1995）、伯特兰·罗素（Monk 1996）和温斯顿·丘吉尔（Cannadine 2005）都受到了这样的待遇。披露的惯例一般是这样的，研究者们挖掘出主人公愚蠢的亲戚；揭露出他或她不光彩的喜好；详述他或她的自私、虚伪和残酷；同时还要（这是20世纪中期常见的主题）记录他或她对苏联或法西斯宣传运动的轻信的响应。

自己的孩子也"十分专横"（Orwell 2003），但这些基本上不会使他失去作为传记主人公的资格。我们撰写并阅读莎士比亚的传记，原因在于他的戏剧作品，根本没有关注安妮·海瑟薇（Anne Hathaway）和那"第二好的床[①]"。[②]

群体传记

详细地探讨了那些不能成功地撰写吉卜林四人传记的动机之后，我们现在来看看使得这一传记值得一写的因素：他们是一个群体。他们不仅仅是一个小圈子的朋友或同事。他们之间还存在一些紧密的联系。这正是一篇优秀的传记所必需的材料。

正是我们对这样一个群体的兴趣——他们圈子的建立、他们的进步、他们的联系和分歧——才是使得群体传记能够吸引作者和读者的关键所在。或许文学性传记才是最富有创意的，比如佩内洛普·菲兹杰拉德（Penelope Fitzgerald）的《诺克斯兄弟》、昆汀·贝尔（Quentin Bell）的《布鲁姆斯伯里》，或者是汉弗莱·卡朋特（Humphrey Carpenter）已经叙述过的数不清的文学群体的传记，尤其是《迹象：C.S.刘易斯，J.R.R.拓尔肯，查尔斯·威廉姆斯和他们的朋友》（以下简称《迹象》）（Carpenter 1978；也可以参见 Carpenter 1987，1989，2002）。

不过，群体传记也可以用来撰写外交方面的人物，比如《智者：六位朋友以及他们所成就的世界：阿舍森、伯勒姆、哈里曼、肯南、拉佛特和麦克劳依》（Issacson 和 Thomas 1986），《米尔纳家的年轻人：爱德华七世帝国事务部的"幼儿园"》（Nimocks 1968）；或者是用于撰写思想或政治界的精英：《灵魂》（Abdy 和 Gere 1984）、《卫士：哈罗德·麦克米兰，三位朋友以及他们成就的世界》（Ball 2005）。而且它们也已经应用到了科学领域：《原子弹的手足情谊：不可分离的传记以及罗伯特·奥本海默、恩斯特·劳伦斯和爱德华·特勒之间的忠贞友谊》（Herken 2002）。

---

① 表面意思就是"次好的床和家具"。后人对于莎士比亚特意提到把床留给其妻子一直有各种议论，比较有代表性的看法是这是莎士比亚对其妻子不忠行为的一种讽刺。不过因为莎士比亚其人的资料太少，所以这只能是一种猜测而已。——译者注

② 但是对于发现莎士比亚戏剧的"真正"作者的探究，或许会流露出对于戏剧背后更加令人满意的性格的渴望，而似乎并非威廉·莎士比亚给出的那些。

这些标题就再次强化了我们上文所述的关于群体兴趣的观点。因为我们在这些题目中，几乎可以发现C.S.刘易斯、阿舍森、麦克米兰以及奥本海默所有这些主要人物。为什么我们不单单写刘易斯呢？因为群体结构增加了一些内容。群体之所以有趣就在于它是一个群体。

群体传记的情节

一部群体传记的情节结构既要把这些困难展现出来，又要把某些可能性也展示出来。

就结构方面而言，个人传记有一个特别的优势，那就是，个人传记具有一个相当清楚的开端和结尾。可是群体传记中，却有好几个人，这就意味着有好几个出生日期和好几个逝世日期，所以群体传记的开端和结尾都有点困难。

但是群体传记中的出生地我们或许可以称之为"锻造车间（forge）"，也就是这个群体"诞生"的地方。这可以是某个家庭、某所大学，甚至是军队。它或许甚至不是一个地方，而是一种将那些共享着它的人联系起来，并为其提供一段独特而又共有的经历的社会背景。这就是我们所说的"一代人"。

在吉卜林班子这个例子中就有一个锻造车间：一所小小的省立大学——塔斯马尼亚大学，1922至1924年间，四人共同聚到此地。柯珀兰德于1917年担任教职，之后吉卜林在1919年来到此地；1922年，两人共同聘用了布里奇顿，并且成功地说服威尔森注册进入该大学（而不是到当地的吉百利公司工作）。

这个班子也有一个独特的历史背景。一战大大地改变了他们的生活经历。四人之中有两个人应征入伍，一个人应征未遂，两个人的弟弟被杀，四个人都受了伤，吉卜林的身体健康被永久地破坏，而且作传者们怀疑——仅仅只是怀疑——存留下来的枪伤导致了布里奇顿的神经官能症。正是战争让他们聚到了一起，来到了塔斯马尼亚。柯珀兰德从新西兰过来，是为了接替一位和平主义的教师（Herbert Heaton）的职位，此人已在沙文主义情绪的驱赶下被迫辞职。战争还严重地破坏了吉卜林之前充满希望的政治生涯，但是，战争也有机会让他与凯恩斯相接触，或者说，也开启了一个作为"公务员或公共知识分子"的新的职业生涯的可能性。机缘巧合，布里奇顿的伤把他送到了牛津的一所医院，从此也打开了一个之前一直被上着锁的大门。正如布里奇顿告诉柯珀兰德的那样，"世界大战之前，我一直都不太幸运，但相反的是……自从遇到一个德国兵之后，这位德国人便引领着我进入了一个我根本无法停止的事业，他可算得上是我的恩人。"（Coleman，Cornish 和 Hagger 2006，24）。[1]

那么介绍了锻造车间之后，接下来的是什么呢？群体传记可以包含情节，一个不仅仅是片段组合的情节吗？但故事情节似乎更适合个人传记。我们来看一个深受欢迎的情节：

奸人作祟，年轻的王子被夺去了合法的继承权；逃亡途中，历经艰险，王子显示出了他天生的优点；于是重返王室，灭掉奸人，夺回了自己合法的继承权。

这是《哈姆雷特》中的情节。也是《李尔王》中的情节。而且，在很大程度上，这也是凯恩斯生活的情节，至少斯基德尔斯基是这么暗示的；一个假设性的解释或许作可以如下表述。

凯恩斯是英国经济学界一位才华横溢的候选继承人；他被凡尔赛和约所"背叛"[斯基德尔斯基的原话]。他遭遇了一次精神崩溃。然后用"和约的经济后果"，使自己颠沛流离。流亡途中，他又体面地与金本位的恢复战斗到底；随后，他获得了一场辉煌的胜利，他打败了财政部、英格兰银行，还有古典经济学。新的民族危机形势下，他开始振作精神重新夺回了他在财政部、英格兰银行和上议院那里与生俱来的权利。他的胜利以他与哈里·德克斯特·怀特（Harry Dexter White）的争论达到高潮：根据斯基德尔斯基的讲述，这次争论涉及的是圣乔治与敌方军队特务机关里的一名巫师进行决斗的问题。在这场最后的、也是最精彩的剑术比试中，在他处于优势地位的时刻，凯恩斯死了，实际上是被杀死了。

那么群体传记中可以存在同种类型的成功套路吗？

有时候，群体传记的一个有力情节或许可以被总结成以下这样：领导者遇到了追随者——追随者失去了领导者——追随者始终如一地"追随"。这篇群体故事有一个关键点，即将其他人聚集起来的首要人物。这些人因为某种使命而接受了他的领导。然后，这个核心人物死去。但是某种程度上，他还活着，因为他的追随者依旧在传播他的主要思想。关于这种情节，一个杰出的例子就

---

[1]　吉卜林的一位回忆录作者记述道："正是中年时期(1919—29)的吉卜林在塔斯马尼亚对他那一代人产生了广泛的影响，即便是错觉，这个阶段也一定会为作传人提供让人深感兴趣的资料"（Reynolds ca.1951）。"在霍巴特，战后的一代人与世界各地的人一样，心灵上都是居无定所而且难以调整的。正如过分乐观的爱国主义者所鼓吹的那样，对光明的新世界的高度希望并未成为现实，而且加里波第和弗兰德斯的父亲和兄长们已经为此丧命。战前的旧霍巴特和塔斯马尼亚也是为了这个希望，似乎一直到1921年还在倒退回到1890年萧条年代的景象……将这一切都看在眼里的他吉卜林，相当正确地给出了一个新视界"（Reynolds ca.1951，引自 Coleman，Cornish 和 Hagger 2006，39）。

是高斯派尔（Gospel）关于耶稣及其门徒的记述。其实，高斯派尔传记的内容一定比这篇群体传记丰富，但其中塑造的肯定是一个群体的传记形象，而且几乎是一篇完整意义上的群体传记。

《吉卜林班子》就适合这样的情节叙事。其中存在一个强势的首要人物，L.F.吉卜林。首先是他青少年时期就预示了即将到来之事的一些恰如其分的征兆，此后，他用自身的老成持重将身边的一群人聚集到了一起，其中两人向他坦承会真诚地像子女般服从于他；于是他们一起着手开启了他们的伟大壮举。但这个时候，吉卜林却死去了。在他的葬礼上，一位信徒将其比作苏格拉底。此外，罗兰德·威尔森评论道："奇怪的是，在我心中，他是如此的'坚不可摧'，所以他身体的离世并未带来太大影响。"（引自 Coleman，Cornish 和 Hagger 2006，207）。吉卜林是不在了，但他并没有真正地死去。几周之后，由吉卜林在数年前亲自挑选出的威尔森成为财政部秘书；1/4个世纪之后，他又宣称吉卜林是"让我们很难说其声望和人格已经逝去之人"（威尔森，1976）。

群体传记的历史在经济学说史上的前景

本文的要点一直集中在群本传记这种传记体裁的存在可能性这一问题之上。那么剩下还没有解决的问题就是，在经济学说史上开拓这一体裁的机会到底还有多广？

我认为，这个问题的答案取决于"群体"这个概念被定义的广狭。如果我们把"群体"当作一种接近"伙伴关系"的东西，那么我觉得机会虽还是有的，但并不多。或许有人会这么问，是否真的有那么多关系亲密的群体可以构成伙伴关系。一些文学性群体传记似乎就缺少这种强度的联系。在卡朋特的许多群体传记之中，联系的强度最大的文学性群体，当属《迹象》一书了，其表面上是围绕着刘易斯、拓尔肯和查尔斯·威廉姆斯建立起来的。但这三剑客之间的紧密联系，只存在了六年。而且，正如卡朋特所直率地承认的那样，拓尔肯从来都不喜欢威廉姆斯；他把后者当成一个入侵者。

但在经济学当中，还是有一些可能性值得深入研究的。我们有马克思和恩格斯那样一种真诚又非凡的伙伴关系，但人们只是从"思想"层面对他们进行了研究（Carver 1993），还没有从思想和个人两个层面共同进行研究。

重农主义者们构成了另一种可能。他们拥有一个核心人物和一个"群体思维"。"他们……总是采取群体行动，互相赞扬，彼此为对方的战斗而战斗，每位成员在群体宣传时共享他的理念"（Schumpeter 1954a，223）。所以，尽管作为个体的他们已经被广泛地研究过，但仍为群体传记提供了一个极好的、有待开发的机会。

还有一种可能就是威廉·惠威尔（William Whewell）（1794—1866）、理查德·琼斯（Richard Jones）（1790—1855）和查尔斯·巴贝奇（Charles Babbage）（1791—1871）这三剑客了。这三位具有"社会意识"的托利党人在剑桥结交，聚到一起部分也是由于一个共同的科学和政治使命使然。

但我认为，如果我们转向了比亲密的伙伴关系略疏远一些的群体，则群体传记的可能性会更大。经济学满是"学派"、"圈子"和"讨论组"。这里，群体传记的用处就不在于讲述这个群体组织的故事，而在于更好地理解组成这些学派、圈子和讨论组的个体成员们。因为个人传记历史不可避免地会给这部个人传记的历史带来失真的可能，而群体传记则有希望降低这种失真的程度。曾经一度多次有人为之作传的重要经济学家——凯恩斯，他的例子可以用来解释这个问题。正如一位凯恩斯的传记作者所评论的那样，"无论一个人多么属于一个'时代'"，"传记"也要"集中关注于这一个人"，"这样，传记必然会扭曲对传主的真实理解"（Moggridge 1993，xxv）。同样地，一位了解凯恩斯的故交就曾如下这样抱怨罗伊·哈罗德的传记，"关于青少年时期和成年时期的凯恩斯与家人的关系方面，人们本可以期许有一个更加清晰的视野。书中提到的所有其他的人，只有对凯恩斯产生某些具体作用的，才能被引用，这明显地构成了哈罗德的取材原则；所以就导致了这样奇怪的结果，即童年初期的凯恩斯似乎是个孤单的角色；其实没有再比这么做更加错误的了"（Butlin 1951，97）。

参考文献

Abdy, Jane, and Charlotte Gere.1984.*The Souls*.London: Sidgwich & Jackson.

Anderson, Karl L.1938.Protection and the Historical Situation: Australia.*Quartcrly Journal of Economics* 53.1:68-104.

Ball, Simon.2005.*The Guardsmen: Harold Macmillan, Three Friends, and the World They Made*.HarperPerernial.

Bell, Quentin.1968.*Bloomsbury*.New York: Basic Books.

Bopp, Karl R.1952.Review of *The Growth of a Central Bank*, by L.F.Giblin.*Journal of Economic History* 12.3:303.

Boserup, Mogens.1969.A Note on the Prehistory of the Kahn Multiplier.*Economic Journal* 79.315:667-69.

Brigden, J.B.1925.The Australian Tariff and the Standard of Living.*Economic Record* 1.1:29-46.

Brigden, J.B., D.B.Copland, E.C.Dyason, L.F.Giblin, and C.H.Wickens.1929.*The Australian Tanriff.An Economic Enquiry*.Melbourne: Melbourne University Press.

Butlin, S.J.1951.Review of *The Life of John Maynard Keynes*, by R.F.Harrod.*Economic Record* 27.1:95-98.

Cain, Neville.1973.Political Economy and the Tariff: Australia in the 1920s.*Anstralian Economic Papers* 12.2:1-20.

Cairncross, Alec.1998.*Living with the Century*.Fife: Lynx.

Cannadine, David.2005.*The Aristocratic Adventurer*.London: Penguin.

Carpenter, Humphrev.1978.*The Inklings: C.S.Lewis, J.R.R.Tolkien, Charles Williams, and Their Friends*.London: Harper Collins.

——.1987.*Geniuses Together: American Writers in Paris in the 1920s*.London: Unwin Hyman.

——.1989.*The Brideshead Generation: Evelyn Wangh and His Friends*.London: Weidenfeld and Nicolson.

——.2002.*That Was the Satire That Was: Beyond the Fringe, the Establishment Club, Private Eye*.London: Phoenix.

Carver, Terrell.1993.*Marx and Engels: The Intellectual Relationship*.Brighton, U.K.: Wheatsheaf Books.

Coleman, William.1992.Keynes and Communism.*Salisbury Review* 11.2:10-13.

Coleman, William, Selwyn Cornish.and Alf Hagger.2006.*Giblin's Platoon: The Trials and Triumph of the Economist in Australian Life*.Canberra: ANU E Press.

Copland, D.B.1931.A Neglected Phase of Tariff Controversy.*Quarterly Journal of Economics* 45.2:289-308.

——, ed.1960.*Giblin: The Scholar and the Man*.Melbourne: Cheshire.

Corden, Max, and J.Peter Neary.1982.Booming Sector and De-industrialisation in a Small Open Economy.*Economic Journal* 92.368:825-48.

Dimand, Robert W.1988.*The Origins of the Keynesian Revolution*.Cheltenham, U.K.: Elgar.

Fairburn, Miles.1990.Wakefield, Edward Gibbon, 1796-1862.*Dictionary of New Zealand Biography*.Wellington: Allen & Unwin.

Fletcher, Gordon.2000.*Understanding Dennis Robertson: The Man and His Work*.Cheltenham, U.K.: Elgar.

Giblin, L.F.G.1930.*Australia, 1930*.Melbourne: Melbourne University Press.

Goodwin, C.D.1962.Alfred de Lissa and the Birth of the Multiplier.*Economic Record* 38.81: 74–93.

Gregory, R.G.1976.Some Implications of the Growth of the Mineral Sector.*Anstralian Journal of Agricultural Economics* 20.2:92–102.

Hegeland, Hugo.1954.*The Multiplier Theory*.Lund, Sweden: C.W.K.Gleerup.

Herken, Gregg.2002.*Brotherhood of the Bomb: The Tangled Lives and Loyalties of Robert Oppenheimer, Ernest Lawrence, and Edward Teller*.New York: Holt.

Hitchens, Christopher.1995.*The Missionary Position: Mother Teresa in Theory and Practice*. New York: Verso.

Irwin, Douglas A.1996.The Australian Case for Protection.In *Against the Tide: An Intellectual History of Free Trade*.Princeton, N.J.: Princeton University Press.

Isaacson, Walter, and Evan Thomas.1986.*The Wise Men: Six Friends and the World They Made: Acheson, Bohlem, Harriman, Kennan, Lovett, McCloy*.New York: Simon and Schuster.

Manger, Gary J.1981.The Australian Case for Protection Reconsidered.*Australian Economic Papers* 20.37:193–204.

Moggridge, D.E.1993.*Maynard Keynes: An Economist's Biography*.London: Routledge.

Monk, Ray.1996.*Bertrand Russell: The Spirit of Solitude*.London: Cape.

Nimocks, Walter.1968.*Milner's Young Men: The "Kindergarten" in Edwardian Imperial Affairs*.Durham, N.C.: Duke University Press.

Orwell, George.2003.*Orwell.The Observer Years*.London: Atlantic Books.

Patinkin, Don.1982.*Anticipations of the General Theory? And Other Essays on Keynes*.Oxford: Blackwell.

——.1993.On the Chronology of the General Theory.*Economic Journal* 103.418:647–63.

——.1994.Mr Meade's Relation, Kahn's Multiplier, and the Chronology of the General Theory: Reply.*Economic Journal* 104.426:1143–46.

Plutarch.[ca.75]1973.*The Age of Alexander: Nine Greek Lives*.Translated by Ian Scott-Kilvert.Harmondsworth, U.K.: Penguin.

Reynolds, John.ca.1951.*L.F.Giblin: A Plea for an Adequate Biography and Some Tasmanian Incidents*.Ingamells Collection, Flinders University Library, Adelaide, Australia.

Rhodes James, Robert.1970.*Churchill: A Study in Failure, 1900–1939*.London: Weidenfeld and Nicolson.

Salter, W.E.G.1959.Internal and External Balance: The Role of Price and External Expenditure Effects.*Economic Record* 35.2:226–38.

Samuelson, Marion Crawford.1939.The Australian Case for Protection Reexamined.*Quarterly Journal of Economics* 54.1:143–51.

Samuelson, Paul A.1981.Summing Up on the Australian Case for Protection.*Quarterly Journal of Economics* 96.1:147–60.

——.1987.Joint Authorship in Science: Serendipity with Wolfgang Stolper.*Journal of Institutional and Theoretical Economics* 143.2:235–43.

Schumpeter, J.A.1954a.*A History of Economic Analysis*.New York: Oxford University Press.

——.1954b.*Ten Great Economists from Marx to Keynes*.London: Allen & Unwin.

Shelston, Alan.1977.*Biography*.London: Methuen.

Sidgwick, Henry.1887.*The Principles of Political Economy*.London: Macmillan.

Stolper, Wolfgang F., and P.A.Samuelson.1941.Protection and Real Wages.*Review of Economic Studies* 9.1:58−73.

Swan, T.[1955]1963.Longer Run Problems of the Balance of Payments.In *The Australian Economy: A Volume of Readings*, edited by H.W.Arndt and W.M.Corden.Melbourne: Cheshire.

——.1972.Overseas Investment in Australia: "Treasury Economic Paper, No.1." *Economic Record* 48.122:282−85.

Wilson, Roland.1931.*Capital Imports and the Terms of Trade: Examined in the Light of Sixty Years of Australian Borrowings*.Melbourne: Melbourne University Press.

——.1976.L.F.Giblin: A Man for All Seasons.*Search* 7.7:307−14.

Wright, A.L.1956.The Genesis of the Multiplier Theory.*Oxford Economic Papers* 8.2:181−93.

第三部分

自传与身份

叙事身份的经济含义[1]

保罗·约翰·伊金

　　1849—1850年的冬日，当亨利·梅修（Henry Mayhew）致力于他的宏图大计——记述伦敦穷忙族的生活——时，他访问了一位在伦敦东区的街道上卖豆瓣菜的8岁小女孩。他写道："尽管此时天寒地冻，这个可怜的孩子却只穿着一件薄薄的棉质长裙，围着一件破旧的披肩。头上也没有戴点什么，所以她那深褐色的长发四散开来。"这孩子关于自己的描述是这么开始的：

　　"我一边拿着豆瓣菜在大街上走来走去，一边叫卖着'豆瓣菜，一便士四捆。'我才只有8岁——就是这样，我还是一个姐姐，有一个弟弟和一个妹妹。断断续续地，我已经在街上叫卖了将近12个月了。在此之前，我必须要替我的姑姑照顾一个宝宝。起初，它并不算重——只有两个月大，但我却照料了它相当一段时间，一直到它学会走路……照顾这个宝宝之前，我一直在帮助从事皮毛贸易的母亲；如果皮毛上有任何裂缝的话，我就得把它们缝起来。大约在我五岁的时候，妈妈就教我针线活儿。我曾经也是上过学的，但时间不长。现在已经过去那么久了，所以我全都忘了。"（Mayhew［1861-62］1968，151）

　　历史学家卡洛琳·斯蒂德曼（Carolyn Steedman）（［1986］1987，136）利用她对劳动阶级女孩的生活所进行的调研，来审视这个孩子的凄凉故事，并且声称，这类儿童在很小的年纪就知道了自己在经济体系中的位置："她的劳动起到了描述自我的作用——更确切地说，她用它来描述她知道自己将要成为什么……一名工人，一个善良又有用的小女孩，一份收入的来源。这种情境下，她的劳动既不是一份贡献，也不是一份财产，而是她自身；她用

---

　　① 《政治经济史》第39期(年刊)DOI 10.1215/00182702-2006-041。版权归杜克大学出版社2007。

这种方式，交换来自己的谋生之道，爱，食物和对自己的保护。"①梅修笔下的卖豆瓣菜的小女孩，她的认同感是在彻底的"经济视角"下被揭示出来的，考虑到这一点，我才要向从事传记写作的经济史学家们提出一系列的问题。

在 2006 年的 HOPE 会议上，大多数的经济史学家呈上的论文都是撰写某一类型的传记，而只有少数关注自传，还有一些研究的是口述史。这也就是说，几乎所有的与会者都是以这样或那样的方式在重构、创造、收集或者说是研究某个人的性格和生平故事。反过来说，他们的主人公，就像豆瓣菜女孩一样，曾经也在致力于自我塑造的工作，就像我们每个人实际上所必须要做的那样。那么，对于这些写作项目背后的为其进行担保的身份问题，就存在着一个需要普遍关心的话题，这提出了某些历史和经济上的问题：这些传记所记录的主人公会接受怎样的关于自我的模型和传记上的典范呢？此外，作为个体的他们是否拥有斯蒂德曼所谓的那种自己的"经济视像"呢？构建那些自我模型和传记模型时，经济力量是否会被牵涉其中？但我应该加以说明的是，在这项关于模型的探讨中，我没有任何故弄玄虚之意。尽管我们存在自治和自主的幻想（即，我在写我的传记，我在讲我的人生），但我们的身份并非凭空产生。相反，我们利用自己栖息之地的文化资源来塑造它们，这些文化资源也就是能够详细阐明我们作为一个男人、一个女人、一名工人，以及我们生活环境中的个人到底意味着什么的资源。

其实很容易这么断定，无论是在我们的生活中，还是在撰写生活之时，我们在从事创造自己的事业之时，就是在利用身份认同模型；但是，详细说明这一过程的运作方式则更具有挑战性。接下来，我想用叙事身份的方法来探究这一问题。首先，我要证明我们所有人都被紧紧围绕在我所说的叙事身份认同体系之中。在这一节，我对叙事身份认同经济含义的处理方法，取决于下面这个从《美国传统辞典》中找来的有关经济的定义："元素在一个结构或体系内的功能布局。"接下来，我会考虑这一叙事身份认同体系是否会因为经济条件的不同而发生变化。在第二节里，我从"一个国家或地区的经济体系"、"一个管理和发展资源体系"的意义上（从同一部辞典里）来引用经济这一术语。具体来讲就是，我问了两个互补的问题：人们是否从经济角度来理解他们自己以及他们的生活？经济状况是否是从人们理解自我和自己生活的角度而形成的？实

---

① 关于19世纪工人阶级儿童的"经济自我"感，参见 Steedman1982,110-31。

际上，我是想要探究，身份认同的形成和定义从事经济体系运行的人们的过程之间，是否存在某种联系。

叙事身份和叙事身份认同体系

目前，由于 HOPE 会议的与会者们全都在关注传记史，都在创作、还原或者研究身份认同的叙事，所以思考一下"身份认同的叙事"这个短语的含义，还是值得去做的。事实上，叙事和身份认同之间的关系，要比这一表述在表面上所显示的还要密切，还要富于变化，因为叙事不仅仅是一种文学形式、一种载有故事内容的方便外壳，它还是生活经验结构中的一部分。在展示我的叙事认同的概念时，我提议，叙事不应只是关于自我而展开，从深远意义上来讲，还应该是自我构成的一个部分；有关这一点，我还得谨慎地再多说一句，即我们是以自我叙事的方式表达自我，因为有太多种类的自我和自我经历，所以叙事并不是和所有的自我一样，都能得到同等的延伸。

传记写作以纷繁的形式向我们展示着传主作为作品、作为文本的自我，而在下面的论述中，我把自我作为一种过程。心理学家乌尔里克·奈瑟尔（Ulric Neisser）（1988）至少确定了五种类型的自我，其中包括物质的、社会的和心理背景上的考量。这些自我的其中之一，即延伸的自我，也就是随着时间不断变换的自我，则是自传记述的主题。本文主要关注的正是这种自我，即我们自身拥有的跨越时间的一种连续性身份认同意识。根据奈瑟尔的观点，儿童到了三岁，开始意识到他们自己"存在于当前的时刻之外，从而有了延伸性自我"（47）。保罗·利科（Paul Ricoeur）曾经教过我们，叙事尤其适用于记录自我体验模式的核心——时间和变化的影响。因此，延伸性自我就采取了叙事认同的形式，而且身份认同叙事，同时又为人际冲突中这种自我的展示充当着媒介。

"认同叙事"和"自我叙事"之类的短语，乍听之下会觉得相当抽象，甚至会冒着不雅的风险，所以我应该暂停一下，来强调一下我们在讨论自己习惯性的日常实践时会涉及什么。我们彼此相遇时，会披露出我们生活的点滴故事。这些零星片段是怎样的呢？来看一下"悲伤之画面"这些文章，那是对2001年9月11日世界贸易中心里那些不幸逝者的简单追忆，在此之后的几个星期和几个月里，它们发表在《纽约时报》上。报纸会在头版头条放大字号来宣传一些个人档案的情况，通常会印有一打人或者更多；比如2001年9月17日的这个例子："品味上佳红酒，追求优质交易，享受万圣乐趣。"每条新闻的首标都以一些主要的特征、一种简略的身份认同或者缩微传记为特色："配件专家""拳击场上的摩托车""时刻准备去打高尔夫"。接下来的几个短篇段落，其中谈及个人修养、习惯、喜好，以及规划和最有趣的人生情节，现在都已经不是那么完整了。就像他们在所有传记中所做的一样，同样大量充斥着一些令人啼笑皆非的话语和事关重大的抉择。我想，当我们向别人展现自己时，这些散漫的叙事片段为我们使用的稍纵即逝的身份认同材料提供了一个很好的认识，这一点并不让人感到奇怪，因为这些素描式的记述是在报道人与逝者的亲近之人的谈话中形成的。这些非正式的传记素描以惊人的即时性，向我们展示了构成各种形式的自我叙事和传记写作的身份认同叙事的片段。日积月累，我们就在"悲伤之画面"的版面上，阅读到了当今出现在我们文化中的身份认同模型和传记模型的真正文集。之所以把这些"素描"描绘成"散漫的"、"非正式的"和"片段性的"，我仅仅是要表明，它们与我们在处理叙事认同时使用的口头交流是多么接近；在各种形式的传记中，其传统种类并没有这样的写作方式——"悲伤之画面"既非讣告，也非短文，更非诸如此类的文本。但恰恰是它们所展示的身份认同材料的平凡无奇，使得它们别开生面，同时恰好解释了这样一个事实，即之前并不存在任何描述过它的书面文体——实际上这也告诉我们为什么这份材料弥足珍贵。我们在过往时光里对自己的评论，通常都会被扫入记忆的纸篓，尘封起来；而且在日常生活的普普通通的展开中，话语的零星片段迸发出来，进入我们的视野，同时也提醒我们它作为身份认同基础的价值之所在。

在"反对叙事性"中，哲学家盖伦·斯特劳森（Galen Strawson）（2004，439）就曾驳斥了叙事认同只是一种"知识时尚"——在广泛的学科范围内所做的叙事转向的一部分——的观点。相反，无论喜欢与否，我们都会被纳入到一个叙事认同体系之中。[①]至少是在美国，我们的社会安排要求自我叙事作为场面上的需求，而我们所创造的每日零星给出的身份认同叙事，则向其他人展示和建立了我们所保有的对常规的和功能性的身份之认同。由于我们会不加怀疑地接受这种认同，所以我们自己会随意自然地谈论自己，也因此，如果说我们是叙事身份认同体系里颇为随意的参与者，似乎会让人感到惊讶，因为这与

---

① 关于Strawson的批评，参见Eakin 2006。

我们的直觉相悖。毕竟，难道说我们不是在一种民主的个人主义文化中来经营着我们的人生吗？

以自我叙事的习惯性和日常表现作为开端，是要掩饰这样一个事实，即我们参与到了一个规则统治的系统之中；经过多年的生活磨砺，我们开始机械地重复自己的劳作，我们牢记自己的身份认同的礼仪。然而，当记忆出现问题，叙事的能力突然丧失之时，或者自我叙事被刻意地抛却之时，这个系统的运行就会变得清晰可见。然后，身份认同叙事和常态之间的联系也就显而易见了。正如卡伊·杨格（Kay Young）和杰弗里·萨佛（Jeffrey Saver）（1995，7）在他们的研究中表明的那样，他们直言不讳地称之为"叙事的神经病理学"，并且认为"失去构造叙事之能力的人就失去了自我"。（我想要把这一陈述修改为"为了他人而失去自我"，因为很可能是这样的，自我的风格要比常规身份认同的两大支柱——记忆和叙事——存在得更为长久。）我们可以通过自身的经历来检验他们的观点，因为我们大多数人都曾遇到过因为伤害、疾病和能力衰退而损害记忆和叙事能力的个体——这在诸如我们这个逐渐老龄化的人口之中常有发生。我们会这样来描述那个几乎认不出我们的老年亲戚，"她现在已经不是她自己了"；这里我们无须给出什么解释，因为每个人都知道是什么意思。

如果我们对叙事身份认同的运作和社会意义很少加以洞察，那么拒绝自我叙事同样会给出对身份的披露。威廉姆·查娄普卡（William Chaloupka）（1996）运用胡德河地区的"约翰·道（John Doe）"的案例，来阐释米歇尔·福柯（Michel Foucault）对个体和国家权力机构之间联系的理解。有一名男子，因偷盗汽车被捕，拒绝告诉俄勒冈州的胡德河地区警察关于自身的任何信息，甚至包括他的名字。查娄普卡运用福柯的理论视角解剖这一本该是件小插曲的案例，他总结道，"自传性的叙述行为在根源上和功能上对当地政府的运作是极为重要的"（378）。约翰·道不承认自己的身份，这扰乱了传统的身份认同系统网络，结果使得这种身份认同的传统网络呈现在世人面前，耐人寻味。警方处理这个异常情况时所表现出来的困惑，则清楚地表明了正常情况下司法系统是如何运行的。据当地一家报纸报道，"如果约翰·道与当局合作，那么他很有可能已经出狱。"这家报纸又评论道，"由于没有过往的案例，没人可以判定道是否会成为逃离这个地区的危险分子"（Chaloupka 1996，373）。最后，约翰·道的父亲在警方散布的一张照片上认出了他。查娄普卡称，"在他的名字被发现后不久，[他]被判入狱90天，由于缓刑而被当庭释放，因为他服役的日期已远远超过90天"（388）。

无论是那位与众不同的约翰·道，还是我们身边那些健忘的老人，身份认同叙事的失效都会带来一些影响，其中包括潜在的牢狱之灾或是长期的疗养护理。这些结果表明，自我叙事的人际交换是一个规则统治制度，而且这些规则又都是强制加于我们之上的。其他人监督着我们的表现，而且事实上正是我们自己在实现这种监督。我们监督并评判其他人对我们的所说所讲（我们互使眼色，我们或许只是转转眼珠）；我们判定与我们谈话的对象"不是在追踪我们的言谈举止"，而且已经"错过了它"，等等。心理学家约翰·邵特尔（John Shotter）（1989，141）声称，我们所参与的、我称之为叙事身份认同的体系，是由社会责任统治的："我们所谈论的自己在现实中的经历，在很大程度上通过已经确立的方式构成了我们自己，而这些方式又是我们试图向自己周边的其他人解释自己（以及自己的经历）时，所必须讨论的……而且只有特定的谈论方式才被视作合法"（141）。查娄普卡、福柯、邵特尔的分析让我们更加重视在自我叙事的运用中存在的社会约束；谈论我们自己时，我们对意思自治、对全面控制的感觉就成了一种假象。

我们如何才能知晓怎样才能玩好这个叙事身份认同的游戏呢？对自我叙事的训练早早就开始了，而且这个事实表明，在这个体系运行之中，我们对此是心照不宣的。在极为珍贵的儿童早期发展阶段，也就是儿童将新近习得的语言和叙事技巧与暂存的意识，以及一种新生的、为自传性的记忆奠定基础的社会责任感结合起来的阶段，我们已经开始让儿童亲身实践这种身份叙事行为。这种训练采取了心理学家所谓的儿童"记忆谈话"形式，也就是父母和看护人教我们讲述关于我们自己的家常小故事。与周边之人一起努力构筑一个生活镜像，这类早期素材有些匮乏，但可以确定的是：在街区内的一次散步，在幼儿园的活动，去动物园的一次旅行，都可以为即将到来的、自我叙事的更长远的独立飞翔提供实践的机会。在这些父母-儿童对话中，"孩子们学会了约定俗成的叙事模式，这些模式最终会为内心的代表性记忆提供一种结构"（Fivush和Reese 1992，115）。罗比恩·费弗希（Robyn Fivush）（1988，280-81）描述了在人们社会化的过程中，自我意识和自传性质的记忆之间索取与给予的一种可记忆的形式："自我的概念和对过去经历的记忆辩证发展，开始形成一部生平历史。反过来，这部历史也有助于整理对过去经历的记忆和自我概念。"儿童不仅要学习他们可以向其他人展示的、以叙事形式安排的自传记忆；他们也要学习哪些才是真正值得叙说的事情。

日积月累，无论是什么，我们都可以把自己变成一种磁铁或原子核，把具有传记意义的诸多微粒吸纳过来，我们可以把我们的生平赋予叙事的形式，这种叙事形式可以被视作一种自传。我们长大成人之后，就知道如何根据场合的需求，将自己的故事编辑成合适的版本发布出去。但对于绝大部分来人说，我们谈论自己时，无法由自己的技巧来决定，因为对于我们或许需要致力的各种自我叙事的多数场合来说——在教堂里，在法庭里，在匿名戒酒会上，等等，都是存在约定俗成的方法的。相关机构甚至会给出一些行为指南，来规定它们想要我们讲述的故事种类。

我认为，我们对成人自我叙事的过程并没有给予足够的关注，没有像我们对待儿童的"记忆谈话"实践之类的研究那样加以关注。这或许是意料之中的事，因为很显然，我们很可能会这样问，研究一项熟悉到可以不假思索就能去做的活动时，我们还能从中得到些什么启示。然而，如果我们跟随着米歇尔·德·塞尔提（Michel de Certeau）的引导，就可以发现，任何种类的日常实践都有可能是由规则统治的，自我叙事也不例外。至少，这是夏洛蒂·林德（Charlotte Linde）在调查一种特殊形式的"传记"过程中所发现的结果，他的调查是关于询问中产阶级的白人职业者在回答"你是做什么工作的？"这个问题时所得出的职业报告。林德（1993，3）总结道，叙事认同这个概念已经深入地植根于我们的文化之中，它已经成为了规范行为的标准。她评论道："为了在这个社会世界中，作为一名优秀的、适应社会的、拥有稳定生活的人士生存下去，个体就需要具有一部连贯一致、普遍认可、又要经过不断修订的传记。"这种期望具有文化特异性：正如林德所理解的那样，我们恰巧生活在这样一种文化中，即认同"我们'拥有'一部传记，而且任何正常的有能力的成年人都拥有一种关于传记的观念"。她追随着克里福德·吉尔茨（Clifford Geertz），又把叙事身份认同描述为"我们的文化为我们提供的解释装备的一部分"（20）。

那么具体而言，使用这一装备需要什么呢？那就是，构造出一部叙事连贯的传记的能力。林德认为，叙事的连贯性源自因果关系和连续性原则，而且还又一次声明，正是文化提供了她所谓的"连贯体系"和"将经历组织为社会共享叙事的文化装备"（163）。我对林德在叙事的自我展示和规范性之间所给出的联系感到困惑。她声称，若个体拒绝为"你是做什么工作的"这个问题提供一个合适的答案，就会显得"异常，最终会有点邪恶的意味"（53）。之后，我们自我叙事的表演就会在一种社会传统和社会约束的环境中进行。掌握了它的规则，熟悉了我们自身故事的全部剧目之后，我们——至少在社会意义上——就倾向于与它们融为一体：从这个意义上讲，我们的故事就是我们的自我。在此有两项警示：当然，关于我们自己，我们心中所想毫无疑问地会与我们口中所说不同；另外，即便考虑到个体叙事失效和记忆失败的那些结果，我也不愿意认同脱离了故事的个人就变得没有自我这种论点。正如我在前文所述，关于自我和自我经历的模型非常之多，比任何自我叙事或自传可以讲述的还要多。

个人主义和经济价值

目前为止，我一直把身份认同的构建看成一种叙事过程、一种社会过程和一种日常过程。现在我想问，经济力量是否塑造了个体主义模型，它们是否被隐含在了叙事认同和传记写作的描述之下。[1]提出这个问题之后，我继续来探究这样一种可能性，即宿命论——在这个例子中是经济意义上的最终结果——隐藏在个人模型的核心之内，我们通常会把这些个人与自由和自治的价值观联系起来。我们所认为的自我和我们自认为拥有的传记，在多大程度上将我们在经济结构中的处境给展示了出来呢？回忆一下卡洛琳·斯蒂德曼对亨利·梅修的卖豆瓣菜的小女孩的评价（1987，136）："她的劳动起到了描述自我的作用——更确切地说，她用它来描述她知道自己将要成为什么。"正如斯蒂德曼那模棱两可的阐述所表明的那样，这里所描述的情况并不可靠：把这个孩子视同于她的工作，或者换句话说，这个孩子用她的工作去明确地表达"她知道自己要成为的那个样子"。怎么才能把这种作为一种代理表征的工作，与关于身份的各种条件界定区分开来呢？正如斯蒂德曼对这个孩子的自我感知的描述所表明的，以及我打算在接下来的讨论中所展示的那样，我们从来不会以一种简单而又显而易见的方式去体验各种经济的力量。

历史学家卡尔·J.温特劳布（Karl J. Weintraub）（1975，847）将18世纪末西方自传的兴起归因于两种关键的新情况，即"对所有人类现实的历史维度的强烈认知"和"作为一个个体的自我概念的现代模式。"[2]1992年，我猜测，这种对传记和个体的全新关注与资产阶级资本主义的兴起之间存在关联。

---

[1]　近年来，自传的研究者不断地意识到作为个人主义特有现象的相关身份认同的重要性，而且这一身份认同经常是与一个更加独特的具有自治权的身份认同联系起来的。

[2]　Ariès[1960]1962，Stone 1977，Taylor 1989，Trilling1972，Weintraub 1975和其他人都论述了现代个体概念从1500年至1800年的逐步演变过程。所有的这些评论者都认同近代时期确实出现一种独特的自我，尽管他们对出现的具体日期有不同的理解。一直到卢梭的《忏悔录》，这个阶段被认为具有一种价值的内在性的新奇的展现。卢梭郑重其事地宣称："我已经如实地展现了我自己。"在撰写他的自传时，他已经"做成了一件史无前例的事业"。

我这样写道，"当代的自传似乎已经与人们对作为独立个体的居住空间的取得（而且可能是具有象征意义的表现）同时出现，所谓个体的居住空间即是他们自己的房间；还有建筑师维托尔德·里布茨恩斯基（Witold Rybczynski）所说的，隐居之处私密、亲密和"家"的资产阶级价值，繁荣起来，花开蒂落。"（Eakin 1992，100–101）。里布茨恩斯基（1986，35）声称，像荷兰新教之类的家庭居住场所在设计上的转变，导致"人类意识中出现了一些新的东西：关于个体、自我和家庭的内心世界"。

17世纪至今，个人和财产之间的这种联系就已经成为了考察个人主义的一个常量。比如说，在现代前期，据C.B.麦佛森（Macpherson）（1962，3）所述，从托马斯·霍布斯到约翰·洛克的欧洲政治理论，都具有"占有性个人主义"的特点，这就假定了个人"是他自己的拥有者"。两个世纪之后的美国，当萨缪尔·D.沃伦（Samuel D.Warren）和刘易斯·D.布兰迪斯（Louis D.Brandeis）将"最广泛意义上的财产权"作为他们个体的隐私权利概念和"不可侵犯的人格"权利概念的基础时，他们（［1890］1984，85）在个人和财产之间构建了一种类似的联系。那么，我们拥有我们的自我和我们的传记吗？隐私、财富——它们是表达内心状态与物质财富之间潜在的不和谐联系的资本主义吗？举例来看，理查德·A.波斯纳（Richard A.Posner）（［1978］1984，338）的隐私经济理论就认为，在——他所声称的——"几乎没有人想要被忽略"的世界里，隐私和窥探互相对立，是两件竞争性的"经济商品"。否则，你很可能会认为，现在关于妇女选择权利的讨论，关于病入膏肓的病人死亡权利的讨论，都表明许多美国人认为隐私权及其支持的个人自由都受到了威胁。正如里布茨恩斯基所提出的，经济繁荣或许提供了个人拥有独处的房间、自我，以及在人群中脱颖而出的可能性，但是在当今这个个人都可以作为商品来销售的时代，现代的个体性或许也会受到攻击。对个人信息的需求，再加上那些让它变得容易获取的技术，都让人难以抵挡。尽管存在着那种把我们与个体联系起来的自我决定的氛围（正如"自我创生的人"所做的那样），但这种个人模型，是否将某些人（即现代国家中处于其身份真正核心的主体）的受支配程度与为他们控制之外的经济和政治压力混淆起来了呢？

若追求个体和经济之间关联的过程，我就要回到我最初问过的两个问题：个体是否从经济的角度看待自己？经济力量是否影响人们看待自己和自己人生的角度？关于第一个问题，所有的证据都支持，经济因素在人们的自我概念中扮演着重要的角色这一观点——梅修笔下卖豆瓣菜的小女孩只是一个明显而又突出的例子。正如夏洛蒂·林德的研究表明的那样，在职业生活中，我们要习惯于准备好去回答"你是做什么工作的？"这个问题；她坚持认为，一旦不能恰当地回答这个问题，我们的常规身份就会遭到质疑。而且，我们是做什么的似乎在我们是什么之中占据了很大一部分的内容。经济价值充斥着本杰明·富兰克林的"成功"人生，而且这一人生成为了他自传中那一代美国人的不可磨灭的典范。在美国，人们很难不受成功故事魅力的影响。不得不说，从我开始攻读研究生学位之时，我就强烈地感觉到，对于作为投资银行家的父亲来说，我对学术事业的选择，让他有些失望。尽管他从未这么说过，但我确切地感觉到，高校教学对他而言是个次优选择；因为它缺乏他所认为的"职业的"经济和社会地位。

在一个金钱衡量价值的世界里，社会评价和自我评价以令人不太舒服的方式并肩而行。我在一个大型的国家机构度过了我的职业生涯，工资多少是法律明文规定的公开信息；而且我知道，同事们研究薪酬制度以便于了解机构如何评价他们的工作——以及他们自己——的价值。尽管在有关价值的这些问题中，工作和自我之间在评价上的反差，讲述时总让我感到震惊，但也并不是每个人的工作经历都会加强我描述过的职业身份和个人身份之间的混合；另外，也并非每个人都直接参与到工作中来。而且，很显然，性别也会以复杂的方式来影响这些身份认同问题，但我仍坚持认为，在个人主义仍是其核心价值的西方社会，没有人可以摆脱阶级意识。比如，在美国，从19世纪末至今，阶级一直是小说家们的主要执著之所在，这里我是指伊迪斯·华顿（Edith Wharton），西奥多·德莱赛（Theodore Dresier），F. 斯科特·菲茨杰拉德（F. Scott Fitzgerald），约翰·多斯·帕索斯（John Dos Passos），威廉·福克纳（William Faulkner），约翰·奥哈拉（John O'Hara）和约翰·契佛（John Cheever），以及随后的约翰·厄普代克（John Updike）和菲利普·罗斯（Philip Roth）。

在我看来，对于经济史学家们从事传记写作这件事，我的第二个问题，即在塑造身份认同感时，经济条件是否造就了我们所利用的模型，则是尤为值得考虑的。例如，人类学家玛丽安妮·古尔斯塔德（Marianne Gullestad）（1996，10）声称，"全球的资本主义现代化，已经以全新而又强有力的方式把自传、道德准则和自我塑造放到了最显著的位置。"为了检测这一言论的真实性，我们需要弥合古尔斯塔德在以下两个方面提出的分歧："一方面，国家、市场和大众媒体以何种方式构建起理想生活的路线和身份认同种类，另一方面，人们在日常生活中如何将他们自己构建为自我传记的主人公"（306）。包括古尔斯塔德在内的人类学家已经利用一连串与克里福德·吉尔茨相联系的调查，从有效应用于传记写作的角度，将文化和个体之间的联系概念化：他们问道，我们的文化资源是什么；我们用于思考的概念性装备是什么？这种装备或者工具来自哪里，它又是如何传递到我们这里的？[1]如果我们认同古尔斯塔德的断言——全球化和个人主义之间存在关联，那么对于理解下面这个问题则是一种挑战——身份的形成如何作为它在运转中建立起来的一个更大的、鼓舞人心的经济结构和文化过程的一部分，而逐步展开的呢？

　　关于个体和文化之间相互作用的指导性阐述，我们则要来看一下哲学家伊安·哈克（Ian Hacking）（1996，59）关于出现常规性（normality）的"元概念"的看法，他把"元概念"看作"我们生活过的和现在生存的工业化和信息论的世界里，研究得最为不足的现象之一。"哈克断言，工业革命引领了西方的个人概念的范式变动："19世纪期间，普通人的思想展示了人性的启蒙理想"（59）。[2]引用福柯关于"主体构成"的调查研究时，哈克将我们的注意力引到"人类构成"这个奇怪的现象之上："社会变化创造了新类型的人们，以及长大成人的新方法。人们自发地适应他们的类型"（223）。各种各样的官僚主义者、统计学家和社会观察者创造了各色人士；个体在日常生活中表现出他们的类型。哈克（1995，370）提出了一个反馈回路的概念，来描述分类和所体现的运转过程："新的类别和理论引起自我概念和分类之人的行为变化。那些变化要求分类和理论重新修订，因果性的联系和预期也都要修订。分类须再次被修改，修订后的类别再次为人们所习得，然后种类再次改变，以此循环往复。"经济史学家们或许会问，哈克描述的分类活动是否是社会在资本主义特定阶段的独特表现。

　　在思考理论家和普通居民在身份认同分类这一问题之间的相互作用——"新的类别和理论引起自我概念和分类之人行为的变化"——时，我发现自己不由自主地回忆起了20世纪著名的社会学家大卫·利斯曼（David Riesman）的著作，他认为一个文化中的身份认同模型之所以出现，就是为了回应大规模的社会力量。利斯曼在《孤独的人群》一书中，展现了美国在二战之后的岁月里所经历的前所未有的社会变化，也就是显现在国民"性格"类型中的重大转变，已经从前几代美国人内在化的"内心导向"模型，转变为一种全新的"他人导向"模型（Riesman，Denney和Glazer 1950）。利斯曼的"内心导向"意味着，"个人的主导来源是'内心'，就这个意义而言，它是幼年时期由长辈们灌

---

① 比如说，参见Geertz 1973和Bruner 1990。
② 参见注释4中关于现代个人概念出现的类似解释。

输的，而且具有广泛导向的，但并没有任何必然导向的目标"（15；斜体为原文所加）。相反，"对于所有的'他人导向'来说，他们的共同之处就在于，个体的同代人才是他们导向的来源——这些同代人要么是他所熟知的那些人，要么是通过朋友或大众媒体间接认识的人"（22；原文中强调的）。利斯曼的分析中让我感兴趣的是他在特殊的"性格"类型和现代西方历史上的人类发展阶段之间建立起的联系（14，26）。利斯曼把文艺复兴之前的内心导向个体的出现，记述为西方依附于特定社会背景的主要性格类型。这个社会具有以下特点："个人流动性不断增加，资本快速积累（再加上毁灭性的技术转移），还有几乎一成不变的扩张：商品产量和人口数量的内生性扩张，对外部世界的探索、殖民化和帝国主义的外延性扩张"（15）。①所以，对于利斯曼来说，经济力量在塑造社会结构及个体在自我塑造的工作中所内化的性格模型方面，发挥了不小的作用。尽管利斯曼本人强烈地意识到，他在《孤独的人群》（6-7）一书中展示的性格种类很可能已经减少，但在20世纪50年代，它们确实得到了广泛的传播。举例来说，当我认识的那个年代的人们提及"他人导向"的人时，准确来说，他们是在援用贴有标签的、成为其典范的那类人来作为参照，而哈克把这类人看作是应对于社会变化，身份认同种类在无休止地彼此纠缠在一起的一个部分而已。

　　各种形式的传记可以阐明个人的这一组成部分吗？玛丽安妮·古尔斯塔德在她的研究中指出了其中的方法，即《哲学家的日常生活：现代性、道德观及在挪威的自传》（1996）。她运用在挪威的一项国家比赛中收集到的一系列自传，详细地描绘了其主人公可以获得的自我和传记的文化源泉。她辩称，传记的形式不仅要通过这类故事传播，还要通过价值去传递。在耐心而又有策略地重述她的自传作者的文字时，她把核心的价值词汇梳理回到它们在日常话语的起源上，也就是在学校、教堂，尤其是家庭中所说的话语。比如说，古尔斯塔德研究的一位自传作者，"Kari"，注意到身份认同模型从"成为有用的人"向"做自己"转变；"成为有用的人"是与顺从思想联系起来的，这也是她自己在20世纪50年代的童年时期形成的特征，"做自己"就是她四十年后为自己的女儿提出的一种模型（285-86）。Kari争取"做自己"的抗争，证明了古尔斯塔德所谓的"归属种类"的重要性，其中包括"亲缘、家庭、地区、国家和宗教"（292），它们有助于准确地解释"自我的固定点"（285）。比如说，在现代

---

① 　再次参见注释4中关于现代个人概念的出现的类似解释。

的挪威，做自己现在或许起到了最重要的价值之作用，但是正如 Kari 的故事所表明的那样，个体或许是为了做自我而不得不找出这种自我。我以古尔斯塔德的核心见解——价值具有多种形式——为基础，在其他地方曾这样表述道，过去常用于表达价值的、潜藏于话语之中的那些东西，是自我和传记的暗喻，是个体在度过他们的生活——有时候甚至可以说是在撰写着他的生平，而这些东西正是在这一过程中所利用的那些情节和性格的雏形。古尔斯塔德对价值转变的研究表明了社会制度如何在经验上与个体之间建立联系，她极力认为"价值不仅以明确的概念形式存在，而且或许还将通过日常生活中的具体实践，而以微妙的方式重现"（265）。古尔斯塔德让我们意识到，这些最终构成了日常生活内容的"具体实践"，同时，也让我们以一种很好的角度认识到身份认同的形成是如何起到文化过程一样的功能的。

　　我已经试着找到身份认同的形成所处的位置，以及将之与其联系起来的日常叙事习惯，同时把它们置于其所展现的文化背景之中。更加具体地说，我相信，由于我一直所谓的叙事身份认同体系在更大的经济结构中所处的地位，它至少部分地起到了应有的作用。当福柯将自传的记述与当代的权力观念联系起来时，当古尔斯塔德将个人主义与全球化联系起来时，我认为他们都道出了自我和自传模型是如何与大规模的历史力量交相作用的，但是关于个体在文化过程中的博弈行为，他们得出了相反的结论。他们的主张推动了对这个问题的讨论：文化的确存在于我们中间，但它是如何栖身的呢？我们来回想一下梅修的卖豆瓣菜的小女孩的例子：我相信，我们所知的八岁孩子的故事当然不止她所讲述的这些；但是，我们阅读了她的标题为"豆瓣菜女孩"故事，这段故事被插入在梅修关于工人阶级的四卷权威调查（《伦敦工人和伦敦的穷人》）的第一册的双栏之中；豆瓣菜女孩的故事按次序被放在"绿色蔬菜的街头小贩"的标题之下，也就是构成梅修的"街头大众""卖家"的主要种类之一。这个孩子的故事，在梅修宏大的分类框架中起到了基础的作用，该框架就是"工作者、不能参加工作者，以及无法参加工作者的状况和收入之百科全书。"之后，这位被孤立出来的个体和她的故事，就被纳入了经济体系的更大的结构之中。那么，怎样来解读这一证据呢？

　　正如我之前所表明的，威廉·查娄普克（1996，389）在集中关注自传性叙述这一点——尤其是像司法判例的证词这一类——时，是在引用米歇尔·福柯关于个人主义的悲观视角以作为这个国家的规训："胡德河地区的约翰·道的沉默表达——他对身份的暂时性逃离——简洁明了地解释了以下两个问题：一是权力现在是如何在运行的，二是它是如何被成功地获取并予以重新组织身

份的拥有与表达这一看似简单而又毫无问题的事实的。"查娄普克笔下的抗议
者约翰·道是一个具有典型意义的例外吗？就我而言，尽管我因福柯对权力操
作的洞察力而有所反思，但我仍然偏向于（比如说）玛丽安妮·古尔斯塔德和
伊安·哈克那种不那么确定的观点，这两人将个体和他们所生活的社会的社会
结构之间进行互换，将之解读成一个具有对话性质的给予和接受的过程。古尔
斯塔德写道："人们在社会性的结构条件下度过他们一生，并且在这种背景下
讲述着他们的故事，但他们的行为和故事也会对'社会'产生潜在的转移性影
响。"甚至是卖豆瓣菜的小女孩也开始拥有了自己的发言权。

参考文献

Ariès, Philippe.[1960]1962.*Centuries of Childhood.A Social History of Family Life.*Tanslated by Robert Baldick.New York: Random House.

Bruner, Jerome.1990.*Acts of Mearing.*Cambridge, Mass.: Harvard University Press.Certeau, Michel de.1984.*The Practice of Everyday Life.*Translated by Steven F.Rendall.Berkeley: University of California Press.

Chaloupka, William.1996.(For) getting a Life: Testimony, Identity, and Power.In *Getting a Life.Everyday Uses of Autobiography,*edited by Sidonie Smith and Julia Watson.Minneapolis: University of Minnesota Press.

Eakin.Paul John.1992.*Touching the World.Reference in Autobiography.*Princeton.N.J.: Princeton University Press.

——.1999.Autobiography and the Value Structures of Ordinary Experience: Marianne Gullestad's *Everyday Life Philosophers.*In *Making Meaning of Narratives,*edited by Ruthellen Josselson and Amia Lieblich The Narrative Study of Lives 6.Thousand Oaks, Calif.: Sage.

——.2006.Narrative Identity and Narrative Imperialism: A Response to Galen Strawson and James Phelan.*Narrative* 14: 180-87.

Fivush, Robyn.1988.The Functions of Event Memory: Some Comments on Nelson and Barsalou.In *Remembering Reconsidered: Ecological and Traditional Approaches to the Study of Memory,*edited by Ulric Neisser and Eugene Winograd.New York: Cambridge University Press.

Fivush, Robyn, and Elaine Reese 1992.The Social Construction of Autobiographical Memory. In *Theoretical Perspectives on Autobiographical Memory,*edited by Martin A.Conway, David C.Rubin, Hans Spinnler.and Willem A.Wagenaar.Dordrecht, The Netherlands: Kluwer Academic Publishers.

Geertz, Clifford.1973.*The Interpretation of Cultures.*New York: Basic.

Gullestad, Marianne.1996.*Everyday Life Philosophers: Modernity, Morality, and Autobiography in Norway.*Oslo: Scandinavian University Press.

Hacking, Ian.1986.Making Up People.In *Reconstructing Individualism.Autonomy, Individuality, and the Self in Western Thought,*edited by Thomas C.Heller, Morton Sosna, and David E.Wellbery.Stanford, Calif.: Stanford University Press.

——.1995.The Looping Effects of Human Kinds.In *Causal Cognition.A Multidisciplinary Debate,*edited by Dan Sperber, David Premack, and Ann James Premack.Oxford: Clarendon Press.

——.1996.Normal People.In *Modes of Thought.: Explorations in Culture and Cognition,*edited by David R.Olson and Nancy Torrance.Cambridge: Cambridge University Press.

Linde, Charlotte.1993.*Life Stories.The Creation of Coherence.*New York: Oxford University Press.

Macpherson, C.B.1962.*The Political Theory of Possessive Individualism: Hobbes to Locke.* Oxford: Clarendon Press.

Mayhew, Henry.[1861-62]1968.*London Labour and the London Poor.*4 vols.New York: Dover.

Neisser, Ulric.1988.Five Kinds of Self-Knowledge.*Philosophical Psychology* 1: 35-59.

Posner, Richard A.[1978]1984.An Economic Theory of Privacy.In *Philosophical Dimensions* of *Privacy: An Anthology*, edited by Ferdinand David Schoeman.Cambridge: Cambridge University Press.

Ricoeur,Paul.1984-88.*Time and Narrative*.3 vols.Translated by Kathleen McLaughlin and David Pellauer.Chicago: University of Chicago Press.

Riesman, David, Reuel Denney, and Nathan Glazer.1950.*The Lonely Crowd.A Study of the Changing American Character*.New Haven,Conn.: Yale University Press.

Rousseau, Jean - Jacques.[1781] 1967.*The Confessions*.Translated by J.M.Cohen.Reprint, Harmondsworth,U.K.: Penguin.

Rybczynski, Witold.1986.*Home: A Short History of an Idea*.New York: Viking.
Shotter,John.1989.Social Accountability and the Social Construction of"You."In *Texts of Identity*, edited by John Shotter and Kenneth J.Gergen.London: Sage.
Steedman,Carolyn Kay.1982.*The Tidy House: Little Girls Writing*.London: Virago.

———.[1986]1987.*Landscape* for a Good Woman: *A Story of Two Lives*.New Brunswick, N. J.: Rutgers University Press.

Stone, Lawrence.1977.*The Family, Sex, and Marriage in Errgland*, 1500- 1800.New York: Harper.

Strawson,Galen.2004.Against Narrativity.*Ratio*: 428-52.

Taylor, Charles.1989.*Sources of the Self.The Making of the Modern Identity*.Cambridge, Mass.: Harvard University Press.

Trilling,Lionel.1972.*Sincerity and Authenticity*.Cambridge,Mass.: Harvard University Press.

Warren, Samuel D., and Louis D.Brandeis.[1890]1984.The Right to Privacy.In *Philosophical Dimensions of Privacy: An Anthology*, edited by Ferdinand David Schoeman.Cambridge: Cambridge University Press.

Weintraub, Karl J.1975.Autobiography and Historical Consciousness.*Critical Inquiry* 1: 821-48.

Young, Kay, and Jeffrey L.Saver.1995.The Neurology of Narrative.Paper presented at the Modern Language Association convention,New York.

运用自传式陈述来研究美国经济学家的身份[①]

麦克·里亚

社会生活必定包含对于人们是谁，以及他们可能会如何行事的预期。其中有些预期是经过正式编入法律文件并予以强制执行的——比如具有法律约束力的工作要求——但是其他的预期所涉及的则是一些更加松散的思想或者形象，比如，扮演特殊角色的人物到底是从事什么工作的，他们知道些什么，他们的性格应该是怎样的（参见 Goffman 1959；Berger 和 Luckmann1966）。这些角色预期的重要性至少已经被美国的经济学史家们所隐然承认了，这些史学家们在探究该学科"科学"地位所带来的影响，也就是一些关于什么使得一位经济学家成为中立的科学家而非政治人士、历史学家或者艺术家的那些观点（例如，参见 Furner 1975；Yonay 1998；Mirowski 1989，1991；Weintraub 和 Mirowski1994）。可是，这些探究主要关注的则是一些精英层面的学术讨论，对于更为一般性地影响了经济学家对公众、他们的职业活动以及他们个人的生活这些方面的形象和预期的内容，大家了解得相对较少。[②]

下面的讨论旨在通过探究公共的、职业的和个人的身份形象来改善这种情况，这些形象影响了20世纪末在美国工作的一大部分学院派和非学院派经济学家。这些证据来自作者——一位社会工作者——在 1999 年 6 月至 2000 年 7 月

① 本文的研究由国家科学基金SB=-9731162资助。作者还要感谢Andrew Abbott, Gray Herri-gel, Jeff Biddle, Elyse Shuk，以及HOPE一位匿名审稿人不可或缺的支持。还要感谢那些宽厚地给予这个项目时间的受访者，参与2006HOPE会议的与会者，尤其是Evelyn Forget和E.Roy Weintraub。采访中的引证按照采访序号引用。

② 在经济学史上，关于非精英和非学院派经济学家的讨论，尽管有些作者确实在一定范围内有所涉及，但在一定程度上似乎仍有些欠缺(比如，参见 Ruggles 1970；Barber 1985,1996；Biddle 1998；Colander2003；Siegfried 和 Stock 2004；Stock 和 Hansen 2004)。当然，更为常见的则是突出的精英学术人才的传记记述，或者是关于那些本来只关注学术的非精英人才的研究(Katouzian 1980；Goodwin 1980；Burkhardt 和 Canterbery 1986；Tarascio 1986；Klamer 和 Colander 1990)，又或者是那些精英受访者们通常所致力的非学术性活动(Allen 1977；Coats 1980,1981,1986)。

记录的，与在芝加哥和首都华盛顿各行各业工作的经济学家们进行的52场面对面的访谈。[①]这些访谈主要是让这些主人公们随意开放地谈论以下四个普通的话题：他们作为职业经济学家的活动，纯理论在他们工作中的作用，他们的学术训练经历，以及作为科学的经济学的本质。所以，这些资料都是态度和信念的自我报告，再加上简要的个人陈述，也就是个人经历的扩展性的故事。

这样的自我报告和个人陈述在美国的社会学中彼此矛盾地存在着。他们经常被当作"客观"现象的特征而加以处理，这类现象包括重大事件、社会状况、心理状态，以及由此而来的典型次序（Schaeffer 和 Presser 2003；Laslett 1999）。但有时，它们反而被当作"主观"现象的特征而加以处理，这类想象包括诸如普通的表述类型、社会认可的主旨"词汇"，以及自我展现的情景策略（Potter 和 Mulkay 1985；Linde 1993）之类。在下面的分析中，我则试图把这两种方法合二为一，其中主要是通过偶尔把采访记录当作主观事件的昭示或者是自觉保持的态度（比如，参与特定的工作任务或者对当前的同行评议标准予以悦纳）来做到这一点的，但其他时候这些又被当作经济学家在访谈背景下主观行为的证据（比如，使用特殊的比喻）。关于这一点是如何做到的，则不仅仅有一种逻辑路径；这是在投机取巧，它让每种情况中的读者自行地去思考解释的可行性。关于这一点，其合理的依据是：自我报告中的主观和客观因素本身就互相交错，所以，为了合适的解释而规定固定的方法是不可能的（参见 Bertaux 和 Kohli 1984；Zussman 1996）。正如修辞学家查尔斯·贝泽曼（Charles Bazerman）对于它们所借以表达的言语行为和体裁类型同时进行的分析表明的那样，一个人只能使用每种现象的假设来支持另一方的诉求，只能在正在进行的"引导性操作"中对多种声明进行比较。这在自我报告的情况中则意味着，判断关于客观事实的断言时，要使用关于主观偏好的假设；而在评估主观表达时，则要运用关于客观状况的假设。

[①] 二十位受访者来自学院派,分别来自八个不同的经济系和六个商业项目。三十二位则是非学院派的,分别来自十二个不同的联邦政府部门,两个智囊团,两个重要的国际组织,五个金融机构,以及六个其他的私人部门组织。尽管这些学院派中,一半被选入了美国经济协会,另一半则没有,但他们依然是从系里的名单上随机挑选出来的。非学院派的则是从两个专业的协会成员通讯录上随机挑选的,即1997年美国经济协会通讯录和1998年美国商业经济协会通讯录。所有被挑选出的受访者都已一直实践了二十年左右,而且都在1978—1982年完成了他们的最高学位。挑选出的、且有资格当选的受访者们的整体回应率还是相当高的:52比67,也就是将近78%。采访平均持续一小时十分钟。最短的是五十分钟,最长的大约两个小时。下面每引用一个采访,就会给出一个认证密码,以便读者可以看到,用于支持不同观测者的受访者的种类。

　　在分析的每个层面——公众、职业和个人——上，这些讨论都表明，其中存在许多与经济学家身份相关的不同形象，这些形象充满多样性，作为一个集体不均等地分布在不同的空间（即不同的社会群体和不同的实际情况）和时间（即人生的不同阶段）上。身份的这些要素在其精确度、甚至是它们的彼此一致性程度方面，也大为不同，但由于它们在事实上是彼此分离的，所以可以高效便捷地将它们相互"隔离"开来，随后再形成具有一定灵活性的合理识别者的"工具箱"，这些识别者既可由经济学家也可由外行人来互相匹配和混同来承担其角色。更进一步来说，尽管严格的学院派科学家之典范这一形象在精英学术界和早期职业社会化期间都极为盛行，但这个工具箱仍不是由他们来主导的。这个讨论的最后，我们就这一发现如何可能会对这一时期和其他时期的经济学史家们产生有益的帮助，聊表数言，给出了一些建议。

公共形象

　　当这些访谈被视作客观事件、状态和态度的标志时，它们向我们揭示了非经济学家是如何看待经济学家的。受访者被问到"当你告诉人们你是一名经济学家的时候，他们作何反应？"这个问题时，他们回答说，绝大多数人关于经济学家是做什么的，脑海中并没有一个成熟又准确的景象。实际上，大约有1/4的受访者声称，人们对于经济学家的形象或经历，只有一点点或者根本没有了解：

　　总的来说，我认为人们并不知道经济学家是做什么的，而且他们也不了解经济学……可是，你知道，他们对于医生和律师的工作却清楚明了。这可能是因为他们与医生和律师打过一段时间的交道，尽管他们并不愿意这么做。但人们根本不会在专业上与经济学家打交道。(15号)

　　[我的休闲运动伙伴]有点把我当成艺术品爱好者。

　　M：他们认为您是做什么的呢？

　　哦，这正是他们问我的："你是做什么的？"(27号)

　　这种反应在华盛顿特区就不是那么常见了，正如一位受访者提到的那样，因为"这里可能每一平方英尺土地上的经济学家，比世上其他任何地方都要多，[所以]可能我已经不是他们遇到的第一位经济学家了"(6号)。但这仍然并不意味着那里的人们对于经济学有一个准确的概念。事实上，在所有地方提及的最为常见的反应，都是对来自一个小子集的经济学家形象的一般化，这一小撮经济学就是那些参与宏观经济预测或股票市场预测的经济学家：

我有一位兄弟，在一定意义上是真正的经济学家，因为他在一家经纪公司任职，而且经常在电视上露面，预测接下来的利率将会如何变化。我认为，这就是大多数人对于经济学家所作所为的一个概念……这就是典型的街头民众的看法［大笑］。（29号）

他们大多数人都关心宏观经济，认为是上帝帮助了他们，有时会向我寻求股票投资建议，这是一个多么大的错误啊［大笑］。

M：那您给出建议了吗？

噢，当然给了！［大笑］为什么不给呢?! 但大多数人还是根本不了解我们是做什么的。我认为一大部分经济学家在从事宏观领域的工作。（10号）

这里值得注意的一点是，几乎没有受访者对于他们被认定的职业遭到过公然的敌视。正如一位政府经济学家所强调的那样，“我并不隐瞒什么。我从来没有得到一个负面的反应……我也并未因为告诉他们我是一名经济学家而感到失望”（4号）。但有一位受访者却因在其大学研究生涯中人们责备经济学不道德而深感惋惜：

我关心污染，我关注饥饿，我操心着解决那类问题，这就是我为何会对经济学感兴趣。但是所有这一切背后只有这样的假设，你知道的，“现金，吧啦吧啦。”（34号）

但是，人们在引述大学时普遍地把它看成是获得对经济学的误导性印象的地方，这种印象可能是正面的，也可能是负面的：

曾有人这么对我说，“噢，我在大学时修过经济学，我讨厌它。”我理解这种想法。但是我也了解一些学习经济学进而对它真正感兴趣的人，而且，你知道的，我还要待在社交场合，他们也想得到一部关于当前货币政策的专著。（12号）

另一个现象则是，外行人的印象或许只是简单地来自他们相关活动的日常经验。“我曾经用略带开玩笑的口气说，那些只要感觉自己能够平衡收支的人，就自认为他了解了经济学［大笑］”（36号）。而且似乎公共形象很大程度上受到了一些声名卓著的个体的影响，即便那些个体实际上不是这个行业的代表的时候，亦是如此。例如，一些受访者就快快不乐地提到了时任联邦储备委员会主席艾伦·格林斯潘（Alan Greenspan）的名声。正如一位受访者所说，“尽管他主要只是一名金融从业人员，但一大部分人都把他当作顶尖经济学家之一［大笑］”（44号）。除了这种误导性的超级明星效应，特定经济学家的公共形象也被新闻工作者的兴趣以及媒体机构所面临的激励而清晰地过滤出来。不幸的是，这些兴趣和激励会再次铸成错误的印象，而起初这次的印象既天真又自负：

能够被新闻媒体引用的经济学家都是给出答案，甚至是轻率答案，以及那些愿意越过他们学科藩篱的人……还有其他的经济学家，他们都是非常优秀善良的人，可他们却告诉我，自己从来没有被媒体引用过，只因为他们从来不愿信口开河。（15号）

实际上，有些人认为正是电视这一形式影响了人们对经济学的印象："在电视上，每件事都被过度简化……有些脱口秀节目稍好一些，但是通常情况下，电视新闻必须要被压缩。你从未得到过对一件事情的本质的认识"（44号）。

所有这一切都表明了一件事：经济学家的公共形象之所以不太准确，或许并不是简单地因为经济学的经验没有在美国社会得到均衡地"传播"。而是因为与现行经济学家的直接互动太少，所以尽管经济学在某些地方被准确地传播着，可它却与大多数人的日常生活"隔离"开来，而且被隐藏在人们身后。在这样一种环境下，在经济学家活动的知识只是来自特定时间（比如，在大学期间）和特定场所或情形（比如，观看电视新闻）下，这些不准确的陈陋之见就很容易被保留下来。

可是，许多受访者表明，援引与外行人的直接经历更为密切的非学院派的同情人士的意见，也只能在一定程度上解决这类长期导致的误解。比如，超过1/3的学院派提到了，他们如何想办法把自己定位为一个教授，从而减少这种混乱。然而，一些受访者也注意到，这一策略只有在它强调学术工作的教学方面时才起作用。研究工作中体现的观念依然不太为公众所熟知：

（当他们不在课堂上时），总是在试着搞清楚你到底在做什么，而当你说"研究"时，好吧，这等于你什么都没说。某些时候，你已经十分厌烦去解释清楚这些，所以偶尔你只能这么说："好吧，我打打乒乓球和高尔夫，还有就是游手好闲。"（11号）

当然，大部分的政府经济学家和企业经济学家并不具备号称自己是一名教师的权利。比如下面这位受访者颇为失意的评论，

说真的，它并没有完全被当作一种职业。如果我说，"我是一名经济学家，而且我在这所大学任教"，那这就容易理解一些。但是我认为，大多数人对于不从事教学的经济学家这样的看法，都还是极为陌生的。（30号）

另一方面，许多非学院派人士只能去提他们工作的组织类型或者具体机

构。大约有 1/3 的受访者沿着下面的思路提到了一些事情："通常情况下，我会说，我是一名经济学家，在某个机构的某个部门任职"（42号）。可是，这样做的结果只能随着所涉及组织的性质和公众知名度的不同而有所不同罢了：

当我告诉他们我为所在机构的反垄断案子工作时，他们并没有真正了解那是什么意思。实际上，如果你告诉他们你为该机构工作，他们几乎会立即认为你在某个机构工作［大笑］，而事实上，机构与我的工作并没有任何关系。（23号）

我猜我现在面临的最大问题就是去试图解释这个机构是做什么的；它是一个鲜为人知的机构，而且做着常人无法理解的工作，所以大多数人从未听说过它，自然对于它的职能也并不真正地知晓。所以，我只能说我是政府部门的经济学家，在处理某个事件。（12号）①

总体而言，经济学家的公共形象似乎不仅表现为存在着缺陷和遭受着误解，而且还具有多样性的特点。在一个知识分布不均衡、经历被隔绝的世界，不同的人对经济学有不同的错误观感，不同的经济学家也可以自己从"文化工具箱（culture tool kit）"（Swidler 1986）中引用不同的身份元素，来展示一个正面的公共形象。如下文所述，分布、隔离和多样性这些相同的特征，似乎在定义经济学专业的身份形象时，也同样适用。

专业形象

有关访谈的客观证据表明，经济学家最初是这样被赋予社会化的形象的，即把"真正的"经济学家看作精英的学院派科学家，可是随着时间的推移，他们逐渐接受了其他定义他们职业生活的形象。

公共形象的普遍缺乏清楚地意味着现在的经济学家一般会在高等教育期间第一次接触到他们的学科。在这些学院派和非学院派经济学家中，大约80%的人都声称，他们入门经济学只是在大学或者更晚的时候，这说明直到这个时候之前，他们都还对这一学科的内容一无所知：

---

① 　非常有趣的是，相对于分散的和隔绝的形象，政策区域"X"在上面两个引证中指的是同一件事情。换句话说，第一位受访者抱怨他的机构被误认为是另一个人的，而另一个人则抱怨说，他从未听过另一个人的机构，也完全不知道它是做什么的。

你怎么可能会一直想要成为一名经济学家？它只是一个小专业，你根本不知道它是什么。你高中时候并没有学过它，怎么可能了解它？（22号）

基于这样一种脑海空白的现实，大学和研究生院似乎随后就在正统"科学"的传统范围内，以严格的精英学术研究等级体制为基础，勾勒出了真正经济学的官方形象。正如过去的观测者们意识到的，美国的学院经济学深受少数几个顶尖部门的影响，这些部门控制着高高在上的出版物、会议、资金，以及对下一代专业人才的训练（Day 1989；Barbezat 1992；Hinshaw 和 Siegfried 1995；Scott 和 Mitias 1996）。也有许多人表明，由于这一体制对当前占主导地位的纯学术工作强制地实施着相当严格的一致性，并且未经思考就全部接受，所以它逐渐渗入到了正规训练的层面。在一位言辞极为犀利的批评家看来，"研究生们受到的教育就是……历经磨练"，"打智力乒乓球"，还要向"把经济行为人约束到像傀儡一样行事"的纯模型，奉上他们"对礼拜仪式的新经院式的敬意"（Shubik 1970，410，415-16；也可参见 Leontief 1982；Klamer 和 Colander 1990；Krueger 1991；Brenner 1992）。

这种社会化的遗留问题，从排名较低且是非学术性机构的受访者人数中就可以看出，这些人在有些时候——在对讨论进行真实录制之前、期间或者之后——也会表明他们不是真正的经济学家。整体而言，在学院派和非学院派人士中，大约有 1/4 的人对于能够被这项研究选中，都流露出一些惊讶的表情，尽管他们都是作为经济专家来谋生的。他们担心，由于对正统的学术研究文献缺少非典型性的参与，或者是不赞成它们，他们可能会显得"平淡无趣"或者"风马牛不相及"。[1]

尽管学术训练存在着这一遗留问题，但在这些访问中仍有许多事情表明，随着时间的推移，经验丰富的专业人士已经学着去把"作为一名经济学家"看作专注于官方陈规之外的更多事情。当他们被问到经济学对社会做出了什么独特贡献时，在专业训练中学到的最重要的，也是当前的研究生们需要知道的事情时，他们给出了一套视野更加宽广，也更加多元化的"核心"定义方法和习惯，这些方法和习惯是在不同的地点和不同的职业阶段形成的。从最简单的层面来说，人们通常认为"经济学家知道什么"这个问题，只是涉及一系列相当基础的洞察力和实用技术，比如，直觉地考虑成本和收益，关注激励和最大化

---

[1]　关于 20 世纪 80 年代英国经济学家健康状况的调查偶然遇到过相同的现象，一位调查者表明了与他研究自然科学家经历形成强烈对比的现象，"我研究物理时，不是这样的。你永远不会听到物理学家说'实际上，我并不是一名物理学家'"（Ashmore，Mulkay 和 Pinch 1989，120）。

决策，假设价格对应着供给和需求，承认机会成本。这些技巧通常都被简化为"像经济学家一样思考"这样一种观念，这些技巧单单从书本中是学不到的，还要通过实际研究或者从其他人那里以一种学徒式的方式吸收过来，这样才能学会。所以"能够观察身边那种真正优秀的人、那种能够通读从 A 点到 B 点运动过程的内在含义的人，其重要性是不言而喻的"（15 号）。

最为重要的是，人们并不认为获得这一系列的核心技术，就等同于学着去遵守学术精英研究的标准。例如，一位受访者就认为他在经历了研究生院的学习之后，"我想我认识到的第一件事情就是，这样学习经济学真是个很糟糕的方法。而且我走出研究生学院的校门之后，我也还不是一名经济学家。研究生毕业之后我又花了五年的时间继续学习经济学，直到我像经济学家那样去思考"（43 号）。将近 1/5 的学院派和非学院派受访者们也对学院派经济学发出了严厉的批评之声，他们表明，在对他们的经济学训练中，那些与真实世界相关的知识覆盖得太不充分了："我实在是看不出，我对经济世界的理解与我学生时代的所受训练存在多大的相关性［大笑］…而且，刚开始时，我甚至一度认为它伤害了我的思考"（7 号）。"我认为，当今的经济学训练最糟糕的地方就是它对抽象化过分依赖，而且与真正的经济活动脱离开来"（51 号）。更进一步来说，大约一半的学院派、3/4 以上的非学院派都以某种形式提到，那些最为卓越的学术研究存在着与研究问题并不相关的过度的形式主义问题。当经济学家被问到"作为一名职业经济学家，最需要的是什么？"这个问题时，学院派和非学院派人士给出的最为常见的答案就是，改良以发表为基础的学术体系：

我认为，与你锻炼好身体只是为了在游泳池稍稍得到一个特写镜头这一做法相反，你也许可以找到更多愿意直面那些难以回答的问题的经济学家，［这样才有用］；而现在则是你把一切都设置好了，然后再去解决它。（35 号）

如果不进行这样的改革，严守精英学术之道与正确地研究经济学之间的关系，一定会一直处于紧张的状态：

我觉得，我自己要给出的最多的建议就是去思考什么才是重要的。你想把自己从以文献为导向的训练中脱离出来，作者 x，y 和 z 做了这个，做了那个，所以我也打算这么做，因为这是自然而然的延续性行为。但真正应该做的则是后退一步，仔细思考一下什么才会产生影响，什么才是重要的。你认为，接下来什么才会真的发生呢？真正好的经济学应该是试图去弄清楚接下来将会发生的，而不是你可以多一个发表记录就把它作为研究对象进行研究。（15 号）

除了那些已经提到的可以用来定义一个优秀经济学家的核心特征之外，受访者们还提到了另外一些特点。其中两个最为重要的就是沟通技巧和社交能力：

> 回首研究生生活，我多希望曾经学过怎么写作［大笑］，或者是知道它的重要性……我认为那才应该是攻读研究生期间要做的事情，可是我们对于技术性的东西太过痴迷，所以根本就没有学习怎样写作。如果非要说些什么的话，那就是你的写作能力退化了。（39号）

> 生活中重要的事情并不能从你的研究生阶段的学业训练或学术训练中学习得到。重要的是学会与人打交道。假如你不是一名自由职业者，我不知道你能够从博士项目中学到多少，可以让你学会如何处理你所在的机构的那些政治事务……关键在于如何与人打交道，而这又是教不来的。这一点，只有在你犯一些严重的错误之后，或者从与其他人的交流中才能学会。（22号）

一点都不令人奇怪的是，学院派和非学院派人士都觉察到了研究生们对于这种流行的形象认知存在着过于沉迷的危险：

> 我认为，他们应该对自己工作要关注的内容更加现实一点，而且应该在研究生学习期间，试着去获取与自己工作要关注的事情相一致的技巧和经历。他们中的许多人都无法获得一份以教授经济学方法为业的工作，……而他们却自认为会取得这样的工作，这种认识对他们没有好处……这一点对大多数工作都是适用的。（26号）

> 当你离开所在的大学而要找份工作时，与你一起工作的大多数教授都想让你在某所大学谋到一个教职。他们不想让你在政府、公司，或者甚至是为世界银行、联邦储备局等等机构工作……所以我认为，仅仅是出于年深日久的耳濡目染，在［学术界］工作就成了你自认为想要从事的岗位。（21号）[1]

超越这种与其他不同身份相隔离的最初状态，似乎还要取决于不断打破学术和其他各种专业经历之间相隔绝的实际障碍：

> 攻读研究生学位时，你是全身心地投身于学术世界之中。所以成功就被定义为进入一所优秀的大学……［但是］读研究生之前，我就在行政机构工作着，观察着，所以我了解这个实际的世界……而我读研究生期间，就曾与我们的竞争对手之一，一起做着咨询的工作……所以，我明白还有其他的路可走；我知道它不是大学教师或者其他什么职业。（30号）

---

[1]　这一切似乎与大卫·柯兰德（David Colander）（2003,15）的发现大体一致,随着经济学家工作经验的获得,他就会不断增加下面这些事情的重要性:"广泛了解经济学文献"和"全面了解经济"。

　　所以，即使是在专业领域内，经济学家到底是做什么的给人的感觉依然是多元的，依然会随着空间和时间的不同而有所不同。在大学里，经济学们多多少少都是从一张白板开始，然后被鼓励从学术研究方面来思考什么是真正的经济学家。但是，随着时间的推移，随着对研究生学院之外各种情景的不断经历，许多人对于到底什么才算是名副其实的经济学家，就有了更加丰富、更加多面的判断。而且似乎还有一些大家普遍认同的特征集合，比如对核心知识的熟练了解程度、沟通的能力，以及政治技巧等。正如我接下来表明的，在定义受访者对身份的更加私人化的特征表述时，有一种类似的情形似乎也同样适用。

个人形象

　　受访者们如何在一个更加私密和更加个人化的层面上认知自己？对于这个问题，其中一个迹象就来自于他们对下面这个问题答案的概略性和主观性的解释，这个问题就是"您是做什么职业的？"这里的思想是，身份形象或许在一定程度上反映在他们所提及的对象上——组织、功能、领域、标题等等——而且甚至还会体现在他们用过的名词和动词上。结果再一次表明，在学院派和非学院派之间，存在着一系列不同的元素，而且它们在一定程度上还是不均衡地分布着。例如，在学院派和非学院派受访者中，提及某些组织单位的比例相似——大约是1/2——可是，非学院派可能更加愿意提及他们组织中的子单位，这就表明，他们的自我概念更加依赖于他们特定的机构定位。

　　学院派和非学院派之间一个更为明显的区别就是，前者对"我们"一词的基本运用要少得多——非学院派人士中几乎要超出1/3——这就再一次明显地表明，从某种意义上来说，非学院派的自我概念更加具有群体性或者是更多地以组织为基础。身份认同的其他区别则在于，非学院派人士更可能提及他们的实际工作内容（教学，审查政策，提供信息，等）以及他们的权威地位和职责。少数几个以他们一般性地以"经济学家"作为职业身份认同而来介绍自己的受访者，全都是非学院派人士；而学院派人士则更可能首先透露他们专业的子领域，这也是一个专业，但不是对组织的认同。①

---

　　①　相对于其他专业的类似发现，请参考 Wallace 1995，Mueller 和 Lawler 1999，Finley，Mueller 和 Gurney 2002。

　　一个与身份也有些关系的相关采访问题涉及工作乐趣。当被问及他们最喜欢自己工作中的哪些方面时，大多数学院派和非学院派都会提到一些特定的任务，学院派的主要是教学和研究，非学院派的则主要是思索政策问题。但是相比学院派，非学院派更多地提到他的工作与真实世界的联系和影响，以及他们与工作上的同事的相互交流，这就再次强化了这样一种观念：相比他们的学院派同行，这些非学院派的受访者们更愿意获得组织性和切合实际的身份认同：

　　有时候与政策制定者走得较近，我至少会有这样一种形象——我有时候会变得愤世嫉俗——［大笑］，这是一种会影响到政策制定者的形象，坐在会议桌旁或其他之类的形象，其实也是蛮有趣的。所以，我们会结识某些部门的部长，然后说上一两句话。无论它是否对事情产生了什么影响，其实我也不清楚，但你总会觉得你在那里本身就有一种存在感。所以只要你不期待着世界会因你改变太多，在某种程度上也就令你感到满足了。（19号）

　　但总的来说，非学院派与学院派获得满足的来源似乎完全不同，前者的来源范围更加广阔，而且这各种各样的来源又可以从各式各样的工作中获得，比如写作、与同事交流、学习新事物，或者组织群体活动项目。实际上，相比学院派中的还不到1/10，非学院派中超过1/4的人都明确地认同他们工作中的各种满足感。比如一位受访者提出的，

　　有许多不同种类的满足感，……阻止坏事情发生，……做了好事之后，获得别人的赞许。还有…当我做一些大体来讲有学术意味的工作时，你知道的，在研讨会上投一篇论文，在杂志上发表一篇论文，或者在一本书中发表一章，我都会获得相当多的满足感……我还发现，与私人部门的决策制定者交流……以旁观者的身份去真正地观察企业如何运营，也都是既有趣又令人感到满意的……或者是，当我直接负责一项具体的活动时，我经过调查研究得出了结论，让所在的部门作为最终决策而被采纳，我也会获得满足感……而且我猜，从我的同事那里，我多少也会得到一些社会满足感。（37号）

　　这再次表明，经济学家的正面自我认同或许涉及多种不同的来源，它们可以相互结合，也或者可以被彼此替代，并不会因此而超出"职业经济学家"的形象界限。这里也再一次牵涉到社会分布和社会隔离问题，正是它们阻止了强调不同因素的人们之间出现最不和谐的矛盾；但是，相同的意识结构化或许也在认知层面上得到展示，这也就允许了那些潜在的矛盾因素和谐共存。关于这一点，一个有意思的迹象表明，即使受访者们对学院派科学家的"官方"形象持怀疑态度，他们仍然在一定程度上相信它。

　　如上所述，现在广泛存在着这样一种疑虑：精英的学术标准才是经济学的

"真正"本质，许多受访者其实不愿意明确地接纳"科学"或者"科学家"形象。当他们被问到"你是一名科学家吗？经济学是一门科学吗"时，大约只有1/3的学院派和非学院派人士给出肯定的答案，而且这些人中，只有两位学院派人士和两位非学院派人士没有附加条件。其余的人似乎都是相当地模棱两可：

有人问我是不是科学家时，我会说，"不，我是一名经济学家。"但是，这并不意味着我认为经济学这门学科并不缜密，我认为它像科学（许多学科和许多科学家）一样缜密。事实上，在某些方面上——在许多方面——它更像一门工程学，而非科学。（40号）[①]

但是如上所述，当有些受访者怀疑他们是否是真正的经济学家时，他们依旧在含蓄地依赖于官方身份。学术训练的这一后遗症也可以在采访中的另一种主观证据中看到：笑声。为了理解这一点，我们有必要来考虑一个由来已久的关于笑声的解释：现实和理想之间存在矛盾时，才会招致笑声。阿瑟·叔本华（Arthur Schopenhauer）（1958，91）的经典表述是这样的，

笑声这种现象通常意味着对某种不一致的突然领悟，…一个概念和全盘思虑后得出的实体之间的不一致，也就是抽象上和感知上的不一致。

把这一概念应用到我们手头的这个案例，你就可以这么认为，如果经济学家们仍在一定层面上坚持该专业理想的学术科学形象，或者是任何情形下，在心里都对它不离不弃，那么当叙述到某些与它相悖的现实时，他们或许就会不由自主地笑起来。正如我们先前的许多例证所阐明的那样，这一点似乎确实如此。更多的例子如下所述：

有时，你至少会站在非学院派人士的角度上去怀疑，学院派们真的…进过银行，并且知道银行是做什么的吗［大笑］？（16号）

今年我们这里有个研讨会。有个人的论文最后的总下载量排第三名，但这是一篇糟糕的论文，只是有着一个很棒的题目［大笑］。所以……

M：我猜题目中是有"性"这个字眼吧。

差不多吧。标题中有"套期保值（hedging）"这个字眼［大笑］。（19号）

---

①　尽管下面这两种情况似乎多少有些不太可能，即，受访者在完全掩饰，或者说在批评在其他大多数情境下非常关键的那部分身份特征，但是，你仍然必须要考虑到采访背景对这些自述的影响。你也必须要考虑到在"科学"而非"社会科学"方面的问题中的措辞。大多数受访者很可能已经认为经济学是一门社会科学，甚至是社会科学中最科学的学科（参看 Colander 2003,9）。但有趣的是，当人们从更加绝对的角度设计出问题时，许多经济学家所说的那些表明，"社会科学中最具科学性"或许不值得大受赞扬。

　　经济学家知道一件事情：需求曲线向下。其他的每件事都会有点稀里糊涂〔大笑〕。（20号）

　　〔相比宏观经济学〕，微观经济学里大家一致认同的结论稍微多一点，……谁知道我们是对是错呢〔大笑〕。（21号）

　　这就表明，经济学的学术形象在专业人士心中是一直存在的，而且那些与之相悖的形象越来越受到疏离，这就使得只是在一些相对来说不太常见的情况下才会带来一些稍纵即逝的问题，比如在录音访谈中偶尔展示的立场或体验。所以，运用个人认同的工具箱来构建起的身份不用那么天衣无缝、始终如一，只要与一个特定经济学家在不同的时间和不同的情形下通常的所做所想保持相对稳定就可以了。借用社会心理学家乔治·赫伯特·米德（George Herbert Mead）（1962，142）的话就是，对于这一代的经济学家来说，个性多样在一定意义上也是正常的。

　　尽管受访者们相信经济学的核心在于直觉性的理解能力，但在讲述和评价自己的生平经历时，似乎只有极少数受访者是以这种直觉理解力来取胜的，这一点可以体现出他们的认知结构。为了寻找这种效果，我们可以在采访文稿中寻找那些对经济隐喻的应用，而这些隐喻都被应用到了与经济学并无直接关系的事情上面。[1]在一系列词根短语中，大约有50个，学院派平均提到5.46个，而非学院派提及的稍稍多一些，是5.81个。[2]对于这50个词根短语中任意一个的平均总提及量来说，其类型是相似的：学院派8.8，非学院派9.6。这对于平均持续在一小时十分钟的谈话来说，似乎不算太高，而且给出的大多数隐喻，可能都是生活在资本主义社会中的人们所常用的，比如市场、价值、技术、选择、决策，以及个人偏好。有些暧昧地使用这些语汇的例子是下面这个受访者的陈述：

　　我认为，不管是作为一门学科，或者是某种市场实体，我们并没有得到良好的组织来实现这种效果，而且，我还觉得，对于那些对于理解而言非常重要的应用工作的很多细节，其价值其实并不是那么重要。（39号）

　　很明显，对术语更为深奥的运用是如下这些段落，比如"我理解我们把

---

　　[1]　当受访者们多多少少在讨论经济事务，或者是那些经济方面常为外行人所议论的事务时，运用经济学的术语似乎不是件明智的事。关于后者的例子，如工作"市场"和生活"成本"时即是如此。

　　[2]　在他们出现的各种形式中标注出的短语如下（假定被正确运用）：需求、偏好、相对优势、边际、机会成本、均衡、市场、弹性、价格、供给、需求、最大化、最小化、理性、有效、激励、收益、多样化、预期、分布、价值、短缺、便宜、决策、选择、贬值、资本、交易、报酬、开支、投资组合、出售、随机、技巧、稀缺、资源、规范、成本、替代、劳动分工、生产、信息、投入、产出、风险、竞争、零和、溢价、期权和购买。

［发表］当成了一种信号发送机制。所以我对那一方面的作用是非常欣赏的，但对我而言，它是一个非常低效的均衡"（11号），还有，"有些比我掌握的数学知识少得多，但仍然愿意接受理论训练的人，也的确是存在的，可这么做是愚蠢的，因为这并不是他们的相对优势"（26号）。但是，尽管这些术语似乎很可能会更频繁地被学院派运用，可实际上他们使用这些语汇的频率并不高，并不存在什么相对可靠的模式。或许令许多经济评论人士都感到惊讶的是，象征性地对那些非经济事务进行讨论时，即使是"市场"、"成本"、"供给"和"需求"这些词语也都很少用到。因此，在这种粗略的度量下，经济学家们似乎也没有将他们的专业知识，像"职业病"一样进行展示，也就是说，专业身份并没有太过居于主导地位，以至于他们"即使在私人生活中，也难以理解描述事情的其他方式"（Feyerabend 1978，50）。换句话说就是，他们可以将经济学核心方法的运用限制到自己生活的特定部分，并且在对其他事物进行思考时转换他们的经济学思维方式。

所以，总体而言，采访包含了以下几点建议：即便是在个人身份层面，"经济学家"的形象依然是多元化的，是由分布和隔绝构建出来的。在不同背景下工作的个体可以从一个可能因素的工具箱中形成各种各样的正面自我形象，即使在这些元素中，有一些在逻辑上多少有些矛盾。这样做的部分结果就是，学术科学家在训练中形成的理想，既没有完全主导经济学家的身份，也没有在回应其他矛盾的形象时完全破灭。①

结　论

上述讨论表明了自传和自我陈述如何展现出了一些有趣的信息，尽管将他们的客观内容和主观表达形式分离开来存在逻辑上的困难。本文有时把采访文本当作情境证据、事件结果，或是明确陈述的信仰和态度；有时又当作无意识倾向和谈话类型的象征。这种分析不可避免地会"导引"出它的双向解释，但这一讨论试图通过对比多种自我陈述，寻找在各种不同的制度背景下工作的经济学家们表述的一般类型，来支持它的主张。

---

①　这一点或许与Michele Lamont(2000)的发现类似,他认为法国和美国的工人阶级身份不仅涉及上层阶级标准的比较,而且还会根据当地情形和资源的不同而发生变化。

　　这种解释旨在发掘出一些关于在20世纪末的美国工作的经济学家的身份问题。在这方面的主要发现就是"经济学家"正面形象的多元化和分散化，以及这些形象彼此在可能的空间上、时间上和认知上的隔绝。其实并非只有一种形象，似乎对于经济学家和外行人来说，在下面三种层面上都有一个可能认同者的文化工具箱：公共印象、内部专业标准以及个人身份认同。这些因素又可以以多种方式组合，来产生负面和正面形象，可是，并非所有这些因素都可以简化为作为学术科学家的经济学家们产生抽象的常规知识的理想类型。

　　这一基本发现或许可以以几种方式为经济史学家们所用。在公共形象方面，存在的主要问题是太过关注内部的学科讨论。至少在这一特定的历史背景下，外行人对经济学的所见所想——以及他们大概会在多大程度上倾向于支持这一专业——似乎并不仅仅因为保持客观中立态度的科学家和政治主张之间的区别而有所改变。当然，思想史学家们或许对于合法化的来源和社会支持并不感兴趣，但是就他们而言，若能看看精英经济学家们在自己专业领域之外的言论，他们必定能够从中受益。

　　在专业领域层面，这些分析内容再一次向我们表明，一个有力的、抽象的学术理想类型在20世纪晚期的美国经济学界一定是存在的。可是，它还表明，比起通常认可的，人们对这种理想类型的信奉不仅更加受到限制，而且更加让人感到难以捉摸。如何在科学标准和其他构成优秀经济学家的理想类型之间实现平衡，是一个充满社会复杂性的现象，而且历史学家们之所以会对该学科的专业制度感兴趣，或许还是受益于即便是在主导正统下，也要更加深入地考虑多重形象的分布和隔离这一事实。分布和隔绝随着时间的变化，或许在这里也能发挥作用，正如本文所表明的那样，在职业生涯中人们对所研究的领域之认识有所变化是很正常的，而且或许在一个给定的历史背景下，还会遵循着某些可以预知的模式。

　　最后，在个人形象层面，这一分析对于历史学家还会有其他一些作用，主要是因为它给我们揭示了一些常规的、可以预知的模式。如果它对于认知结构的看法是对的，那么你完全可以这么期待，即使在单个个体的表述中，经济学家在不同时间和不同地点也会给出矛盾的自我展现。尽管这并未使得作为信息来源的个人证词变得毫无价值，可是，它的确意味着，我们几乎不能再期待那些证词形成独立连贯的记述之文。经济学家的生平与其他任何人的生活所产生的意义一样，但是经济史学家们或许愿意更少地从宏伟的整体个人意识形态出发，而是更多地以他们的主人公想象自己身份的方式（一些完全正常的片段性、具体情形性方式），来寻找这种意义。

参考文献

Allen, William R.1977.Economics, Economists, and Economic Policy: Modern American Experiences.HOPE 9:48-88.

Ashmore, Malcolm, Michael Mulkay, and Trevor Pinch.1989.*Health and Efficiency: A Sociology of Health Economics*.Philadelphia: Open University Press.

Barber, William J.1985.*From New Era to New Deal: Herbert Hoover, the Economists, and American Economic Policy, 1921-1933*.New York: Cambridge University Press.

——1996.*Designs within Disorder.Franklin D.Roosevelt, the Economists, and the Shaping of American Economic Policy, 1933-1945*.New York: Cambridge University Press.

Barbezat, Debra A.1992.The Market for New Ph.D.Economists.*Journal of Economic Education* 23:262-76.

Bassi, Laurie J.1989.Special Study to Interview Nonacademic Employers of Economists.Unpublished manuscript, American Economic Association Commission on Graduate Education in Economics.

Bazerman, Charles.2004.Speech Acts, Genres, and Activity Systems: How Texts Organize Activity and People.In *What Writing Does and How It Does It.An Introduction to Analyzing Textual Practices*, edited by Charles Bazerman and Paul Prior.Mahwah, N.J.: Erlbaum Associates.

Berger, Peter L., and Thomas Luckmann.1966.*The Social Construction of Reality: A Treatise in the Sociology of Knowledge*.New York: Anchor.

Bertaux, Daniel, and Martin Kohli.1984.The Life Story Approach: A Continental View.*Annual Review of Sociology* 10:215-37.

Biddle, Jeff.1998.Institutional Economics: A Case of Reproductive Failure? In *From Interwar Pluralism to Postwar Neoclassicism*, edited by Mary Morgan and Malcolm Rutherford.HOPE 30(supplement):108-33.

Brenner, Reuven.1992.Macroeconomics: The Masks of Science and Myths of Good Policy.In *Educating Economists*, edited by David Colander and Reuven Brenner.Ann Arbor: University of Michigan Press.

Burkhardt, Jeffrey, and E.Ray Canterbery.1986.The Orthodoxy and Professional Legitimacy: Toward a Critical Sociology of Economics.*Research in the History and Methodology of Economics* 4:229-50.

Coats, A.W.1980.The Culture and the Economists: Some Reflections on Anglo American Differences.*HOPE* 12:588-609.

——, ed.1981.*Economists in Government: An International Comparative Study*.Durham, N.C.: Duke University Press.

——, ed.1986.*Economists in International Agencies.An Exploratory Study*.New York: Praeger.

Colander, David.2003.The Aging of an Economist.Discussion Paper 03-04, Middlebury College, Department of Economics.

Day, Colin.1989.Journals, University Presses, and the Spread of Ideas.In *The Spread of Economic Ideas*, edited by David Colander and A.W.Coats.Cambridge: Cambridge University Press.

Feyerabend, Paul K.1978.From Incompetent Professionalism to Professionalized Incompetence—the Rise of a New Breed of Intellectuals.*Philo sophy of the Social Sciences* 8:

37-53.

Finley, Ashley P., Charles W.Mueller, and Cynthia A.Gurney.2002.Organizational and Professional Commitment in Professional and Non-Professional Organizations: The Case of Nurse Doctorates.*Research in Social Stratifixation and Mobility* 20:325-58.

Furner, Mary O.1975.Advocacy and Objectivity: *A Crisis in the Professionalization of American Social Science*, 1865-1905.Lexington: University Press of Kentucky.

Goffman, Erving.1959.*The Presentation of Self in Everyday Life*.Garden City, N.Y.: Doubleday.

Goodwin, Craufurd D.1980.Toward a Theory of the History of Economics.*HOPE* 12:610-19.

Hinshaw, C.Elton, and John J.Siegfried.1995.Who Gets on the AEA Program? *Journal of Economic Perspectives* 9:153-63.

Katouzian, Homa.1980.*Ideology and Method in Economics*.New York: New York University Press.

Klamer, Arjo, and David Colander.1990.*The Making of an Economist*.Boulder, Colo.: Westview.

Krueger, Anne O.1991.Report of the Commission on Graduate Education in Economics.*Journal of Economic Literature* 29:1035-53.

Lamont, Michèle.2000.*The Dignity of Working Men: Morality and the Boundaries of Race, Class, and Immigration*.Cambridge, Mass.: Harvard University Press.

Laslett, Barbara.1999.Personal Narratives as Sociology.*Contemporary Sociology* 28:391-401.

Leontief, Wassily.1982.Academic Economics.*Science* 217:104-5.

Linde, Charlotte.1993.*Life Stories: The Creation of Coherence*.New York: Oxford University Press.

Mead, George Herbert.1962.*Mind Self, and Society from the Standpoint of a Social Behaviorist*.Chicago: University of Chicago Press.

Mirowski, Philip.1989.*More Heat Than Light: Economics as Social Physics, Physics as Nature's Economics*.New York: Cambridge University Press.

———.1991.The When, the How, and the Why of Mathematical Expression in the History of Economic Analysis.*Journal of Economic Perspectives* 5.1:145-57.

Mueller, Charles W., and Edward J.Lawler.1999.Commitment to Nested Organizational Units: Some Basic Principles and Preliminary Findings.*Social Psychology Quarterly* 62:325-46.

Potter, Jonathan, and Michael Mulkay.1985.Scientists' Interview Talk: Interviews as a Technique for Revealing Participants' Interpretative Practices.In *The Research Interview: Uses and Approaches*, edited by Michael Brenner, Jennifer Brown, and David Canter.New York: Academic.

Ruggles, Nancy D., ed.1970.Economics.Englewood Cliffs, N.J.: Prentice Hall.
Schaeffer, Nora Cate, and Stanley Presser.2003.The Science of Asking Questions.*Annual Review of Sociology* 29:65-88.

Schopenhauer, Arthur.1958.*The World as Will and Representation*.vol.2.Indian Hills, Colo.: Falcon's Wing Press.

Scott, Loren C., and Peter M.Mitias.1996.Trends in Rankings of Economics Departments in the U.S.: An Update.*Economic Inquiry* 36:378-400.

Shubik, Martin.1970.A Curmudgeon's Guide to Microeconomics.*Journal of Economic Literature 8:405-34.

Siegfried, John, and Wendy Stock.2004.The Market for New Ph.D.Economists in 2002. *American Economic Review* 94.2:272-85.

Stock, Wendy, and W.Lee Hansen.2004.Ph.D.Program Learning and Job Demands: How Close Is the Match? *American Economic Review* 94.2:266-71.

Swidler,Ann.1986.Culture in Action:Symbols and Strategies.*American Sociological Review* 51:273-86.

Tarascio, Vincent J.1986.The Crisis in Economic Theory: A Sociological Perspective.*Research in the History of Economic Theory and Methodology* 4:283-95.

Wallace,Jean E.1995.Organizational and Professional Commitment in Professional and Non-professional Organizations.*Administrative Science Quarterly* 40:228-55.

Weintraub, E.Roy.and Philip Mirowski.1994.The Pure and the Applied: Bourbakism Comes to Mathematical Economics.*Science in Context* 7:245-72.

Yonay,Yuval.1998.*The Struggle over the Soul of Economics.Institutionalist and Neoclassical Economists in America between the Wars*.Princeton,N.J.:Princeton University Press.

Zussman,Robert.1996.Autobiographical Occasions.*Contemporary Sociology* 25:143-48.

口述史在异端经济学史编纂中的作用[①]

提亚哥·马塔和弗里德里克·S.李

近年来，在经济学说史中，传记、自传、传记辞典、访谈文集和口述史的出版如雨后春笋般地增多起来，这有目共睹的（参看 Forget 2002 和 Moggridge 2003 中的调查结果）。对于异端经济学说史来说，这一趋势则表现在简短的自传性质的证词的增多以及多卷本辞典中传记条目的增加这两个方面（Harcourt 1993；Arestis 和 Sawyer ［1992］2000；Backhouse 和 Middleton 2000）。这类文献综合了各种简单的叙事，这些叙事仅仅关注个体的职业生涯，而且通常是与作者的贡献联系在一起，以便展示出一个统一的学术使命。

就目前来讲，证词和短篇传记这股洪流对异端经济史学家们的争论并没有产生多大影响。举例来说，在后凯恩斯主义经济学说史中，最新出版而且影响最大的作品当属约翰·E.金（Jchn E.King）（2002）所著的《1936年之后的后凯恩斯主义经济学说史》，尽管作者金与后凯恩斯主义者们聊起过他们的工作乞活（King 1995），但他对历史细节的引用也只是寥寥数语罢了。在金所著的综合性的思想史中，传记材料出现得极少，一般使用的话也就是用于介绍其人物的性格而已，长度从未超过一个段落。这些材料主要传达国籍和教育背景方面的信息，与你在 CV 的首页上，或者是传记辞典的简短条目中看到的并无二致（King 2002，18，35-36，1C5，110，114，125，185）。唯一一个被金多次引用的传记资源是 A.P.特沃尔（A.P.Thirwall）（1987）所作的尼古拉斯·卡尔

① 《政治经济学史》39期(年刊)DOI 10.1215/00182702-2006-043,2007版权归杜克大学出版社所有。非常感谢2006年HOPE会议的与会者们对本文的批评指正；尤其是匿名评审人的评论、本文集的编辑 E.罗伊·温特劳布的工作以及艾伟林·佛盖特(Evelyn Forget)的建议,更是让我们受益良多。提亚哥·马塔(Tiago Mata)得到了伦敦市中心研究基金的旅行资助,使他可以在美国的经济学家中间进行访谈；同时他还利用经济与社会研究委员会(英国)的博士后奖学金来撰写这篇论文。我们还要向那些向我们阐明了其经济学和政治学含义的经济学家们致以诚挚的谢意,尤其是 Laurie Nisonoff,Nancy Wiegersma,Herbert Gintis,Michael Zweig,John Weeks 和 Bary Bluestone。

多（Nicholas Kaldor）的传记，金（2002，49-50，63，76）从中借鉴，以便于支持他对卡尔多的政治和政策承诺所进行的系列评论，这也解释了金在理论上的不够深入。

我希望将我们探寻异端经济学说史的方法与它们早期的贡献区别开来，也就是"以思想取胜。与作者思想相关的任何独特的隐私——感情、癖好，甚至是'梦想'——都被认为是无关紧要的"（Forget 2002，231）。我们所提议的异端理论史，前人在这个方面尚且没有多少建树，[①]这是一项可以为理论的发展提供社会基础的异端团体的历史。[②]我们试图通过社会关系和一些机构来记录这一历史，当然，这些机构要能够确保异端经济学家们可以进行研究，可以在异端经济学界发表成果，可以讲授它，还可以从事职业的和激进的异端研究活动。

本文主要解决以下这个问题：如何将生平历史以学者团体史的形式撰写异端经济学说史。本文的观点是，我们无法轻易地从学者的专著中辨别出社会关系。所以，我们建议，这种证据往往遗落在各种分散的个人的信息传播工具当中，隐藏于个人信件或者是这些学者们未曾明言的回忆之中。在本文的研究中，我们组织了"口述史访谈"（Morrisey 1998）；同时收集了这些学者们关于特定事件的书面回忆。[③]我们没有从这些材料出发去撰写一份生平描述，因为我们不是传记作者。相反，我们把这些生平历史当作本体关系构成以及异端团体差别构成的一项记录来展示给大家（Peacock 和 Holland 1993；Watson 1976）。[④]

经济史学家们关于生平历史所作的反思，总是倾向于去关注那些记忆不足的部分（Moggridge 2003，597；Tribe 1997；Weintraub 2005）。也经常会有人这么评论，认为记忆会剪裁、歪曲，甚至会取代事实，尤其是在"生平历史访谈"中，表面上给出的日期回忆或者是事件顺序都是不可靠的（Portelli 1991）。但如果我们转而去关心事实，那么或许就会有人援引卡尔洛·金兹博

---

① 比如说，可以参见 Howard 和 King 1989,1992；King 2002；以及 Hodgson 2004。

② 我们这里说的是团体而非网络组织。我们承认，网络组织这一术语颇受文学研究和社会学的偏爱，但是由于我们要处理的是一些偶尔会在社会学和符号学分析中遗失的那些部分，比如情绪、信任、还有历史主体之间的个人联系，所以，团体这个概念似乎更恰当一些。

③ 在这些资料中，每一份都提出了特定的问题。比如，对口述来源资料的研究应该与书面资料区别对待，要考虑到口头表达的本质和间歇的研究——参见 Portelli 1991 中提供的综述。

④ 我们的目标与麦克·里亚（Mike Reay）（本文集中的文章）的类似。里亚研究了经济学家在涉及专业问题时可能会保持的多重"形象"或者"身份"，他在论述中表达了经济学家们"知道"什么或者是"做"什么的。我们强调的则是一个人的自我形象，他的激进形象是如何从历史角度构建起来的。

格（Carlo Ginzburg）（1992）关于历史实践与侦探工作相类似的描述。可是，只有持续地关注那诸多的线索和细节，才能揭开往事的神秘面纱，所以，我们就要从多方寻找证据来源，以此核查消息提供者的记忆是否准确。我们也无法设计出一套准则来代替史学家们的判断。历史是一个无法完全形式化的行业，所以你必须要依赖于"本能、洞察力和直觉"这类不科学的意见（Ginzburg 1992，125）。

只有当自传性质的证词不仅仅是用来对往事进行复原时，它们才会取得其他任何证据来源都无法比拟的洞察力。①书面证词和生平历史访谈都是"个体主观性的构成和陈述。如果我们将主观性忽略或者清除，犹如它是一汪清水中的毒液那般地被驱除，那么最终只会歪曲甚至是篡改这些材料本身的性质"（Portelli 1997，80）。所以，我们提议，研究一下异端经济学家们是如何描绘自身的生平故事的（Portelli 1998）。正如保罗·约翰·伊金（Paul John Eakin）（在本文集中的文章）所言。就体验自我、在人文视野中定位自我这两个方面而言，自我叙述都是我们文化中的特殊来源。对于历史和人种论的研究来说，参与者的主观话语是一项价值连城的来源，而绝非亵渎历史话语。

在本文余下的部分中我们要解释下面这个问题：我们如何相信以访谈形式和证词形式表述的主观性，是可以用在异端经济学团体的历史研究方面的。我们的研究是关于激进经济学的，第一部分伊始先简要地阐述激进政治经济学联盟（URPE）的创办。随后，我们开始解释生平故事是如何用于揭示激进经济学家们之间的身份认同的。我们主要参考URPE在初始的那一段关键岁月里，在创生一个激进团体过程中所收获的成长。在第二部分，我们处理了一份书面记录。整个20世纪70年代，URPE总因为一系列没有在出版物中显露出来的思想分歧而受到种种限制。生平故事是研究这些艰难岁月的唯一切入点。本文最后的落笔点在于下面一项讨论：运用生平历史使得隐藏之事重现光明到底寓意何在？

生平历史和激进经济学团体的创造

尽管异端经济理论和异端经济学家团体在整个20世纪的美国都是存在的。但由于麦卡锡主义的压制，20世纪50年代之前的异端学说似乎在劫难

---

① 由 Robert Perks 和 Alistair Thcmson（1998）编辑的论文集中收录的文章强力支持这一点。

逃，而且作为必然的结果，异端学说的历史也走到了尽头。因此，历史学家们不得不对这样一个中断的现象给出解释，并说明新生的异端派别是如何从这一片瓦砾中重生的。

1968年9月4日至8日，URPE 的成立会议在密歇根州的安娜堡举行，为期五天。[①]"出席会议的是十二位研究生和大学教师，他们都是受到民权运动、越南战争、女权主义运动和新左派的感召和影响的"（Lee 2004a，187-88）。激进的大学教师和经济学学生的会议是在 URPE 成立之前就举办过的。但是这些会议很难寻找到线索，因为他们根本没有留下任何书面记载。根据与会者的会议纪要来看，似乎既显得老生常谈，又显得不是那么正式，而且他们主要是由密歇根大学组织起来的（186-87）。

激进分子在初始阶段的社会关系并不是引起 URPE 会员迅速增加的原因。1968年12月，也就是联盟正式创办后的第三个月，它第一期的业务通讯报道说，联盟总共拥有300名付费会员，而通讯名单更是骄人，达到了800个之多（Bluestone 1969，5）。安娜堡的这十二位研究生和教职人员的会议怎么就会如此成功呢？[②]这方面的观点是说：只有借助于生平历史的细节和他们表现出的主观性，才能给出上述问题的答案。[③]

如果去调查激进经济学家们出版的自传性证言，我们就会惊奇地发现，尽管这些经济学家认为20世纪60年代是他们研究课题的关键形成时期，但他们也只是简略地提到 URPE。这些自传体条目中的绝大多数成了回顾激进经济学家生活性工作，同时又揭示了那些看似不同的兴趣和贡献之间的联系。这样的知识反思通常都会导致更加隐私的生活情节的缺失。在这些故事中，反复提及的就是20世纪60年代社会运动的"政治动荡"，而且据说这已经从根本上塑造了激进分子们的政治信念，同时也引导了他们对学术的兴趣（Sherman［1992］2000，604；Reich［1992］2000，578）。

在这些自传体证词中，有一些更具有启发作用，比如萨缪尔·鲍尔斯（Samuel Bowles）的作品。鲍尔斯（［1992］2000）通过讲述他第一年讲授经济学导论时，他的学生是如何向他质疑课程的社会现实意义，进而引出他的生

---

① 会员通常被称作"URPErs"。
② 会员人数的增长维持到20世纪70年代早期——1969年至1972年，会员人数每年增长40%（1976年的 URPE 历史概要）。
③ 本节和下节，我们会利用马塔收集的20多个访谈，主要采访激进经济学家们关于一项正在进行的激进经济学历史的项目。这些都是一到两个小时的访谈，其收集时严格按照口述史学家和"生平历史访谈"设定的准则进行（参见 Thompson 1998 和 Seldon 与 Pappworth 1983）。

活经历。他继续说道，"他们持续向我施压，但他们也依然在一扇开放的大门上。那就是1965年"（Bowles［1992］2000，73）。[①]而对于托马斯·维斯考博夫（Thomas Weisskopf（［1992］2000，710）来说，其对经济学的观点变得激进的关键经历就是他在规划印度经济发展时的研究过程；他对"主流经济学的现实相关性"大失所望。在这些记述当中，URPE作为20世纪60年代晚期的一个社会现象出现在世人面前，而领头的激进人物则自豪地宣布了他们作为联盟创始成员所具有的所有权（Bowles［1992］2000，75；Gordon［1992］2000，250；Weisskopf［1992］2000，710；Reich［1992］2000，578；Sherman［1992］2000，604）。

由于这些可以获得的（自）传记文集中可知，其中收录的人物都是激进团体中被广泛认可的领头人，所以，关于过去的看法，它们为我们提供的或许就是强调创办这个团体的那些激进分子（也是激进团体中的精英分子）所追求的主旨。[②]外，这些人都是在整个20世纪70年代热情参与过激进团体组织之后，在20世纪80年代早期又放弃了参加URPE的学者。这有可能是因为这种主观认识上产生的距离感，导致这些个体在回顾性历史时，认为URPE没有太大的意义。当有人记录一群更年轻的激进分子的生平故事，[③]或者是那些在20世纪70年代成为URPE的普通会员，并且至今信守他们对URPE的承诺的激进分子的生平故事时，关于过往的记录才会展示出不同的侧面来。

在本文的剩余部分我们将集中关注一位激进经济学家，也就是劳瑞·尼索诺夫（Laurie Nisonoff）的生平故事，以此作为讨论影响20世纪70年代早期的URPE的某些问题的切入点。[④]她的生平并不是要成为激进分子生平的代表，

---

① 20世纪60年代中期通常被认定为年轻经济学教职人员形成批判性激进意识的转折点。比如另一个例子，"从1966年起，人们逐渐难以说服自身相信美国的公共事业能够对贫穷、社会公平、人权及和平方面产生任何的正面效用"（Foley[1992]2000,182）。

② 精英分子一词在本文是指一群更为年老的学者，他们在20世纪70年代早期受雇于研究型大学。

③ 对于更年轻点的团体来说，激进的经历不仅仅是激进思想的一种转变，而且还是加入到比他们更年长的研究同行和年轻的激进教职人员队伍的一种资历。比如，William H.Lazonick(2000,414)就曾回忆称，他因为哈佛大学存在二十位帮助他发展自己的批判思想的激进分子而感到多么吃惊。对于那些在1968—1971年入学的研究生来说，他们的故事也不再是向激进主义的一次转变，而是一项共同承诺。和我们的解释相一致的是，政治科学的研究已经在强调代际和群体在决定他们要回忆什么事件，以及怎样解释这些事件方面的影响（参见Schuman和Scott 1989）。

④ 我们效仿了Mary Terrall(2006,308-09)的方法，主要反思如何考虑单一生平背景下的社会身份问题。

而且我们从尼索诺夫的记述中挑选出的那些并不主要的情节也不能被视为对激进群体历史所做的明确表述。不过，当我们把这个生平故事与在其他访谈或者是URPE的出版物中收集到的证词并列而置时，它就变得颇有指导意义了。如何在这些纷繁多样的证据中寻找到确切的证据（或者是矛盾），才是我们希望去详细地予以探索的。

1968年，尼索诺夫决定专修经济学。[①]她学习数学的前一年就已经进入了麻省理工学院。像20世纪60年代后期的大多数学生一样，专修经济学的选择部分程度上是因为接触到了左翼人士的政治信念（Horowitz 1986）。尼索诺夫回忆到：

> 我发现，除了数学变得不再那么有趣之外，数学家们……也变得完全没有了社会意识、没有了社交技巧，他们的确、的确是在变成极为孤独的一个群体！而且，你知道的，在回到大农场的同时，我从事这种政治工作也已经很多年了。所以说，我在这里拥有这种政治工作的经历，在那里拥有那种娴熟的纯理论数学，但这两者之间似乎没有什么关系。

当有人问她，她是如何加入URPE的，尼索诺夫并没有给出一个理论解释，而是记起了一系列流露出她与其他激进分子私人情感的事情。[②]尼索诺夫是经麻省理工学院的左翼人士介绍而加入URPE的。而使得麻省理工学院的URPE会员聚集在一起的，则不仅仅是共同的知识关注。尼索诺夫在她的叙述中强调的则是他们共同信奉的政治信念和共同组织的社团活动，正是这些让他们与众不同，从而成为一个群体：

> URPE在麻省理工学院刚起步的时候，……本科生、研究生和年轻的教职人员只是在一起做些事情……那年秋天，也就是11月初，那些尽力逃避被遣送到越南的士兵们擅自脱离军队，而我们要去保护他们。其中有一位年轻人和我们一起待在麻省理工学院，我们成百人轮流保护他……我也是〔其中一员〕，……还有许多研究生和本科生，……另外还有一些教职人员，其中包括邓肯·佛莱（Duncan Foley）和马特·埃德尔（Matt Edel）……我们开始讨论战争和帝国主义政策，那些左翼的年轻教员实际上也是在那里讲授他们的课程

---

① 2003年6月6日，Nisonoff在她位于马萨诸塞州阿默斯特的汉普郡学院的办公室里接受了采访。

② 其他的访谈也是如此。比如，Michael Zweig（2003年6月18日受访于纽约）和John Weeks（2006年2月10日受访于伦敦）都回忆了研究生、助教和密歇根教职人员之间在募兵的报酬等级之间的矛盾，因为这会成为义务兵役制征募一般研究生去越南打仗的基础（欲知更多细节，请参见Brazer 1982，248—49）。

的，我的备选专业也就成了现在的职业。①

在加入 URPE 的叙文中，尼索诺夫将她在 URPE 群体中感受到的身份认同与她和一般同事的失和进行了比较：

由于大多数人都拥有我们习以为常的社交技巧，所以她们就做自己的功课，而且待在屋里不出去……但我与班里的其他女生相处的时候却麻烦不断……最后发现，这是因为我们做这件事情［就是保护擅自脱离军队的士兵］的房间，正好是三年级学生举行舞会的地方。从此之后，女生宿舍就有人……至今都不再理我，因为三年级的舞会被取消了！

对于我们所习惯的历史话语来说，这些事情似乎显得过于琐碎，但是在参与者的生平故事当中，尤其是在访谈传递的信息当中，它们却是最精彩的部分。在参与者的观念里，在他们的主观意识当中，这些事情记录了经济学界激进分子的同伴之间在身份认同问题（不可避免也会有友谊）方面形成的看法。此外，对于这一时期的彼此对抗的动态过程来说，它也是一项证据：就像激进分子之间的界限得到了强化一样，他们与自己的那些处于主流位置的同事和老师之间的隔阂也越来越深。

我们的立场给予我们动机去探究 URPE 的形成时期，大约是从 1968 年至1971 年，到底发生了哪些事情；给出它们的年代大事记；同时研究它们对迅速发展的 URPE 产生了哪些影响。关于 1969 年，尼索诺夫回忆起她参与组织的新英格兰会议。②会议举行的那年是她在麻省理工学院的最后一年，也是她前往耶鲁大学继续研究工作的前夕。似乎耶鲁这个选择，是在她与耶鲁大学的研究生同学成为朋友之后才做出的，她在新英格兰会议上遇到他们，而且关键是在 1969 年抗议美国经济学会时他们又再次相遇（关于这次抗议的报道，请参看 1970 年《美国经济评论》文集中的论文和有会议记录专题的第 487-89页）。③这些生平故事怎样记录团体的形成，才是对我们的研究目标具有重要意义的内容。尼索诺夫的生平故事所提供的例子向我们表明这次会议和美国经济学会抗议活动如何成为了 URPE 招募新会员以及巩固 URPE 会员之间的朋友之谊、同僚之谊的大好时机。

---

① 这在麻省理工学院是一个重要事件；比如，可以参见 Noam Chomsky 在 *Chomsky* 等人 *1997* 中关于这件事的记录。

② 会议的报道，请参见 1969 年的 URPE 国家会议和 1969 年的新英格兰地区会议。

③ 尼索诺夫提到了 Heidi Hartmann，Peggy Howard，Fran Blau，来自纽黑文的 Rich Weisskopf，以及来自纽约的 Lourdes（Surkin）Beneria。

　　早年间，URPE 也是斗志昂扬。激进者们想要他们的经济学变得私人化且政治化，还想要他们的组织成为一个不再仅仅是专业协会的组织（参见 Wachtel 和 Bluestone 1969）。除了课程安排之外，URPE 自 1969 年起便组织了一个夏季年会。第一次会议于是年 8 月 24 日至 31 日在密歇根州沙勒沃伊的海鸥度假村召开。[1]夏季会议的议程丰富多样。尽管几乎所有的会议都涉及经济话题，但有些人显然比其他人更倾向于激进主义。这在关于以下话题的会议上表现的非常明显：帝国主义（1969，1970，1971），教学与课程（1969，1970），激进范式（1971），医疗卫生的政治经济学（1970，1971），资本主义的替代选择（1969，1971），妇女解放（1969，1970，1971），团体行动方案（1970，1971），以及犹太人和黑人解放（1969，1970，1971）。[2]这些会议虽是探讨 URPE 组织策略的场合，但也是一个庆祝和娱乐的地方。第一次会议通告就说道："度假村所有的设施对与会人员都是开放的，其中包括网球场、帆船、独木舟、汽艇、游泳、射箭、棒球、足球等等。我们努力规划好会议安排，以便大家至少可以拥有 1/3 的时间用来娱乐。我们会安排专人照顾孩子。与会者们要自带寝具和网球。也可以携带宠物"（1969 年 URPE 国内会议）。激进者们在访谈中回忆最多的还是娱乐元素和激烈的政治辩论。例如，尽管赫伯特·金迪斯（Herbert Gintis）现在对于激进主义分析不再抱有希望，而且自己也脱离了这个团体，但他回忆起 URPE 成员们一起做过的政治工作和他们所在组织的那些充满欢乐的时刻时，依然是满心欢喜："我们聚在一起，唱歌，编排歌曲，我们，你知道的，我们还彼此关爱。"[3]而且正如另一位激进分子充满赞扬地所承认的那样："我们这些参与者离开［夏季］会议时都很团结，这种感觉在其他任何方式中都是难以获得的"（Hinckley 1969）。[4]

　　我们这里要强调的是一种团体和身份。参与者们关于自身生平的故事记录了一个激进经济学身份认同的形成过程，而且正是这样的认同感支撑着 URPE

---

　　① 第二次会议于第二年的 8 月 27 至 31 日在匹兹堡北部的 Wakitatina 度假村举行。这一年，度假村无法容纳所有的与会者，所以纷纷鼓励 URPE 的成员们自带帐篷（URPE 的 1970 年夏季会议；1970 年夏季会议的敦促方案）。

　　② 1969 年至 1971 年举行的各种国内、地区会议，以及当地的 URPE 会议也都是和往常一样，当然，其中也包括一些批判主流经济学、通货膨胀、马克思主义方法论、垄断和垄断资本，以及家庭经济学的会议。

　　③ 赫伯特·金迪斯于 2003 年 6 月 6 日在他位于马萨诸塞州北安普顿的家里接受采访。一般来说，诸如聚会、午餐、晚餐和街头剧场之类的社交活动都成为了 URPE 激进分子会议的一部分；参见 1969 年至 1971 年出版的激进政治经济学联盟简报期刊。

　　④ 同时，他又悲叹道，这些会议在思想上并未取得多大成果（Hinckley 1969）。

这个团体。激进分子讲述的生平历史表明，这种身份是在学术界的抗议之中锻造而成的，在这些抗议之中激进分子互相联合，同时也与自己那些普通的同事和教员相互疏远。在 URPE 的赞助下组织的会议——区域性会议和夏季会议——进一步巩固了这种身份。这种身份认同就其内容而言并不是什么严格的界定问题；它只是反映了一个在夏季会议的活动上得到了最佳阐释的政治与文化交织在一起的现象。在建立一个激进经济学团体方面，娱乐似乎和主流经济学的错误的信仰一样，发挥了关键性的作用。

生平历史和激进团体内的矛盾

本文的论点是：生平传记为学者团体的出现提供了研究上的线索，同时也为我们解释了彼此之间身份纽带的组成关系，是这种身份巩固了他们在思想上的共同追求。同样的证据在理解团体内部彼此之间出现的差异时也具有指导意义。当今的历史学对重塑 20 世纪 70 年代激进团体的内部纷争并没有给予应有的重视。这些矛盾在第一手文献中，在 URPE 简报的书面记录中，表现得都非常突出，尤其是在 1975 年 8 月的简报中更是引人注目。[①]还有其他一些二手文献中，思想史（Gintis 1980，1984）以及那些更加关注制度的历史方面的文献（Fleck 2003），这些探讨也都付之阙如。所以，鉴于二手文献对此没有什么研究进展，同时一手书面记录又相对稀缺，我们自然就会对生平历史这一方面比较重视。通过这些历史生平，我们可以对 URPE 的转变过程做出最仔细的研究，从 20 世纪 60 年代末期的全面创建，到 70 年代中期分裂成独立存在的诸多团体，我们都可以进行详细的研究。

给激进经济学团体带来压力的分歧，作为主要原因之一——如果不是唯一原因的话——促成了男性成员和女性成员之间的分野。1969 年 URPE 建立了一个妇女团体（Weisskopf 1970）。起初几年她们只是偶尔碰面，也并未产生什么效果。这个群体似乎人员过于庞杂，很难发展出一套共同的话语体系和行动方案："有些人是 URPE 的会员，同时还牵涉到 URPE 内部和经济学专业之间的歧视问题。其他人则对涉及他们丈夫的或者男朋友的而非我们自己组织的那些责任感到不满"（Howard 1970，4）。在 URPE1971 年的夏季会议上，女性成员

---

① 关于这一时期的暂时性历史请参见 Mata 2005。

们在会议上开始崭露头角，要求参与 URPE 学术期刊——《激进政治经济学评论》——的编辑部和指导委员会。起初，这项提议被男士们给否决了，可经过几场激动人心的辩论之后，最终还是被认可了（关于这件事的报道请参见 Horowitz 等人，1971）。对于这种激烈的观点差异，这种本不该在自我认同上保持一致的激进经济学家团体内部发生的激烈争论，我们该如何理解呢？

这里，我们要再次求助于尼索诺夫在访谈中的回答。自访谈伊始，尼索诺夫就向我们提议，她要讲述"妇女解放运动如何深入 URPE 的故事"，还开玩笑地说，"这个故事不是非常有趣。"就是这么一段话，让我们找到了她的故事的内在结构。这是一场"妇女解放运动"，不是"妇女问题"，也不是"妇女研究"；对于尼索诺夫以及这些事情的其他参与者来说，造成分裂的起源在于政治信念，即来源于某种突如其来的妇女解放运动的政治信仰（参见 Evans 1980 和 Morgan 1970）。

在对尼索诺夫的访谈中，关于这个时期，她给出了一个清晰而又完备的叙述：

URPE 在波士顿地区有两个分会……1969 年秋，这两个分会联合举办了这场会议［新英格兰会议］，……哈佛分会决定由帕蒂（Paddy）［即帕特里西亚·奎克（Patricia Quick）］在服务台负责接待，而麻省理工学院分会决意由我在服务台接待。这是一个严重的错误……人们不该这样来安排，因为这样太危险了。所以，实际上，在那次会议上，我和帕蒂有时会同时去了盥洗室，而且在召开会议期间，我们有时候一去就是大半小时。

所以随后，在任何指定的地方，通常都会有一位、两位或者是三位女性，［但是］当我到达纽黑文的时候……在那些太太们……和研究生们里，我们大约有……六位或者是八位女士，最终在 URPE 里，有了十位或者十二位女士。1971 年春天，我们中的六位联盟成员，……一起在泉水街 700 号租了一幢房子……之后，URPE 就开始经常在那里开会……当然，我们也开始对一些事情参与决策，你知道的，就是一些必须要去做的事。在波士顿、纽约以及华盛顿，也有其他的女性群体。

尼索诺夫在她故事的第一部分，给出了 URPE 男性成员做出性别歧视行为的一个例子，正是他们挑选出了两位女性成员去做无聊的接待任务。她还给出了解释，即对本来就分歧颇多的女性为中心的会议是如何组织起 1971 年的抗议活动的解释，这一解释是基于一个被紧密联系起来的耶鲁大学的女性研究生群体而做出的，她们 1970 年在一起合租房子。

尼索诺夫把这些事情与 1971 年的夏季会议联系在一起：

我们参加夏季会议时，一位女士……，也就是现在著名的研究比较文学的塔克尔·法尔莉（Tucker Farley）女士，……和现代语言协会，都已经允许研究生入会，也允许其进入现代语言协会的理事会，允许在现代语言协会内部体现这些新的社会运动以及它们对学科的影响。塔克尔说，我们美国经济学协会和URPE需要的……［正是］我们自己的女性官方会议。所以我们走出去，走到树林里的某个地方，围坐在圆木上，讨论官方会议，讨论我们中的十二个或者是十五个人谁应该加入进去，最后我们决定提议三位女性加入编辑部，……，而且其中两位要在指导委员会任职。

我们去参加了其中一次事务会议，向大家公布了我们这些提议，然后所有人都开始喃喃细语，小声抱怨，还给我们制造一堆麻烦……有一次，我讲完了我们决定好的事情。然后我说，好吧，"很抱歉，但我需要出去一下，需要和其他那些制定这项决议的女士们站在一起，"但事实上不是我一个走出去。房间里的每位女性几乎都站了起来，并走了出去，也就是说，他们所有的妻子和女朋友们也都跟我们站到了同一阵地！所以，只有十位或者十二位大家不那么欢迎的女研究生——URPE里没有女性教职人员——的时候是一种情形，而在场的所有可恶的女性都走出来，站在一边等待我们宣告自己要做的事情时，自然就是另外一种情形了！

身处夜色之中，我们尽力做出决定，认定我们不能打退堂鼓，我们要决定如何把自己组织起来；实际上，我们做到了，把女性组的会议的代表送进了指导委员会，这在某种程度上成为了其他每一个试图成为代表的群体（即，有色人种，男同性恋者和女同性恋者）竞相仿照的模式。

尼索诺夫故事的高潮就是夏季会议和女性的抗议活动。这透露了一种团结一致才能取得胜利的信息。正是一位非经济学家的妇女解放论者，给予了URPE的女性成员们抗议的想法，并且最终实现了她们的诉求。也正是多亏了事务会议上非经济学家女性们和经济学家女性们一起愤怒地离开，从而展现出来团结的一面，才使得她们的要求得到了满足。

1971年抗议活动的成功，在尼索诺夫的叙述中标志着女性会议开始成为一个正常运作而又充满生机的群体。1971年11月，纽黑文的女性成员举行了一场名为"关于女性的经济视角：发展女性的经济学"的会议。尼索诺夫回忆说一共有三百人参加了这次会议，其中一半是学术界人士，另一半是激进主义人士："人们从各个地方赴约而来，最后却睡在地板上，可我们竟还有三十个像座谈小组之类的分组，这实在是让人太吃惊了！"随后她又说：

在这次会议上……发生的一件事情就是……我们决定必须直面美国经济学

协会的性别歧视政策。所以，……我和玛丽昂·希尔（Marion Hill）向托宾（Tobin）求助，帕蒂则求助于加尔布雷斯（Galbraith）；1971年12月时，美国经济学协会的主要发言人是琼·罗宾逊（Joan Robinson），最后我们确实被引见给了她。我们也从卡洛琳·肖贝尔（Caroline Shawbell）那里获得了一些帮助，这是一位制度主义经济学者，但是也是一位女性。此外还有大卫·高登（David Gorden）的母亲玛格丽特·高登（Margaret Gordon），她被授予了终身教职……正是通过这些强大的关系网络，我们最终排上了事务会议的议程，并且创立了CSWEP［经济学界女性地位委员会］。①

我们应该就尼索诺夫的叙述给出下面两项评论。第一，她关于女性核心会议的故事结构与她讲述的URPE创立的故事结构一模一样，都是共同的政治和个人追求使得一个新的团体最终得以形成。两个故事中的新团体都是通过反抗美国经济学协会来宣示自己的成立的：URPE是在1969年12月，女性核心会议在1971年。第二，很有意义的一件事情就是，在尼索诺夫的访谈中，她对这些事情的叙述，要比她所见证过的其他任何事情都表达得更为清晰详尽。众所周知，访谈环境下的详细回忆与经常性的复述或者是已经出版了的回忆录，是有着很大关联的（Lindee 1997，43）。这个故事明显地非常重要，它是一个不断向URPE其他女性成员讲述过的作为她们自己的会议组织之起源的故事。

这一部分关注的是20世纪70年代激进团体分裂成其他团体的故事。尼索诺夫的叙事展示了她作为URPE女性会员这一新身份的经历。正如1971年的插曲所说明的那样，这种新身份是矛盾的来源。但在尼索诺夫复述的事件中，最重要的遗产就是她们领导的女性会议组织，作为URPE内部的一个独立的行动单元出现了。《激进政治经济学评论》的期刊里迅速出现了女性会议编纂的文集，还有讨论女性地位的问题（1972年7月，1977年秋，1980年夏，1984年春，1991年秋冬，以及2001年秋）。1972—1973年URPE通过撰写流行的小册子作品而向外拓展业务时，一个负责创作女性问题文学的女性工作小组应运而生（Keefe 1974）。

上一节我们仔细研究了20世纪60年代晚期的激进经济学家团体是如何形成的，我们认为，它受到了下面多种因素的影响：突然爆发在美国大学的反对越南战争的矛盾冲突、URPE的会议和抗议活动，以及夏季会议欢快轻松的氛围。本节我们见证了新的身份在激进经济学这一标题下是如何被认同的。

① 参见1972年《美国经济评论》文集第1~2期中的"年会会议记录"。

URPE 的女性成员们越来越意识到男性成员们的性别歧视，而且逐步与其他学科的女权主义者们拉近关系；所以最终向 URPE 的结构发起挑战，同时为自己建立了一个可以栖身的分支组织。

隐藏在背后的维度

本文提出的论点是异端经济学家和他们团体的历史仍有待书写。我们并未找到一个能够将异端经济学家的学术生活和社交活动讲述得清楚明了的故事。我们缺乏一篇能够成功地整合机构与结构、个人与集体的记叙文体。所以，我们想要的就是那种编年体的故事，最好还要有包含机构、包含有助于理解这种历史结局的那些情节（Elliott 2005）。因此，从我们目前这个角度来看，异端经济学的社会历史写作，要求具有关于人际关系网络的知识以及组成（比如说）激进经济学的个体主观看法的知识。而这些联系和主观性往往又隐藏于观点之下。一旦被更具有优势的主流经济学故事给湮没，它们或许就再也无法被人从经济史学家的标准资料以及出版的学术著作中给识别出来。我们的策略就是从生平故事中揭开这一隐藏着的社会维度。

我们探究这些生平故事以便从中找出主观性的痕迹。在这些访谈中，激进经济学家们都热情洋溢地回忆了他们关于以下事情集体的共同经历：反对越南战争、反对种族歧视和经济学界的政治信念，以及组织 URPE 的重大事件。他们并不重视由共同的子学科或研究兴趣构成的身份，而是将那些排在了情感和交往圈子的后面。我们可以把这种歧视理解成是他们对作为激进团体身份的认同，所混杂着政治、情感和思想经历的一种态度。

同样地，URPE 内部的差异也来自于 20 世纪 70 年代初期的新的团结和新的矛盾不但涌现的经历。在我们关于 URPE 男性成员和女性成员出现分歧的讨论中，我们着重强调的并不是哪些方面被挑选出来以供讨论，而是这篇故事的形式是什么样的。从女性的不满，到她们组织起来，再到她们最终在 URPE 取得决策权，这种过程向我们完美地展现了整个故事的结构。我们面对的是一个传唱已久的故事，这是一个表明了女性成员分裂出去乃是必然的结果的故事。

通过生平叙事，无论是以访谈、自传还是口述史的形式所给出来的叙事，我们就可以研究个体在这些事件中的自我感知和社会定位。这些叙事经过对重大事件和意义进行挑选和组织，体现了个体与团体之间的联系。我们还可以发掘出团体变化的脉络以及旧的团结局面被破坏、新的团结局面重新确立的那些线索。在社会和文化史中如何使经济学说史符合更加标准的史学实践，我们并不清楚。我们的研究尚处于尝试阶段，也并不打算由此给出 URPE 的详细历史。关于激进分子主观性的整体研究仍待进一步的深入。我们也并不打算将我们把身份转移到现有的思想史所做的记述，再细致地一一对号入座。激进团体本身的分化——比如女性会议组织的出现——事实上是如何重塑理论研究的呢？这还是一块空白的画布，但我们一定可以用热情、追求、想象力，以及我们的敬意这诸般颜色来描绘出这幅图画。这种敬意，乃是对经济学界诸多不同个体的生命所致以的深切敬意。

参考文献

Arestis, P., and M.C.Sawyer, eds.[1992]2000.A *Biographical Dictionary of Dissenting Econo-mists*.Aldershot, U.K.: Elgar.

Backhouse, R., and R.Middleton.2000.*Exemplary Economists*.Cheltenham, U.K.: Elgar.

Bluestone, Barry.1969.Report of the Secretariat.*Newsletter of the Union for Radical Political Economics* 1.1:5-7.

Bowles, Samuel.[1992]2000.Samuel Bowles.In Arestis and Sawyer[1992]2000.

Brazer, Marjorie C.1982.The Economics Department at the University of Michigan.In *Eco-nomics and the World around It*, edited by Saul Hymans.Ann Arbor: University of Michi-gan Press.

Chomsky, Noam, et al.1997.*The Cold War and the University.Toward an Intellectunl History of the Postwar Years*.New York: New Press.

Elliott, J.2005.*Using Narrative in Social Research: Qualitative and Quantitative Approaches.*London: SAGE.

Evans, Sara.1980.*Personal Politics The Roots of Women′s Liberation in the Civil Rights Movement and in the New Left*.New York: Vintage Books.

Fleck, Susan.2003.The Union for Radical Economics: Its History and Nature.*Journal of An stralian Political Eccnomy*, n.s., 50:24-28.

Foley, Duncan K.[1992]2000.Duncan K.Foley.In Arestis and Sawyer[1992]2000.

Forget, Evelyn L.2002.A Hunger for Narrative: Writing Lives in the History of Economic Thought.In *The Future of the History of Economics*, edited by E.Roy Weintraub.*HOPE* 34(supplement):226-44.

Gintis, Herbert.1980.Radical Economics in the Decade of the 1970′s.*National Forum* (De-cember):37-39.

——.1984.The Reemergence of Marxian Economics in America.In *The Left Academy*, edit-ed by Bertell Ollman and Edward Vernoff.Vol.1.New York: McGraw-Hill.

Ginzburg, Carlo.1992.Clues: Roots of an Evidential Paradigm.In *Clues, Myths, and the Histori-cal Method*.Baltimore, Md.: Johns Hopkins University Press.

Gordon, David M.[1992]2000.David M.Gordon.In Arestis and Sawyer[1992]2000.

Harcourt, G.C.1993.*Post-Keynesian Essays in Biography.Portraits of Twentieth Century Polit-ical Economists*.Basingstoke U.K.: Macmillan.

Hinckley, Bob.1969.Personal Recollection of the URPE Conference.*Newsletter of the Union for Radical Political Economics* 1.3:14.

Historical Profile of URPE.1976.*Newsletter of the Union for Radical Political Economics* 8.4-5:44-46.

Hodgson, G.2004.*The Evolution of Institutional Economics*.London: Routledge.

Horowitz, Grace, et al.1971.The Male Problem in URPE.*Newsletter of the Union for Radical Political Economics* 3.3:1-6.

Horowitz, Helen Lefkowitz.1986.The 1960s and the Transformation of Campus Cultures.*His-tory of Education Quarterly* 26.1:1-38.

Howard, M.C., and J.E.King.1989.*A History of Marxian Economics*.Vol.1, *1883-1929*.Prince-ton, N.J.: Princeton University Press.

——.1992.*A History of Marxism Economics*.Vol.2, *1929-1990*.London: Macmillan.

Howard, Peggy.1970.Women′s Liberation.*Newsletter of the Union for Radical Political Eco-*

nomics 2.3：4.

Keefe,Jeff.1974.PEA.*Newsletter of the Union for Radical Political Economics* 6.5：17-19.

King,J.E.1995.*Conversations with Post Keynesians*.London：Macmillan.

———.2002.A *History of Post Keynesian Economics since 1936*.Cheltenham,U.K.：Elgar.

Lazonick,William H.2000.William H.Lazonick.In B ackhouse and Middleton 2000.

Lee, F.S.2000.The Organizational History of Post Keynesian Economics in America,1971-
    1995.*Journal of Post Keynesian Economics* 23.1：141-62.

———.2004a.History and Identity：The Case of Radical Economics and Radical Economists,
    1945-1970.*Review of Radical Political Economics* 36.2：177-95.

———.2004b.To Be a Heterodox Economist：The Contested Landscape of American Econom-
    ics,1960s and 70s.*Journal of Economic Issues* 38.3：74763.

Lindee,Susan M.1997.The Conversation：History and History as It Happens.In *The Historiog-
    raphy of Contemporary Science and Technology*,edited by Thomas Soderqvist.Amster-
    dam：Harwood Academic.

Mata, Tiago.2005.Dissent in Economics：Making Radical Political Economics and Post
    Keynesian Economics,1960-1980.PhD diss.,London School of Economics and Political
    Science.

Moggridge,Donald.2003.Biography and the History of Economics.In *Companion to the His-
    tory of Economic Thought*,edited by W.J.Samuels,J.E.Biddle,and J.B.Davis.London：
    Routledge.

Morgan,Robin.1970.*Sisterhood Is Powerful：An Anthology of Writings from the Women´s
    Liberation Movement*.New York：Random House.

Morrissey,Charles T.1998.On Oral History Interviewing.In Perks and Thomson 1998.

New England Regional Conference.1969.*Newsletter of the Union for Radical Politi*cal Eco-
    nomics 1.3：1,3-7.

Peacock,James L., and Dorothy C.Holland.1993.The Narrated Self：Life Stories in Process.
    Ethos 21.4：367-83.

Perks, Robert, and Alistair Thomson, eds.1998.*The Oral History Reader*.New York：Rout-
    ledge.

Petchcsky,Rosali nd.1979.Dissolving the Hyphen：A Report on Marxist-Feminist Groups 1-
    5.In *Capitalist Patriarchy and the Case of Socialist Feminism*,edited by Zillah R.Eisen-
    stein.New York：Monthly Review Press.

Portelli, Alessandro.1991.The Death of Luigi Trastulli：Memory and the Event.In *The Death
    eath of Luigi Trastulli and Other Stories：Form and Meaning in Oral History*.Albany：
    State University of New York Press.

———.1997.Philosophy and the Facts.In *The Battle of Valle Giulia：Oral History and the Art of
    Dialogue*.Madison：University of Wisconsin Press.

———.1998.What Makes Oral History Different.In Perks and Thomson 1998.Reich,Michael.
    [1992]2000.Michael Reich.In Arestis and Sawyer[1992]2000.

Schuman, Howard, and Jacqueline Scott.1989.Generations and Collective Memories.*Airieri-
    can American Sociological Review* 54.3：359-81.

Seldon,Anthony,and Joanna Pappworth.1983.*By Word of Mouth：Elite Oral History*.London：
    Methuen.

Sherman,Howard J.[1992]2000.Howard J.Sherman.In Arestis and Sawyer[1992)2000.

Summer Conference Urges Action.1970.*Newsletter of the Union for Radical Political Eco-*

nomics 2.3.1－8.

Terrall, Mary.2006.Biography as Cultural History of Science.*Isis* 97:306－13.

Thirlwall, A.P.1987.*Nicholas Kaldor.*Brighton, U.K.:Wheatsheaf.

Thompson, Paul.1988.*The Voice of the Past:Oral History.*Oxford:Oxford University Press.

Tribe, Keith.1997.*Economic Careers: Economics and Economt in Britain, 1930－1970.*London:Routledge.

URPE National Conference.1969.*Newsletter of the Union for Radical Political Eccinomics* 1.2:1－2.

URPE Summer Conference.1970.*Newsletter of the Union for Radical Political Economics* 2.2:1－2.

Wachtel, H., and Barry Bluestone, eds.1969.*The Conference Papers of the Union for Radical Political Economics: Philaclelphia, December 1968.*Ann Arbor, Mich.Union for Radical Political Economics.

Watson, Lawrence C.1976.Understanding Life History as a Subjective Document.*Ethos* 4.1: 95－131.

Weintraub, E.Roy.2005.Autobiographical Memory and the Historiography of Economics.*Journal of the History of Economic Thought* 27.1:1－11.

Weisskoff, Fran.1970.Report on Women's Caucus.*Newsletter of the Union for Radicn l Political Economics* 2.4 6.

Weisskopf, Thomas E.[1992]2000.Thomas E.Weisskopf.In Arestis and Sawyer[1992]2000.

口述史和芝加哥经济学的历史重建[①]

罗斯·艾米特

　　一个人的私人生活细节与他所从事的科学工作的性质有何关联？关于这个问题，乔治·斯蒂格勒（1970，426）曾经回答道："我忍不住要这么回答：传记是在歪曲而不是在阐明我们对科学工作的理解。"或许他在传记所提供的信息对经济理论的理性重建方面所给出的联系上提出了正确的看法（Emmett，2003），但是对经济学的历史实践的重构离不开传记以及某些机构的背景材料，这些材料可以帮助史学家们理解经济学家们在什么时候以及怎样创造出他们所实践的那种经济学。罗伊·温特劳布不久前主张经济史学家们应该拓宽他们的史学来源，使之涵盖诸如书信、未发表的论文，以及课程资料的档案记录等（Weintraub 等人，1998）。这次会议的主题就是将上述类型材料的范围再行扩展，吸收经济学家们所能创作出的各种传记写作形式：自传、杂志、日记、证言以及个人信件。本文从口述史访谈的角度，即一种不同的表达个人生平类型的角度，来详细研究它对于我们理解经济学说史可能做出的贡献。

　　口述史通常被理解为对人们生平回忆的记录。若是论它最简单的形式，那么在某个历史事件中曾问过受访者"它是什么样的……？"这一问题时，就可以说每个人都实践了口述史。若是论我们在此讨论的更加系统的形式，它就涉及精心安排访谈的录音或视频形式了，而且经常还包括对某个人或某个群体的多次采访。过去六年来，我一直在从事与芝加哥的经济学史相关的口述史访

　　① 芝加哥经济学口述史项目的参与者们在采访时间上极端慷慨，等待文字誊写时亦是充满耐心。作者非常感谢 Harold Demsetz、Sebastian Edwards、Al Harberger、Deirdre McCloskey、Richard Muth 和 Wally Thurman 允许在本文中使用对他们的访谈资料，而且还在之前的草稿中改正了一些错误信息。作者还要感谢出席杜克大学（2006 年 4 月）HOPE 会议"传记写作与经济学说史"分会的与会者们；在弗吉尼亚州费尔法克斯郡乔治·梅森大学的公共选择研究中心举行的经济学中的经济学说史保护暑期研讨班（2001 年 6 月）；以及约克大学/多伦多大学举行的经济思想史研讨会（2003 年 11 月）对先前版本的评论。当然，文责自负。该项目的资金来源于埃尔哈特基金会。

谈。在此，我的目的就是要利用这一经历来告诉大家口述史为20世纪的经济史学家们呈现的研究上的可能性。

芝加哥经济学口述史项目

芝加哥经济学口述史项目（参见 Emmett，未注明日期）的创立，是为了让芝加哥大学经济学说史的研究者们能够扩大其可得的历史资料的范围和种类，这个目标通过采访20世纪30年代至80年代的经济学家得以实现，这些经济学家可能是芝加哥大学的教授、研究生、博士后研究员，或者是其他学术人员。采访对象不需要都是经济系的成员；他们可以来自全校，其中包括商学院、法学院、考尔斯委员会，或者是其他的拥有经济学教职的学院、委员会或者系。他们也就各种各样的研究生经历进行了搜寻：从经济系、商学院或者是法学院的研究生，到那些并没有在芝加哥大学完成学位的学生，或者是其他那些学院、系和委员会里只是把经济学课程作为自己课程的一部分的学生。为了确定那些潜在的受访者，我收集了20世纪30年代至40年代在芝加哥完成论文的学生名单，同时让研究助理搜寻美国经济学会会员里将自己的博士学位机构确定为芝加哥大学的成员名单录。芝加哥大学的社会科学学院院长办公室也答应帮助我们找出所有的研究生名单。可能有人会认为，这个名单很容易就能查找出来，可实际上，这个数量是相当多的，因为按照惯例，在战后那段时期，仅仅是在经济系的研究生招生计划里，每年就大约有一百名新生注册入学。商学院和法学院也有经济学家任教，而且其中许多研究生也都修完了他们的研究生课程。

尽管潜在的受访者数量众多，但研究伊始我们便努力做到只去访问那些能够提供比较特殊的理论观点的人士。比如，我们迄今为止进行的大约二十个访谈中仅涵盖下面这些人士的观点：前任系主任（阿诺德·哈伯格（Arnold Harberger）），前任商学院院长（乔治·舒尔茨（George Shultz）），一位智利籍研究生（塞巴斯塔·爱德华（Sebastian Edwards）），女研究生（玛丽安尼·法尔波（Marianne Ferber），罗斯·迪莱克特·弗里德曼（Rose Director Friedman）和克莱尔·弗莱德兰德（Clare Freidland）），曾经是研究生、后来又回校任教的教职人员（加里·贝克尔（Gary Becker）和米尔顿·弗里德曼（Milton Friedman）），未曾在芝加哥大学接受训练的教职人员（哈罗德·德姆塞茨

（Harold Demsetz）和迪尔德莉·麦克洛斯基（Deirdre McCloskey）），还有一位
科研人员（还是克莱尔·弗莱德兰德）。最近，我在一周之内采访到三个人，
他们代表着三代研究生，所以也是研究生学习的三个迭代：希尔（P.J.Hill）
（20世纪60年代晚期）、沃尔特·托尔曼（Walter Thurman）（20世纪70年代末
至80年代初），还有安德鲁·F.汉森（Andrew F.Hansen）（20世纪90年代中
期）。我们目前访谈的完整名单附在附录A中。

　　这个项目之所以会启动，部分程度上是因为芝加哥经济学的典范形象已经
被成功地塑造出来了：我们知道的，"芝加哥"是诺贝尔奖获得者的常客了
（Stigler 1988；Friedman 和 Friedman1998；Kitch 1983；Reder 1982）。我抓紧机
会采访那些还可以接触到的获奖者们，可这个项目的目的并不是让他们重复自
己在各自的作品中已经讲述过的经历和思想。相反，我们首要的目的是要采访
那些在芝加哥的故事中并不是那么为人所知的人士。普通研究生所熟知的芝加
哥经济学到底是怎样的？那些不是由奈特-弗里德曼-斯蒂格勒-科斯-贝克尔-
卢卡斯所定义的经济学家是怎么样看待芝加哥经济学的呢？是在第一年期末考
试中让许多人不及格的芝加哥经济学课程？是20世纪40年代、50年代和60年
代的极少数女性研究生体验过的芝加哥经济学？还是刚刚收获了第一份工作的
新科哈佛博士接触到的芝加哥经济学？一个新近的芝加哥研究生，在20世纪
60或70年代进入那些把他（而且一直是他一个人）当作局外人的系里时，他
所经历过的感受又是怎样的呢？尽管我们目前的参与者名单并未完全涉及这些
方向，但我们已经在未来的访谈中计划这么做了。

　　就我自己的研究而言，这个项目的目的是为撰写芝加哥大学的经济学说史
提供一个更为广泛的基础，其中尤其关注的是20世纪20年代末期至80年代这
段时期。这段时间的芝加哥经济学史，大多被讲述成了所谓的芝加哥经济学派
崛起的故事。关注于"学派"思想的史学通常会起于伟人或者伟大思想的历
史，很大程度上取决于某个人的思想偏好的历史，或者是与同代人的观点截然
不同的历史。芝加哥经济学派的历史也不例外（Miller 1962；Bronfenbrenner
1962；Coats 1963；Samuels 1976；Patinkin 1981a；Reder 1982；Schmidt 和 Rit-
taler 1989；Lesson 2000；Van Overtveldt 2006）。但是我的目标多少有些不同。
我不是要讲述与一群志同道合的个人团体联系在一起的、一系列内在一致的思
想是如何逐步主导20世纪末的经济学的故事，而是试图按照真实的历史发展
来重建芝加哥经济学；同时还要承认，在它自己的时代背景下，人们根本就没
有预料到会出现一个产生深远影响的独特经济学派的创立。为了历史重建这一
目标，我首先从下面这一观念出发，即芝加哥的经济学家们会按照自己对经济

学的理解着手进行研究，而且在一些关于理论、方法和政策的讨论中，会彼此争论，甚至和一些更广泛的学科人士（有时甚至是普通公众）进行辩论。与此同时，他们在自己的研究领域形成了一种独特的学术架构；研究生们也可以在这种环境下迅速成长，最终成为称职的经济学家。芝加哥大学关于经济学的诸多历史性问题都来自下面这一角度——关于经济理论和内部与外部争论的问题、研究的基本架构，基金会和私人资金在组织学术研究中的作用、经济学如何找出自己通向学校内部的其他系别和其他学院的道路、社会科学（和社会科学家）在美国社会和政府以及教育中的作用（Emmett 1998）。当然，我们也必须把学派的成功，也可能是最终的消亡，解释为是经济学的一个独特传统成功与消亡。

口述史的目标

口述史为人们提供详述自己历历往事的机会。由于每个人的回忆都是独一无二的，所以在填补我们历史知识上的信息空白时，口述史通常被作为第一证据而被引用。尽管如我所述，芝加哥经济学口述史项目以这一目标为开端，但其他的一些目标也在这个项目中发挥作用。口述史有三种方法可以补足现有的出版物和以手稿为基础的档案材料（改编自 Cutler 1971）的不足。首先，口述史可以证实我们从出版的和现存的档案材料里了解到的信息，或者可以填补信息空白。其次，它在理解从事经济研究和教学的知识背景方面可以提供帮助。最后，口述史可以为我们提供以下观点的途径：在已经出版的经济学记录中漏掉的观点，本身作为经济学故事的一部分却在学科的出版记录中完全缺失的观点。

现有记录的证实和延伸

芝加哥经济学的历史重建需要大量不同的信息，而不仅是下面这些方式所提供的信息：研究出版物、批判性文献，以及教职人员、研究人员，经济系、商学院和法学院的研究生之间的专业信件。尽管芝加哥经济学的相关档案材料可以获得，但是相比其他机构（比如，哈佛大学）可以获得的经济学说史材料，甚至是芝加哥大学其他学科的历史材料（比如，社会学，物理学或者哲学），目前的经济学材料数量还是很有限的。例如，尽管一些著名的芝加哥经济学家的论文大多在芝加哥大学档案馆都有保存，但是我们所选择的很多受访

对象的个人档案材料要么被分散在多家档案馆里，其中包括杜克大学经济学家
论文项目和胡佛研究所的图书馆和档案馆，要么是至今仍未公开。在芝加哥，
大学档案馆直至最近才腾出空间去系统地收集许多芝加哥经济学家的论文：主
要收集的是弗兰克·H.奈特、亨利·西蒙斯（Henry C.Simons）的论文，乔
治·斯蒂格勒的其他一些材料也被收录了进去。但即使收集的文献都在，这些
材料的目录可能依然无法获得，或者无法轻易地找到，[1]或者是无法指引研究
者找到对自己的研究议题有用的具体条目。而且，个人档案资料只是我们感兴
趣的档案资料中的一部分。研究者们对于系别、学院、大学团体、研讨会、杂
志，以及拨款机构和基金会也都很感兴趣。尽管由于大学档案馆的隐私限制，
目前关于大学、科系学院、以及杂志的绝大多数记录仍未可得，但其中一部分
还是可以获取的。[2]而那些能够阐明芝加哥经济学家的实际工作中其他因素的
材料——尤其是研讨会的功能的材料——则更难找到了。

　　此外，一个大学的公开资料中，关于人事变动、教师服务和学生的记录也
不一定总是那么完备，那么准确。由于隐私规则，官方记录通常不能公布，所
以，访谈就给我们一个机会去确定基本的教职人员或者学生信息，比如服务或
在校的年限，被授予的头衔、学术休假或政府服务而造成的研究中断，以及被
授予的任何奖励、研究员基金或者是奖学金。学生记录中很少提供那些已经入
学但没有完成学位的学生姓名；所以，受访者经常会提供一些随后可以接受采
访之人的名字。

　　访谈还可以让一些个体确定或者是否决其他资料中出现的关于他们自身的
信息。例如，当我联系艾尔·哈伯格（因为他为我们所熟知），想要预约采访
时，他就努力地安排日程以便与我见面。见面时，我才发现他为何如此热心于
这次碰面：他想要"澄清"自己与乔治·斯蒂格勒的关系。斯蒂格勒在他的回
忆录和教材中鲜有提及哈伯格，这就导致有些人怀疑这两人的关系是否紧张
（比如，参见 Banzhaf，即将出版，n.9）。采访之前，哈伯格要求我给他提供一
个机会，去澄清两人的关系以及关于两人之间存在不和的报道。当我问到这个
问题时，他直起身子，双臂交叉，脸上带着满意的表情，说道：

　　我不知道那种传言源起何处。但我感觉自己和乔治一向交好……我非常钦

---

　　① 例如，主要的芝加哥经济学家（Knight、Stigler 和 Simons）的档案文集搜索指南无法在网上
获得。

　　② 大学档案馆对特定的大学记录实行一个五十年规则，规定只有其中的材料达到五十年以上，而
且记录中提到的所有人都已过世后，这些装有记录的盒子才可以公开。

佩斯蒂格勒。他可以说是这半个世纪，甚至是整个世纪以来，整个学科内最具有创新头脑的人物之一。

随后，哈伯格继续如实地指出两人之间的不同：

我和他之间也有不同……有些事我并不理解乔治；他是个宣传家——像我，像米尔顿，像 T.W.，D.盖尔，我们都是宣传家。但乔治又不那么像个宣传家。他比上面这些人都更加自律一些，在标有他名字的一篇早期文章之中——《上限和下限》——他才是位宣传家……中间休息的时候他变得［声音弱小］。我挺怀念乔治身上的好斗元素。

正如学者们众所周知的那样，有关这类的争论并不一定总是直来直去的，即一个参与者直接回应另一方提出的观点。追溯一场争论的来龙去脉通常会产生中断、出现死胡同，还有一些奇怪的转折点。而访谈则可以为这些事件的解读提供线索。访问一些在不同时间点身处芝加哥的个体，也可以对比芝加哥经济学内部的不同观点。迪尔德丽·麦克洛斯基（2001），当有人让他描述"芝加哥学派"的特点时，他回答道："我们危机四伏……每个人都讨厌我们。"她于 20 世纪 60 年代末期来到芝加哥，当时正是芝加哥人与经济学的其他成员出现矛盾和彼此交锋达到高峰的时候。塞巴斯塔·爱德华是 20 世纪 70 年代末期的研究生，他指出，芝加哥经济学对待数据非常重视，然后将价格理论运用到政策问题当中。当有人询问爱德华（2002），为何他的解释鲜少提及麦克洛斯基提到的那些思想背景时，他只是简单地回答道："我们赢了。"麦克洛斯基指出的"危机四伏"的氛围已经在很大程度上消失了。托尔曼是爱德华在芝加哥读书时的同龄人，他也表达了类似的观点。他说，按照 20 世纪 30 年代之后的传统那样讲授价格理论的，他们班可能是最后一个。大约在 1980 年，其他学校第一学年的经济学课程都变得更像第一学年的研究生课程（Thurman 2005）。麦克洛斯基（2001）这样说道："关于加里·贝克尔和鲍勃·卢卡斯，奇妙的事情就是，当他们将芝加哥经济学广泛传播，而且传到了其他学科时，他们在芝加哥也与在其他地方一样，这就消弭了芝加哥经济学与其他地方的经济学的区别。"

关于访谈如何使得研究芝加哥经济学历史的研究者们获取更多信息的最后一个例子，涉及芝加哥在 20 世纪 50 年代创立的各种研讨班的构成。这些研讨班是芝加哥经济学不可或缺的一部分，但是我们对它们的实际活动却知之甚少。最主要的芝加哥经济学史在这些研讨班发表的文章和论文中都有详细描述，但关于他们每周的活动，却只给我们提供了极少量的信息。我的项目将会提供一份记载详细的研讨班历史，其中会描绘几个具体的研讨班是如何运作的，以及它们之间的区别。这些区别在关于公共财政、产业组织、货币，以及我拥有受访者的经济史研讨班的讨论中表现得非常清楚。

　　既然我已经从自身的研究（Emmett 1998）和目前的访谈中将这些区别给解读了出来，那就让我来强调一下这些研讨班之间的区别。最早的研讨班是关于农业经济学的，由T.W.舒尔茨和D.盖尔·约翰森共同主持，两人从艾奥瓦州立大学辗转至此之后就开启了这个研讨班。尽管舒尔茨和约翰森开创了研讨班这种形式，但他们研讨班的运作方式与之后的研讨班却大为迥异，因为这两人的班之所以成立，乃是为国内外的研究者提供一个机构。前两个正式的研讨班，也就是每周定期会晤，为研究生和访客提供外来资金的研讨班，分别是米尔顿·弗里德曼主持的货币研讨班和艾尔·哈伯格主持的公共财政研讨班。这两个研讨班截然不同。弗里德曼的研讨班是由研究生、教职人员和访客每周讨论论文，而弗里德曼则来主持整个仪式。演讲者做正式介绍的时间很短，弗里德曼站在前面，一页一页地浏览论文，然后请求与会者发布评论。相反，哈伯格研讨班却是封闭的，只有一位教职人员和研究生们参加。学生和教职人员来宣讲论文，其中绝大部分是由学生来宣讲，他们每个季度能宣讲三到四次。演讲者有15分钟时间谈论他们论文的创新之处，45分钟时间来阐述他们的问题，之后研讨班群体再花费一个小时的时间来解决这些问题。哈伯格模式的另一个独特之处就是他出版了两本以研讨班学生写作论文为基础的论文集（Harberger 1960；Harberger和Bailey 1969）。

　　芝加哥的研讨班是独一无二的，因为他们的研究生成为了一个运行中的研究团队所不可或缺的一部分。现今，绝大多数的经济系都至少拥有一个研讨会或者研讨班，教授和访客每周出席，而研究生们在他们学习期间至少参加一次。但今天的标准研讨班不是芝加哥式的研讨班。曾经使得（至今仍然使得）芝加哥独一无二的是以下这两个方面：（1）完成专业学位资格考试的所有研究生，在其剩下的研究生学习生涯中都要被招进（至少一个）研讨班；（2）系里研讨班的绝对数量。当麦克洛斯基（2001）盘查1980年前后的经济系、法学院和商学院的研讨班时，她发现共有18个独立的研讨班，而且至少每周会晤一次。

　　当然，不留情面的辩论不仅概括了芝加哥几个最著名研讨会的特点，也使得整个芝加哥研讨班远近闻名：弗里德曼的货币研讨班，斯蒂格勒的产业组织研讨班，以及罗纳德·科斯的法经济学研讨班。这些"经典的"芝加哥研讨班模式主要由经常参加并且掌控了大多数辩论的一流教授们所主导。尽管有些研究生在研讨班中获得鼓励时也会加入辩论，但他们通常还是保持安静。研讨班的会议中有 2/3 由访问人员宣讲；剩下的则留给芝加哥自己的教授和研究生。研讨班会议的时间组织以"芝加哥规则"为准：论文提前分发，以便参与者提前阅读，所以整个讨论时间就是用于探讨论文。假设论文足够优秀，可以引起讨论，那演讲者就可以期待，在宣讲第一个问题时就会被询问五分钟。论文的任何一个方面都会成为抨击对象：数据、方法或者理论。麦克洛斯基（2001）就指出，讨论的要点就是"找出"论文中的"主体在哪"；哈罗德·德姆塞茨（2002）的表达则更为简洁："证明它。"尽管宣讲者的工作是捍卫这篇文章，但当芝加哥的研讨班做的很好的时候，最终这篇论文就成了一篇研讨会参与者的共同作品。

可是，尽管弗里德曼、斯蒂格勒和科斯的研讨班展示了经典的模式，但事实的真相是，研讨班的研究生和教职人员都有这方面的丰富经历，有着自己的尝试，尤其是在 20 世纪 50 和 60 年代，芝加哥的形象还没有成为定势的时候。口述史访谈就是通过提供那种广博的经历，来补充现有的芝加哥经济学文献中的不足。

理解芝加哥经济学独特的知识背景

口述史可以帮助我们理解芝加哥经济学在这一时期的独特知识背景。芝加哥大学处于美国知识界，尤其是社会科学中最前沿的位置，这一点在 20 世纪 30 年代之前就已经确立了。令人惊讶的则可能是，芝加哥的经济学并没有在这个早期阶段分享到其他社会科学的优势地位。然而，其他学科盛极一时的知识背景却被经济学分享了，而且学生和教职人员一样都经常谈起大学里一般学术生活的知识质量。一直到 20 世纪 50 年代，这种背景被译成了"认真对待经济学"，或者正如 T.W.舒尔茨习惯性所说的：经济学家了解经济学，所以他们谈话时，他们应该谈论经济学（McCloskey 2001）。我通常会请求受访者们描述一下他们所了解的芝加哥，而他们的回答大部分证实了这样一种感觉：大学和经济系，与他们之前所了解的都不一样。艾尔·哈伯格（2002）在访谈的结尾提到了这个话题：

没有学校像芝加哥大学这样。你身处芝加哥时，不应该思考那些无足轻重的话题——这是不对的。你也不应该清点自己写过并且向学术期刊投稿过的文章数量，然后想着自己这样就可以得到晋升。你只应该去思考什么是真正重要的经济学。

理查德·慕斯（Richard Muth）在他的采访中讲了一个故事：芝加哥经济学与学校的其他学科共享着这种独特知识背景的故事。当我询问他是否认为存在一个明确的"芝加哥"经济"学派"时，他回答说，20 世纪 50 年代时可能存在，然后就这样描述到：

    我记得芝加哥与我所了解的其他任何地方都不相同的一件事就是：芝加哥人对他们所做的每一件事都相当认真。芝加哥经济学家也是如此，这可能是因为他们的社交活动相对较少。我受邀参加他们的职工舞会，竟发现他们都在谈论经济学。这是否是当时学校里独特的现象，我并不清楚，但我最美好的记忆之一就是，一个阳光灿烂的日子，我正沿着57号大街散步，看到一个男孩和一个女孩牵着手迎面走来，男孩在女孩耳边呢喃了几句。我恰好从旁经过，好像是说，当然这不是他的原话，但意思好像是"用f来表示一个定义正实数上的实值函数"。明显他们是数学系的学生，尽管在一个美好的春日里手牵手散步，他们却依然在讨论数学。（Muth 2002）

    关于芝加哥经济学的知识氛围，在访谈里经常提及的另一种感觉就是，芝加哥经济学最独特的地方就在于它把芝加哥的经济学与其余的经济学分离了出来，至少在20世纪50年代至70年代是这样的。与主流经济学科的隔离感让芝加哥经济学孤立无援，而且还让芝加哥那些与弗里德曼–斯蒂格勒群体紧密联系的经济学家们感觉自己是被"正确经济学"围攻后的"幸存者"（McCloskey 2001）。正如弗兰克·奈特所说，"你可以支持多数，或者你也可以选择正确的经济学"（引自Patinkin 1981b）。

    院系管理和学校课程中的连续性是芝加哥当时的环境所保持下来的核心部分。从20世纪40年代中期至70年代中期，芝加哥的系主任只有三人：T.W.舒尔茨、艾尔·哈伯格和D.盖尔·约翰森。同一时期，研究生第一学年的价格理论也主要由三个人主讲：米尔顿·弗里德曼、加里·贝克尔和艾尔·哈伯格，同时迪尔德莉·麦克洛斯基自20世纪60年代末至80年代一直是经济300（那些没有价格理论背景学生的第一门课）这门课的主要导师。20世纪40年代中期之前的二十年里，芝加哥的价格理论课程主要是由雅各布·维纳和弗兰克·奈特讲授。所以，在1930—1980这五十年里，芝加哥的学生在学习经济学时，经历了一条大致相同的路途——维纳、奈特、弗里德曼、贝克尔和哈伯格的马歇尔价格理论。"认真对待经济学"在一定程度上意味着下面这样一个颇为肃穆的责任：讲授第一门研究生课程时，教授就要确保学生们所理解的经济学，就是值得认真对待的经济学。关于连续性，托尔曼（2005）用不同的方式阐明了相同的观点，当被问到学生需要做些什么才能找到他们的研究主题时，他说，对于斯蒂格勒、弗里德曼和阿门·阿尔钦的价格理论书籍，他们已经读了不下百遍，现在需要试着想出新的方式来将他们的见解应用到普通问题上。

　　同样地，访谈还可以让研究者获得在其他地方都无法找到的、关于芝加哥经济学家性格和教学方式的信息。尽管关于芝加哥经济学家的教学有一份出版记录，但其中讨论的个体，只是在芝加哥任教的经济学家中的一小部分——奈特、维纳和西蒙斯是最常被讨论的对象。访谈允许受访者们谈论对其工作产生重要影响的其他教授，既可以是关于他们的教学方面的，也可以是论文指导方面的。对于诸如格里格·刘易斯（Gregg Lewis）、艾伦·瓦里斯（Allen Wallis）和阿龙·迪莱克特（Aaron Director）之类的芝加哥经济学家，访谈或许是获取他们在芝加哥经济学形成过程中所发挥的重要作用的唯一方式。

遗漏的声音

　　最后，口述史项目可以提供机会去记录那些在标准的历史记录中遗漏的声音。当今的口述史学家中，多数都是因为这一功用而脱颖而出的；而将芝加哥的经济学项目与那些向缺乏详细记录历史的民族发出呼吁的项目进行比较，并不是非常恰当。但是在芝加哥经济学的故事里，确实存在许多被遗漏的声音：那些没有继续通过资格考试的人，那些没有完成学位要求的人，那些尽管身处芝加哥却与考尔斯委员会紧密联系的女性成员——包括那些完成学位要求的和没有完成的（参见 Olson 和 Emani 2002），那些在本科部教导本科生的人，还有那些最常拒绝被认为是在使用芝加哥经济学方法的人。

　　迄今为止，在我的访谈中，最接近"遗漏的声音"的一次就是对玛丽安尼·法尔波访问，她是少数几位于二战之后在芝加哥完成了经济学博士学位，而且并不认同自己属于芝加哥学派的女性。[①]当她去做论文答辩时，房间里挤满了人。这是她始料未及的，但也有人告诉她，这可能是因为在人们所经历的很长一段时期里，她是第一位完成博士学位的女性。访谈开始时，她不无辛酸地讲述着劳埃德·明茨（Lloyd Mints）告诉她的故事，他反对授予她专业奖学金，因为这些钱不应该浪费在一个对他们的研究毫无帮助，而只该去嫁人生子的女性身上（但无论如何，她赢得了这项奖学金）；但同时，她又骄傲地讲了一个西蒙·利兰德（Simeon Leland）告诉她的故事，雅各布·维纳把她称作"自己教过的最优秀的女孩"。由于维纳是她最喜爱的教授，所以她在评论维纳时，要比对明茨宽容一些——但后者却在她边抚育孩子边完成毕业论文的那几年里，给了她很大的动力。她始终在告诉自己，明茨对她的评价是不对的

---

　　①　我采访过的其他两位女学生是克莱尔·弗利兰德（Claire Friedland）和罗斯·迪莱克特·弗里德曼（Rose Director Friedman），两人都明确承认属于芝加哥学派。弗利兰德担任乔治·斯蒂格勒的研究助理达33年之久，偶尔是合著者。

（Ferber 2002）。

玛丽安尼·法尔波在提供其他那些曾在芝加哥就学却未完成学业的女性名单方面，给予了很大的帮助；这些人要么是没有通过资格考试，要么是因为各种原因（不只是家庭！）而不能在芝加哥继续自己的学业。在她1944年入学的同龄人中，大约有100人，其中只有少数几个女生。据她所讲，在两三个同龄人组中，大约只有五六名女生通过资格考试。这就相当于在芝加哥的资格考试中，整体挂科率大约为50%。

另外一个可以看作是芝加哥经济学故事中"接近遗漏"的声音，则是塞巴斯塔·爱德华的故事，此人是在20世纪70年代末来到芝加哥的智利学生之一。爱德华是著名的国际经济事务评论员，而且之前在芝加哥的智利学生也因他们在皮诺切特将军统治下启动的经济改革而名噪一时。哈伯格（2002）讲述了在20世纪50年代末期设立奖学金以吸引智利学生来到芝加哥的故事；在爱德华到来的20世纪70年代，芝加哥每年在课程的不同阶段里，至少拥有50名拉丁美洲学生。正如哈伯格在他的访谈中指出的，很少有智利学生完成毕业论文，因为在智利学术界或者政府环境中，几乎没有动机去鼓励他们完成毕业论文。所以，爱德华是智利学生中完满毕业的另类；实际上，他声称自己可能是完成了在校博士所有训练要求的第一位智利学生（Edwards 2002）。

访谈过程

关于访谈过程本身的一些其他的细节，或许可以帮助读者理解该项目到目前为止的进程，以及口述史采访者们所面临的问题（对这些问题的一般处理可参见 Odendahl 和 Shaw 2002；Ritchie 2003；Seldon 和 Pappworth 1983）。本文的最后一节会就访谈中的音频和视频相关的特殊问题进行说明，所以这里不再赘述。口述史项目的大学研究伦理委员会的评论中的各种问题，这里也暂不考虑，因为有关于它们的内容可以再写一篇论文。①

访谈过程分为三个部分，其中访谈本身——也就是第二部分——无疑是最简要的。第一部分是准备。尽管我们常说磨刀不误砍柴工，但我们也应该明白，对于口述史来说，采访的本质决定着接下来要准备的类型。这个项目的关

---

① 在大多数研究伦理委员会指导方针下所作的口述史,风险是最低的,可是它们不符合标准的研究模式,因为受访者的身份通常是公开的,他们的回答几乎不可能保密。口述史协会（[1989]2002)给予口述史学家的指导方针,则提供了一种评估相关问题的方法。芝加哥经济学口述史项目经受住了我在加拿大前任机构以及现在的密歇根州立大学的伦理准则的考验。参与者们已经同意将他们的资料和姓名用于该项目所要出版发行的那些出版物中。

注点有时会因为采访者兴趣的不同而有所差异；比如说，历史学家的关注点可能就会与一位喜欢详细探讨理论争论的采访者有所不同。由于在这个项目中，我首先关注的是芝加哥经济学如何构建起了一个使得它通向成功之路的研究生教育和科研制度结构，其次关注的才是芝加哥经济学家作为理论家、作为政策倡导者所参与的具体争论，所以，我的准备就集中于确认受访者教育背景中已经为人熟知的部分，以及他们在读书期间和毕业之后与芝加哥经济学的基本研究框架之间的联系。通常情况下，我们对于这些问题的了解并不是很深，采访的时候可以集中询问他们。但是，我也要阅读受访者们的作品，以便了解他们的主要研究兴趣，以及接下来会如何发展。有些情况下，他们作品的演进就会为芝加哥经济学对他们研究的具体影响，以及对经济学专业更加普遍的影响这些问题提供相关依据。关于这些联系，你预先考虑的范围越广，在访谈中提出的后续问题就越到位。

采访本身会在受访者方便的时间和地点如期进行。访谈一旦开始，就会按照你预先拟定好的问题依次进行下去——你要提前与受访者沟通，这样他们才不会感到措手不及（参见附录B中的常见问题目录）。所有的采访都是以"吸引你学习经济学的首要因素是什么？"这个问题作为开端。这样做是为了设定一个相对随和的场景，以便让受访者们感到舒适，而且这一宽泛的问题引出了各种回答，从具体提及学院里的某位教授，到攻读研究生之前的个人生平故事概述，不一而足。多数情况下，接下来引出的是关于个人在攻读芝加哥经济学课程之前的背景问题。而一旦访谈开始进入到受访者的芝加哥经济学经历时，问题就又可以分为三组。第一组集中关注受访者在芝加哥的具体教育经历。后续问题经常就是关注具体的教授、指定的读物、作业、研究主题、奖学金，以及受访者加入或者出席的研讨班结构。第二组的一系列问题就是要解决受访者是否认为存在通往经济学的独特的芝加哥路径，如何描绘这一路径，以及受访者自身的本科毕业论文和研究生时期的习作如何反映了这一路径的问题。最后，我们要询问受访者作为这一专业的芝加哥经济学家所享受的待遇这一类相关的问题。最后一组问题最初只是针对在20世纪30年代至60年代早期在芝加哥受教的受访者们，想要看看芝加哥经济学家的待遇在20世纪70年代之前的经济学专业内部是否发生了变化。但我发现，这个问题对更为后面的研究生而言，在访谈当中已起不到太大帮助。

访谈过程的最后一个阶段就是誊写访谈内容，以及关于誊写稿用于研究用途和档案储存的授权问题（Poland 2002）。誊写工作复杂冗长，所以在时间和资金方面，都所费不菲。我之前请求本科研究助理做誊写员，可是这样又需要我花费大量的时间对誊写稿进行复核。逐字记录的访谈誊写稿之后被寄给受访者，这样可以让他们有机会澄清或者补充他们所说过的话。最后，所有的受访者签署一份协议之后，访谈的数字录像和誊写稿复本就会送至芝加哥大学档案馆；这样作为档案馆永久收藏的一部分，其他的研究者便也可以使用。

信息的精准度有多高？

经济学家与许多历史学家和其他的社会科学家一样，对访谈信息的可信度存在固有的怀疑。口述史自一开始便深陷这一问题的泥潭之中。所以，在可能的范围内复核提供的信息就显得非常重要，而且你必须始终注意可能的偏误。

罗伊·温特劳布（2005）为芝加哥经济学口述项目中收集的信息的可用性，提供了一种颇为有趣的新论点。他翻阅了自传性事后回忆（ACEs）方面的心理学文献，结果发现在各个年龄段的回忆中，青年人（25~34岁）记忆的准确度是最高的。温特劳布（2005）指出，这项研究的结果之一就是著名的（和不是那么著名的）经济学家可能对他们早年时期的经济学记忆最为深刻（与青年时期联系起来的"自传性事后回忆"相因应），而且认为那是他们所了解到的"最好的"经济学。与芝加哥经济学家的访谈无疑确定了这一点：慕斯提到的就像访问"卡米洛特"一样的芝加哥研究生岁月，是这类评论中最值得纪念的！但是温特劳布的论点也支持了下面这一看法：我们可以利用与资深学者进行的口述访谈中收集到的信息，其中主要是关于他们作为研究生和年轻的教职人员的那些时光。

但是，最关键的问题并不是信息的精确性，而是在一场访谈中这些信息所赋予我们的"意义"。艾尔·哈伯格对研讨班的评论就是一个很好的例子。我们可以重现不同的研讨班是如何运作的，但是他的评论则为制度细节提供了意义，这些意义又在理查德·慕斯关于哈伯格研讨班的评论副本中得到强化。

口述史，并不只是在对历史事件或运动缺乏书面评论的情况下，从人们的思想中萃取有用的知识。这是一个双向馈赠过程：受访者赠予采访者信息和意义；采访者赠予受访者回忆的机会（Thomson 1998）。慕斯在表达芝加哥对他意味着什么的时候的满脸喜悦、哈伯格对"澄清"他与乔治·斯蒂格勒关系的渴望，都表明他们对倾诉机会的珍视，这也是我从几乎所有受访者那里感觉到的。当然，相反情况的则是我对乔治·舒尔茨的访谈，他对于绝大多数的访谈，似乎都不愿意涉及知识传授之外的其他领域。

口述史项目的双重结果

在口述史项目初开始时期，我没有预料到的一个方面就是我决定录制这些访谈时出现的双重作用。一个作用是我自己的：采访这些人时，关于芝加哥经济学，我从中可以了解到什么？另一个作用则来自录像带的录制。一旦被录制出来，录像带就成了独立于我研究目的之外的一个产品。这些数码产品会怎么样呢？

我总结自己第一份访谈录像（采访的是詹姆斯·布坎南）时，就认清了这两个作用之间的冲突。检查录像时，我发现麦克风坏了，尽管视频很清晰，但没有声音。我该邀请布坎南再做一次采访吗？我知道我们之间的谈话根本是无法重复的，所以我没有选择这么做，可是，这个项目的存档版本中永远少了一份档案。与哈罗德·德姆塞茨的访谈中，出现了类似的问题。访谈大约进行到一半的时候，他明显是把麦克风从领带上碰掉了。突然，就只有我的麦克风能采集到一些声音。所以结果就是，在后半段的采访中，我们只能收录到非常有限的誊写稿。

访谈期间，这两个作用之间不断出现冲突。有些受访者总是会很在意对着他们的摄像头，所以我就要经常检查录像机，以确保采访主体没有移出摄像机的屏幕之外。尽管为了简化访谈过程而改为录音可以减缓这一冲突，但并不能完全消除，我对马汀·布朗芬布伦纳（Martin Bronfenbrenner）的访谈就证明了这一点。在这些录音带里，誊写人很难听清楚我的问题（在录像带中，由于麦克风的输入故障，也会出现同样的问题），而且访谈的连贯性仍然会因磁带的更换而被迫中断。不过，无论是对我自己的研究，还是未来的其他可能，录制访谈的收益都要大于成本。

那么，访谈的誊写稿完成之后，要怎么处理这些录像产品呢？尽管访谈可能是根据我的目标和兴趣而设计的，但对于未来的芝加哥经济学说史学者以及其他对口述史感兴趣的人来说，这些录像可能还是有意义的。正是带着这些未来的意义问题，我与芝加哥大学档案馆和杜克大学特别收藏图书馆（收藏着经济学家论文项目）探讨这个项目的存档可能性。尽管两边都很感兴趣，但我们都认同由芝加哥作为档案管理者更合乎情理，因为它现在仍有空间收藏这类材料。我和芝加哥的大学档案管理员一直在商量什么样的形式才适合储存这些材料的永久数字记录；誊写稿一旦完成，并且经过受访者的首肯之后，誊写稿和永久记录就会送至大学档案馆。

这些访谈录像的资料还有一些非研究性用途。录像剪辑或许可以用来建立一个数字在线芝加哥经济学项目（Larson 2001）。芝加哥大学可能希望将其中一些材料用于它的历史出版物中。其中部分录像或许可以作为芝加哥经济学的纪录片，尽管他们很可能还会进行一些其他的访谈。

结　论

尽管芝加哥经济学的口述史项目才刚刚开始，但它很有可能成为在芝加哥大学进行经济学研究的一项内容丰富的研究资源。填补芝加哥经济学历史记录的空白，也只是口述史用途的一个小的开始。在人们所追求的史学、档案和记录资源这种种可能性当中，采访者依然会发现，受访者对于谈论经济学家的"卡米洛特（Camelot）"机会的欣赏，才是最令人满意的。

附录 A：芝加哥口述史项目受访者

加里·贝克尔（Gary Becker）

马汀·布朗芬布伦纳（Martin Bronfenbrenner）

詹姆斯·M.布坎南（James M. Buchanan）

哈罗德·德姆塞茨（Harold Demsetz）

塞巴斯塔·爱德华（Sebastian Edwards）

玛丽安尼·法尔波（Marianne A. Ferber）

克莱尔·弗利兰德（Claire Friedland）

米尔顿·弗里德曼（Milton Friedman）和罗斯·迪莱克特·弗里德曼（Rose Director Friedman）

F.安德鲁·汉森（F. Andrew Hanssen）

阿诺德·哈伯格（Arnold（即艾尔"Al"）Harberger）

P.J.希尔（P.J. Hill）

大卫·M.李维（David M. Levy）

迪尔德莉·N.麦克洛斯基（Deirdre N. McCloskey）

大卫·J.麦斯尔曼（David J. Meiselman）

理查德·E.慕斯（Richard E. Muth）

乔治·P.舒尔茨（George P. Shultz）

瓦尔特·N.托尔曼（Walter N. Thurman）

高登·图洛克（Gorden Tullock）

附录B：芝加哥经济学口述史项目常见的采访问题

1.吸引您学习经济学的首要因素是什么？

2.什么引领您到芝加哥大学学习经济学？

3.什么引领您接受芝加哥大学的任职？

4.您认为芝加哥经济学与其他大学的经济学的区别是什么？

5.您在芝加哥期间，经济学的研究生学习（或任职）的要求是什么？您记得在录用您时所提出的问题吗？

6.请描述作为同僚的＿＿＿＿＿＿＿＿（任意学生或教职人员）。

7.请描述作为教师的＿＿＿＿＿＿＿＿（大学里的任意一位教职人员）。

8.您认为明确存在"芝加哥学派"吗？如果存在，您认为它的核心特征是什么？

9.您会怎样描述芝加哥经济学这一体系在经济学家之间的声望？

10.当您确认自己是在芝加哥（受训）的经济学家时，您的非芝加哥同事会作何反应？媒体作何反应？其他领域的学术界呢？其他人呢？

参考文献

Banzhaf, H.Spencer.Forthcoming.The Chicago School of Applied Welfare Economics.In *The Elgar Companion to the Chicago School of Economics*, edited by R.B.Emmett.Cheltenham, U.K.: Elgar.

Bronfenbrenner, Martin.1962.Observation on the "Chicago School(s)." *Journal of Political Economy* 70.1: 72-75.

Coats, A.W.1963.The Origins of the "Chicago School(s)" *Journal of Political Economy* 71.5: 487-93.

Cutler, William W., III.1971.Oral History: Its Nature and Uses for Educational History.*History of Education Quarterly* 11.2: 184-94.

Demsetz, Harold.2002.Interview with Ross B.Emmett.Chicago Economics Oral History Project.University of California, Los Angeles, February.

Edwards, Sebastian.2002.Interview with Ross B.Emmett.Chicago Economics Oral History Project.University of California, Los Angeles, February.

Emmett, Ross B.n.d.Chicago Economics Oral History Project.www.msu.edu/~emmettr/ceohp/(accessed September 20,2006).

——.1998.Entrenching Disciplinary Competence: The Role of General Education and Graduate Study in Chicago Economics.In *from Interwar Pluralism to Postwar Neoclassicism*, edited by M.S.Morgan and M.Rutherford.*HOPE* 30(supplement): 134-50.

——.2003.Exegesis, Hermcneutics, and Interpretation.In *A Companion to the History of Economic Thought*, edited by W.J.Samuels, J.E.Biddle, and J.B.Davis.Oxford: Blackwell.

Ferber, Marianne.2002.Interview with Ross B.Emmett.Chicago Economics Oral History Project.University of Illinois, Champaign, November.

Friedman, Milton, and Rose Director Friedman.1998.*Two Lucky People: Memoirs*.Chicago: University of Chicago Press.

Harberger, Arnold C.1960.*The Demand for Durable Goods*.Chicago: University of Chicago Press.

——.2002.Interview with Ross B.Emimett.Chicago Economics Oral History Project.Los Angeles, February.

Harberger, Arnold C., and Martin J.Bailey, eds.1969.*The Taxation of Income from Capital*.Washington, D.C.: Brookings Institution.

Kitch, Edmund W.1983.The Fire of Truth: A Remembrance of Law and Economics at Chicago, 1932-1970.*Journal of Law and Economics* 26.1: 163-234.

Larson, Mary A.2001.Potential, Potential, Potential: The Marriage of Oral History and the World Wide Web.*Journal of American History* 88.2: 596-603.

Leeson, Robert.2000.*The Eclipse of Keynesianism: The Political Eeonomy of the Chicago Counter-Revolution*.New York: Palgrave.

McCloskey, Deirdre N.2001.Interview with Ross B.Emmett.Chicago Economics Oral History Project.Chicago, May.

Miller, H.Laurence, Jr.1962.On the "Chicago School of Economics." *Journal of Political Economy* 70.1: 64-69.

Muth, Richard.2002.Interview with Ross B.Emmett.Chicago Economics Oral History Project.Atlanta, January.

Odendahl, Teresa, and Aileen M.Shaw.2002.Interviewing Elites.In *Handbook of Interview*

Research,edited by J.F.Gubrium and J.A.Holstein.Thousand Oaks,Calif.:Sage.

Olson, Paulette I., and Zohreh Emami.2002.*Engendering Economics.Conversations with Women Economists in the United States*.London:Routledge.

Oral History Association.[1989]2002.Oral History Evaluation Guidelines.http://alpha.dickinson.edu/oha/pub_eg.htm1#Oral%20History%20Evaluation%20Guidelines(accessed September 25,2006).

Patinkin,Don.1981a.*Essays on and in the Chicago Tradition*.Durham,N.C.:Duke University Press.

——1981b.Frank Knight as Teacher.In Patinkin 1981a.

Poland,Blake D.2002.Transcription Quality.In *Handbook of Interview Research:Context and Method*,edited by J.F.Gubrium and J.A.Holstein.Thousand Oaks,Calif.:Sage.

Reder, Melvin W.1982.Chicago Economics:Permanence and Change.*Journal of Economic Literature* 20.1:1-38.

Ritchie,Donald A.2003.Doing Oral History.2nd ed.New York:Twayne.

Smuels,Warren J.,ed.1976.*The Chicago School of Political Economy*.East Lansing:Association for Evolutionary Economics and Division of Research,Graduate School of Business Administration,Michigan State University.

Schmidt,Ingo L.O.,and Jan B.Rittaler.1989.*A Critical Evaluation of the Chicago School of Antitrust Analysis*.Dordrecht:Kluwer Academic.

Seldon, Anthony, and Joanna Pappworth.1983.*By Word of Mouth:"Élite"Oral History*.London:Methuen.

Stigler, George J.1970.Review of *The Evolution oj Modern Economic Theory*,by Lord Robbins.*Economica*,n.s.,37.148:425-26.

——.1988.*Memoirs of an Unregulated Economist*.New York:Basic Books.

Thomson,Alistair.1998.Fifty Years On:An International Perspective on Oral History.*Journal of American History* 85.2:581-95.

Thurman, Walter N.2005.Interview with Ross B.Emmett.Chicago Economics Oral History Project.Property and Environment Research Center,Bozeman,Mont.,July.

Van Overtveldt,Johan.2006.*The Chicago School:How the University of Chicago Assembled the Thinkers Who Revolutionized Economics and Business*.Chicago:Agate.

Weintraub, E.Roy.2005.2004 HES Presidential Address:Autobiographical Memory and the Historiography of Economics.*Journal of the History of Economic Thought* 27.1:1-11.

Weintraub, E.Roy, Stephen J.Meardon, Ted Gayer, and H.Spencer Banzhaf.1998.Archiving the History of Economics.*Journal of Economic Literature* 36.3:1496-501.

第四部分

传记的研究

弗朗索瓦·魁奈：凡尔赛宫的"乡村苏格拉底"吗？ ^①

克里斯汀·泰尔　劳伊克·查尔斯

　　传记，或者说生平叙事，作为一种写作体裁，最近呈现出一种强势回归的态势（Nye 2006）。这一现象已经影响了当代科学史的研究方式。对于许多历史学家来说，"追寻个体科学家［们］的生平"似乎是"证实科学活动领域宽泛的一个上上之策"（Porter 2006，314）。经济学说史也难以做到不受这些变化的影响（Forget 2002，228-29）。不过，至少从18世纪起，传记作为思想史的一种形式，就已经有人讨论其重要性了（Forget 2002）。在最近一期的《伊西斯（Isis）》上发表的，关于科学史中的传记的小型专题研讨会的召开也说明存在这样一种趋势。与会者们认为，科学传记是科学史的一部分，这种写作类型为如何通向自己的学科提供一种原始视角，而且通常是不可替代的视角。相反地，艾佛林·佛哥特（2002，231-33）详细论证了三种方法论立场，它们都向经济学说史中传记体裁所应当包含的内容提出了质疑：第一种观点是约瑟夫·熊彼特（Joseph Schumpeter）为榜样的经济分析史，第二种是知识社会学，第三种则植根于对作者这一概念的后结构主义批评。但是，"对故事的渴望"是永恒的，所以尽管所有这些理由都不让人对撰写和阅读经济学家的生平产生兴趣，但现在依然有越来越多的经济史学家开始在做这两件事情了。

　　第一批经济学家传记，撰写于18世纪之时法国的学院和科学团体不断发展的背景之下。那时候，就学术贡献致悼文就构成了几乎所有从事科学研究之人的传记的叙述模式。就学术贡献致悼文在为一个特定的概念服务，即向人们介绍从事科学研究之人及其道德观应该是怎样的。这一概念对这类悼文包含的传记事实和故事的种类产生了重大的影响。在当代论文里，我们可以通过弗朗索瓦·魁奈（从事科学研究之人和经济学家）的例子来探究这一影响。魁奈的

　　① 除非另有说明,所有译文全为作者所作。非常感谢与会者们在会上所作的评论和建议。尤其要感谢艾佛林·佛哥特对本文的指导。文责自负。

悼文在其逝世（1774）后的数年里，被相继推出。这些作品里，魁奈被介绍成了这样的人：乡村出身和童年在他身上留下了深深的印迹。这个主题根据两个叙事线索依次展开。一方面，援引他对乡村的怀旧之情，以便解释他为何创作出土地是财富的唯一真正来源这一经济理论。另一方面，他的乡村出身还被用于论证他在王宫这片陌生的土地上，仍是一位外乡人：关于他对乡村礼仪的描述，以及他对乡间质朴生活的热爱，都被用来展示魁奈是一位真正的乡村苏格拉底，与凡尔赛宫那勾心斗角又矫揉造作的世界毫不相干的苏格拉底。

　　由于悼文尚且没有受到时间的冲刷，魁奈的传记作者们相信把他描述成一种乡村式的苏格拉底，已经是在准确而又客观地重现他的真实性格。所以，关于魁奈生平的这种介绍，使他的主要传记都受到了深刻的影响（Daire 1846；Hecht［1958］2005；Schelle 1907）。作传人从魁奈的颂扬者那里借来他的形象，勾勒出关于他在医学和经济事业方面的故事；是他的医学和经济事业让他成为了完美科学家的典范，他毫无利己之心，而只能被他那想要提高公共利益的真切希望所驱动。此外，他事业的进步和成功据说也完全源自他的思想能力和成就。一些关于魁奈经济思想的解释也明确以这个故事为根据（Foley 1973，123-25）。更普遍地来讲，经济思想史学家们已经广泛使用这一故事来解释魁奈为何会被经济学所吸引，而且会在63岁这样一个德高望重的年纪撰写两篇关于农业主题的文章（参见 Groenewegen 2001，98-99；［1983］2002，249-50；Meek 1962，15-16）。但是，我们要证明的是，在悼文中找到的关于魁奈性格的描述，深受这一学术体裁夸张习惯的影响。我们通过分析目前可得的传记作品，并将它们展现出的信息置于具体的情境之中，便可以为魁奈的生平及其思想活动（尤其是那些创作出了科学作品的活动）之间的联系，提供一个全新的视角。

法国启蒙运动中的传记类型

　　那时，法国是存在 biographe（传记作者）一词的，但它的应用不是很广泛。根据百科全书的解释，传记作者就是"某个或某些著名人物的具体生平的创作者"（An.1752）。Biographie（传记）就更不常见了。法国的学术词典（1762）将这一词语定义为"一群个体生平的历史"，而不是单个个体。而在百科全书中，根本就没有条目来解释这个词语；想要找出现代传记定义的类似之语，则必须要到 Vie（生活）中去找。根据文章的作者——雅克特（Jaucourt）骑士——所言，这个词是指一个集中关注单一个体生平的故事，而且"这个故事会给出私人行为的细节，以及他担任国王或者政治家时，对公共事务的处理细节"。据雅克特所言，大文豪们——其中最著名的当属普鲁塔克（Plutarch）——已经极为擅长这一文学体裁，即这是那些"想要了解人类"之人所珍视的体裁。他还提到另外一种传统："对圣人的生平之记录。"雅克特对这种类型的传记不感兴趣，只是简要地指出了《传奇人物》这一文章的更多细节。但是，圣人的传记在当时仍是影响了许多传记作品的叙事标准。

但是，在法国，致力于从事科学研究之人的传记文本，遵循着另外一种模式，即学术悼文模式。[1]后面一种体裁是在特定机构里练习过的修辞，即那些身份地位只依赖于功绩，而无关出身的科学和文学学院所崇尚的叙事标准。18世纪初，皇家科学院秘书，伯纳德·德·方特尼尔（Bernard de Fontenelle）就已经对学术悼文的标准做了巨大的改变。[2]科学院的让·勒朗·达朗贝尔（Jean le Rond d'Alembert）和孔多塞（Condorect）侯爵，法兰西学院的查尔斯·皮诺特·杜克罗斯（Charles Pinot Duclos），伏尔泰（Voltaire）和安东尼-伦纳德·托马斯（Antoine-Leonard Thomas），都追随着方特尼尔的引导，将学术悼文转变成了一种成功的文学体裁。所以，在启蒙运动期间，学术悼文得到了广泛的传播和阅读。例如，杂志、出版社（比如，法国信使，法国公报）会公布，而且经常会出版这些原著的长篇摘要。

悼文有三种主要作用：修辞、记录和圣人化。这三种角色在文本的布局中紧密相连（Roche 1978，1：167-68）。在百科全书的颂词这一条目里，达朗贝尔只认可了两种类型的悼文：法兰西学院的演说颂词和科学院及铭文学院的历史颂词。[3]在他看来，第一种受到严格的文体规则限制的颂词，通常会落入赞美词的俗套之中，而不再具有任何教育意义。相反地，历史颂词则允许作者将学术悼文转变为"哲学悼文"本身该有的形式（d'Alembert 1755，527）。悼文应该是"文学历史的回忆录"，而且"哲学评论首先应该而且最应该构成这种作品的核心"（527）。对于达朗贝尔来说，学术悼文应该展示出，那些回忆受到尊敬之人的著作如何标志着文学史和科学史上的一个发展进程。它也应该强

---

① 在本段和下段之中,我们的分析以 Roche 1978,1:166-81 为基础。也可参见 Paul 1980。

② 当时巴黎有三个主要的皇家学院:皇家科学院(本文中的科学院),法兰西学院以及皇家铭文与美文学院(本文中的铭文学院)。

③ 其中的差别源自方特尼尔,是他创造了历史颂词这一体裁(Paul 1980,13-19)。

调一生孜孜不倦地致力于学问之人的道德价值。

在悼文之中，传记材料有一项基本的功能：展现出主人公堪作楷模的一生。悼文必须要向它的读者们展现出完美的学者，以便教育它的读者，并且鼓励他们选择科学或者文学事业（Roche1978，1：171）。一方面，悼文的作者要关注历史事实，还要尽力收集一些确切的证据以便展示已逝之人的生平（d'Alembert 1755，527）。的确，作颂之人通常会备有已逝学者的传记材料，这些材料由逝者的亲密朋友或者家人提供；在魁奈的例子中，正是他的女婿普鲁登·贺文（Prudent Hevin）向他们提供了一份手写笔记，之后便在作颂者之间传播开来（Lorin 1990，71）。另一方面，由于这些历史悼文的教育作用，"它们只能用于讲述部分事实，而不能是全部的事实，它们都被施以了文体策略，只能牺牲其他，而强调某些特定的真相"（Paul 1980，14；也可以参见 d'Alembert 1755）。

弗朗索瓦·魁奈的悼文

魁奈于1774年12月16日溘然长逝。在他逝世后的多年间，共有六篇悼文纪念他。它们或是出自魁奈曾经参加过的学术团体，或是出自个体作者之手，其中有些是魁奈的故友。科学院的秘书，让-保罗·格兰德珍·德·佛祈（Jean-Paul Grandjean de Fouchy）（［1778］1888），在1775年4月26日诵读了一篇魁奈的悼文。在外科医学学会，安东尼·刘易斯（Antoine Louis）（1859），在1775年4月27日诵读了第二篇学术悼文。

两位在星期二的晚上赴了米拉波（Nirabeau）侯爵宴请的年轻贵族，撰写了其他的悼文。第一篇是克劳迪-卡密里-弗朗西斯·埃尔伯（Claude-Camille-Francois d'Albon）伯爵的作品；它于1775年5月发表于一个重农主义的杂志——《新经济年鉴》，后被多次再版。这篇悼文呈送给了魁奈曾是其会员的里昂学会（Jacquet 1736-85，1：461-62）。[①]第二篇悼文是由未来的米斯蒙（Mesmon）伯爵——杰尔曼-哈岑特·德·罗曼斯（Germain-Hyacinthe de Ro-

---

① 埃尔伯出生于一个军事贵族家庭，在骑兵部队服役。1774年，他在一本由著名的重农主义者——阿贝·路宝德（Abbe Roubaud）——掌管的农业杂志上，发表了一份关于税收的小册子和一篇"沙姆塞（Chamousset）的颂词"。他还是著名的重农主义者和共济会会员——科特·德·盖柏林（Court de Gebelin）——的老熟人。

mance）所作，此人系皇家卫兵家庭出身，居住在凡尔赛宫，受雇于国王的军事机构。[1]这两篇悼文都遵循了达朗贝尔所珍视的“哲学悼文”的标准。他们集中关注魁奈作为重农主义者的一面，而不是作为个体的一面，而且文本中大部分内容涉及的是他的经济出版物。

和魁奈一样，达朗贝尔也是科学院的成员之一，他在魁奈逝世四年后，于1778年11月15日在法国信使报上发表了一篇短篇悼文。这篇悼文大量借用德·佛祈的悼文内容，只有一些评论和讽刺轶事独具一格，其中最著名的当属医生的数学材料。魁奈逝世几天后，米拉波在他居住的巴黎酒店举行了纪念魁奈的仪式，并作了一篇有些与众不同的祭文。这篇祭文于1774年12月20日在魁奈信徒的集会上得到朗诵，一个月之后又在《新经济年鉴》上发表。这种崇敬更接近达朗贝尔批判的演说颂词模式。米拉波年轻时，曾以马赛文学院会员的身份尝试过这种体裁。所以，尽管米拉波是魁奈最杰出的弟子，但他的文本中几乎没有包含他导师生平的任何细节。

关于魁奈的悼文具有道德和说教的一面：它们的目的是揭示魁奈作为从事科学研究之人（外科和内科医生，以及经济学家）的一生，所具有的更深层次的意义。为了满足这一目标，作者们根据三个重要的主题来规划它们的文本：魁奈与乡村；魁奈与医学，以及作为凡尔赛宫的苏格拉底的魁奈。作者们这么做就已经重塑了魁奈的一生，进而将他生平的许多片段组合成一个协调而又模范的命运，也就是说将它转变成了一个“哲学的悼文”。

关于魁奈的所有悼文都会使人想起他的乡村出身。此外，他在乡村度过的童年也被展示为他后来涉足重农哲学的基础因素。埃尔伯（1775，96-98）的文本提供了最详细的叙述。埃尔伯说道：

尽管魁奈的父亲非常乐于塑造他的内心，也很乐意慢慢地向他灌输健康的道德准则……但在非常外向的母亲的监督之下，[魁奈]对母亲非常喜爱的乡间劳动产生了兴趣。他也正是在这里开始研究亲切的大自然是如何运转的，而且开始逐步了解它的财富和各种各样的产品。自那之后，他就感觉自己身上植入了一种独特的品味，一种对农业的一览无遗的喜好，而且还保持了整整一生。（97；着重号为本书所加）

在学术悼文中，有一种常见的陈词滥调，那就是，从事科学研究之人的先

---

① 他的《悼念弗朗索瓦·魁奈》一书在1775年匿名出版，上面写有他在伦敦的地址；这是他的第一本书。

天禀赋——在很小的时候就展露无遗（Roche 1978，1：172，175）。魁奈，作为一名将要从事科学研究之人，拥有很快就超越其母亲所能提供的基础教育的能力：孩提时代，他就已经学习到了自然的运转规律。同样地，德·福祈在他的悼文中提到，魁奈是一个生来就"思维活跃、头脑敏锐"的孩子，他可以分析自己之所见，还可以"从自然这一著作中去理解"。

关于魁奈如何学习阅读以及他教育的第二阶段的描述，更是一些陈词滥调，比如他的乡下背景和他天赋的早期迹象。凭借着贺文的笔记，他所有的作颂人都说，他是用列宝特（Liebaut）的《乡村的家》——也就是他的第一本书——学习阅读的。①另一个意义非凡的（也是虚构的；参见下文）关于青年魁奈和书籍的轶事则非常有趣：当时才十几岁的魁奈，习惯从他父母居住的梅里村步行到巴黎，然后再步行返回，就为了去买一本书。据说，他通常会在返程路上阅读自己刚买的书（Grandjean de Fouchy［1778］1888，18；d'Albon1775，99；d'Alembert 1778，147）。无论在哪个例子中，缺少正式学校教育都会成为凸显逝者杰出思想才能的一种方法。

悼文还在魁奈生平的早期阶段，以及他在五十年后的经济作品中展现出的对农业的特殊关注之间确立了一种偶然间建立起来的联系。埃尔伯伯爵（1775，97-98）就这一观点给出了最详细的观点：

可能正是这一研究，即他对乡村深沉的爱，让他后来将自己的哲学转向了公共事业；而又是这些事件将他推向了政治哲学第一原则，并给出了他已经阐释得非常清楚的证明：农业是财富的唯一来源，它的进步，是帝国繁荣以及其他所有经济活动成功的真正基础。如果魁奈在城市里长大的话，或许我们就永远不会拥有像魁奈这样的伟大人物。

所以，尽管这位医生在17岁时离开家乡前往城市，在巴黎以及后来的凡尔赛宫的尔虞我诈世界里，度过了他职业生活的大部分时光，但在他的传记作者眼中，他在乡村的童年才构成了他最值得注意的生活经历：如果魁奈没有"在田野间"度过自己的早年时光，他一定与现在不同（Romance de Mesmon［1775］1888，77）。这就回答了学术悼文上的一个学究式的陈规：学者的生平是被塑造成命运的必然过程的（Roche 1978，1：172）。

魁奈生平中吸引作颂者的第二个方面，就是他作为外科医生以及内科医生

---

① 　Grandjean de Fouchy 和 d'Alembert 都遵循着 Hevin 的说法，认为魁奈受到了他母亲的园丁的帮助（d'Alembert 1778,147；Grandjean de Fouchy[1778]1888,17），可是，对于 Romance de Mesmon 来说，魁奈没有经过任何帮助就自己把它理解了。

的职业生涯。这里我们又找到了一些强调天才的个人价值的学究式陈腐研究：魁奈为了实现自己的职业理想，不惜与家人对抗（Grandjean de Fouchy［1778］1888，17；Romance de Mesmon［1775］1888，79）；他的职业理想源于想要成为对自己同胞有用之人这样的愿望（Grandjean de Fouchy［1778］1888，18；d'Albon 1775，100-102）。魁奈的职业在功利和无私这两个方面被重新定位。当魁奈离开外科转而成为一名内科医生时，他并不是背叛了之前的行会或是屈服于社会理想；我们听说，他的这一转变源于他自身的健康：痛风根本不允许他再给人做手术（Grandjean de Fouchy［1778］1888，31；Romance de Mesmon［1775］1888，84-85；d'Alembert 1778，151）。同时，魁奈让自己相继服务于更加富有、更加有权势的雇主，进而不断提升的社会地位，也被说成是走了一连串好运的意外结果，最终又联系到了他的职业优点（d'Albon 1775，104；Grandjean de Fouchy［1778］1888，23，25，31；Louis 1859，251，255）。随后在魁奈和他的雇主之间确立的关系本质———一种庇荫与被庇荫的关系，在悼文中也都被规避。相反，这些作者们会提到魁奈及其雇主之间建立起的友谊，以解释魁奈作为内科医生的选择，或者是他们后来建立的关系类型。①

他职业生平的故事被重新创作成一连串的榜样和典范，通过这些，魁奈超越了他的知识素养和道德品质。所以一旦某个轶事中有魁奈，那么就会有一位默默无闻的外科学徒，还有一位盗用了学徒的研究成果，以获取医学学位的无耻导师（Grandjean de Fouchy［1778］1888，19；d'Alembert 1778，148）。另一则轶事则把他描绘成了一名遭到芒特外科医生嫉妒的年轻医生，这些医生拒绝了魁奈加入他们团体的申请。尽管如此，魁奈的医学声誉依然蒸蒸日上，而且获得了居住在附近的勋爵的关注（Grandjean de Fouchy［1778］1888，22；d'Alembert 1778，148）。Grandjean de Fouchy（［1778］1888，23-24）此外，还有另一则具有代表性的轶事：在与内科医生让-巴蒂斯特·希尔法（Jean-Baptiste Silva）就出血问题争论期间，魁奈向他的对手提出可以承认自己的失败但不能向公众隐瞒事实真相，后者拒绝了。魁奈的作品得到发表，而且并使作者的科学声誉广泛传播，可是希尔法却因此失势。

关于魁奈的生平，悼文中强调的第三个方面，就是他的哲学精神。这是他

---

① "诺阿耶后来的执法官有机会认识他，所以，就有机会尊敬他，爱护他"；"他以威勒若伊公爵内科医生、外科医生，甚至是他朋友的身份，为他服务"（Grandjean de Fouchy[1778]1888,23,25；也可以参见Louis 1859,255）。

们从诸多角度考察得出的一个方面。首先，他们着重强调称，"条理是他头脑的独特品质，热爱秩序是他内心的主要喜好。这是他的科学发现的起源，这是他德行的源泉"（Romance de Mesmon ［1775］1888，109）。魁奈在他参与的辩论中也展现出了真正的哲学上的超凡之处，"他只会为真理而辩，从不会为个人得失而战"（109）。米斯蒙还记录了一则轶事，魁奈在得知自己间接地造成了一个人的不幸之后，自己出钱去补偿给这个人造成的严重经济损失（109）。从物质因素甚至是金钱因素占据主导地位的关系来说，这段小插曲格外象征着这位医生在凡尔赛宫所表现出来的品行。所以，宫廷生活的腐败氛围没有在"斯多葛派"的魁奈身上得到任何体现。实际上，这些悼文在魁奈和古代的哲学家之间做了明确的类比。魁奈差不多都是按照苏格拉底自己练习交谈艺术的方式来进行实践，"经由一连串精选的问题，他会让一个人为自己总结，从原理上来讲，他或许已经赋予了你了什么；这是柏拉图的对话方式。像苏格拉底一样，与许多诡辩家相对不同的是，他有自己的嘲弄方式，而且像索福洛尼斯科（Sophronisque）的儿子那样，似乎已经把创造人类思想的艺术变成了自己的专长"（Romance de Mesmon ［1775］1888，110；也可参见109；重点为原文所加）。[①]魁奈逝世很久之前，他的门徒们早就已经习惯性地将他与苏格拉底（以及孔子）进行类比了，而且米拉波（1775，203-6）在他的葬礼演说上也使用了这一类比。

魁奈的生平

悼文成了魁奈传记的主要来源。所以，在悼文中找到的生平和性格方面的内容，在其传记中又得以延续。但是，作传者们也使用了一些新的资料。一方面，他们已经从魁奈同代人出版于19世纪的回忆录中发掘出了诸多轶事。另一方面，他们还利用了自己从当地饱学之士的作品中发现的、可资借鉴的许多记录。这些材料在很大程度上都被用于阐释或者强化从悼文中传承而来的魁奈的印象。

---

　　① 这句话在译成英语的时候特别困难。法文如下所述："Opposé comme Socrate à la foule des sophistes, il avait son ironie, et semblait, comme le fils de Sophronisque, avoir fait son étude particulière de l'art d'accoucher les esprits."这个双关语是根据医学词汇的用法（"son étude"的字面意思是"他的办公室"，"而"l'art d'accoucher"是"创造的艺术"）来描述苏格拉底的辩证逻辑的。

尤金·达尔（Eugène Daire）（1846，9）写出了可以称得上是魁奈的第一本传记，在这本书中，他几乎毫无改变地采纳了魁奈乡村童年的故事。此外，他还强调魁奈离开梅里（他居住的地方）前往巴黎时的不情愿，达尔说，这就像一位缺乏任何野心，最后却被公共利益带动起来的哲学家一样。相反，达尔只是在描述魁奈在凡尔赛宫的风采时才将这些提了出来。魁奈像苏格拉底一样的形象，宫廷之外的世俗世界是颇为陌生的，这一形象是由让-弗朗索瓦·马芒特（Jean-François Marmontel）所述的一则轶事给树立起来的（Daire 1846，16；Marmontel［1804］1999，173）。再者，达尔（1846，15）坚持认为魁奈在利用他在凡尔赛宫的信誉方面既过于爱惜自己的羽毛又从不谋私。

达尔的传记笔记是他没有进行过周密研究的一篇小文章而已，但是后来的传记都加入了更多新的资料。可是，即便他们对悼文中的许多细节产生怀疑时，他们也依然忠实于自己对魁奈生平的整体描述，而不管那些夸张的扭曲情节。古斯塔夫·舍勒（Gustave Schelle）的传记就提供了这么一个生动的例子。他批判性地看待悼文的内容（Schelle 1907，5）。他还得到了朗布依埃考古学会博学研究的综合材料的帮助，此外还依据自己对魁奈生平的重要方面所做的研究，添加了一些新的元素。比如他在外科医生和内科医生的争论中担当的角色，以及经济表在思想史中的地位。然而，舍勒的研究并没有为这位经济学家树立一个新的形象。比如说，舍勒（1907，21）强调，在悼文里找出来的魁奈的童年故事十分不可信，可尽管如此，他却又用那一段乡村生活对魁奈的影响来解释他作为科学研究之人，尤其是作为一位经济学家在其职业生涯中的作用。他对魁奈在凡尔赛宫生活的描述也非常重要。尽管舍勒（1907，140，162）根据挖掘到的新资料——杜·豪赛特（du Hausset）的和马芒特的回忆录，路易斯·德·洛芒尼（Louis de Loménie）（1879）关于米拉波的传记，皮埃尔-萨缪尔·杜邦·德·讷谟斯（Pierre-Samuel Du Pont de Nemours）的自传——增加了一些新的细节，可他的传记依然是在简单地循环利用悼文中"乡村苏格拉底"的故事。

首先，魁奈与乡村的联系之所以会被大家如此这般强调，是为了解释魁奈在凡尔赛宫这个世界里的与众不同之处。舍勒（1907，137）从豪赛特的回忆录中摘录了一些轶事，比如："他［魁奈］喜欢和我谈论乡村；我是在那里长大成人的，他让我谈谈牧场、农民的财富，以及诺曼底和普瓦图的耕作方法。这里都是最优秀的普通人，他们的生活跟阴谋诡计一点儿都不沾边。相比凡尔赛宫的其他事情，他在宫廷里更为关注的就是耕种土地的最佳方法"（du Hausset［1809］1985，85）。魁奈在凡尔赛宫中生活得相当谨慎（Schelle

1907，96-97）。此外，尽管蓬帕杜夫人寓所里设计好的所有情景都已经有人告诉了他，"由于他所处的地位"，常常与一些"令人厌恶的或危险的"事务联系在一起，可这位医生依然"对上流社会的礼仪毫无经验"，"在国王面前依然胆小怯懦"，不过，国王"却可以被他的诙谐之语转移注意力"（100，103-12，116-17）。①魁奈被描述成了一位坦率而又忠厚之人，他谨慎，甚至是胆怯，却又非常绅士。这些特点就解释了以下几个方面：他的无私行为，他对阴谋的厌恶，尽管在宫廷拥有显要的地位却野心有限，他还是接近蓬帕杜夫人的重要人物（137，134，191）。

舍勒指出，这位医生可以为自己营造一种"真正的独立空间"，他进而想淡化魁奈可能留给读者的不好印象，即过分地恭顺，甚至是常常难得糊涂的处世态度。这种独立通过下面这种事实来证明：魁奈在他的夹缝中接触了属于"各种派别"的人士。舍勒还强调了在医学领域内占据主导作用的不断进步的自由氛围（123-26）。就像苏格拉底一样，魁奈经常练习一种尖刻的讽刺性修辞（143）。从更广泛的角度来讲，魁奈在宫廷的风采似乎构成了一个的问题，即作传者们在证明其合理性时感到有些棘手。因此，正如另一位曾经居住在宫廷的哲学家和经济学家阿贝·德·圣特-皮埃尔（Abbé de Saint-Pierre）的例子一样，魁奈的作传者们认为，魁奈首要的想法就是"更好地理解世界舞台上的重要演员"，所以他去了凡尔赛宫，成了一名侍臣（Higgs［1897］2001，16；Schelle 1907，190-91）。

自1958年起，雅奎琳·赫克特（Jacqueline Hecht）的《弗朗索瓦·魁奈的生平》就已经成了对重农主义者的传记感兴趣的经济思想史学家们的必备参考书，而且通常是唯一的读物。它是最完整的综合性传记文本。可是，和她的前辈一样，赫克特仍旧难以逃脱悼文中的陈词滥调，尤其是在描述魁奈宫廷生活的时候。她将这位医生描述为"一位智者，远离阴谋，远离社会动荡"。他具有"多瑙河农民的性格，没有矫饰，诚实可靠"，而且，从事当时流行的主题——农业研究时，他使用到了"童年的回忆"（Hetch［1958］2005，1363，1377）。思想史学家们对最后这点颇有些争论。例如，弗农·佛莱（Vernon Foley）（1973，121-26）在一篇著名的文章里解释道，魁奈因为宫廷里的生活感到心神不安，所以引发了对"乡村生活的怀念"，最终驱使他从事农业经济学的研究。

更为普遍的是，作传者们对多重资源的运用，经常会以与竞争对手一样对

---

① 这些元素都依据于豪赛特[1809]1985,39-42,85,91-92和马芒特[1804]1999,173的段落。

这些材料兼收并蓄而告终，有时甚至是做得很过分，对于那些不加任何甄别的事实和轶事，也都将其网罗进来。赫克特（［1958］2005，1334-35）对魁奈早期教育的描述就明显具有这方面的症状。一方面，她质疑悼文中记录的某些"不可思议之事"的可信性。比如，年轻的魁奈经常走到巴黎去买书，然后在返程的途中阅读它的故事：魁奈竟然可以在一天之内走完60英里啊！另一方面，对于其他那些不太可能发生的故事，她却不做任何讨论便相当直接地采纳，比如，帮助魁奈学会阅读日聘园丁的传说。[①]

问题就源自下面这样的事实：作传人没有经过认真的批判和去伪存真，就使用了悼文和其他材料。和其他的历史文献一样，对魁奈生平的材料来源必须经过分析和上下文研究，这样才能提供客观、可信的见解。从这个角度来讲，尽管一般情况下，回忆录更容易被利用，但它们并不比悼文、甚至是官方文献更为可靠，因为它们可能并不完整或者很容易出现错误。[②]所以，想要提供一本科学的魁奈传记，就必须要批判性地讨论构成魁奈生平故事的材料来源。囿于本文篇幅限制，这里不再赘述。尽管如此，我们还是可以提供一些必须要克服的缺陷的，这样做或许还是很有意义的。我们来调查一下魁奈在凡尔赛宫生平轶事的两条主要来源：豪赛特夫人的《回忆录》，蓬帕杜侯爵夫人的和马芒特的女佣（du Hausset［1809］1985；Marmontel［1804］1999）。第一本文本的来源模糊不清，一位批评者甚至怀疑它的真实性（Gordon 2001）。至于第二个文本，众所周知，马芒特经常会对事实加以修饰，在他的相关轶事中加入自己的想象。与他同时代的人们已经着重指出过马芒特（［1804］1999，24）在撰写自己的生平时，是一位多么"不可救药的剧作家"。

魁奈：当事人的肖像

我们深信，魁奈要比从悼文中，当然还有从传记中找出的人物形象复杂得

[①] 这个故事受到两个问题的困扰。第一，没有任何法律记录提到有一位园丁在魁奈家里干活。此外，他们家的花园那么小，所以那位园丁在其他的地方可能根本就不存在，而只存在于这则轶事的材料的缔造者——贺文——的想象之中（Lorin 1900,72）。第二，日聘园丁属于农业工人的较低阶层，其中很少有人能够读书写字。

[②] 比如，魁奈的洗礼证明上就没有提及他的出生日期。这一仪式在1694年6月20日举行，所以只有魁奈自己这个权威来确定他的生日是6月4日（Lorin 1900,63）。

多。尤其是，"乡村苏格拉底"的叙述与魁奈的社会命运明显存在矛盾。魁奈，1694年出生于一个卑微的乡村家庭，1717年在梅里村的一个小镇上，作为一名低调的外科医生，开始了自己的职业生涯。而到了18世纪30年代末，他已经开始为一位重要的宫廷贵族和权力掮客——威勒若伊公爵——服务，同时还是一名公认的医学理论家和外科学会的杰出会员。18世纪50年代，作为法兰西王国最有权力的女人——蓬帕杜夫人——的私人医生，魁奈就更为接近法国社会阶层的顶峰。

　　为了攀登古老的法国政权的社会阶层，魁奈精明地利用了庇荫体制。悼文和其他资源中记录的一些事实和轶事都指向了这一方向。但是，作传者们只是将它们不断地传讲下去，却没有提供一个恰当的视角来解释它们。结果，这一方面就没有获得魁奈作品评论者们太多的注意。尽管有些人间接提到了庇荫在他职业生涯中的作用，却没有一个人将这一点与他的科学实践和科学成果直接地联系起来（Fox-Genovese 1976，70-74；Groenewegen 2001，94）。但是，魁奈作为科学家的一生，与庇荫体制具有不可分割的关系。

　　首先，魁奈赞助人的介入在开启他医学生涯的过程中具有决定性的作用。1727年，一位颇有名望的内科医生希尔法发表了一篇关于放血的论文。而当时还是一名来自梅里的年轻外科医生的魁奈，准备了一篇反驳之词。他让自己的手稿不断传播，以吸引自己圈子之外的有识之士的注意（Lorin 1900，98）。希尔法得知存在这篇文章之后，试图去证明它的错误，同时想要去嘲弄它的作者。为了向这一行为反击，魁奈向诺阿耶元帅寻求帮助，此人是前任大臣，路易十五的老熟人。在诺阿耶的住所举行了一场会谈，目的是调解两人的争论，可是这两人仍旧各执己见。正是在这一时刻，魁奈将这一争论带到了公众面前进行评判。这实际上也是一位年轻而又默默无闻的外科医生，借助于"希尔法先生的声誉，而使人们对他的作品有了印象"（Louis 1859，252）。希尔法曾试图阻止发表这些作品。最后，幸亏有内臣阿哥素（d'Aguesseau）的调停，在耽搁了一年之后，终于获得了发表许可（Grandjean de Fouchy ［1778］1888，24；Lorin 1900，98）。

　　这段插曲表明，正是在其保护人的关系之下，魁奈的第一篇医学作品才得以出版。他们的干预在这个过程的两个步骤上都起到了决定作用。第一，当诺阿耶出面担当调解人的时候，他就抵了希尔法声誉的影响力，对魁奈起到了保护作用：没有他的干预，魁奈的科学观点无论如何也不可能获得任何的社会认可。第二，只有魁奈的主人进行再次干预才能解释这位大臣自己（d'Aguesseau）为何会不顾他的下属（监察官皮埃尔-让·布莱提（Pierre-Jean Burette)，希尔法的朋友）的颜面，而让魁奈的作品发表。魁奈独自一人根本不可能说服这位内臣：这样的帮助是高级侍臣之间整个官官相护体系的一部分。阿哥素给予这一帮助，以满足那些向他提出要求并进而成为他的受其恩惠之人的权力掮客（们）。在这个例子中，除了诺阿耶之外，我们还可以想出一些在这一事件中发挥了作用但却不是那么重要的人物。魁奈将他的书籍献于巴博斯（d'Abos）主教（巴黎议会的成员，还是梅里地区的知名地主）的事实就清楚地表明，这位主教也为魁奈的事业作了辩护。[1]魁奈会将自己的下一部著作献于诺阿耶，以公开承认他的作用。

另外一件发生于几年之后（1735年）的小插曲，进一步证实了来自于权贵的帮助在魁奈职业生涯中所起到的决定性作用。那时魁奈刚刚开始为一位著名的宫廷贵族威勒若伊公爵服务。值得注意的是，魁奈在他的第一位主顾诺阿耶元帅的沙龙上遇到了公爵（Lorin 1900，118-19）。那时候，"圣科姆（Saint-Cosme）协会"（其所提出的理由是取得了魁奈支持的）的外科医生和内科医生的制度性对抗在发生着戏剧性的变化。[2]1724年由外科医生选举的外科主席的产生，以及1731年外科协会的外科主席的产生，都证明了圣科姆外科医生权力的不断上升，这些外科医生们呼吁要在与内科平等的基础上，把外科认定为一门科学。自从驳斥了希尔法之后再未发表任何著作的魁奈，准备联合发表两篇支持外科医生运动的重要文章，这两篇文章就是《对动物的体能测试》和《止血的医术》。

所以，对于魁奈和那些外科医生来说，魁奈作品的内容被尽可能多的科学观点，尤其是被医疗机构的实践所验证，是极为重要的。因此，魁奈请求取得他隶属的三个社团（艺术学会、外科协会和里昂学会）以及内科医生总部——巴黎医学院——的认可。医学院在维护内科医生和外科医生的严格界限方面起着决定性作用，它认为内科医生可以将治疗的艺术理论化，而外科医生则被限定为只能根据内科医生的指导去完成医学手术。外科医生魁奈的作品明确质疑

---

① 巴博斯家族世代都是议会的成员（Bluche[1956]2004,55-56）。也有可能是巴博斯将魁奈介绍给了与巴博斯一样的同为梅里地区的一位重要地主诺阿耶。

② 简言之，外科医生后来被纳入到了与理发师归为一类的医生团队之中，同样，也被归类为体力劳动者。圣科姆的外科医生想要把自己与理发师区分开，通过加入人文科学以提高自己的社会地位，进而与内科医生并肩而立。这就意味着，圣科姆的外科医生需要证明自己在理论方面是可与内科医生相匹敌的。外科医生们最终实现了自己所想，而以18世纪50年代的时候，矛盾差不多已经消失了。想要了解这两个群体之间矛盾的详细介绍，请参见Gelfand 1980和Brockliss与Jones 1997。

了由内科医生捍卫的地位差别。①此外，魁奈与外科医生的著名发言人的关系非常坚实，这些外科医生有拉·佩若尼，Garengeot，Malaval，Bassuel，Le Dran 和 Petit。②

在这种背景下，学院自然没有兴趣给一个挑战其地位的著作提供公开支持。医学院任命两位代表去核查魁奈的书籍，内科医生卡密勒·法尔肯艾特（Camille Falconet）和艾力·科尔·德·维拉斯（Elie Cole de Villars）。法尔肯艾特和魁奈互相认识：那时候，前者正在治疗威勒若伊公爵的侄子（人口研究中心 2005，1159）。法尔肯艾特和威勒若伊之间的这一联系，说明了法尔肯艾特为何会同意成为魁奈作品的检查员，而且还对这些作品在汇报时多有赞誉（这一点与他所属团体的利益是相违背的）（人口研究中心 2005，1160）。实际上，学院对汇报的调子感到十分惊讶，而且决定不顾检查员的意见，拒绝批准魁奈的作品。与此同时，预料到这一行为的外科医生们，已经将这一汇报复印了一份。这份复本又传给了拉·佩若尼（La Peyronie），"他带着一定要将它发表的打算接受了它，丝毫没有给我［魁奈］留下任何选择"（人口研究中心 2005，1157-58）。但是，这一行为吓到了法尔肯艾特和魁奈。法尔肯艾特不同意发表违背学院决定的文件。魁奈也十分不安：未经法尔肯艾特的同意就发表汇报，违背了庇荫体系的潜在规则。因此，魁奈试图说服法尔肯艾特接受这一事实。而他又巧妙地将自己的请求规划得好像这一想法出自威勒若伊公爵一样：

他［威勒若伊］答复我说，一定不能脱离自己的法人团体；尤其不能离开我欠了太多人情的拉·佩若尼先生，对待成为我的敌人的团体要宽恕……，他还被劝导，无论你与自己的团队存在何种联系，你都不能支持它的不道德行为，虽然在我不能自由地做出可能要求我做出的牺牲的时候，我也仍然坚持这一点；但相反的是，学院仍然可以自由地纠正它的不诚实行为。(1158)

但是法尔肯艾特并没有屈服于魁奈的压力。魁奈在他们共同的主顾威勒若伊的支持下，提出了一个折中的办法。与拉·佩若尼进行会谈，而且公爵先生出席，"既然你这么要求"，那我们决定对这份汇报不予发表；相反，只会有"一份小小的通告"给大家（1159），外科医生们就会非常满意，因为在《对动物的体能测试》的第一段插入的文本透露称，尽管拥有学院两位代表对这一科

---

① 尤其是"医学和手术的初步理论论述"，这是一篇解释体能测试的文章。

② François Gigot de La Peyronie、René de Croissant de Garengeot、Jean Malaval、Pierre Bassuel、Henri- François Le Dran 和 Jean-Louis Petit。

学观点的支持，学院依然不认可这本书（1159）。由于这两名内科医生的名字并未出现在印刷注解里，法尔肯支特与学院相对立的地位也得到了保护。所以，他接受了魁奈这项提议。

魁奈成为蓬帕杜夫人私人医生的方法，为庇荫体制在其职业生涯中的主导性地位提供了另一个例证。魁奈经威勒若伊公爵的介绍认识了埃斯特拉迪斯（Estrades）伯爵夫人，又经伯爵夫人遇到了蓬帕杜夫人，伯爵夫人是她的表姐，而且是路易十五的女儿们的闺中密友（Lorin 1900，139-40；Hecht［1958］2005，1360）。伯爵夫人在陪同威勒若伊时，遭遇了一场癫痫病危机。威勒若伊就召来了他的医生魁奈，魁奈又决定立刻将埃斯特拉迪斯与外人隔离开，以免外人知晓她的病症。伯爵夫人对他这一举动非常感激，所以当她的表妹蓬帕杜夫人需要一位私人医生时，她就推荐了魁奈。在这段插曲中比较有趣的就是，魁奈的成功并不是基于他的医学成就（他没有治愈埃斯特拉迪斯），而是基于他的社交成就（他保护了她的名誉）。

多亏了魁奈对礼仪社会复杂游戏的内在规则的异常精通，他才能够早早地超越自己卑微的社会和专业出身给他带来的限制，而获得一个舒适而又稳固的地位。他的社会地位的提高和上层社会的圈子之间的联系，也可以从不同的材料中得到证实：他的医学著作的题词和他的家庭记录。我们还可以通过比较魁奈儿子辈和孙子辈的教父母的身份，而对他的社交成就了解一二。在1717至1728年间担任魁奈儿女们的教父母的都是中产阶级——来自巴黎和梅里的商人，微不足道的传道士和法律官员，而他那些在凡尔赛宫出生的孙子辈们，其教父母则都是显赫的朝臣和部长。[①]魁奈的第一个孙子，让-马瑞·魁奈（Jean-Marie Quesnay），于1750年1月24日在凡尔赛宫接受洗礼。他的教父是"马克-皮埃尔·德·佛叶尔（Marc-Pierre de Voyer），阿根森伯爵，［战争］部长，国务大臣"，他的教母是"高高在上而又手握权柄的女人珍妮·泊松·爱提莉（Jeanne Poisson d'Etiolles），蓬帕杜侯爵夫人"（引自Lorin 1900，157）。几个月之后，尼克尔（Nicole）（魁奈的女儿）和贺文诞下了魁奈的外孙女，夏洛蒂-路易斯·贺文（Charlotte-Louise Hevin）。洗礼证明上显示其教父是"圣佛洛伦泰（Saint-Florentin）伯爵，国务大臣"，其教母是埃斯特拉迪斯伯爵夫人（引自Lorin 1900，159）。这两份文件传达了相同的意义：蓬帕杜夫人及

---

① 我们从多种来源中收集到了这一信息（伊夫林省的部门档案馆1994，条目13-17；Hecht 19582005,1336-38;Lorin 1900,85,88）。

其表姐埃斯特拉迪斯的联合庇荫。①

成为国王的宠臣之后，魁奈依旧感激他的那些提携者们：威勒若伊公爵和诺阿耶元帅。对于诺阿耶，他还把《对动物的体能测试》的第二版献给他；《坏疽处理》是他献于元帅的一位儿子阿彦公爵刘易斯·诺阿耶的。他是在《医疗效果和放血的运用》（1750）中对威勒若伊表达敬意的。此外，诺阿耶的儿子阿彦公爵，是让-路易斯·贺文（Jean-Louis Hevin）（生于1761年3月30日）的教父；其教母则是蓬帕杜夫人本人（Lorin 1900，160-61）。

结　论

弗朗索瓦·魁奈的社会地位的不断提高，在很大程度上归功于庇荫体制。此外，我们还可以看到，他的服务对象们在他的科学生涯中起到的决定性作用，尤其是在他作为一位医学家的起步阶段。我们相信，我们对魁奈作为科学家的生平的理解会为传记与科学和经济史的联系方面，提供一些重要的线索。首先，我们表明，科学家的生平或传记这一体裁有其自身的历史，而且那些想要运用这些材料去做思想史研究的思想史家们，也应该意识到这个问题。其次，想要创作出一部科学传记——也就是说，用其他的方式去研究科学史（Nye 2006）——就必须要涉及对"科学行为"（也就是试图创造科学知识的行为或决定）本质的反思，以及它是如何与作者或科学家的生平相互影响的。本文表明魁奈在科学界的生活和他的宫廷生活之间的关系既非常复杂，同时又是法国启蒙运动那个时代所特有的现象。在这种背景下，社交活动、尤其是魁奈的社交活动，都被嵌入了像庇荫体制那样能够控制法国旧制度的整体运行的社会活动或者制度之中。

最后，第三点要把我们带回到经济学说史中来。尽管前文我们一直在关注魁奈的医学生涯，但庇荫关系同样是理解魁奈作为经济学家的社会活动的关

---

①　在第一份洗礼证明中，埃斯特拉迪斯由她的情人阿根森伯爵间接代表了。在第二份中，同样地，将自己的地位归功于蓬帕杜夫人的圣佛洛伦泰，证明了她对魁奈的惠顾。有趣的是，贺文的下一个孩子出生于1753年6月1日，其洗礼证明就含蓄地证实了1752年埃斯特拉迪斯和蓬帕杜发生的公开矛盾，而魁奈则拥护后者：尽管蓬帕杜夫人仍然由她的女儿"Jean-Alexandrine Le Normand d'Etioles"（教母）所代表，但教父则是财政部长，"Lord Louis-Louis-Charles de Machault d'Arnouville"，埃斯特拉迪斯的情人阿根森伯爵的头号敌人。

键。正如我们在另一篇文章中展示的（Charles 和 There）那样，魁奈的第一篇经济著作的合作者——查尔斯－乔治·勒·罗伊（Charles-George Le Roy）、查尔斯·德·布特里（Charles de Butre）、艾廷恩尼·马里范茨（Etienne Marivetz）和马芒特——要么是诺阿耶家族、威勒若伊家族的服务者，要么是蓬帕杜夫人的服务者。再者，一些作家——像米拉波和杜邦·德·讷谟斯，一些官员——像皮埃尔－保罗·勒·莫熙儿·德·拉·日比亚（Pierre-Paul Le Mercier de la Rivière），还有一些更远点的朋友，在 1757—1763 年加入魁奈的行列的杜尔哥（Turgot），都知道魁奈在凡尔赛宫的关系，而且也渴望从中受益，以改善自己的社会地位和职业生涯。魁奈就与他们重演自己和埃斯特拉迪斯、诺阿耶、蓬帕杜夫人及威勒若伊之间的庇荫关系，只不过这次，他才是保护人。

参考文献

Albon, Claude-Camille-François, comte d' 1775.Éloge historique de M.Quesnay, contenant l' analyse de ses ouvrages.*Nouvelles éphémérides économiques ou Bibliothèque raisonnée de l'histoire, de la morale et de la politique* 5:93-175.

An.1752.Biographe.In Encyclopédie, ou dictionnaire raisonné des sciences, des arts et des métiers, , edited by Denis Diderot and Jean le Rond d'Alenibert.17 vols.Paris: Briasson.

Archives Départementales des Yvelines.1994."*Une vie, une oeuvre, un siècle*": Exposition François Quesnay.Versailles: Grande Ecurie du Roi.

Bluche, François.[1956]2004.*L'origine des magistrats du Parlement de Paris au XVIIIe siècle (1715-1771): Dictionnaire généalogique.*2nd ed.Paris: Patrice Dupuy.

Brockliss, Laurence, and Jones, Colin.1997.*The Medical World of Early Modern France.*Oxford: Clarendon.

Charles, Loïs, and Théré, Christine.Forthcoming.The Writing Workshop of François Quesnay and the Making of Physiocracy.*HOPE.*

Daire, Eugéne.1846.Notice sur la vie et les travaux de François Quesnay.In *Physiocrates*, edited by Eugéne Daire.Paris: Guillaumin.

D'Alembert, Jean le Rond.1755.Eloge.In *Encyclopédie, on dictionnaire raisonnédes sciences, des arts et des méiers*, edited by Denis Diderot and Jean le Rond d'Alembert.17 vols.Paris: Briasson.

——.1778.Éloge de M.Quesnay.*Mereure de France*, November, 145-58.

Du Hausset, Nicole.[1809]1985.*Mémoires de Madame Du Hausset sur Louis XV et Madame de Pompadour.*Edited by Jean-Pierre Guicciardi.Paris: Mercure de France.

Du Pont de Nemours, Pierre - Samuel.[1906]1984.*The Autobiography of Du Pont de Nemours.*Translated by Elizabeth Fox-Genovese.Wilmington, Del.: Scholarly Resources.

Foley, Vernon.1973.An Origin of the Tableau Economique.*HOPE* 5.1:121-50.

Forget, Evelyn L.2002.A Hunger for Narrative: Writing Lives in the History of Economic Thought.In *The Future of the History of Economics*, edited by E.Roy Weintraub.HOPE 34(supplement):226-44.

Fox-Genovese, Elizabeth.1976.*The Ongins of Physiocracy.*Ithaca: Cornell Uni-versity Press.

Gelfand, Toby.1980.*Professionalizing Modern Medicine: Paris Surgeons and Medical Science and Institutions in the Eighteenth Century.*Westport, Conn.: Greenwood.

Gordon, Alden R.2001.The Longest-Enduring Pompadour Hoax: Sénac de Meilhan and the Journal de Madame du Hausset.In *Art and Culture in the Eighteenth Century: New Dimensions and Multiple Perspectives*, edited by E.Goodman.Newark: University of Delaware Press.

Grandjean de Touchy, Jean-Paul.[1778]1888.Éloge de Quesnay.In Oncken 1888.

Groenewegen, Peter D.2001.From Prominent Physicians to Major Economists: Some Reflections on Quesnay's Switch to Economics in the 1750s.In *Physicians and Political Economy: Six Studies of the Work of Doctor-Economists*, edited byP.D.Groenewegen.London: Routledge.

——.[1983]2002.Quesnay's First Publication in Economics: The Article"ermiers"for the *Encyclopédie —an Introduction.In Eighteenth Century Economics: Rurgot, Beccaria, and Their Contemporaries*, by Peter D.Groenewegen.London: Routledge.

Hecht, Jacqueline.[1958]2005.*La vie de François Queenay.*In INED 2005.

Higgs, Henry. [1897] 2001. *The Physiocrats: Six Lectures on the French Economistes of the Eighteenth Century* Reprint, Kitchener: Batoche Books.

INED. 2005. *Oeuvres économiques complètes de François Quesnay et autres textes*, edited by Ch. Théré L. Chares, and J.-D. Perrot. 2 vols. Paris: INED.

Jacquet, Louis. 1736-85. Compte-rendus de l'élloge de François Quesnay par le comte d'Albon. In *Compte-rendus de l'académie de Lyou, 1736-1785*. Lyon: Bibliothèque de l'Académie de Lyon.

Jaucourt, Louis de. 1765. Vie. In *Encyclopédie, ou dictionnaire raisonné des sciences, des arts et des métiers*, edted by Denis Diderot and Jean le Reond D'Alembert. 17 vols. Paris: Briasson.

Loménie, Louis de. 1879. *Les Mirabeau. Nouvelles études sur la société française au XVIIIe siècle*. 4 vols. Paris: Dentu.

Lorin, Félix. 1900. François Quesnay. *Mémoires et documents publiés par la Société archéologique de Rambouillet* 14: 61-237.

Louis, Antoine. 1859. Eloge de Quesnay, lu dans la séance publique du 27 avril 1775. In *Eloges lus dans les séances publiques de l'Académie royale de chirurgie de 1750 à 1792*, edited by E.F. Dubois. Paris: Baillière et fils.

Marmontel, Jean-François. [1804] 1999. *Mémoires*. Edited by J.P. Guicciardi and G. Thierrat. Paris: Mercure de France.

Meek, Ronald L. 1962. *The Economics of Phhysiocrac y*. London: Allen and Unwin.

Mirabeau, Victor Riqueti, Marquis de. 1775. Éloge funèbre de M. François Quesnay. *Nouvelles ephémérides économiques on Bibliothèque raisonnéde de l'histoire, de la morale et de la politique* 1: 197-216.

Nye, Mary Joe. 2006. Scientific Biography: History of Science by Another Means? *Isis* 97: 322-29.

Oncken, August, ed. 1888. *Oeuvres économiques et philosophiques de F. Quesnay*. Paris: Peelman et Cie.

Paul, Charles B. 1980. *Science and Immortality: The Eloges of the Paris Academy of Sciences (1699-1791)*. Berkeley: University of California Press.

Porter, Theodore M. 2006. Is the Life of a Scientist a Scientific Unit? *Isis* 97: 314-21.

Roche, Daniel. 1978. *Le siècle des Lumières en province: Accidémies et académiciens provinciaux, 1680-1789*. 2 vols. Paris: EHESS.

Romance de Mesmon, Germain-Hyacinthe de. [1775] 1888. Éloge de François Quesnay. In Oncken 1888.

Schelle, Gustave. 1907. *Le docteur Quesnay*. Paris: Alcan.

学者与企业家生平之间的一些关系：L.阿尔伯特·哈恩的传记

让-奥特玛尔·荷西

　　"如果哈恩真的是一位坚定的反凯恩斯主义者，他又为何急于宣扬他那前凯恩斯主义的凯恩斯学说呢？"这个问题是弗里茨·马赫卢普在一本向哈恩致敬的文集中提出来的，当时恰逢德国货币学家 L. 阿尔伯特·哈恩 70 寿诞。马赫卢普（1959，50）意识到这个问题的答案在"很大程度上……与其心理因素相符"，而且声称："尘世赐予了忏悔的罪人、皈依的信徒以及改过自新的异教徒—只更加富有同情心的耳朵。"所以，在哈恩的诸多文章和书籍中，一定存在某种心理因素，可以表明他在其人生经历中是如何做出此番转变的。但是，就其是否在经济学的学科记忆中永远保有一席之地这一点而言，一直是存有疑问的：在最近诸多的国内和国际经济学家辞典里，都没有找到包含其名字的条目（Hesse 2003；Samuels 2003；Blaug 与 Vane 2003；Beaud 与 Dostaler 1995；Blaug 1985，1989）。查找那些颇有影响力的经济学说史教科书（比如 Nie-hans1990 和 Backhouse 1985）以及国际金融与货币理论的标准教科书来说，亦是如此。可是，尽管哈恩的名字在经济学的一般性回忆中明显并不为人所熟悉，但在那些更加专业的环境中，他却非常有名。唐纳德·布德罗（Donald Boudreaux）和乔治·瑟尔金（George Selgin）（1990）将他描述为凯恩斯理论和理性预期理论的先驱。两次世界大战期间，在德国举行的货币讨论会上（Laidler 和 Stadler 1998），以及在流亡的经济学家中间（Hagemann 和 Krohn 1999），他都是公认的最重要的人物之一。他在 1920 年出版的《银行信贷的经济理论》一书，在其第一版出版至少 70 年之后，仍被认为非常有价值，所以要翻译成意大利语。[①]

　　这种对 L. 阿尔伯特·哈恩生活和工作的兴趣，既无法通过哈恩自己的目

　　①　非常感谢哈拉尔德·哈奇曼（Harald Hagemann）提供这一资源。对于英文读者来说，哈恩最容易获取的文章就是他于 1945 年在《美国经济评论》上发表的"对补偿性支出的补偿反应"一文。

标，也不能通过其读者的动机，而得到解释。相反，这种兴趣牵涉到的是经济学历史回忆的设计者的一种特殊关注度，他们显然是在哈恩的生活中找到了一些值得关注的重要特征。如果我们假设经济学在选择每个时间段的传记进行记述时并不是偶然决定的，而是一种具有结构性的决定方式[①]那么问题就来了（而且这应该是本文的核心问题）：记录经济学演变的各种历史记事都要纪念哈恩的原因是什么？答案涉及两个层面的分析。第一层是考查哈恩的生平故事及这些故事的特殊构造是否是经济学在对哈恩进行某种特别的纪念而忽略其他众多经济学家的原因。第二步要在一个更加抽象的层面上，而且要考虑到经济学的选择过程：参阅传记以及哈恩的作品，它们能够实现什么样的制度性目标吗？[②]这第二个层面，有些部分是基于高度的推测的基础，这一点我们会在最后的结论中有所论及。

　　本文要考查哈恩生平的两个相关方面，以作为经济学对之关注的解释：第一，他从前凯恩斯理论向反凯恩斯理论的"转变"；第二，他作为职业银行家，而非一位学者进行谋生的那些事实情况。他传记的后一方面，渐渐肩负起解释其"转变"这一主题的职责。他的"双重生活"用于解释下面这一问题：作为凯恩斯理论的先驱，他为何会一直被忽视？然而，正是这同样的"双重生活"加大了哈恩归因于其自身实践经验的反凯恩斯理论论证的价值。这两个方面——他的思想转变和他的实践经验——被高度地神话化了，而且这一点也经常被哈恩本人予以加强。本文第一部分要考查哈恩如何将其生平故事成功地引入学术讨论之中，以至于他在很大程度上被当作了理性预期理论的先驱，而且在其逝后多年才变得颇具影响力。为了实现这一目标，本文比较了作为学者的自我描述和作为企业家的自我描述之间的共同结构，最后发现，是后者主导了哈恩的自我描述。在第二部分，本文的分析转向了哈恩的思想传记，以证明作为"先驱者"这种说法在修辞技巧上或多或少是一种明智的自我营销策略。最后，在第三部分，我们会讨论，像哈恩这种类型的传记在经济话语的演变过程中起到了哪些作用。

---

　　① 　2006年4月举行的HOPE会议上，传记被只是因为存在市场需求才有了价值。但是由于近些年大多数的经济学家传记辞典都是被经济学家买去的，所以市场需求这个视角解释的只是经济学自身的需求这一个方面。因此，经济学家（或者经济史学家）不应该只被限定为传记知识的提供者，也可以被视为消费者。

　　② 　这个层面的分析非常复杂，因为哈恩本人——在他作为经济学的一部分的范围内——参与了经济学的选择过程。

作为学者的自我描述与作为企业家的自我描述：哈恩的复杂形象

　　无论是在德国或是海外，哈恩从来都未成为一名正式的大学教授。他的生活主要围绕着他自己的私人银行家业务而展开的。正如他后来写到的那样，他是"含着金汤匙出生的"（哈恩 1964；我的译文）。他的祖父拥有法兰克福的一家私人银行，即成立于 1821 年的 L. 阿尔伯特・哈恩银行。1872 年，这家银行成为了一家上市公司，但这个家族（哈恩的父亲和叔叔）仍是大股东（Deutsche Effecten-und Wechsel-Bank 1947，17-20）。哈恩在法兰克福参加过大学预科的考试之后（他在这里遇到了小他三岁的爱德华・萨林（Edgar Salin），此人是著名的经济学家，瑞士 Kyklos 杂志的创办人），就开始在家族的银行上班，但对这项工作并不满意。所以决定去海德堡和马尔堡攻读法律，最终在一战即将爆发之际完成了学业。一战期间，他写了一篇关于通货膨胀的文章，作为了其在马尔堡大学的博士论文。1919 年，他接替父亲（当时已经疾病缠身，逝于 1921 年），成了家族银行的董事会成员（Deutsche Effecten-und Wechsel-Bank 1947，20）。在纳粹党人掌控德国之前，他主要关注的业务领域是银行管理，而非学术著述。可尽管如此，他仍在 1920 年写出了《银行信贷的经济理论》一书，而且截至 1930 年，此书被两次再版，再版都做了更进一步的修订。由于他就通货膨胀和货币改革问题撰写了许多文章，所以获得了法兰克福大学的荣誉（无薪）教授职位，但并不担有教学任务。

　　纳粹掌权数年之后，哈恩离开了法兰克福，之后就继续以经济学业外人士的身份在活动。1936 年，他从家族银行的董事会离职，并且把自己的资产卖给了柏林的一个大型银行联盟（Deutsche Effecten-und Wechsel-Bank 1947，18）。在瑞士居住三年之后，他于 1939 年迁往纽约，在这里，作为一名银行家，他取得了成功，而且在纽约证券交易所同样取得了成功。1949 年，他又迁回巴黎，但是会定期返回法兰克福，因为他再次被授予了荣誉教授职位。在法兰克福，他做过一些学术演讲，但不会长期性地回到大学授课。[1]1947 年的时候，他们家族银行的董事会依然在法兰克福运作，所以他又申请加入，但并

---

[1]　Oskar Morgenstern(1947)1947 年夏天因为洛克菲勒基金会去德国旅行,其间,他在法兰克福遇到了哈恩,注意到哈恩对经济学未来的学术工作持一种悲观态度。

未参与管理。与之相反，在德国中央银行的重建过程中（Muthesius 1959），他却成了一位既受人尊敬，又让人讨厌的顾问。由于他的国际银行家经验、他的理论知识以及他对德国银行体系的了解（哈恩 1960），他在 1963 年受邀参加了在意大利的塞尔贝罗尼别墅举行的国际货币专家会议，这次会议是马赫卢普在洛克菲勒基金会的支持下组织召开的。[①]这次组建了贝拉吉奥集团的会议，是75 岁高龄的哈恩最后一次在经济学家面前公开露面。他于 1968 年在苏黎世辞世。

　　哈恩的传记由他在学术世界和商业世界中的生涯构成，在这里，所谓的传记是由各类关于其生活的自传、他人撰写的传记以及学术作品所构成的参考文献。但是，两个世界的生平描述模式却风格迥异，因为在这两个社会系统里，这些故事具有不同的功能、不同的目标。如果将杰里米·波普金（Jeremy Popkin）（收在本文集的文章）描述的学术性自传与企业家的传记或者自传进行比较，我们就会发现一些显著的差异。波普金认识到，学术性自传具有以下这些目标：比如，反映一个学科的社会准则，教育新入门者遵守特定的传统，成为一个学科回忆中永远存在的一部分。对于一个学者来说，参考自己的独创作品或者科学成就，就是对学术规范的违犯（波普金，本文集中他的文章）。但相反的是，企业家的传记或者自传通常好像都是关于他们还在经营着一家企业，而且还打算巩固其商业领导人的位子，以证明他或她管理公司的特殊才能之类的故事。然而，学者们却必须要去证明，他们的科学成果如何源自于一系列的理性观点，以及某一理论的渐进式的升华过程；企业家们则要朝着相反的方向努力，他们必须要说明，一个关键性的决定不可能在理性结论中找到，而是要靠"直觉"或者"本能"。贝塔斯曼的经理人艾克塞尔·甘孜（Axel Ganz）在一次访谈中提到，他商业上的成功源自 "80%的努力，10%的市场直觉，还有10%的运气"（引自 Hansen 1992，7；我的译文）。在一个貌似合理并给出了结论性质的记述中，这样来描述成功之由来，几乎是不可能的，它必须诉诸一种具有较强感染力的隐喻性的语言。因此，相比学者们的同一主题的文本而言，企业家的自传和传记要运用感染力更强的语言。[②]

---

　　①　马赫卢普在 1963 年 12 月 12 日写给哈恩的信件。加利福尼亚，斯坦福，胡佛档案馆，第 42 箱，Fritz 马赫卢普论文集。
　　②　这些对企业家自传的评论大部分引自以下两人的详细语言分析：Sandra Markus（2002），此人运用了德国的案例；Klaus Hansen（1992），他主要涉及的是美国的企业家，比如，Benjamin Franklin，Andrew Carnegie，Lee Iacocca，Donald Trump 和 Thomas J. Watson。

企业家和经理人故事的"市场价值"支撑着这一区别。最近有许多例子表明一家企业的核心人物辞职是如何影响它的股价的。这主要是一位经营公司之人感知能力的结果，而非真正能力的结果，因为一般来说，在一家现代大型公司的每个部门做出正确决定所必需的技术知识都是保密的。因此，公众对经理人可以成功管理一家公司的能力的信任，更多地基于一种对故事的叙述方式，而非固定的知识。正如我们从对企业家传记的历史研究中了解到的，这样的叙事通常会根植于大型企业的公司文化。关于这些公司经理人生平的故事，实际上会被用于业务的经营上来，所以说，企业本身偶尔也会参与到故事的构想里来，以便解决其特定的管理问题（Plumpe 2003，2005；Casson 1997；Raff 和 Temin 1991）。组织理论家阿尔弗雷德·凯瑟尔（Alfred Kieser）把通用电气的经理人杰克·韦尔奇（Jack Welch）如何被故事般地撰写成为一本"圣徒传记"，并且在他一篇题为"控制住你的传奇故事的结构，否则其他任何人都将这么做"的文章中（Hegele 和 Kieser 2001），对这种结构性的必修内容做了描述。另外一个例子中，泰德·特纳（Ted Turner）生平的公共结构则成为了传递其"企业反串"策略的一个工具（Guthey 2001）。也就是说，由于结构环境的不同，企业家的他人为其所作的传记或自传中运用的语言，要与学者的传记有所区别。

大部分的企业家自传，都是参与大型制造企业管理的商业人士撰写的。相比服务业，在这些类型的企业中组织和策略行为问题、个人领导和竞争问题都表现得更为突出；而且绝大部分的自传性自我建构主要谈及的也是这些问题。但是，银行业的自传体文本则不如这种体裁那么明显。银行家自传的大部分内容主要关注的是家族历史，管理生意只是次要的部分。然而，哈恩的例子中，事情却发生了变化：在他的自传文本中，他的家族以及他的银行业务都没有出现太多。尽管其中绝大部分涉及的是他的学术成果，但在哈恩的自我描述文本中，其语义措辞和语义类型都更为接近我们在企业家自传中看到的，而不是在家族历史或是学者自传中所看到的。"两个灵魂"这一修辞手法，是企业家传记中用于描述他们"独创才能"的典型隐喻，这种"独创才能"又是一种更加难以通过理性论证来推断的特点。①

不仅是哈恩自己，大多数关于他的传记文本，都将这种语义类型归到哈恩

---

① 在荷西（2002）的案例研究中，"两个灵魂"作品这一主题是如何得到广泛发展的，则主要依据引自帕尔（Parr 1992）的语言学理论。我的译文。

的生平中去。当他于1968年逝世时，寄给了他的学者朋友弗里茨·马赫卢普《新苏黎世报》上的讣告包含了这样特别的一句话："他将学者的非凡天资与银行家的老练才能，以一种理想的方式结合了起来。"[①]这一独特的描述，是用于总结哈恩的一生及其自20世纪50年代中期以来的经济思想的主要形式的。他自己也用这样的话语来介绍他的自传："纵观一生，我从来不是人们口中所称的天才实践者，在某种意义上，也不是一位天才理论家。正如我一位朋友曾经提出的，我是一个理论化的实践者，或者，像一位不那么仁慈的评论者所说，或者是介于两者之间的某种奇怪的产物，而且在德国（与英美国家相反）是一个相当稀缺、甚至几乎是唯一的类型。毫无疑问，所有的天才实践者们批评我成了一名理论家，而所有的天才理论家们又说我关于世界的科学理论观［世界观］过多地被实践经验所影响"（哈恩1963；我的译文）。随着年龄的不断增长，他也开始不断地重复这样的话（哈恩1964）。

　　这一话语不仅是哈恩将自己的过去进行史实纪录的一项工具：在别人描述他的开篇也会出现这一话语。拉蒂斯劳·冯·波特克威茨（Ladislaus von Bort-kiewicz）撰写了对《银行信贷的经济理论》一文所做的首篇评论，其中就提到了哈恩既是一位经济学家也是一位银行家的事实，而且在倾向于后者的前提下他对两个哈恩之间的关系做出了判断。波特克威茨（1921-22，71；我的译文）写道，他是一位"带有理论兴趣的实践者"，好像是要缓和自己的评论一样。我们还可以在高特弗莱德·冯·哈博勒（Gottfried von Haberler）的评论（1930）以及霍华德·伊利斯（Howard Ellis）的评论（1934，334）中可以找到类似的描述。即便是在那些关于哈恩的未公开文本中（这里不用非得讨论他的工作），他的双重"能力"依然会被提及。朝圣山学社在给新近入会之人的介绍中写道："尽管哈恩在离开德国时几乎失去了所有的财产，但他在美国证券交易所表现非凡，所以现在又是腰缠万贯了。同时，哈恩是一位非常优秀的经济学家，也是凯恩斯学术的坚决反对者。"[②]由于许多商界人士都加入了朝圣山学会，所以在这个例子中，这一番话并不能表明哈恩是一个局外人。相反，这一既是优秀经济学家又是商人的特性，才会让他的理论表述具有一种特殊的威信。

---

① 讣告可能是来自1968年10月4日的新苏黎世报。加利福尼亚，斯坦福，胡佛档案馆，4号文件夹，42号箱，弗里茨·马赫卢普论文集。

② 1950年4月11日的"给新会员的提议"。加利福尼亚，斯坦福，胡佛档案馆，7号文件夹，第6箱，朝圣山学会论文集。

当我们将把这些纳入到哈恩生平上的企业家话语与学者自传中的语义和叙事类型之比较时，就会发现前者尤其引人注目。对于经济学说史来说，这一事实只是看似重要，因为这些类型违背了经济学确定的规则，所以在经济学的会议中会惹人"不悦"（运用尼可拉斯·卢曼（Niklas Luhmann）的话来说）。因为对于经济学的科学进步或者变化来说，轻视规则引起的愤怒是一个很重要的推力，考查哈恩的生平故事会引起哪些后果，还是非常值得一做的。当学术话语提及哈恩的传记时，凯恩斯理论的先驱问题以及理论和实践之间的关系问题，都会被格外地得到强调。

从前凯恩斯理论到反凯恩斯理论：哈恩的思想传记

哈恩对经济学理论的贡献，包括一本小书和他在经济杂志上和报纸上发表的一系列文章。后来，哈恩将这些文章编纂成集，以两部选集的形式出版，同时也将自己的作品再版了几次（例如，哈恩1924，1949a，1960）。首次发表于1920年的《银行信贷的经济理论》一书，无疑是他最重要的作品。在这本书中，他证明了银行体系创造资金的能力。由于存在银行授予的信贷互惠认可，所以，在不用增加现金或者中央银行资金的情况下，就可以提高货币供给。商业银行会创造超出它们可以取得的储蓄总额的贷款。哈恩又详细地描述了通过商业银行进行资金创造的过程，而且反对了当时德国著作中的基本假设。[①]然而，他同样也批评盎格鲁-撒克逊世界的货币理论。20世纪20年代期间，这种类型的经济理论在德国并不是那么著名，所以这一点非常值得注意。哈恩并没有抵制盎格鲁-撒克逊的货币理论，而是证明了，正如古典学派已经明确表明的那样，货币数量理论并不适合20世纪20年代的经济状况。对于那种以硬通货流通为基础的经济，数量理论是有效的。但对于一战之后出现的现代经济来说，此时的货币供给只包含一小部分的现金，所以货币数量理论便无法再发挥作用，欧文·费雪（Irving Fisher）描述的"新数量理论"也不再适用，因为他的货币供给中包含银行活期存款。据哈恩所言，费雪依然认为大部分的货币供给是以现金的形式发生的，而他同时又称，最大一部分的货币供给

---

① 在同一年,关于同一个话题,Georg Halm(1963,384)将我们的吸引力转移到Chester A. Phillips的《银行信贷》一书。这本书时他在耶鲁师从Irving Fisher时的博士论文。

就是商业银行体系创造的活期存款。

哈恩的《银行信贷的经济理论》中存在争议的是该书的第二部分，这里他关注的是对产品进行信贷扩张的效果。哈恩（1920，141）确信信贷的扩张可以促进生产："信贷不需要任何原材料就能生产出商品，因为没有信贷这些商品不可能被生产出来"（译自 Ellis 1934，328）。因此，基于现代经济中的货币体系已经发生改变这一事实，他放弃了货币中性这一观点。为了解释这一联系，他追溯了约瑟夫·熊彼特（Joseph Schumpeter）在他的《经济发展理论》中谈论"迂回式生产"时使用的类比，这一术语引自欧根·冯·庞巴维克（Eugen von Böhm-Bawerk）的资本理论：信贷的授予会巩固资本密集型产业，而且会致使商品在生产过程中耗时更长，才能使得它们可以用于将来的消费。与此同时，对劳动的需求也将增加，随之工资也会上涨。在信贷扩张之前不愿参加工作的人们，现在也会决定供应劳动（哈恩 1920，134-39）。简言之，哈恩声明，信贷扩张可以通过增加产量，从而来提升就业。早在 1920 年出版的《银行信贷的经济理论》一书中，我们就发现了下面这一主张：国家需求的扩展可以通过扩张信贷来产生这些效果（哈恩 1920，151）。

20 世纪 20 年代，在德国货币理论中，哈恩的这本书被广泛地讨论。尤其是在 1922—1923 年德国恶性通货膨胀期间以及德国货币稳定之后，哈恩对通货膨胀所持的相当乐观的观点，既是被赞赏的对象，也是批评的集中所在。由于德国的绝大部分货币著作都是从国家决定货币供给的学说的角度撰写的，所以哈恩的作品被认为是一个独创而又新颖的贡献（Laidler 与 Stadler 1998，819-21）。他挑战货币数量理论的时候更是如此。哈博勒对哈恩的这本书进行了评论，在那个闻名于世而又被经常引用的评论中，他谈到了一种真正的"哈恩主义的著作"（参见 Ellis 1934）。但是在货币争论的那些年里，哈恩同样对哈博勒的看法提出了挑战。早在他针对颇有影响的《政治经济学手册》（Hand-worterbuch der Staatswissenschaften）而做的题为"信贷"一文中，他就已经对自己论证的范围做出了限制，在这个范围内，他现在认为只有一部分信贷会影响到经济的增长，也就是少了经济中的储蓄无法生产出来的那一部分。只有这种"通货膨胀的信贷"——他自己这么叫的——可以使生产扩张，而且只会扩张到政府愿意接受本国货币兑换率降低的程度，或者是新近生产的商品再也无法售出的程度为止（哈恩 1922）。由于哈恩这本书的第二版（1924）并未进行修订（因为后来哈恩在致力于他的银行工作），所以在 1930 年的第三版之前，新的概念并未被引入《银行信贷的经济理论》一书。在第三版中，哈恩一步步地远离自己在二十岁出头之时提出的相当大胆的理论。虽然他在大体上仍然坚信，以通货膨胀为代价推行信贷消费政策是可能的，但已不再认为随之而来的经济增长会持久地维持下去，因为他相信银行部门不会坚持低利率，因为中央银行也要提升利率以稳定货币。他现在给自己贴上了货币经济周期理论支持者的标签，这一点在同时代的威尔海姆·罗伯克（Wilhelm Ropke）和路德维希·冯·米塞斯（Ludwig von Mises）的作品中也能够发现（哈恩1930，141-51）。

尽管哈恩在相继出版的几版《银行信贷的经济理论》中从未引用凯恩斯的作品，但这一作品与凯恩斯《通论》的相似之处让人感到吃惊：储蓄与投资的不平衡、对货币中性的反对以及货币需求不仅仅取决于利率的信条，都是这样的例子。此外，他还抢先发展了凯恩斯经济学的一个核心理论，即通过信贷扩张和货币市场与产量之间的联系提升就业的可能性。但其中的差别同样很大：哈恩并没有包罗万象的经济理论。哈恩作品中的需求优于生产的理论也只适用于银行部门（在逻辑上信贷需求应该超过储蓄）。他的"流动性偏好"观点也是一样，哈恩（1949a，217）只将其应用于银行部门，而未用到消费者身上。哈恩既不了解边际消费倾向或是乘数效应，也不知道非充分就业下的稳定均衡。[1]他更没有发展出一套系统的宏观经济理论；相反，他只是总结了一些有代表性的想法（也可以参见Schneider 1952，1953）。尽管如此，他仍因1936年《通论》出版不久之后被认为已经抢先运用了它的思想，而受到好评（哈恩1936），而且他做的比德国所有其他"前凯恩斯主义者"都要高调（Garvy 1975）。

哈恩对凯恩斯《通论》做出的第一次回应，是1936年11月在《新苏黎世报》（瑞士最有影响的新闻日报）上发表的颇为全面的书评。尽管他依然坚持这样一种观点：萧条期间，具有通货膨胀性质的信贷扩张实际上会提高就业，但对于凯恩斯主张的货币工资会落后于消费价格的增长，这样通货膨胀就会成为降低工资的工具，并且会回到持久性的充分就业上来（哈恩1936），哈恩仍旧持反对态度。工人们的"货币幻觉"——他只是后来才用了费雪的术语——只能在短时间内才能得到维持，所以，实际上，是凯恩斯主义的理论家们屈服于了一种"幻觉"。在其1949年的选集中，他为凯恩斯主义经济学杜撰了"经济幻觉"一词（哈恩1949a，173；1949b；1954，217）。二战之后，他将自己

---

① Halm(1963,382)关于哈恩只意味着自愿性失业的争论,变成了更高工资情况下生产过程的一部分(通过信贷扩张),而凯恩斯将这种类型的失业明确排除,则是不对的;因为哈恩(1920)思考了所有的失业种类,只是用自愿性失业作为一个例子。

的批评拓展至一般的流动性偏好的假设和需求管理优先之上（哈恩 1949b）。他现在将自己在 20 世纪 20 年代的主张称之为"年轻时候所犯的罪孽"（哈恩 1949a，6）。他在 1949（225）年写道，在繁荣时期进行货币贬值，在萧条初始时期扩大需求，这两项提议是自己最为后悔做出的。在一本出版于 1954 年的入门教科书中，他进一步限定了之前关于通过通货膨胀信贷提升产量的假设。现在，这一点只与下面这种情况相关：由于受到政治管制的影响，工资不能低于某一特定标准。哈恩说道，只有这样，通货膨胀的信贷扩张才会带来就业增加。可是，凯恩斯攻击古典学派只描述均衡的情况，因为这在现实中是非常罕见的，哈恩则确信凯恩斯主义者们自身将他们的分析脱离了政策适合的特殊情境，因为他们总是希望自己的政策建议能够被采纳。

　　如果要总结其思想传记的话，我们可以得出这样的结论：哈恩的前凯恩斯理论，既不是真正的凯恩斯学说，也不完全是他后来的反凯恩斯理论，而是他对凯恩斯学说的讨论所直接导致的逐步后退。与拉德勒（Laidler）和斯塔德勒（Stadler）（1998）、伊利斯（1934）一样，我们有充分的理由将哈恩归在 20 世纪 20 年代"德国货币数量理论家"的行列，因为他试图通过更加精确地描绘货币供给来改良货币数量理论。另外，他又从未放下过货币和经济生产水平之间存在联系这一信念。当然，凯恩斯理论的先驱者问题和对凯恩斯理论的反对问题是很难做出清楚的判断的，尤其是如果范式本身与凯恩斯理论一样不确定的话，做出这种判断就更加困难。但是在哈恩的例子中，有证据表明，在类似问题的争论中，他本人大量参与了对自己作品进行的建构和解读。例如，他尽力把自己作品与凯恩斯作品之间的差别淡化为"语言"问题，因为他并未将自己的结果用数学形式表达出来。当他从《美国经济评论》的编辑马赫卢普手中收到一份手稿时，他对后者的修改建议这么评论："您说得很对，凯恩斯主义者的术语是一定要用的。整个世界当中只是谈论凯恩斯主义的卡尔的，比比皆是……但遗憾的是，我并不熟悉数学工具。尽管绝大多数的等式不过是说，如果 p 是 'Pepsi'，c 是 'Cola'，那么 p+c 一定是 Pepsi-Cola，但这依然更容易让凯恩斯主义者的阵营给人留下深刻的印象。"[1]

　　在他的《幻觉经济学》中，他直接提出了这个问题：他"从来都不能理解，为何凯恩斯在明明知晓我的作品的情况下（这是因为在凯恩斯《货币论》

---

[1]　引自哈恩在 1944 年 6 月 1 日写给马赫卢普的信件。加利福尼亚,斯坦福,胡佛档案馆,4 号文件夹,42 号箱,马赫卢普论文集。我的译文。

的德文译本里引用了我），却不在其《通论》中加以引用？"但是，哈恩当然知道凯恩斯参考哈恩在 1922 年的文章好像只是要引用米塞斯，而且似乎是转引自米塞斯的《货币稳定与经济政策》一书（Keynes 1932，140）。也就是说，是哈恩自己把自己的作品引入到凯恩斯学说的根源与评论者的讨论之中。从部分程度上讲，这是他的自我建构与自我营销。而且他甚至用一句话为这一"战役"创造了一个"口号"："凯恩斯所说满篇错误而且充满夸张，所有这些我之前已经说过，而且说得比他更清楚。"亨利·黑兹利特（Henry Hazlitt）在介绍哈恩在 1949 年的文章选集时，第一次引用了这句话。黑兹利特称，他是在 1936 年哈恩对凯恩斯作品的评论中摘录的这句话，但实际上在那里并未找到。后来，哈恩（1963，6）自己也给出了相同的出处，而这个出处显然不对。

    我们可以这么总结，哈恩的凯恩斯理论先驱问题被强烈地纳入到了关于其传记的特殊自我建构之中。他从一个企业家的专业角度"推销了"自己的学术贡献，又从与"竞争性"范式的比较中获得的"成功"这一方面，来强调自己的理论。这当然不应该以任何方式来否定他的经济论证的价值，但它只是开篇提出的马赫卢普的问题的一个可能的，而且也更为复杂的答案。然而对于经济学来说，哈恩的原创性仍然是很重要的，哈恩自己也强调了他之前与凯恩斯的相似之处，而且他还对为何自己会在经济理论的发展过程中成为"市场失败者"这个案例的原因进行了分析。

结论：表达理论与实践之间偏差的工具

    正如以上两部分展示的，哈恩生平的自我建构在他的学术贡献中占据了很大一部分。他的著作以及一些原创性和反思性的文章，一直与他银行家的职业有关。甚至字里行间，我们仍能看到他的学术生活与职业生涯之间的联系。而且，在讲述他的生平故事时，他在多大程度上被看作前凯恩斯主义者这一问题，也在某种程度上受到了其"企业家"行为的影响。但是到目前为止，下面这个问题的另一个层面却一直被我的分析排除在外：对于当代经济思想的某些特殊分支来说，为何哈恩的生平表面上看起来相当有意义呢？这一问题就涉及该学科历史记忆的选择程序问题。在这些程序中，哈恩的独特经历以及或多或少地在学者话语和企业家话语超乎常规的混合，都会明显地展现出某种优势。因此，我们应该考查更多关于哈恩的学者生平与职业生涯联系的例子。

1953 年哈恩在苏黎世的对外贸易学院做演讲时，学院院长，同时也在担任朝圣山学会秘书长的阿尔伯特·哈诺德（Albert Hunold）先生写了一篇简短的介绍。并不让人感到奇怪，哈诺德以歌德的《浮士德》中的著名引言作为开篇，称哈恩的"胸膛中有两个灵魂"。哈诺德继续写道："当你向 20 世纪 20 年代的德国经济学家问哈恩教授是谁时，他会这么回答，'哈恩是一位足智多谋的银行家，却是一名不怎么样的经济学家。'如果有人转而向银行家询问，那么他们会说哈恩是一位'机敏的经济学家，却是糟糕的银行家。'这就是德国人的评价。可是，这不是瑞士人的观点，从在两年之内两度邀请他这个事实，就会发现，这位演讲者在这里被我们大家所推崇。"①从这一引言我们可以看出，两位哈恩（也就是，"他胸膛里的两个灵魂"）的话语，不仅仅是他有趣的经历在字面上的表达，它也反映了总体上在经济学理论-实践之间存在的偏差。在这个例子中，哈诺德将"瑞士观点"与"德国观点"区别开来，而且暗示，在瑞士，经济学无须关注是不是优秀经济学家或优秀银行家这二者之间的矛盾。从哈诺德的介绍中我们可以看到，哈恩的经历不仅是他值得详述的生平故事，而且它起到了一个特殊的作用，那就是让他自身也成了经济学范围内值得品评的对象。

另一个例子也非常相似：1959 年，一篇总结了哈恩同年发表在 Kyklos 上的一篇文章中给出的关于国际货币政策的建议的报纸文章，强调了其建议的价值。对于这位记者来说，其价值主要在于哈恩作为经济学圈外人的地位："哈恩从一开始就不合群，他用其敏锐的思想，将货币问题从所有的神话中剥离出来"（我的译文）。②当然，这样的主题也不该被过分强调——因为很可能这些主题本身也是哈恩自我营销的成果。但是，如果它们不是哈恩经济学的一部分的话，那就更没有需要提及的价值。可它们与我的主题相关，因为在分析哈恩在凯恩斯学说探讨中的作用时，它们带来了一个新的视角，那就是用实践经历来质疑理论的视角。

在 1944 年写给马赫卢普的一封信中，哈恩问道："我这样一位来自社会大众阶层的普通银行家，是否能够战胜整个凯恩斯主义的僭越是很值得怀疑的，

①　哈诺德的介绍，1953。加利福尼亚，斯坦福，胡佛档案馆，8 号文件夹，33 号箱，朝圣山学社的论文集和信件。
②　《事实》，1960 年 8 月 30 日，第 27 期，"Baue das Haus so, daß es für sich allein stehen kann"，加利福尼亚，斯坦福，胡佛档案馆，4 号文件夹，42 号箱，朝圣山学社的论文集。

对吗？"①乍一读，哈恩似乎在说"普通人"不可能插手经济学的理论（尽管这一特点与哈恩联系起来的时候只有讽刺的意味）。但从哈恩自己的经济论证来看，他一定确信对抗经济范式的重要机会，就在实践者的参与过程中。这一话题在他的《银行信贷的经济理论》一书中就已经出现，在这本书中，哈恩并不判定货币数量论就是错的，只是认为其与现代经济的目前状况不太一致。利率不是资本交易的价格，因此也不是债务人放弃消费的代价，而是会引起供给和需求信贷的资本市场的价格；这一点"对实践者来说，在很长一个时期内都是不言自明的"（哈恩 1920，116；我的译文）。

而且他在同一本书中发展出了理论和时间之间联系的一般模型。根据哈恩所言，只有在外部异端人士的帮助下，科学进步才有可能产生，因为这些异端人士可以将理论与现实进行比较："一个科学理论越墨守成规，越合乎逻辑，那它就失败得越惨烈，因为它会产生一种即便真正的前提条件已经发生改变的情况下，仍旧可以将这一理论长期维持下去的激励。"因此，必须要将更深层次的经济理论与之相区别："如果它们是正确的，就意味着其在逻辑上是可证实的，而如果它们是真实的，那就意味着它们与真实的先决条件相符"（15；我的译文）。正如他后来所写的那样，整本书都是根据他在家族银行的经历逐步演化而成的，在其家族银行中，没有人可以向他精确地解释到底哪些商品可以在信贷部门进行交易。理论与实践之间的联系成为他所有作品的主题，而且哈恩从前凯恩斯理论向反凯恩斯理论的转变，也几乎没有在这一点上做过改变。例如，1949年，他将（凯恩斯主义）经济学家的行为与商人的行为进行比较："与繁荣时只看到牛市、萧条时只看到熊市的观点的商人和股票交易员一样，经济学家们也在犯着同样的错误"（哈恩 1949a，7）。

哈恩抢先占据了理论与实践的高地，因为他还将其运用到了20世纪50年代的经济预测问题之中，这就致使波德里克和塞尔金（Boudreaux and Selgin）（1990）和罗伯特·李森（Robert Leeson）（1997）认为他是"理性预期理论"的先驱，因为这一理论是在20世纪60年代发展起来的。实际上，早在1952年，哈恩就比较了经济学家和企业家预测未来的能力。他明确地写下了成为理性预期理论先兆的一段关键文字："我们不只有一个理由去这么假设：在预测未来需求的高深游戏里，理论家要平均胜出商人一筹。与之相反，你也可以假

---

① 哈恩在1944年6月1日写给马赫卢普的信件。加利福尼亚,斯坦福,胡佛档案馆,4号文件夹,42号箱,弗里茨·马赫卢普论文集。我的译文。

设，商人平均而言会是更好的预言家，因为他们会更加可靠。如果商人错了，他们就会遭受损失，而理论家的预测则无须承担任何风险——甚至他们的声誉也不会受损。因此，世界不能被分为理论家和商人，前者拥有分析未来投资和消费的垄断权，而后者的未来是不确定的，因而也是充满投机意味的世界"（哈恩1954，260；我的译文）。[①]因此，如果我们想要从这些句子中发现相当符合现代的理论和"货币主义者原型"的一些东西，那也是可能的，因为哈恩使自己也成了自身理论的一部分。

正如前文两个部分所表明的那样，正是大量的自我营销，使得哈恩的传记在经济学说史上的海量生平描述中独具一格，而且是一种深入到与哈恩作为企业家生平描述并驾齐驱的叙事类型。因此，对于经济学中的传记写作问题来说，哈恩的例子对以下两个方面都会产生帮助：将传记的自我构建与其他的描述材料区别开；展示如何从特定的语义类型和隐喻知识中辨别出不同的（自传和）他人为其撰写传记所引述的材料来源。可是，仅仅是哈恩成功的自我营销策略，是无法解释哈恩乃被经济学所记取这个事实的。人们在介绍哈恩生平的特殊建构时，认为每位经济学家的每本传记都应该满足该学科的某个特殊需求，并且认为哈恩就是这样的一个例子。所以，本文主张应该把那种分析上的元层面的整体意识纳入到对每位经济学家生平的考虑之中。

在哈恩的例子中，该学科的需求点似乎就落在了理论与实践的联系上。在卢曼的系统论方法中，"科学"和"经济"的社会系统是彼此严格独立的。因为经济遵循着"支付/不支付（payment and nopayment）"的基本逻辑，而科学则必须遵循"正确/错误"的标准。两个系统无法交流，只会"激怒"对方，因为它们"具有结构相关性"（Luhmann 1998，95-118）。传记就担当起这种"结构性联系"：它们可以将商业现实带入经济学，就像数据和法律的方式一样——但尽管如此，依据这一系统论方法，这些事情只能一直是对现实的模拟而已。在这种背景下，哈恩的传记就可以被继续用于反映经济学中理论和现实的关系。根据这一系统论方法，这种不断的思考，对一个社会系统的演进是必不可少的（也就是我们例子中的经济学学科）。此外，从这个角度来讲，传记还可以提供不同于一般的解释，这对经济学的演进效率来说是非常根本性的。因

---

①　这则引言出自哈恩题为"Propheten des Unprophezeibaren"的文章在1954年的重印版，这篇文章既在1952年的《银行业杂志》上出现过，也在同年的《自由者》杂志上以"预测不可预言之事"的题目出现过。还可以参见波德里克和塞尔金(1990,271-72)，它同样引自《自由者》，但是明显并不与德文文章完全相同。

为按照科学的基本逻辑，如果一个经济范式是正确的，那它总是会存在的，而如果是错误的，它就会消失；所以，如果一个本该是我们可以获得的"正确"范式，却在相当长的时期内被忽视时，经济学就需要对之给出一个特殊的解释。正如哈恩在处理自己的故事时所做的那样，传记（从我们上述提及的广泛意义上来讲）可以解释这一矛盾。在经济学中，一个局外人的传记或许可以解释，为何一个"正确的"理论会出现得那么晚。哈恩的生平故事就可以用于解释凯恩斯的理论所走过的弯路。在这种背景下引用传记是经济学解释其基本悖论的一种方法：去解释为什么整个世界是按照经济法则在运行，而在其学科的"正确"的理论内，却不是那些在经济上取得成功的法则在起作用。只要经济范式发生改变，经济学说史上就会有强烈的对传记写作的需求。我们或许已经忘记了哈恩对经济理论的贡献，虽然他在推销自己的生平故事和自己的理论方面取得了成功。我们记得他，是因为他的职业生涯构成了某一学科的结构性缺陷的绝佳案例，这种缺陷会激起对理论发展为什么走过那么多弯路的在传记方面的需求，同时也会带来对理论与实践之间联系之讨论的机会。

参考文献

Backhouse,Roger E.1985.*A History of Modern Economic Analysis*.Oxford：Blackwell.

Beaud,Michel,and Gilles Dostale-1995.*Economic Thought since Keynes：A History and Dictionary of Major Economists*"ranslated by Valérie Cauchemez with Eric Litwack.Aldershot,U.K.：Elgar.

Blaug,Mark.1985.*Grea- Economists since Keynes*.Brighton：Wheatsheaf Books.

——.1989.*Great Economists befo-e Keynes*.Brighton：Wheatsheaf Books.

Blaug,Mark,and H.Vane.2003.*W+o's Who in Economics*.5th ed.Cheltenham,U.K.：Elgar.

Bortkiewicz,Ladislaus von.1921-22.Das Wesen,die Grenzen,und die Wirkungen des Bankkredits.*Weltwirtschaftliches Archiv* 17：70-89.

Boudreaux,Donald J.,and George A.Selgin.1990.L.Albert Hahn：A Precursor of Keynesianism and the Monetarist Counterrevolution.*HOPE* 22.2.261-79.

Casson,Mark C.,ed.1997.*Information and Organization：A New Perspective on the Theory of the Firm*.Oxford：Clarendon Press.

Deutsche Effecten-und Wechsel-Bank vormals L.A.Hahn.1947.*75 Jahre*.Frankfurt am Main.

Ellis,Howard S.1934.*German Monetary Theory*,1905-1933.Cambridge,Mass.：
Harvard University Press.

Garvy,George.1975.Keynes and the Economic Activists of Pre-Hitler Germany.*Journal of Political Economy* 83：391-405.

Guthey,Eric.2001.Tec Turne's Corporate Cross-Dressing and the Shifting Images of American Business Leadership.*Enterprise & Society* 2.111-42.

Haberler,Gottfried von.1930.Review of third edition of *Bankkredit*,by L.Albert Hahn. *Zeitschrift für Nationalökonomie* 1：771.

Hagemann,Harald,and Claus-D.Kiohn.1999.*Biographisches Handbuch der deutsch sprachigen wirtschaftswissenschaftlichen Emigration nach 1933*.Munich：Saur.

Hahn,L.Albert.1920.*Volkswirtschaftliche Theorie des Bankkredits*.Tübingen：Mohr.

——.1922.Kredit.In vol.3 of *Handwörterbuch der Staatswissenschafien*,edited by Ludwig Elster,Alfred Weber,and Friedrich Wieser.4th rev.ed.Jena：G.Fischer.

——.1924.*Geld und Kredit：Gesammelte Aufsätze*.Tübingen：Mohr.

——.1930.Volkswirtschaftliche Theorie des Bankkredits.3rd rev.ed.Tübingen：J.C.B.Mohr.

——.1936.Die neue Konjunkturtheorie von Keynes.Neue Züricher Zeitung,19 and 20 November.

——.1945.Compensating Reactions to Compensatory Spending.*American Economic Review* 35.1：28-39.

——.1949a.*Economics of Illusion：A Critical Analysis of Contemporary Economic Theory and Policy*.New York：New York Institute of Finance.

——.1949b.Die Grundirrtümer in Lord Keynes' General Theory of Employment,Interest and Money.Ordo,*Jahrbuch für die Ordnung von Wirtschaft und Gesellschaft* 2：170-92.

——.1954.*Wirtschaftswissenschaft des gesunden Menschenverstandes*.Frankfurt am Main：Knapp.

——.1960.*Geld und Kredit：Währungspoliticche und konjunkturtheoretische Betrachtungen*. Frankfurt am Main：Knapp.

——.1963.*Fünfzig Jahre zwischen Inflation und Deflation*.Tübingen：J.C.B.Mohr.

——.1964.*Rückblick und Ausblick：Vortrag,gehalten anläßlich seines 75.Geburtsta* *gesam 12.Oktober 1964 in Frankfurt am Main.*Tübingen：Mohr.

———.1990.*Teoria economica del credito, a cura di Lapo Berti.*Naples：Edizioni Scientifiche Italiane.

Halm，Georg.1963.L.Albert Hahn und John Maynard Keynes.*Zeitschrift für Nationalökonomie* 23：381—88.

Hansen，Klaus P.1992.*Die Mentalität des Erwerbs：Erfolgsphilosophien amerikanischer Unternehmer.*Frankfurt am Main：Campus.

Hazlitt，Henry.1949.Introduction to *The Economics of Illusion*，by L.Albert Hahn.New York：New York Institute of Finance.

Hegele，Cornelia，and Alfred Kieser.2001.Control the Construction of Your Legend or Someone Else Will：An Analysis of Texts on Jack Welch.*Journal of Management Inquiry* 10.4：298—309.

Hesse，Helge.2003.*Ökonomen— Lexikon：Unternehmer，Politiker，und Denker der Wirtschaftsgeschichte in 600 Portäts.*Darmstadt：Wissenscliaftliche Buchge— sellschaft.

Hesse，Jan— Otmar.2002.Der "Postbismarck" und seine "Stephansjünger" Heinrich von Stephan in der Unternehmenskultur der Reichspost-und Telegraphenverxvaltung 1876—1897.In *Kulturalismus，Neue Institutionenökonomik oder Theorievielfalt：Eine Zwischenbilanz der Unternehmensgeschichte*，edited by Jan-Otmar Hesse，Christian Kleinschmidet，and Karl Lauschke.Essen：Klartext-Verlag.

Keynes，John M.1932.*Vom Gelde（A Treatise on Money）.*Translated by Carl Krämer and Louise Crämer.Munich：Duncker & Humblot.

Laidler，David，and George Stadler.1998.Monetary Explanations of the Weimar Republic´s Hyperinflation：Some Neglected Contributions in Contemporary German Literature.*Journal of Money，Credit，and Banking* 30：816—31.

Leeson，Robert.1997.Influence（or the Lack of It）in the Economics Profession：The Case of Lucien Albert Hahn.*HOPE* 29.4：635—38.

Luhmann，Niklas.1998.*Diees Gellschaft der Gesellschaft.*2 vols.Frankfurt am Main：Suhrkamp.

Machlup，Fritz.1959.Why Not Hahnism?In *Eine Freundesgabe* für Albert Hahn zum 12.Oktober 1959，edited by Volkmar Muthesius.Frankfurt am Main：Knapp.

Markus，Sandra.2002.*Bilanzieren und Sinn stiften：Erinnerungen von Unternehmern im 20. Jahrhundert.*Stuttgart：Franz Steiner Verlag.

Morgenstern，Oskar.1947.Oskar Morgenstern Papers and Diaries，box 14，fol.4，30 June. Special Collections Library，Duke University，Durham，N.C.

Muthesius，Volkmar，ed.1959.*Eine Freundesgabe für Albert Hahn zum 12.Oktober 1959.* Frankfurt am Main：Knapp.

Niehans，Jürg.1990.*A History of Economic Theory：Classical Contributions，1720—1980.*Baltimore，Md.：Johns Hopkins University Press.

Parr，Rolf.1992."*Zwei Seelen wohnen，ach!in meiner Brust"：Strukturen und Funktionen der Mythisierung Bismarcks（1860—1918）.*Munich：Fink.

Plumpe，Werner.2003.Die Unwahrscheinlichkeit des Jubiläums—oder：warum Unternehmen nur historisch erklärt werden können.*Jahrbuch für Wirtschaftsgeschichte* 1：143—56.

———.2005.Das Ende des deutschen Kapitalismus.*Westend.Neue Zeitschrift für Sozialforschung* 2.1：3—25.

Raff，Daniel M.G.，and Peter Temin.1991.Business History and Recent Economic Theory：Imperfect Information，Incentives，and the Internal Organization of Firms.In *Inside the Busi-*

ness Enterprise.Historical Perspectives on the Use of Information,edited by Peter Te-
min.Chicago：University of Chicago Press.

Samuels，Warren J.2003.*European Economists of the Early Twentieth Century：Studies of
Neglected Continental Thinkers of Germany and Italy*.Cheltenham，U.K.：Elgar.

Schneider，Erich.1952.Hahn contra Keynes.Schweizerische Zeitschrift für Volkswirtschaft
und Statistik 88：395-404.

——.1953.Der Streit um Keynes：Dichtung und Wahrheit in der neueren Keynes-Diskussion.
Jahrbücher für Nationalökonomie und Statistik 165：89-122.

关于20世纪20年代的均衡和数学的"交会地带"或者奥斯卡·摩根斯坦想象中的回忆[①]

罗伯特·伦纳德

"1902年，我出生于德国的一个乡间小城格尔利茨；之后在奥匈帝国最大的城市维也纳长大成人。从我父亲这一支来讲，我的家族大约可以追溯至1530年的萨克森州，我那些信奉路德教的祖先们，曾经做过农民、教会委员、法官，还有商人。我的母亲是德国腓特烈三世的私生女……"

然而，另一则关于我自己的描述，却又是另一部百科全书。这次是意大利人。我再次动笔，将五十年前的事件打散，分化到一些熟悉的里程碑事件中去。现在，我应该告诉这些意大利人点什么呢？

"1925年，我完成了大学学业，开始在维也纳大学攻读经济学博士学位。获得洛克菲勒纪念奖学金之后的三年里，我相继去了英国、美国、法国和意大利。返回维也纳之后，我很快成了大学里的一名讲师，随后成为教授，并担任奥地利经济周期研究所的所长……"

接下来就是博士论文《经济展望》的出版，还有在普林斯顿的另一个研究所工作等等。有一点一定是真的，那就是，所有这一切都不可避免地经过了重新的刻意编排……所以，经常性地回想这种事情时，甚至有时候，连我自己都开始相信它们。

"我从未认可过标准的经济学理论或者是数学，因为正如我第一本书《经济展望》（1928）中已经考查过的，我看到了它们在解释展望和预期以及一系列事件预测效果方面存在的困难。正是这些顾虑让我与约翰·冯·诺依曼在1938年走到了一起。"

---

① 本文最初发表在2004年9月刊的《经济思想史杂志》上。在经济学社会史协会的许可下，在这里再次发表；本文经过了出版社的排版编辑重新编排。

随后，另一种声音——源自狄尔泰（Dilthey）和里克特（Rickert）以及其他早期读物上的召唤，使我再度回归，让我认识了事物的复杂性。它强烈要求为那种模糊性留出位置来。至少这一次，我承认了事物是丰富多彩的。

磨　炼

进入维也纳大学之前的那段岁月，我的记忆是断断续续的。起初，我父亲从西里西亚的格尔利茨迁到了奥地利，当时家里所有的财产都败在了糟糕的商业冒险活动上面。来到维也纳之后，他为咖啡和茶叶进口商朱里斯·美诺公司工作，我们的生活也开始稳定，并且变得舒适起来。

我大学预科的同伴们也都来自一些小商人和次等职业人士的家庭，他们也都经历过战后年代的苦难。我们也亲眼见证了饥饿与破败。从学习上来讲，我比较擅长德语，拉丁文和数学则不那么好。大约就是在这个时候，我意识到自己血管里流淌的一部分血液来自于萨克森州的腓特烈三世，这一点一直是我乐于公开承认的。随后，和我大多数的十八岁同伴一样，我也怀着强烈的德国民族主义情怀，写下了尖锐的辩论文章，现今重读起来，觉得是有些过于自负了："没有了德国人，以及德国人的成就，欧洲会变成什么样子，整个世界又将会变成什么样子！德国可以自给自足，不需要向那些强迫它进行进一步思想奴役的外国人借用什么，只需简单地借用它那用之不尽的资源，给予所有那些想要接受的人。可是，德国人确实借用了其他国家的养分，戏剧和诗歌就是这样让人感到沮丧的标志。这一点必须被克服。所有能够摧毁我们正确思想的外国污垢都要用暴力移除。"尽管这里表现得非常狭隘，但我也很快就开始欣赏国外的一些事物。由于战后年代的肺结核病摧毁了维也纳的年轻一代，所以那些能够负担得起的家庭，都把自己的孩子送到了乡下或者国外去呼吸更为新鲜的空气。因此，我在亲戚的陪同下，在瑞典度过了1921年和1922年的夏季，而且大体学会了那里的语言。1922年秋，年仅20岁的我进入了维也纳大学，去攻读经济学博士学位。尽管从名义上讲，这是一个政治科学学位，但它允许个人选择攻读政治经济学。

作为维也纳20世纪20年代的新入学者，最为让我感到震惊的，并非从讲堂里学到的知识，而是关于社会秩序和公民社会之类的事情——很快就会沉浸在卡内蒂（Canetti）、布罗棋（Broch）和其他人的想象力之中的"群体与权力"问题。维也纳的反犹太主义并不是新出现的，可以追溯至中世纪，只是在战争末期，它采用了新的形式。

　　奥匈帝国的毁灭见证了犹太人会从东部省份流入，老兵归来后接受高等教育，以及同时发生的严重的经济困难。我记得当时大学里是人满为患，对未来的焦虑则更深了一层。具有民族主义倾向的德国学生和奥地利学生都支持反犹太主义的浪潮。我1922年到达那旦的时候，诸如德意志学生社团之类的学生联谊组织都很流行，这些团体都是在战后成立的，而且目标明确，就是要消灭"外国种族"。我甚至记得，在我入学几个月之后的某一天，我对聚集在前面的广场上的一群人充满同情，他们高声喊着支持入学限制条款，或者是限制犹太人出现在这所学校。他们还获得了许多教授和教师的支持（其中这些人多数都是公开的德国民族主义者），还获得了为他们提供便利的学校当局的默许。随着帝国的彻底消散，维也纳的发展陷入停滞。失落感、困苦感，以及在战后像洪水般涌进这个城市的传统意义上的波兰人、罗马尼亚人以及匈牙利犹太人的景象：这些就是我要指出来的，随后可以解释我们态度的那些事情。当哈耶克说，没有了犹太问题，20世纪20年代和30年代的维也纳就会变得不可理解时，这是恰如其分的，这并不是简单的基督徒和犹太徒问题，而是两者之间，或者是接受洗礼的犹太徒和与犹太徒友好的基督徒之间的种族混杂问题。实际上，他本人与犹太教徒过从甚密，这一点与我颇为相合。这个问题彻底弥漫在整个社会生活之中，我的老师们之间的关系也难免受到了影响。

歌剧女主角

　　按照讲德语的大学的惯例，维也纳大学的政治经济学是在法学院的主持下讲授的，这一事实丰富了我们的受训经历。接触到大量的理想主义哲学、政治经济史和经济理论时，我们并未受到任何数学和科学上的指导，而且在我接触到这些领域之前，这种情况已经持续了一段时间。在我学习的那段时间，法学院的三个经济学教授职位分别归孔特·费尔迪南·德根菲尔德–肖恩博格（Count Ferdinand Degenfeld-Schönburg）、奥特玛尔·斯潘（Othmar Spann）和汉斯·梅耶（Hans Mayer）三位所把持。我到那儿的时候，德根菲尔德–肖恩博格已经待了有一段时间了，他接替了马克思主义经济史学家卡尔·古兰波哥（Carl Grünberg），此人在20世纪20年代初去了德国，主管社会研究所，也就是后来著名的法兰克福学派。斯潘在那待的时间更长一些，接替了在1914年逝世的庞巴维克。梅耶是新近到任的，1922年成功地入职由他的保护人冯·

维塞尔（von Wieser）（此人仍在学校）腾出的席位。虽然我不愿附和德根菲尔德-肖恩博格后来的自谦：他在"经济学问题方面的见解"并不是"微不足道的"，但我也无法说自己从他那里获得了太多的知识。在学校的所有教授之中，对我最重要的是斯潘和梅耶。在维也纳经济学界，我还受其影响的另一位人物是——其实是德根菲尔德-肖恩博格的批判者——路德维希·冯·米塞斯（Ludwig von Mises）。尽管他并未获得大学的教授职位，但仍是一位颇有魅力的绅士，而且和其他人一样，对我们的思想生活同样非常重要。斯潘、梅耶和冯·米塞斯三人，被我在洛克菲勒基金会的朋友们授予了"歌剧女主角"的称号，成为了一个铁三角。

先知

和其他诸位一样，我首先就被社会哲学家斯潘深深地吸引。虽然他之前在卡尔·门格尔（Carl Menger）那一代的门下学习过，但截至我遇见他时，他的教学与我后来所认可的奥地利经济学，完全没有任何相似之处。在法兰克福待了几年之后，他于1908年获得了教授资格，所以接下来的十年就一直在布尔诺担任政治经济学教授。后来他在战争中受了伤，获得了授勋，就返回了维也纳。其中有一点应该提到，斯潘因庞巴维克去世而被授予了教授职位时，真正"被忽略"的那个人，不是别人，正是约瑟夫·熊彼特，因为他当时担任了奥地利共和国第一届联合政府的财政部长，所以被撇在一边。1919年，在他担任了这一职位几个月之后，就置身于不断恶化的战后通货膨胀之中，可是熊彼特又拒绝赔偿政府债券的持有者，所以这一点让他在维也纳的名誉大大受损。可在我还是个学生的时候，他就已经离开了奥地利，后来在哈佛立足。

对斯潘产生主要影响的就是德国的浪漫主义者亚当·缪勒（Adam Müller），他是1809年的巨著《政治学原理》一书的作者。这一新著描绘了社团主义国家社会，或者说是企业国家社会的自然形态，即一种等级安排，其中的和谐共处源自个体对自然界赋予他们的角色的认可。哈布斯堡王朝曾非常认同这些观点，而且各种各样的奥地利天主教作家们也都保持了特定的传统，比如冯·沃格尔桑（von Vogelsang），此人就继续以民主主义和个人主义作为自己的目标。例如，冯·沃格尔桑运用对资本主义竞争伦理的持久批判，来回应1873年维也纳股票市场的破产，支持政府出面干预，反对维护市场自发运行，而且建议地方性代表体制应该被职业性体制所取代，因为其中的议会代表只代表特定的行业或职业。还有就是卡尔·路易格（Karl Lueger），奥地利保守派天主教徒以及世纪之交反犹太主义政治活动的主要代表。斯潘虽然在社会政策协会非常活跃，但他依然受到了图宾根社会学家、著名的马克思主义的社团主义反对者阿尔伯特·西法尔（Albert Schaffle）的影响。

　　到了20世纪20年代中期，斯潘就放弃了所有作为相对客观的学者的伪饰，开始招收学生和其他人员来宣传新浪漫主义者的乌托邦主义。他放弃了自由的理想主义观点，追随门格尔经济学的遗迹，转向了那个长期存在的浪漫主义和理想主义传统。当民主和大众社会并没有被解释为和谐的社会合作的代名词，而是意味着衰退和被放逐时，这种对理性思想的抵抗就在战后重新显现出其重要性。在战后的奥地利一团混乱而又极不稳定的情况下，维也纳的森林也被砍伐，甚至家具也被毁掉当燃料的情况下，人们很容易被卷入这一荒谬的思想浪潮。

　　斯潘支持"普遍主义"，这是一种植根于德国浪漫主义的有机论。他宣称，只有了解控制着社会演变的终极目的之后，个体的行为才能被理解。社会整体是最后一个给予其子整体目标的原因。尽管相比自己支持什么，斯潘更清楚自己反对的是什么，但我记得他总在奇怪地强调某些特定的基本社会配对组合，而且认为这些对于社会生活来说是非常基础的，比如男人和女人、年轻人和老年人，以及人类和上帝。他断言，在这些关系中，没有一组可以在缺失对方之后仍旧发挥作用，而且整体要大于部分的总和。

　　斯潘说道，不仅是个人主义方法论的社会科学忽视了个体在社会中起着作用这一事实，而且我们采纳这些理论的效果就是要进一步强化同代人的不安感和错位感。将个人主义批评成德意志民族的敌人，将马克思主义抨击为理想主义思想的扭曲之后，他使得我们沉迷于费希特（Fichte）、黑格尔（Hegel）和谢林（Schelling）的哲学。他后来的著作又赞美了诺瓦利斯（Novalis）和奥古斯汀（Augustine）的神秘主义。我在日记中写道："看看我的论文、作品和读物，人们会认为我是一名哲学专业而非经济学专业的学生。但这并不是丢脸的事……相比我的经济学知识，我的哲学知识仍是片段性的。"大约二十年之后，也就是我碰到冯·诺依曼的时候，我才认为在哲学上花费时间真的是浪费。我还记得那时与费希特做斗争，努力说服自己或者是大多数人相信，我理解斯潘的宣言：上帝垂顾于他，而世界渴望上帝；而且还相信，这就是所有历史和所有社会组合的神秘核心。可我当时完全不知道的是，这个世纪对这类语言做出的最重要的哲学攻击，竟然正在这所学校的不远处悄悄地准备着。在波尔茨曼格斯（Boltzmanngasse）物理系大楼内举行的、以正本清源和民主的名义召开的会议上，汉斯·哈恩（Hans Hahn）、鲁道夫·卡尔纳普（Rudolf Carnap）、莫里茨·石里克（Moritz Schlick），还有后来因石里克学圈和维也纳学圈而闻名的其他人，都在试图肃清所有这种形而上学的哲学。几年之内，他们的作品会变得对我很重要，但目前，对于我和我的学生同伴来讲，关于斯潘的一切，没有什么是没有意义的。

斯潘不像维也纳那些不愿屈尊给予学生多些帮助的多数教授们，他总是对自己的学生表现出真诚的关注。我们在校园里散步时，经常会讨论我的学业，我甚至还记得他谈及我最终应该成为编外讲师的可能性——这可是在我读大学的第一年啊！他具有政治上的敏锐性，而且预测自己的信徒们，"斯潘门派"会在政府、工业和青年运动中占据了颇具影响力的职位。他的观点被德国和奥地利的右派势力采纳，而且他的影响网络覆盖了泛德主义者、基督教联谊会，还有前纳粹组织——争夺德国文化联盟。虽然他没有参加纳粹运动，但我记得斯潘在 1923 年的 11 月赞扬了希特勒最近那些颇具企图性的起义。1929 年，在他的偶像缪勒逝世一百周年的纪念会上，纳粹学生和一家天主教报纸《帝国邮报》都致以了敬意。

然而，我与斯潘的插曲虽然并没有马上结束，但也非常短暂。我记得大约是在 1923 年初，当时是因为斯潘在星期天的早上举行研讨会，我开始边阅读边批判马克思，可正是这个过程中，我偶然接触到了庞巴维克的著作。我开始意识到这位刚刚逝世于 1921 年的卡尔·门格尔也曾卓尔不凡地发挥过影响，只不过他的离世让他周围人的光环更加耀眼了而已。由于他们这些人多少都有些自己的小算盘，致使门格尔早早地离开了大学圈子，不过，尽管他不断地被听觉和视觉障碍所折磨，但依然继续不断地在家里安静工作。所以我开始阅读他的《国民经济学原理》一书，而且当年恰好找到了修订版，其中有他儿子小卡尔的详细介绍，当时小卡尔还是数学专业一名在校大学生，只是那时我不认识他，可他却能指出我是哪一位。1923年的晚些时候，我选修了一门社会学课程，大体上是由门格尔的一位信徒冯·维塞尔讲授的。和斯潘完全相反的是，他再三强调奥地利理论在方法论上的个人主义，而且认为所有带有德国理想主义味道的方法都是危险的形而上学，应该予以摒弃。面对这种变化，和通常的反应一样，我当时的思想也并不是直截了当地转变过来的。虽然我对冯·维塞尔的钦佩之情逐日累积，但我记得，起初听到他批评斯潘时，心里还是挺难受的，而且多少有些怀疑他，我在自己的日记中这么问道："或许他是犹太人，一半血统的犹太人，或者是自由主义者？"然而，渐渐地，我意识到还存在一种不同的经济学视角，一个可以回溯到五十年前，而且植根在这个学校本身的一种传统，所以有机论逐渐失去了对我的掌控。这个过程的关键人物，而且在我与斯潘和他的圈子决裂之后，填补空白的人物，就是斯潘的敌人，冯·维塞尔的指定继承人汉斯·梅耶。

评论家

在两次世界大战之间的奥地利经济学界的历史中，梅耶是一位被忽视，甚至是被中伤的人物。尽管我后来很少公开承认这一点，但这位麻烦的，而且最终有些让人感到丢脸的人在决定我理论兴趣的发展方向上，起到了关键性的作用。他是维也纳本地人，生于1879年，在瑞士的弗里堡做讲师，后来在战争中被授予勋章。返回维也纳之前（维塞尔是1923年在维也纳辞职给他让位的），他接着在布拉格和格拉茨教书。和斯潘一样（但他对之极为反感），梅耶聚集了身边的一群人，组织了一个研讨班，我和他的助理保罗·罗森泰尔-罗丹（Paul Rosenstein-Rodan）、亚历山大·格申克龙（Alexander Gerschenkron），都参加过斯潘和梅耶这两个人的研讨班。他是《政治经济学》杂志的第一任编辑，而且在国家经济协会于1928年重新启动时，当选为主席。

作为门格尔和冯·维塞尔传统下的理论家，梅耶将多数时间致力于归因问题，即确定归因到生产过程中使用的生产要素占最终产品的价值的比例。在其关于经济理性和技术理性差别的分析中，他也是奥地利的一位到访者列昂内尔·罗宾斯（Lionel Robbins）的著名《论经济科学的性质与意义》的灵感来源。可是，在梅耶于20世纪20年代中期与我们进行的研讨会上，"时间因素"的本质和意义才是均衡理论中最为重要的话题。这是一个在思想上扣人心弦的问题，回到了经济学是关于什么的核心之上，而且提出了涉及边际主义分析心理基础，以及数学形式的运用问题。如果说是斯潘支持了我早期的浪漫主义，那么梅耶则培养了我心中的批判意识。他的作品非常令人鼓舞，而且当我翻阅这些泛黄的纸张时，唯一能记起的就是自己对他有多么感激。

　　早在1911年，在对熊彼特的《理论经济学的实质和主要内容》进行的评论中，梅耶就对在经济学中使用微分进行了批判。他说，尽管微分在度量时间和空间方面非常有用，但在考虑经济产量时，无穷小的变化则无法适用。比如，当我们说起无穷小的一只鞋子产生的满意度时，又有什么意义呢？所以，梅耶宣传，在经济学领域中，采用在自然科学领域证明有用的数学方法，就标志着我们向纯粹的"形式"屈服了。这一观点始终贯穿于其作品之中。

　　他带着我们像用"细齿梳子"一般地精密地梳理了古诺（Cournot）的早期作品、瓦尔拉斯的一般均衡理论、杰文斯的边际效用价值理论，以及其他诸如此类的作品。梅耶说，数理均衡理论的问题——位于它们核心位置的"隐性虚构"——或是在联立方程中，或是在那些并不同步、却在时间上按照因果演变序列出现的数量级中，结合在了一起。他认为，时间上的主观行动并不能被简化为一种静态的数学描述。正如对待生活中余下的其他部分一样，如果按照限于一时时尚的方式来对待具有基本生产力的一些事物，你就明确地排除了经济行为和生活必不可少的东西。

　　术语具有多大的可塑性，它们在上下文中有多少修辞上的作用，都是很奇妙的。斯潘使用过的标签，"演变-因果"和"功能性"，现在都被梅耶挪用过来，只是在解释上有所不同。斯潘提出的功能性理论恰好就是强调社会主导地位的是总体的运作，个体则是一个次要元素。另外，当梅耶反对功能性理论时，他脑海中想到的并不是斯潘的整体理论，而是杰文斯和瓦尔拉斯的数理经济学，他找出这些是为了忽略门格尔所关注的时间、形成和"起源"因素。而且为了完成这个论证的闭环，斯潘已经抛弃了奥地利理论，以便更好地处理起源问题，当然不是从门格尔和梅耶打算做的那一方面，而是从社会目的论的意义方面。

　　梅耶对出现于20世纪30年代初期的均衡价格理论进行了一种相当强烈的认知论批判，进而将自己在这段时期的想法拼在了一起。我仍清楚地记得它的要旨。对于经济过程来说，杰文斯、瓦尔拉斯、古诺以及其他人的形式体系都用途有限，因为他们潜在的理想型假设脱离了现实正常的先决条件。虽然杰文斯似乎在脑海中已经从一种因果-演变类型的调查出发，这样做是希望解释价格的形式过程，但他却向运用了均衡的机制概念，尤其是等边际效用规律的描述屈服了。梅耶宣传，正是这样，杰文斯的学说不再属于动态的因果理论。

　　取决于边际效用均衡规律的每件事情，都与奥地利人在因果理论中所探究的如出一辙。但是奥地利人却没有提出等边际效用规律；他们明显是摒弃了它。梅耶断言，这一规律错误地假设，个体对每件商品的效用函数不仅是连续的，而且在选择问题开始时就已经存在，所以收入的变化会分散到所有的需求之中。可相反的是，经验却趋向于表明，收入的变化会导致特定类型的消费消失，同时新的消费出现。新的需求会随着时间的变化而层出不穷，主要还是看现有需求的满足程度。假设所有的需求在"问题"开始之初就已经出现，那是不能成立的，因为均衡才是它的"解决方案"。梅耶宣传，"在真正的精神世界当中"，等边际效用规律是不可能的。而且如果这就是一般均衡理论所依据的规律，那么均衡价格的整个理论体系就都是没有基础的。作为一个音乐爱好者，我记得他说过，我们可以假设一般均衡就像是去听同时演奏着的一段旋律的所有音符，而不是娓娓地按照音乐的固有旋律听来。

　　他带着我们仔细学习了杰文斯的交换方程，它认为最后的无穷小数量的交换商品的边际效用，与它交换增量的大小成反比。梅耶宣称，杰文斯对交换过程中价格比率恒定的假设，导致了均衡无效。这位英国经济学家充分意识到，一些微小交换的假定性连续（它们通过均衡实现，而且一个接着一个出现），将会改变效用的决定因素，进而改变交换关系。可是，他通过求助于静态的无差异规则而故意略去这个动态分析问题，因为根据静态的无差异规则，任意两单位同时进入市场的相同产品，必须以同样的价格出售。梅耶认为，在两个人就占据了整个市场的情况下，我们不能假设边际交换率会与先前的局部交换率相同。杰文斯并没有去探究演变性地给出交换顺序的价格比率过程，而是诉诸一个静态图像，它不仅给出了效用率，而且实际上给出了这个理论要解释的任务——价格比率。梅耶断言，对于一个已经实现的均衡的描述，他放弃了时间和形成因素，而过早地得出了结论。按照最终的价格比率进行的交换总量，只有在连续的、部分的交换完成以后才能知晓，就像在一场国际象棋比赛开始的时候，其比赛结果既没有告知棋手，也不是客观安排好的。

虽然我从来都没有特别熟悉过国际象棋这个游戏，但在当时的维也纳和布达佩斯，它却极其受公众欢迎。许多咖啡厅都有自己的象棋俱乐部，我们会看到那些熟悉的面庞夜复一夜地聚在象棋桌旁。由于《新维也纳国际象棋报》享有非常巨大的发行量，而且海报似乎也开始经常性地为锦标赛做广告，所以国际象棋大师成了很多人心中的英雄。然而这项游戏似乎也给自己带来了耻辱的征兆。在那些最优秀的棋手之中，许多人都是很奇怪的，这种在烟雾缭绕的咖啡厅里进行的令人着迷的比赛，多多少少缺了些资产阶级的体面。纳巴科夫的路之恩（Luzhin）对此颇为精通。还有就是，其中许多都是犹太人……尽管如此，如梅耶所说，将价格决定过程崩解而化为事先决定好的均衡，就像没有实际经历过比赛过程就要宣布国际象棋比赛的结果一样，这是一个非常能引起共鸣的类比。就像你无法预测一场象棋比赛的结果一样，你也无法从价格决定中排除时间。时间是两者必不可少的解决方案。

在梅耶的笔下，瓦尔拉斯遭遇了类似的命运。如果我一直很以自己可以重复推导他1874年的《纯粹政治经济学纲要》一书中第十一节的方程而引以为傲的话，那就应该说我对它的掌握并不是始于早年的经历，而是要追溯至几年之后，当时我在与研究助理兼数学导师亚伯拉罕·瓦尔德（Abraham Wald）合作下一起探究瓦尔拉斯，瓦尔德对方程的兴趣很是不同。尽管如此，梅耶还是带领我们认真研读了瓦尔拉斯体系：关于 m 商品交换经济中的三组联立方程，它们的根是均衡价值清空所有市场时的价格和数量。梅耶断言，纵然杰文斯的规模更大一些，但和他一样，这一封闭的同步体系也排除了时间和因果关系。之所以如此，是因为同时给出了决定和维持均衡的结构性因素。这是一个停滞的理论，一个关于价格构成的演变-因果描述的失败之作。简言之，无论是在杰文斯还是瓦尔拉斯的理论中，甚至是在马歇尔关于球会在碗底静止不动的想象之中，梅耶都教导我们说，均衡的机制隐喻都不适合处理主观性和时间，可这两者又都是奥地利传统中非常基础的内容。

从斯潘幻想世界的思考高度转移到这一点，我还需要花些时间来适应由梅耶总结出的杰出的——有人会说也许不是那么杰出——概念性区别。我在很短的一段时间内，就从对社会秩序和时代疏离感的极端批判转变过来，开始详细地就数学体系进行研究，这个体系声称要说明选择和价值的一些问题。对于一个年轻人的头脑来说，思想血统是一个极为刺耳的词语。可是，如果前者能够清晰地向维也纳 20 多岁的年轻人说明物质和社会困难，后者也会——以一种更加难以解释，却是真实的方式——谈及时间的心理不确定性。现在回首看去，从文化角度上讲，有些事情是适用于梅耶引导我们进入的那个奇怪领域的，这个个人欲望的浮世背后的代数表达，可以说缺少可靠的均衡关键。尽管他的批判性分析很少为建设性的作品提供基础，但它的确表明，在经济学中，我们不可避免地要在数学的易处理性和适当程度上的心理复杂性之间做出选择。即使在我与梅耶分道扬镳之后，这些问题仍然是我工作的中心。

尽管我第三位导师的思考不像梅耶那么犹豫不决，但他处理的是类似的问题。我记不清楚自己到底是何时与米塞斯圈子走到一起的；大概是 1924—1925 年间，我读书的最后一年，当大多数学生升入高年级时，就会对路德维希·冯·米塞斯更为熟悉。我很可能是由哈博勒介绍入门的，他比我高一级。就像梅耶一样，我关于米塞斯的回忆，也因我们在随后的关系中发生的变化而变得丰富多彩。可我还是会通过一些努力，去尽量公平地谈论他。

空想家

米塞斯在维也纳经济学中占据的地位非常奇特。20 世纪的第一个十年，他在维也纳大学读书，在卡尔·格伦伯格（Carl Grunberg）的门下完成了几项历史方面的研究。之后在各种不同的独立学院和协会短暂地工作过，最终在 1913 年被任命为大学的编外讲师。

数年之后，他荣升副教授，但之后在学术界并未取得更大的进步。如果说熊彼特是那个为了支持斯潘而被维也纳学界所忽视的人，那当冯·维塞尔在 1923 年为了梅耶而离职时，米塞斯就是那个"不幸之人"。即使是在 20 世纪 20 年代的维也纳，米塞斯为何没能成功任职的原因，仍是人们猜测的主题，但是当哈耶克提出，这是因为米塞斯是犹太人，而且在政治上是一个坦率的自由主义者时，他或许是对的。犹太人需要犹太教职人员的支持，可这些人大多是社会民主党，左翼进步人士：一个自由主义的犹太人没有人可以让他求助。这一点可能又要加上米塞斯那特别而且对其没有任何帮助的直率举止。总而言之，他从未获得自己追求的学术事业的机会，而他在诸多方面是极为适合学术道路的。这是他痛苦失落的来源。他对梅耶成功取得教职感到愤愤不平，而且他们之间的恶语相向充斥了我们学生时代的生活。许久之后，也就是在德奥合并之后，当时梅耶协同驱赶经济学会的犹太成员；不仅在当时，而且自那之后，米塞斯那歪曲了梅耶观点的尖锐描述都被广泛地保留了下来。

米塞斯写了几篇关于盎格鲁-撒克逊货币政策的论文，而且以一位不怕反对强大利益集团的独立思想家的面貌示人，所以他在早年间就拥有了货币专家的名誉。在他1912年出版的《货币和信贷理论》一书中，他就与奥地利学派隐含的货币中性的观点决裂，该观点认为货币与商品和服务交换这一实际的经济活动无关。米塞斯想要在门格尔和庞巴维克忽略的领域建立自己的学术天地，而且在门格尔的《原理》一书中出现的内容之外，关于"价值"的内容，他还添加了新的限制条件。米塞斯声称，确实存在关于个人目标的估价方案，但我们不可能去推算或者度量价值，而且任何关于来自那一部分的总供应量的价值估算，或者反过来也一样，都是不合理的。这一极为尖锐的抨击性观点没有为欧文·费雪和古斯塔夫·卡塞尔（Gustav Cassel）留下任何余地，因为它使得我们对货币量和价格水平之间的恒定关系的讨论，变得毫无意义。想要研究货币数量变化的影响，必须要明确地考虑到时间，而且要用各种时间间隔，做出关于经济数量的逐步分析。

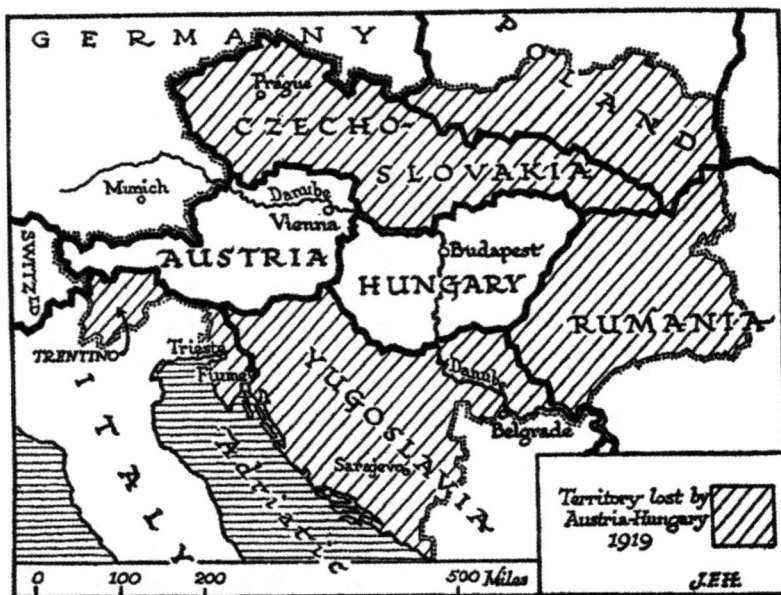

作为维也纳商会的一名官员，米塞斯只是在业余时间参与大学的事务，但他偶尔的课程或是研讨会则一直非常受欢迎。20世纪20年代初，他也开始在商会的办公室里组织一个晚间私人研讨会，每个月两次，和梅耶团体一样，当时可以说是门庭若市。在哈勃勒、哈耶克、菲利克斯·考夫曼（Felix Kaufmann）、弗里茨·马赫卢普、罗森泰尔－罗丹、卡尔·施莱辛格（Karl Schlesinger）、阿尔弗雷德·许茨（Alfred Schutz）以及其他人之中，这里是最重要的，而且我也学会了如何探讨和辩论。

就奥地利经济学的血统而言，就像梅耶秉持冯·维塞尔的衣钵一样，米塞斯更为接近庞巴维克。后者在米塞斯参与战前货币讨论的整个过程当中，一直是财政部长，而且充当着他思想知己的角色。在20世纪的第一个十年，当庞巴维克从财政部退休，开始担任一个特别的教授职位时，米塞斯就是他研讨班中一个才华横溢的参与者。在我还是学生的时候，因为庞巴维克和米塞斯一致反对鲍尔（Bauer）和诺伊拉特（Neurath）（1934年以前一直在维也纳占统治地区的社会学家），这个研讨班作为激烈的政治辩论的场所，在各种辩论场合里独占鳌头。战争刚一结束，随着社会主义在匈牙利、德国和奥地利的盛行，以及流行观点思潮向计划主义的转变，恩格斯、考茨基、诺伊拉特以及其他人的论点占据了讨论的主流。

面临经济的错综复杂时，价格信号的重要性就与人类智力的有限能力相关。米塞斯宣称，尽管个体可以在不用考虑货币交换收益的情况下，令人信服地计划好不同时间内家庭生活的日常活动，可是，对于任意规模的经济来说，这很快就会变得不再可能。米塞斯认为，人类知识局限的存在成了保护市场体系的又一论点。他坚持认为，相比于经济成就的复杂体制，单个个体的智力还是非常有限的，所以前者需要在决策制定者之间进行知识劳动分工，才能得以运行下去。

对于米塞斯来说，运用数学形式至多不过是用一种简要的方式来描述那些在使用形式标志之前就已经形成的观点：这样做并不会为理论增添任何新的内容。最糟糕的情况就是，对数学的不合理运用会导致一个人以一种机械的方式"理解"经济活动，会在现实中没有均衡可寻的情况下，在经济活动的所有内容就是克服"矛盾"的情况下，去寻找"均衡"。我记得米塞斯曾再三说过，静态均衡的概念与经济生活和行为截然不同，前者只是人们精神上的一幅画面，一种用于理解人类活动的无为状态的影像。他宣称，我们从未研究过均衡，它永远只是在不断地移动。尽管这与梅耶的观点类似，但这两人之间的个人恩怨，使任何形式的和解都是不可能的。

如果在公众眼中，米塞斯的奥地利经济学分支在梅耶之前已经与一种显著的自由主义政治主张联系在一起，那就不会那么轻易地将两人相提并论了。门格尔是一位自由主义者，但他在自己的政治方面的表述中，却一直保持缄默。在下一代人之中，庞巴维克是最为倾向于自由主义的，但他对于自己在战前官僚机构中参与的工作（管理金融市场，同时控制经济发展），也是感到相当惬意的。对于冯·维塞尔来说，他只会坚决支持实行干涉主义的盎格鲁－撒克逊国家，同时强调政府在社会福利方面的职责。冯·维塞尔的爱徒梅耶，则排斥米塞斯将奥地利经济学与自由主义政治主张相结合。他一直热衷于坚持将他和维塞尔的立场，而与米塞斯保持着那么一段距离。因此，我对米塞斯的态度与下面的事实有着千丝万缕的联系：不得不说，我很赞同冯·维塞尔和梅耶的独裁主义政治主张和含糊的反犹太主义观点。可我对这位想要将理性经济学与自由放任的政治主张等同起来的犹太人，有一种发自肺腑的抗拒。

对于我和哈耶克来说，这些涉及经济参与者的知识和理性的问题，这一米塞斯派的遗产，在随后的很多年里，都是极为基础性的知识。事后看来，我发现我们在20世纪30年代的路径分界线，与我们处理这些问题的方式不在同一方向。哈耶克很赞同米塞斯对自由主义秩序的盲目崇拜，所以他肯定地认为，在他的"经济学和知识"分析中，市场的协调能力是非常完美的。由于我缺乏这类信念，所以更多地打算去强调那些涉及参与者的信仰和预期在逻辑上相互影响的疑虑。这一点变得越重要，我在维也纳的影响力就越依赖于我与当地数学家的联系。但这就是要将我们继续带向前进。

如果所有这一切看起来有点曲折的话，那也只能这样了。作为两位互掐老师的学生，也实非易事。我们中有许多人是两个团体的共同参与者，所以必须小心行事。在梅耶的推荐下，冯·维塞尔举荐我去卡尔·普利布拉姆（洛克菲勒基金会在我们学校的联系人）门下攻读博士后。结束了一篇关于边际效用的论文之后，就完成了我的学业的第一步，即取得了梅耶门下的"博士学位"；到了1925年6月，我就出发去看外面的世界了。

国外的时光

我一直以来都非常有幸得到大人物们的恩惠。我进入大学之时，最近一次的洛克菲勒慈善捐助，劳拉·斯派尔曼（Laura Spelman）纪念基金，也已经存在几年了。它以约翰·D.洛克菲勒（John D. Rockefeller）的亡妻命名，捐款额超过7 000万美元，而且迅速成为洛克菲勒对社会科学支持的主要来源。1929年，它被并入洛克菲勒基金会。如果说纪念基金对20世纪20年代的社会科学研究颇具好感的话，这在很大程度上要归功于他的监管者贝尔德斯里·鲁姆（Beardsley Ruml），此人在芝加哥大学取得实验心理学博士学位之后进入洛克菲勒工作。由于鲁姆对不是那么抽象的社会科学项目比较感兴趣，即可以立即应用于"社会工程"的社会科学，所以他专门设立了一个拨款机构，主要强调实证研究。

在美国，资金主要进入了大学（比如，芝加哥、哈佛、哥伦比亚以及艾奥瓦州立大学）和研究机构（比如国家经济研究局）。在英国，则进入了伦敦经济学院（LSE），后来是牛津大学。另外，凯恩斯和罗宾逊所在的剑桥大学，对于响应洛克菲勒中心的转移问题上不是很热衷，所以被跳过去。在欧洲内陆，洛克菲勒似乎不倾向于直接支持高校，因为他秉持着以下几项信念：欧洲的社会科学仍是值得高度怀疑的；大学通常被内部的争权夺利所摧毁；通过官僚机构则浪费资金的风险很高。结果，它将款项注入了独立研究机构的资金池，还有一个奖学金项目，旨在拓宽未来教师的思想，同时确保他们不用过于依赖自己的导师。洛克菲勒基金对研究生的选择取决于当地顾问的支持，比如维也纳的普利布拉姆和瑞典的哥斯塔·贝奇（Gösta Bagge）；而且每年大约有四十名研究生会去访问欧洲和美国的各种研究机构，通常这些中心是已经接受了洛克菲勒的研究支持的。我于1925年9月离开维也纳，接下来的三年里，先后访问了英国、美国、法国和意大利。

英国使得我和奥地利的导师之间保持了一点距离。我大部分的时间在伦敦度过，因为我注册了伦敦经济学院。除了提高自身的英语能力之外，我努力熟悉这个国家最近的经济学作品。在伦敦经济学院，我结识了鲍利（Bowley）教授和格里高利（Gregory）教授，而且在政治经济学俱乐部和图书馆，会经常碰到来自牛津大学的埃奇沃思（Edgeworth）教授。后者给我的印象非常深刻。他的作品具体体现了韦伯再三强调的客观价值中立原则，而且在他那对我极具吸引力的理论追求中，抱持着一种谦逊的态度。两年之后，也就是他去世后，我写道，相比社会科学中的几乎所有人（原文如此），埃奇沃思"都更为接近'纯粹科学家'的典范……他的理论在整体上摆脱了价值评判，其达到的高度，……比他同代中的许多人都要高，而且他充分意识到了这在逻辑性质和必要性方面的需要"。我继续像下面这么说也是有一定道理的，埃奇沃思"帮助英国的经济学避免了那些放纵言论所造成的伤害，而这些在德国的经济发展中是极为常见的，因为这里的每位初学者都深信……他应该创造一套全'新'的基础和一种全新的方法。可是在英国，其对数学的运用要比其他任何地方都更为普遍，这就进一步营造了一种将那些只对经济学略感兴趣的业余爱好者望而却步的环境"。

作为以上建议的基调，我到20世纪20年代的末期开始独立地寻找自己的路径。洛克菲勒奖学金正在获得预期的效果。我对埃奇沃思的宣扬，以及对数学和逻辑学学习的深入，都给我的看法带来了一种逐渐但又非常重要的变化。这倒不是说我开始抵制梅耶对当代理论的批判，以配合我的理想。埃奇沃思赞同我们奥地利人的不满，即经济理论的时间维度是它最为让人不满、也是最为困难的方面；而且他经常重复说这里的数学困难非常之大，可他并不赞同梅耶在这个问题上秉持的虚无主义。对于埃奇沃思来说，数学在经济学上最有帮助的应用就是那些既简短又几乎不使用符号的内容。它们旨在向一整幅图画的某一小部分，而不是向它那无尽的复杂处，投上一抹灿烂的阳光。由于我没有感觉到必须要放弃我关注的奥地利问题，所以我开始欣赏这种论证。

我们刚好在1925年圣诞节之前，从那里出发去了美国，而且恰好赶上美国经济学会的年会。接下来的半年我们待在纽约的哥伦比亚大学，在这里，我最亲密的伙伴就是韦斯利·米切尔（Wesley Mitchell）和亨利·摩尔（Henry Moore）。我还经常看到来自普林斯顿大学的菲特（Fetter）教授。下面几个月就来到了哈佛大学，我在这里接触到了查尔斯·布洛克（Charles Bullock）、瓦伦·珀森斯（Warren Persons），还有其他一些参与经济周期分析的学者。

我将经济周期作为自己的研究主题，则植根于我在维也纳的学生时光。米塞斯曾有一段时间对这一工作特别感兴趣。对于他来说，米切尔那不受任何理论成见阻碍的对经济周期的"纯实证"考察，总是带点历史相对论的味道。米塞斯说过，纵使满意的经济周期理论还没有出现，但它也不可能从大量统计数据的思考中归纳出来。他将米切尔的制度主义范式视为德国历史方法在美国的一种再生——当然，这两者都被看作是在为不同种类的计划经济辩护。接下来就出现了哈佛一派运用特定统计表来预测未来的目标，而且布洛克的团队已经在将自己的服务出售给私人公司。米塞斯对于可以在一定程度上运用统计测量来预测未来的经济路径的观点，是十分厌恶的。关于经济秩序，统计资料能够说明的事情是非常有限的，而且它所参考的过去，也纯粹是基于史实，对未来难说有什么价值。当你仔细思考影响个人经济行为的激励时，从可以被理解的意义上来说，经济的功用是可以被领会的。这一点又与信念、动力和预期（这三者都是永远处于变化之中）的演变密切相关。经济，虽然它可以被"理解"，但只能不充分地被统计资料所代表，而且永远无法预测。对于米塞斯来说，更为危险的就是横在下面这一信念之间的一步之遥的距离：人们可以通过统计描述，以及通过提倡国家干预来影响经济控制，进而可以"俘获"经济。

在准备美国访学的过程中，我就已经广泛阅读了当时经济周期的参考文献：亨利·路德威尔·摩尔（Henry Ludwell Moore）像他之前的杰文斯一样，尝试着去证明存在由非经济因素产生的周期性经济周期；以及米切尔、珀森斯和布洛克所作的实证工作。哈耶克在纽约大学做了一年的研究助理之后，于1924年回国，我与他讨论了哈佛的指标编制工作。

截止到1927年我在哥伦比亚拜访他的时候，米切尔一直是国际经济周期研究中的顶尖人物。在《经济周期及其原因》一书中，他就已经表明，经济周期理论的检测并不是通过进一步地考查它们的逻辑来进行的，而是要研究它们意图解释的事实。因此，他这本书给出了四个国家（美国、英国、法国和德国）在1890—1911年这个阶段里的大量统计资料，其中涵盖价格和数量，以及诸如迁徙模式的其他现象。他对这些统计资料的分析，也即这本书的核心部分，限制在了对平均数值的描述和通过图表方式进行的对比之上。米切尔根据自己的数据总结道：没有一个理论是可以完美适用的，因为现实的经济世界存在累积变化的过程。周期并不规律，在持续时间和持续强度上都有所不同。每个周期中的每个点都是独一无二的，都是一系列独特情况的结果。诸如天气、战争和政策变化等外部因素，在赋予每个周期的独特特点方面，也是很重要的。他就哈佛的经济指标说道，对它们的改善或许有助于我们进行预测，进而完善我们对经济的控制。他的第二本著作《经济周期：存在的问题及其背景》（1927）一书，是这一领域的一个概述，其中，相比之前，米切尔在尝试着定义"经济周期"这一术语方面，有些迟疑不决，而且很想弄明白这一术语到底有多大用处。

对时间序列的分解，以及为了改善预测而进行的经济活动指标的构建，负责人中最重要的那个就是瓦伦·珀森斯。他在1919年就成了哈佛大学的教职人员，是被查尔斯·布洛克在1917年新近成立的经济研究委员会引荐过去的。1919年，委员会创办了《经济统计评论》，为这一方面的收集和理解提供一个平台。当我在1927年拜访珀森斯的时候，他仍在哈佛，但下一年他就去了更为赚钱的咨询公司。

珀森斯处理经济周期的方法是坚定的实证主义。例如，他1919年的一篇论文将20个时间序列的衍生周期数据结合起来，构建了经济活动的复合指标。为了将这些不同的序列结合成匹配良好的群组，珀森斯将它们放在明晰的表格上面，然后让"观察者们"肉眼进行比较。这样做无疑是存在风险的，因为任意两个序列的彼此匹配程度，依赖于其叠加是如何做的，也就是其允许的间歇长度。关于观测到的相关性程度，看法则各不相同。珀森斯选定了三个分类，也就是他用于构建经济形势的三个指标的分类：哈佛的A-B-C曲线，分别代表投机事业、物质生产力和金融市场。结果是一个利用最小依赖的先验理论构建起来的，旨在提高预测的经济活动描述。其整体非常依赖简单的视觉技术；从统计上来讲，只用了两变量相关的技术，所以三个及其以上变量的相互依赖性仍未得到分析；在观测模式之间建立联系的理论机制问题仍有待讨论。

阅　读

如果我可以给出一个米切尔和珀森斯的技艺纯熟的综合体，那一定代表我并没有找到特别具有吸引力的题材。我熬至深夜，往往并不是在苦思冥想经济周期，而更可能是在奋力苦读一些新的关于逻辑和科学哲学方面的读物。在维也纳的早些年间，斯潘对科学哲学是毫无兴趣的，他只是把它当作20世纪精神贫乏的一种标志。和梅耶在一起的日子，也从未详细探讨过这些问题。身处米塞斯的团体中时，我们谈到过科学哲学的最新发展，所以我开始知悉石里克学圈的数学家和物理学家之间的讨论，这些专家之中还包括米塞斯的另外一位敌手，他的弟弟理查德；但是在经济学家的圈子里，更多的注意力则被集中在胡塞尔（Husserl）和阿尔弗雷德·许茨（Alfred Schutz）的现象学作品之上。可是，在英国，事情有点不同。我刚刚离开维也纳的时候，在我的脑海里，方法问题不仅是最重要的，而且与我深深的个人敌意联系在了一起。可是这短短三年的时间里，我就已经在斯潘、梅耶和米塞斯之间作了连番的挣扎；斯潘提供了一种看待世界的方式，只是它与经济探究关联不大；梅耶更为关注理论，进而不可避免地将别人吸引到他那政治-学术的阴谋之中；米塞斯的观点更为强势，而且设法让我们的诸多讨论带有政治性。韦伯的价值中立建议，即社会理论应该是"价值中立的"，在维也纳的讨论中就已经被过分吹捧，但是那是在一个充满政治阴谋的背景下给出来的。自此之后，埃奇沃思的平实和简洁就像是一阵清新的空气。

我在艾伦·杨格（Allyn Young）那里再一次发现了曾经在埃奇沃思那儿遇

到过的优良品质，1927年初我在哈佛大学结识了前者，那一年他很荣幸地接到了去伦敦大学接任埃德温·坎南（Edwin Cannan）的邀请。与他十分敬重的埃奇沃思一样，杨格既是数学家和统计学家，也是经济学家，而且他深受夜间讨论会上自己周围的年轻群体的鼓舞，讨论会是他在1927年最好的一段时光里，在自己位于剑桥的家口举行的。他把维也纳看作是德国文学希望的唯一来源，所以强调有必要让奥地利学派和洛桑学派和解。

　　我的阅读范围又拓展了，将我带到了罗素（Russell）之前所著的一本关于数学哲学的小书上；我会及时地试着将罗素在集合论中关于悖论的内容融入到我关于经济学逻辑的讨论之中。维特根斯坦（Wittgenstein）的《逻辑哲学论》的一大部分都让我感到十分困惑。我还阅读了赫尔曼·威尔（Herman Weyl）在20世纪20年代晚期关于数学和科学哲学的书籍，而且在我旅居剑桥和马萨诸塞州期间，十分幸运地结识了阿尔弗雷德·诺斯·怀特海（Alfred North Whitehead）。他会在星期天的晚上举行家庭招待会，然后我们开始天南地北地聊很长时间：某一个晚上是康德和胡塞尔；下一次是杜威、芒福德（Mumford）和爱默生。此外，我还应邀参加了他星期五的私人研讨班，届时我们会讨论罗素、维特根斯坦、穆勒，还有其他一些人。另外一次则讨论凯恩斯关于概率的观点。我还阅读了怀特海自己两年前在洛厄尔的演讲——"科学与现代世界"。

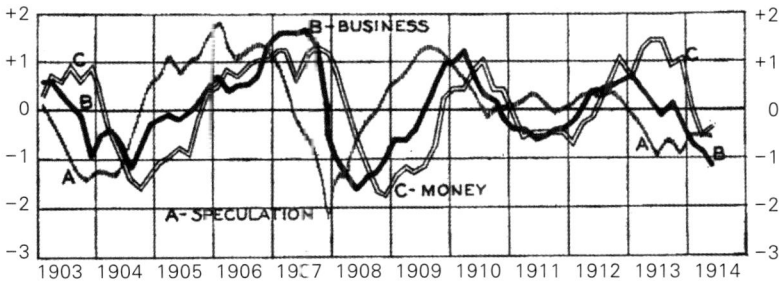

珀森斯的"总体商业状况指数"

从1903年到1914年6月的双月平均值

摘自《经济统计杂志》，1919年4月号，vol.i，第112-113页。

　　在那本书中，怀特海写道，在最近三个世纪已经实现了科学唯物主义的科学宇宙论已经解体，这一唯物主义预先假定了一种对根本问题无法进行约简的终极事实。他说，随着相对论和量子理论的发展，这种世界观现在已经过时了。科学已经到了一个拐点。他认为，科学思想的原有根据正在变得晦涩难懂。时间、空间、物质、原料、太空、电力、机制、有机体、格局、结构、模式和功能：所有这些都需要重新解释。他问道——而且我清楚地记得原话——当你并不了解你的技巧是什么意思时，就去谈论一种技巧性的解释，到底有何意义？我想象着自己是在我的维也纳老师们面前碰到这种问题，所以变得勇气倍增。

在《思想史中的数学》一书中，怀特海强调由抽象的数学和后来运用到实证科学的各个方面的惊人生产力所代表的人类成就。17世纪的数学提供了富于想象的背景，正是在这样的背景下，早期的科学家们开始观测自然。伽利略、笛卡尔、惠更斯和牛顿等人都创造出了自己的公式。他们那产生了现代物理学的周期性分析之所以会实现，是因为数学家已经解决了围绕在周期性周围的抽象概念。怀特海说，下面这一点虽然是自相矛盾的，但又的的确确是真实无误的：只有通过极度抽象的方式，我们才能靠近具体的事实。他将数学对一般思想产生最为重大影响的两个时期进行了比较，一个时期是从公元前6世纪的毕达哥拉斯到柏拉图，另一个则是17世纪和18世纪，随后说道，在这两个时期里，思想的整体分类破裂了。他宣称，这期间存在宗教热忱的浪潮，一次是倾向于自我启蒙的拐点，一次是重新构建传统方法的运动。现在，他说，我们再次来到了这样的一个点。他还声称，对数学的追求是人类精神的一种神圣的痴迷，一种对偶然事件的刺激性紧急情况的逃避；在这段话旁边，也就是在页面空白处，我匆匆写下了"维也纳"！尽管不是数学家，但我对下面这一观点感到震惊：数学是一种对日常偶然事件的逃避。

当时自己被这类读物所触动的场景，仍历历在目。合上书本，离开怀特海的世界，穿梭在哈佛校园里，便开始斟酌如何使得迫切要求对最终的抽象概念进行数学分析的怀特海与维也纳圈子里的讨论达成一致。是在忽视了时间元素的杰文斯和瓦尔拉斯方面，还是因为埃奇沃思和鲍利的事情，使得其在分析相互联系之前没有实现正确的抽象呢？是从概念上恰当地理解时间因素，进而向数学推进的问题吗？而且人们怎样将在提供一种正式的数学装置方面非常有用的均衡概念，与我的奥地利老师所极力主张的关于时间和变化的经济学核心方面达成一致呢？所以，好像是在逃避一样，我只能提醒自己，我有一个问题要写——而且怀特海也并不是我非要满足的对象。

一次"真正多余的经济紧缩"

我随后会将经济预测作为我第一次处理理论问题的地方，这一理论问题起因于下面的事实：关于其他人的信念，进而关于信念的信念，会如何影响经济行为。不错，正是从经济预测这里我开始对这个问题感兴趣，而且很有兴趣在20世纪30年代初期那个不断变化的背景下，再一次着手研究它。然而，经济预测远不止是博弈论的"前奏"，我在1944年之后对歇洛克·福尔摩斯（Sherlock Holmes）的再三引用或许可以让你相信这一点。它是一篇关于经济预测方法论的专著，在这本书中，我决定证明所有关于预测的尝试都是徒劳，比如哈佛、巴步森和穆迪的机构所做的尝试。而且，尽管后来的解释含糊不清，但我仍未求助于数学家。我坦率地认为用一种正式的方式来论述这些问题解决的可能性不大。这本专著并不是没有缺陷——阿瑟·马尔格特（Arthur Marget）在他1929年的评论中进行了精妙的剖析——但它充满了一位雄心勃勃的25岁年轻人的干劲。

我开始证明，鉴于（未知的）造就经济事件机制的复杂性，对国家经济作出完美的预测是不可能的。预测作为理性经济稳定的工具，将会毫无用处。我宣称，运用经济理论和统计资料进行经济预测，在"原理上"上是不可能的。缺乏同质性和样本规模的过小都使得数据完全不适用于统计归纳。仅仅基于统计因素来理解经济周期，这种尝式永远无法促进经济预测。关于这一点，你需要对潜在的过程全部洞悉，价格只是其中的表面现象。但是，这些机制缺乏规律性，而寻找这种规律性又是使得它们适用于任何种类的预测所必需的：所以只能发现一些零散的和不严格的规律。而且即便预测做了出来，它们的后果不过是给部分消费者形成预期而已，而这些消费者的反应又只会破坏原始预测。不像天文学或是医学，社会科学拥有能够影响到其研究对象的特性。

我重复着米塞斯的话写道，静态理论假定经济行为的理性是非常完美的，所以不牵涉到任何推理："在静态经济中，所有人的行为不能再经济了，这就意味着它们不再追究于价值，而且再也不必选择行为，也不用做任何决定，因为所有一切都是静止的。"可是，鉴于梅耶是我的博士导师，所以这个问题完全没有直接引用米塞斯。正如后者所写的，那些一心想要具有大学讲师职位资格的人要小心，不要被人认为是他的学生。

　　在现实经济中，个体拥有一个定向点系统，其中不仅包括他们对自然规律的认识，还包含对其他经济主体的了解和信念：每个行为都会影响其他行为，而且每个行为也会反映其他行为。这种相互依存的因素打败了所有的经济预测尝试。我在思考一个思维实验，其中涉及由公共权威作出的综合性预测，它要表明以下这些变量在未来特定一个时期内的变化状况，比如说，价格水平、利率、存货累积率和产业顺序。由于经济机构会将这一预测整合到它们的计划之中，所以这一预测永远无法实现。如果可能的话，他们明天就会购买在更长的一段时间里一直在出售的商品（因为其价格恒定），诸如此类。如果预测机构和公众想要试着看透彼此，他们最终就会进入一个预测–反应–修正预测的无限回归之中，而且无法逃离。我在这里介绍一下福尔摩斯和莫里亚蒂那著名的轶事，来解释一下：

　　歇洛克·福尔摩斯被他的敌人莫里亚蒂追赶，乘坐火车从伦敦出发前往多佛，这辆车会在中途停靠一个车站；所以他没有直接去多佛，而是在中途下车。因为他在火车站看到了莫里亚蒂，想到他非常聪明，就预期莫里亚蒂会搭乘一辆更快的车子，在多佛等他。结果证明，福尔摩斯的这一预期是正确的。但如果莫里亚蒂更聪明，而且已经想到福尔摩斯的能力更强，因此预测到了福尔摩斯的行为，结果又会如何呢？那么他［莫里亚蒂］明显会去中途的车站。如果福尔摩斯再次估计到这一点，他就又会选择多佛。接下来，莫里亚蒂的行动又会不一样。经历了这么多的思考之后，结果只能是无法行动，或者是不够聪明的那位会将自己在维多利亚车站交予对方，因为所有的逃离都是没有必要的。这种例子到处可见，如国际象棋、兵法，等等，但其中一方需要特殊的知识，这样无非会使得事情变得更加麻烦一些。

　　国际象棋这个比喻再次帮助我们强调序贯博弈的棘手性，以及处理过程的困难性。尽管背景已经变了——与梅耶比较时，是价格形成问题；这里，是稳定预测问题——但国际象棋仍是复杂性和不可预测性的典范。

　　在《经济预测》的评论中，阿瑟·马尔格特和我的朋友伊芙·伯恩斯（Eve Burns）巧妙地讨论了我的无政府主义。马尔格特用我的原话否绝了我，他说，尽管我的意图很清楚，但我却写了一篇讽刺之作——而且他继续将我的论题驳斥得片甲不留。他说，哈佛的方法并不依赖于概率技巧的运用，而且即便它们依赖，这从本质上讲也并不是一个反对预测本身的论点；为何预期要以一种反驳预测的方式来回应预言，目前还没有先验原因；我关于预测要想有用就一定要完全正确的主张，也是一项不现实的要求；他断言，如果从逻辑上来理解的话，我反对预测是基于非经济因素的论点，就是一个反对经济科学本身的论点。同样地，伯恩斯也表明，我对复杂性的强调，就相当于放弃了创造出可用的经济科学的所有希望。

莱昂内尔·罗宾斯后来也读了这本书，而且虽然他承认大萧条的灾难性经历已经揭露了预测的惨败，但也感觉到我的偏离有些远了。但他对此颇为客气。"我不相信……必须要得出一个像我的朋友奥斯卡·摩根斯坦博士在他的《经济预测》一书中证明的那种怀疑论。如果非要在摩根斯坦先生和哈佛之间选择的话，我会感到非常为难。但为了不放弃未来经济科学的所有希望，我只能拥护现在的哈佛。"他说，在我简单地否决预测的过程中，我展示出了"一次真正多余的经济紧缩"。私下里，我在维也纳最亲密的朋友哈博勒写了长长的信件批评我："你说'我想写一篇正式的方法论著作。所以我不能掺入实证研究。'为了具体地回应这一问题：我建议，对于你来说，知识目标（预测的不可能）比方法重要，这就是你说知识目标无法用实证方法实现的原因。如果你想专注于正式的方法论方法……那你最好选择另外的主题，一个可以用这种方法处理的主题。"

所以，我的确是得到了否决的回应，但是遭遇严厉的批评总比无人问津要好得多。有了这本专著，我就已经拥有了大学生涯和职业自我创造方面的第一个跳板。写作过程中，我也意识到了修辞风格的各种可能性，尖锐在其中的作用或许和认真的论证一样重要。正如我当时写给一位美国朋友时说到的，心里的事情很简单，但精神帝国是为能够胜任那里的规则的人准备的。我已经进入了智力领域，书籍就是力量。

返　程

我从美国暂时回到维也纳，也就是我的未来正在成形的地方。梅耶提出，我的奖学金之旅结束之后，他想要我辅助他做《政治经济学杂志》的编辑工作。同一年，米塞斯在洛克菲勒关于经济稳定性和"社会工程"基金的支持下，成立了一个小型的商业周期研究所。任命哈耶克作为主管人的同时，他也暗示我说，当我回到维也纳时，可能会有些工作来让我做。接下来的一年，我在巴黎和罗马待了几个月，在那结识了法国的和意大利的经济学家，完成了论文的修订，而且自始至终都在进一步地阅读数学和哲学。我甚至去了罗马听希尔伯特和威尔的演讲。

最终，一回到奥地利，我就将自己重新融入了熟悉的朋友圈。大约每两个星期，米塞斯的团体就会在陆续去咖啡馆之前，相约在晚上七点进行几个小时的讨论。也经常会有国外的访客，其中包括来自伦敦经济学院的罗宾斯，美国的霍华德·伊利斯（Howard Ellis），以及洛克菲勒基金会的约翰·范·辛克尔（John Van Sickle）。在我离开的这段时间，斯潘和梅耶之间的关系更加紧张，因为前者实际上因为我的教授资格而成功地阻止了梅耶的计划，他争辩说梅耶一直支持像我这样的犹太人（原文如此！）。所以计划不得不搁置一年。我发现梅耶陷入了一种幻想之中，将时间浪费在在咖啡馆里谴责斯潘。他的懈怠耽误了我的作品的出版，所以我逐渐对他失去耐心。他和米塞斯的矛盾依旧持续不减。

三年的旅行结束，重新回到熟悉的环境中时，我感觉自己虽然在某些方面取得了成长，但在另外一些方面，却像从未离开过一样。1928年，在我们努力跨越梅耶和米塞斯之间的鸿沟过程中，国家经济学会重新成立，其中很大程度上归功于哈耶克的努力。梅耶担任主席，会议打算吸收与会者的共同资金。我们在全国银行家协会办公室举行的相当正式的会议上碰面，之后继续我们几个小时之前在艺术家咖啡馆的讨论。也正是在那一次，我开始参与到一个精英圈子（Geist Kreis），1921年它就已经在哈耶克和赫伯特·福斯（Herbert Furth）身边慢慢壮大，这两人比我先脱离了斯潘的圈子。经济学、历史学、法学和精神分析学的一群折中主义学生，其中包括马赫卢普、许茨、考夫曼和明茨（Mintz），广泛地讨论经济和政治哲学、文学、艺术和音乐。尽管讨论非常有趣，但待在这一大群犹太人中间，我感到有些不太舒服，我在我的日记吐露心声，因为我是他们（其中包括哈耶克）当中唯一一位纯粹的雅利安人。

不下于从前的是，米塞斯总是设法赋予事情一种政治观点，而且他所有的深思熟虑，不管是处理经济理论中时间因素的困难方面，还是人类行为中"冲突"的自然性方面，始终都会和所有的公共干预或者是对被视为非理性的集体行为的尝试一起，获得基于个体行为理性的非数理经济学的支持。大约是在这个时候，我与他的不快开始增加。这不是就单个课题的根本性分歧问题，而是一系列慢慢升温的紧张和差异的问题。有一点必须要记得的就是我们不是同辈人：我甚至还不到三十岁，而米塞斯几乎要年长我二十岁。但是，我从来没有喜欢过他这个人，我对那些围在他身边的人总是持有一种天生的反感。而且就像我已经说过的，我也不喜欢他那太过自由主义的观点，而是更加认同冯·维塞尔和梅耶的政治世界观。现在，随着教授资格论文的完成，以及独立感的增强，我发现自己开始抗拒米塞斯对经济学和自由主义的融合，而且开始寻找方法来回应它。

　　同时，在埃奇沃思、怀特海以及其他人的文章的基础上，我发现自己开始质疑他对运用数学形式体系的漠视。为了捍卫他的自由主义经济学，他带有修辞性的倾向而求助于逻辑学和科学，但缺乏我逐渐开始欣赏的希尔伯特、威尔以及现在的卡尔纳普所具有的精确性。我写信给哈博勒，想要脱离康德的哲学、胡塞尔以及唯心主义，去信奉卡尔纳普的《世界的逻辑结构》。我声称数学逻辑和认识论是必不可少的。米塞斯，虽然他不理会斯潘和那些对"科学和逻辑学"的不切实际的反抗，但其对最新关于科学和逻辑学的作品中实际发生的事情，也几乎不感兴趣。我开始把他的反对看成是一种基于其对数学在科学中作用的模糊理解，而做出的构思简略的反对。这是观点上的一种缓慢变化，但反抗已经来临。

　　因此，在20世纪20年代即将结束时，事情都还停留在原状。尽管这些纠葛和紧张并不是百科全书条目里表现出来的那么令人舒心的事，但它们确实让我们更加接近事情的真相。尽管我还没有形成统一的世界观，没有理论成就的明确规划，但我以对数学和数理逻辑的期待开启了我的20世纪30年代，而且这一转变会决定我接下来十年作品的发展方向。我在1927年返回维也纳途中结识了卡尔·门格尔（Karl Menger）[①]，我发现他既是数学家，又对社会科学相当熟悉，而且还赞同我对米塞斯、诺伊拉特，以及所有意识形态拥护者的质疑，他在完全致力于将个人价值驱逐出科学工作。通过他，我向施莱辛格、瓦尔德和其他人都更靠拢了一步，在20世纪30年代逐渐发展的过程中，这些人都成为了我的重要盟友。出于同样的原因，我远离了我的导师们，所以接下来的几年里，我在研究所任职期间，米塞斯和梅耶在那里都不再受欢迎。这也是我维护自己在维也纳经济学界的影响力的一种方法——但那更多的是在另外的场合维护自己的方式。

　　所以，就目前来说，我的理论关注仍旧相当"奥地利式"——解释时间、不确定性和预期的困难；数学结构对社会历程描述的不适用性——但我在逐渐成为一个不情愿的奥地利人，试图将我导师们的兴趣与他们抵制的一种科学论证达成一致。我还看到在我老师的世界和我开始阅读的数学家和哲学家的世界之间，还有一个颇具吸引力的位置。我感觉，那个位置没有完全陷入团体争夺之中，因此也不用完全对任何团体负责，所以我可以为独立自我的主张找到新

---

　　①　此人是奥地利经济学鼻祖卡尔·门格尔（Carl Menger）的儿子，是一位数学家。——译者注

的可能。这种对不适用于我老师的事务的接近，会在一定程度上将我分离出来，形成独立的自我意识，而正如读者很久以前就搜集到的证据显示的那样，这正是我最强烈的个人需要之一。

作者后记

　　那些能够通读到本文末尾的极为优秀的读者们，请允许我再花费寥寥数语来做些解释。尽管我这样来写作本文成功与否会由别人评判，但我可以说的是，用第一人称的独特视角来描述摩根斯坦这一段的生平，绝对是非常活灵活现的。正如本文开头所说的那样，特定感受与印象的细微差别无法完美地通过历史学家的叙述加脚注表达出来，这种方法才最适合于捕捉这些细微的差别。但这并不是说上述内容不受通常类型的档案资料的约束：实际上恰恰相反。可是，对于一些整理好的材料来源，它的确要求放弃平常那种严格的文献资料索引模式。尽管我不太信服下面这一点，但可能正如一位审稿人指出的，相比常规的文章，它需要对读者那一块有更高程度的信任。除了我自己对摩根斯坦日记和论文所做的研究之外，我还发现额尔林·卡尔佛（Earlene Carver）、汉斯杰·克劳辛格（Hansjorg Klausinger）、玛丽·摩根（Mary Morgan）和厄尔斯·拉尔斯塔博（Urs Relstab）的作品也非常有价值。文中所用图片的来源分别如下：杜克大学的奥斯卡·摩根斯坦论文中的摩根斯坦一家；Horrabin 1934的奥匈帝国地图；拉贝尔 1937的斯潘；格拉斯 1952的梅耶；米塞斯 1976的米塞斯；米切尔 1927的行业状况的个人索引。同时，非常感激布鲁斯·考德威尔（Bruce Caldwell）、菲利普·芳婷（Philippe Fontaine）、弗里德里克·哈尼恩（Frederic Hanin）、法布莱斯·特瑞（Fabrice Thierry）以及两位匿名审稿人对早期手稿的评论。

参考文献

Berkley, George E.1988.*Vienna and Its Jews: The Tragedy of Success, 1880s-1980s*.Cambridge, Mass.: Abt Books.

Böhm-Bawerk, Eugen von.1961.Unresolved Contradiction in the Marxian Economic System. In vol.1 of *Shorter Classics of Eugen von Böhm-Bawerk*.South Holland, Ill.: Libertarian.

Bulmer, Martin, and Joan Bulmer.1981.Philanthropy and Social Science in the 1920s: Beardsley Ruml and the Laurs Spelman Rockefeller Memorial, 1922-29.*Minerva* 19 (Autumm): 347-407.

Burns, Eve.1929.Statistics and Economic Forecasting.*Journal of the American Statistical Association* 24.166: 152-63.

Carnap, Rudolf.[1928].1967 *The Logical Structure of the Worl and Pseudoproblems of Philosophy*.Translated by Rolf A.George.London: Routledge & Kegan Paul.

Craver, Earlene.1986a.The Emigration of the Austrian Economists.*HOPY* 18.1: 1-32.

———.1986b.Patronage and the Directions of Research in Economics: The Rocke feller Foundation in Europe, 1924-1938.*Minerva* 24.2-3: 205-22.

Fosdick, Raymond B.1952.*The Story of the Rockefeller Foundation*.New York: Harper.

Fossati, Eraldo.1957.*The Theory of General Static Equilibrium*.Edited by G.L.S.Shackle.Oxford: Blackwell.

Gerschenkron, Alexander.1977.*An Economic Spurt That Failed*.Princeton, N.J.: Princeton University Press.

Grass, Nikolaus, ed.1952.*Österreichische Rechts*-und Staatswissenschaften in Selbstdarstellungen.Innsbruck: Wagner.

Haag, J.1976-77.Othmar Spann and the Quest for a "True State." *Annual Austrian History Yearbook* 12-13(pt.1): 227-50.

Hayek, Friedrich.1991.*The Trend of Economic Thinking: Essays on Political Economists and Economic History*.Vol.3 of *The Collected Works of F.A.Hayek*.Chicago: University of Chicago Press.

———.1994.*Hayek on Hayek: An Autobiographical Dialogue*.Edited by Stephen Kresge and Leif Wenar.London: Routledge.

Horrabin, J.F.1934.*An Atlas of Current Affairs*.New York: Knopf.

Johnston, William M.[1972] 1983.*The Austrian Mind: An Intellectual and Social History, 1848-1938*.Berkeley: University of California Press.

Mahr, Alexander.1956.Hans Mayer-Leben und Werk.*Zeitschrift für Nationalökonomie* 16.1-2 (March): 3-16.

Marget, A.W.1929.Morgenstern on the Methodology of Economic Forecasting.*Journal of Political Economy* 37(June): 312-39.

Mayer, Hans.1911.Eine neue Grundlegung der theoretischen Nationökonomie.*Zeitschrift für Volkswirtschaft, Sozialpolitik, und Verwaltung* 20.

———.[1932] 1994.Der Erkenntniswert der funktionellen Preistheorien.In vol.2 of *Die Wirtschaftstheorie der Gegenwart*, edited by Hans Mayer.Vienna: Springer.Reprinted as The Cognitive Value of Functional Theories of Price: Critical and Positive Investigations concerning the Price Problem.In *Classics in Austrian Economics: A Sampling in the History of a Tradition*, edited by Israel Kirzner.London: Pickering.

Menger, Carl.[1871] 1981.*Principles of Economics*.Translated by J.Dingwall and B.Hoselitz

New York: New York University Press.

Mises, Ludwig von.[1922]1936.*Socialism*.Translated by J.Kahane.London: Cape.

——.[1933]1960.*Epistemological Problems in Economics*.Princeton,N.J.: Van Nostrand.

——.1978.*Notes and Recollections*.South Holland, Ill.: Libertarian.

——.1996.*Planning for Freedom*.4th ed.Grove City, Penn.: Libertarian.

Mises, Margit von.1976.*My Years with Ludwig von Mises*.New Rochelle, N.Y.: Arlington House.

Mitchell, W.C.1913.*Business Cycles and Their Causes*.Vol.3.Berkeley: California University Memoirs.

——.1927.*The Problem and Its Setting*.Vol.1 of *Business Cycles*.New York: National Bureau of Economic Research.

Moore, H.L.1914.*Economic Cycles: Their Law and Cause*.New York: Macmillan.

——.1923.*Generating Economic Cycles*.New York: Macmillan.

Morgan, M.1990.*The History of Econometric Ideas*.Cambridge: Cambridge University Press.

Morgenstern, Oskar.1928.*Wirtschaftpropnose: Eine Untersuchung ihrer Voraussetzungen und Möglichkeiten*.Vienna: Julius Springer.

——.1931.Mathematical Economics.In *Encyclopaedia of the Social Sciences*,edited by E.R. A.Seligman.New York: Macmillan.

——.[1927] 1976a.Francis Y.Edgeworth.*Zeitschrift für Volkswirtschaft und Sozialpolitik* 5 (10-12):646-52.Reprinted in Schotter 1976.

——.[1927) 1976b.Friedrich von Wieser, 1851-1925.*American Economic Review* 17 (December):669-74.Reprinted in Schotter 1976.

——.[1929]1976.Allyn Abbot Young.*Zeitschrift für Nationalcökonomie* 1(May):143-45.Reprinted in Schotter 1976.

——.[1951]1976.Joseph A.Schumpeter, 1883-1950.*Economic Journal* 61.241: 197-202. Reprinted in Schotter 1976.

——.n.d.Autobiographical note, box 1, folder: Info.Series Autobiographical Material.Oskar Morgenstern Papers,Special Collections Library,Duke University,Durham,N.C.

Muller, Adam.1809.*Die Elemente der Staatskunst*.Berlin: Genudg.

O'Brien.D.P.1988.*Lionel Robbins*.New York: St.Martin's.

Oxaal, Ivar, Michael Pollak, and Gerhard Botz, eds.1987.*Jews, Antisemitism, and Culture in Vienna*.London: Routledge & Kegan Paul.

Pauley, Bruce F.1992.*From Prejudice to Perdition: A History of Austrian AntiSemitism*.Chapel Hill: University of North Carolina Press.

Persons, Warren M.1919a.Indices of Business Conditions.*Review of Economic Statistics* 1.1:5-110.

——.1919b.An Index of General Business Conditions.*Review of Economic Statistics* 1.1: 111-205.

Räber, Hans.[1937]1961.*Othmar Spanns Philosophie des Universalismus: Darstellung und Kritik*.Hildesheim: Georg Olms.

Rellstab, Urs.1991.From German Romanticism to Game Theory: I.Oskar Morgenstern's Vienna in the 1920s.Mimeo.Department of Economics,Duke University,Durham,N.C.

——.1992.*Ökonomie und Spiele: Die Entstehungsgeschichte der Spieltheorie aus dem Blickwinkel des Ökonomen Oskar Morgenstern*.Zürich: Verlag Rüegger.

Robbins, L.[1932]1935.*An Essay on the Nature and Signifinance of Economic Science*.London: Macmillan.

——.[1938]1988.The Methods of Economic Observation and the Problems of Prediction in Economics.In *Lionel Robbins*,edited by D.P.O'Brien.New York: St.Martin's.

Russell,Bertrand.1919.*Introduction to Mathematical Philosophy*.London: Allen and Unwin.

Schotter, Andrew, ed.1976.*Selected EConomic Writirs of Oskar Morgenstern*.New York: New York University Press.

Silk,Leonard.1977.The Game Theorist.*New York Times*,13 February.

Spann,Othmar.1911.*Die Haupttheorien der Volkswirtschaftslehre*.Lcipzig: Quellc & Meyer.

——.1924.*Kategorienlehre*.In vol.I of Ergänzungsbände zur Sammlung Herdflamme.Jena: Gustav Fischer.

Walras,Lén.1874.*Élém enls d'économie politique pure,ou théorie de la richesse sociale*.Lausanne: Paris.

Weber,Wilhelm.1961.Hans Mayer.In vol.7 of *Handwörterbuch der Sozialwissenschaft*.Stuttgart: Gustav Fischer.

Weyl,Hermann.1927.*Philosophie der Mathematik und Naturwissenschaften*.Munich: R.Oldenbourg.

Whitehead,Alfred N.[1925]1967.*Science and the Modern World*.New York: Free Press.

Wiggershaus,Rolf.1995.*The Frankfurt School*.Translated by Michael Robertson.

Cambridge,Mass.: MIT Press.

Wistrich, Robert S., ed.1992.*Austrians and Jews in the Twentieth Century: From Franz Joseph to Waldheim*.New York: St.Martin's.

Wittgenstein, Ludwig.[1921]1993.*Tractatus Logico-Philosophicus*.Translated by D.F.Pears and B.F.McGuinress.London: Routledge.

约翰·梅纳德·凯恩斯与弗吉尼亚·伍尔夫：私人友谊与职业友谊①

克劳福德·古德温

       梅纳德——我感觉他既非常好斗，又令人畏惧，就像一位年轻人要去看托尔斯泰的雕塑一样，可以一掌击碎他前面的任何争论，但是又像小说家们说的，在他那给人留下深刻印象的智慧盔甲之下，又掩藏着一颗善良，甚至是单纯的心灵。

       ——弗吉尼亚·伍尔夫，一战之前关于约翰·梅纳德·凯恩斯的回忆

       许多经济史学家都容易对科学发展的历史重构感到不安，尤其是对那些将因果关系归因为所选的变量之间的因果关系。普通的友谊、家庭关系和宗教与经济学家的思想形成到底有没有关系？谁能确定呢？历史有太多的变量，而且其中绝大多数都无法量化，所以你必须得加十二分的小心才能找出它们之间的联系。历史学家更为满意于那些理性重建，因为在这样的重建中，科学进程以来自内部的挑战和已发表的文献中的回应作为出发点来进行推理。理性重建更像是经济学家的模型，运用假设就可以避开现实的混乱。这样，非职业性质的活动或许就会被假设排除在外。有时候，经济史学家们也会冒险进入颇有局限性的历史重建，其中会考虑到，比如说，经济学家的教育，与工作伙伴和学生的相互影响，以及与政策制定者的意见交换。但他们仍对那些太过深入私人生活的故事或者是似乎有些远离经济学的事件，感到不安。正如乔治·斯蒂格勒曾经在经济学史学会的一次会议上的著名发问，他向威廉姆·加菲（William Jaffe）提问道，这种传记性的猜测性会止于何处？莱昂·瓦尔拉斯的如厕习惯与他对一般均衡的痴迷有关吗？

---

① 非常感谢唐纳德·温奇（Donald Winch），一位匿名评审人，还有给这个增刊提供建设性意见的投稿者们。

　　然而，我们从个人经历中就能知道，人类生活不可能被简单地划分为"职业"区域和"私人"区域。实际上，我们或许只能依稀地理解影响职业生活的因素。政治、文化或者是商业人士的传记作者们，在表明自己传主生平中复杂的解释性关系方面，通常不如经济史学家那么一丝不苟。这或许是因为他们将自己的职业看作是一门至少与应用社会科学一样的艺术。如果他们的直觉表明，传主的行为与环境中的某些特定因素之间存在一种偶然的联系，那他们就会追随着这条线索，看看自己到底能发现什么。

　　什么会被认为是经济思想史中一个不太可信的联系呢？本文是对此进行探索的一个案例研究，探讨约翰·梅纳德·凯恩斯和杰出的小说家弗吉尼亚·伍尔夫之间的关系。过去的数十年间，已经有众多的经济学家和经济史学家探讨了凯恩斯那著名的宏观经济学结构。但是，他经济思想的某些方面，仍旧是未解之谜：比如，他对下面这个问题的关注：发达市场经济的人们如何过好自己的日子；自从边际革命之后，绝大多数经济学家都在对这个主题争论不休，它已经超出了经济学家探索的合理范围，而且这也不再是某个人的事情，而成了所有经济参与者的事情。凯恩斯不同意这种判断。他迫切地想知道为何人类对商品和服务的消费与他们私人生活中的行为一样，他们应该怎样做才能过上"好日子"，以及在自我完善的过程中，社会领袖们又会起到什么样的作用。毫无疑问，许多因素可以帮助我们解释凯恩斯为何会选择讨论这些问题，但其中一个因素一定就是，他与人们称之为布鲁姆斯伯里小团体的一群朋友们一起度过的那些时光。在《通论》的前言中，凯恩斯（1936，vii）解释道，得出他的革命性观点之前，他一直"受批评和交谈的莫大影响"。这句话可以这么来理解：他主要是指自己与那些卓越的资深经济学家的关系（比如，丹尼斯·罗伯特森（Dennis Robertscn）和拉尔夫·霍特里（Ralph Hawtrey）），以及他与"剑桥圈子"的年轻同事之间的关系，等等。但这句话也应该被理解为其中包括了布鲁姆斯伯里，包括了他那些从事人文学科与艺术学科的朋友们。

　　我在其他地方也探讨过布鲁姆斯伯里对凯恩斯产生的一般性的影响（Goodwin 2006）。本文集中关注凯恩斯与团体的一位成员——弗吉尼亚·伍尔夫——之间的关系，她是凯恩斯的一位密友，而且她对20世纪的小说产生的影响，在一定程度上来说，堪与凯恩斯对经济学产生的影响相媲美。本文并不是认为伍尔夫对凯恩斯的经济思想产生了直接而又明确的影响。而是比这稍弱一点的假设：其实就是这么一个情况，伍尔夫的影响，在总体上来讲，对凯恩斯世界观的形成方面可能意义非凡，而且这值得经济史学家们的关注。我以对凯恩斯与伍尔夫之间保持了三十多年的友谊的描述作为开篇。接下来，我考查了凯恩斯可能受到伍尔夫影响的那一部分思想。最后，回顾了这种影响存在的证据，以此得出结论。

梅纳德和弗吉尼亚的友谊

　　梅纳德，除了是目前健在的最伟大的经济学家之外，还有一位舞蹈家伴侣……我们都已经掌握了生活的艺术，而且非常痴迷于它。

——弗吉尼亚·伍尔夫，日记（1922年9月6日）

　　弗吉尼亚第一次见到梅纳德，好像是在1907年，因为三年前，她和她的姐姐瓦妮莎（Vanessa）从父母家中（位于肯辛顿，海德门公园22号的）那令人窒息的氛围中逃脱出来，而后搬到了她们位于布鲁姆斯伯里，戈登广场46号的自由世界（伍尔夫 1975-80，1：396）。梅纳德住在附近的菲茨罗伊广场，刚从剑桥过来，在印度事务部任职。两姐妹发现她们与梅纳德有许多共同之处；他们成长于相同的英国知识分子贵族家庭，而且都有很深的剑桥渊源。所以他们经常聚餐，而且梅纳德会参加她们那激动人心的夜间聚会，这里的谈话让人兴奋，礼仪规矩也全被抛诸脑后。1907年，瓦妮莎嫁给了克里夫·贝尔（Clive Bell），弗吉尼亚便离开戈登广场，在附近的菲茨罗伊广场另觅住处。1911年，她和另外几位"密友"再次搬到布伦瑞克广场38号，其中包括她的弟弟阿德里安（Adrian）、画家邓肯·格兰特（Duncan Grant）、她的未婚夫伦纳德（Leonard），还有梅纳德（1：467）。弗吉尼亚承担了这个团体的一部分组织责任，她在度蜜月之前的最后一件事就是，将梅纳德的房租账单寄送给他（1：508）。当弗吉尼亚将苏赛克斯郡的亚什汉姆之家租来作为乡间寓所时，梅纳德便成了常客，他甚至在1914年4月租下这幢房屋，以召开剑桥的秘密学会"信使会"的读书会（2：47）。当梅纳德在一战期间为财政部服务时，他就充当着布鲁姆斯伯里在政府里的监听者（2：133，155）。尽管这个危险分子的角色非常有用，但弗吉尼亚和其他的布鲁姆斯伯里成员一样，都试着说服梅纳德从政府辞职以示抗议，以免他"输给人性"（2：206）。当他婉拒了弗吉尼亚的好意时，她又安慰自己说，或许至少还有利顿·斯特拉奇对温斯顿·丘吉尔的批判性的讽刺以及其他的"大人物"可以弥补"梅纳德在世俗事务中犯下的一系列严重错误"（2：360，385）。梅纳德最终于1919年辞职时，他作为瓦妮莎的客人搬进了佛里附近的查尔斯顿农场，此处距离弗吉尼亚和伦纳德定居的洛德梅尔也不远。他在那儿写下了《和约的经济后果》一书。1925年梅纳德与莉迪亚·洛波科娃结婚之后，他们就租下了提尔顿，从这里就可以看到查尔斯顿；而且直至弗吉尼亚在1941年逝世之前，这两对夫妇经常一起吃饭，而且互相进行非正式的拜访。

翻阅弗吉尼亚在与梅纳德成为亲密朋友的那些年里写下的日记和信件，就会有这么一种感觉，她几乎把他当成了自己的兄长。对于所面临的问题，她会毫不犹豫地求助于他，比如救助一战期间那些出于良心而拒绝服兵役的人（2：247）或者是为 T. S. 艾略特找到合适的工作（3：10-11，14-15，20）。可是，弗吉尼亚对梅纳德个人则不甚了解，她的日记和信件中只是充斥了一些极为简短的大致描述和一些理解上的尝试。从充满深情与顽皮嬉戏，到容易起疑与严厉尖刻，这些描述可谓变化多端。她不明白的是，梅纳德已经那么出众，却为何仍要自吹自擂，寻求赞扬（伍尔夫 1977-84，2：121）。她尤其难以判定梅纳德那众所周知的慷慨大度，到底是名副其实还是仅仅是逢场作戏。随着岁月的流逝，她对自己所从事的领域更为满意，对自己的人物刻画也更为自信。下面就是长期以来的一些颇具代表性的评论。"我大多数时间都在与弗兰克［弗兰克·比瑞尔（Francis Birrell）］和梅纳德聊天。但这是件挺令人绝望的事儿"（1909年12月25日的信件［1975-80，1：415］）。"我听说你上次与梅纳德一起骑车去旅行了。不：在西班牙的日子并没有让我更加喜欢他"（1912年9月4日的信件［1975-80，2：7］）。"他就像是一滴斜板上的水银——有点不近人情，但又非常友善，就像残忍的人们一样"（1915年1月20日的日记［1977-84，1：24］）。"'布鲁姆斯伯里'在神智正常之人和愚蠢之人身上所施与的强势似乎同样足以转变那些最为坚决之人的头脑……尽管如此，可奇怪的是，梅纳德似乎成了这种魔法精神的主要来源"（1918年1月14日的日记［1977-84，1：106］）。"梅纳德……慷慨大度，现在又具有了一些东方王子般的礼貌举止"（1918年10月12日的日记［1977-84，1：201］）。"梅纳德似乎和当初差不多，只是越来越和蔼，而且表面上看去非常友善！"（1919年9月14日的信件［1975-80，2：390］）。"今晚去了查尔斯顿；在灯光下仔细地观察了一下梅纳德——像一个狼吞虎咽的海豹，双下巴，凸出的红嘴唇，一双小眼睛，性感，但又令人难以忍受地缺乏想象力：其中一个景象是偶然间看到的，在他扫头的一瞬间就消失殆尽。尽管如此，可我猜想这说明了一些我对他的感觉。还有就是他没有读过我的任何一本书——不管这些了，反正我自己喜欢"（1920年9月26日的日记［1977-84，2：69］）。四年之后，也没有太大变化。"梅纳德长胖了，而且变得阔绰了；但我是因为他的天真而喜欢他"（1924年8月15日［1977-84，2：311］）。

弗吉尼亚与梅纳德的关系有时又像一对闺蜜那样，可以随意干预他的私事，就像她曾经短暂地阻挠过他与莉迪亚·洛波科娃那段最终修成正果的恋情（伍尔夫 1975-80，2：594）。在这件事情中，她的努力似乎混杂着自私和诚挚的关心。正如她在1924年写给雅克·普莱维尔（Jacques Raverat）时说的："梅纳德非常严肃，而且自命不凡；在爱情上，梅纳德既热情又软弱，因为他清楚地明白，如果他娶了她，他就会被踢出局，同时她也会深情地拥吻他，莉迪亚在场，你便无法连续进行争论，现在我们开始婉言拒绝，而且相比任何的激情，我们更喜欢理智，莉迪亚的玩笑也让我们烦躁不安；布鲁姆斯伯里的成员们都偷偷跑去秘密聚集之地，留下莉迪亚坐在梅纳德的大腿上，一幅多么令人反感而又揪心的景象啊"（3：115）。当弗吉尼亚慢慢地更加了解莉迪亚之后，她对后者的态度便很快缓和了。不到一年的时间，她就可以在日记中这么写了："我喜欢娇小的莉迪亚：她是怎样思考的啊？就像一个展翅高飞的百灵鸟一样；一种光荣的天性鼓舞着她：我猜一定是非常友好的本性，指引她落在到了梅纳德的身旁"（1977-84，3：18；类似的观点在第43页）。此后，这两对夫妇共同庆祝节日，而且一起去斯塔德兰湾海滩、宾登修道院（1977-84，2：199；1975-80，3：70），以及其他的一些地方旅行。梅纳德一直将自己的各种计划告知弗吉尼亚，比如有人要在苏克塞斯郡建一个公寓旅馆，可能还有他在谋求国王学院教务长一职之事（1977-84，2：199；1975-80，3：265）。

关于梅纳德的消费习惯，弗吉尼亚总是在布鲁姆斯伯里小圈子里对其充分地进行善意的戏谑。梅纳德购置了塞尚的一幅画，她就非常支持，而且因此认为他的生活充满了想象（伍尔夫 1975-80，2：230），但是并不赞成他因为好胜目的而购买了一辆二手的劳斯莱斯。对于优质的波斯地毯，她则持中立态度。"妮莎有了孩子，梅纳德给她铺上地毯"（伍尔夫 1977-84，3：107）。她抱怨梅纳德在餐桌上用一个"盛得并不是很满"，而且有时会盛有"廉价的樱桃白兰地"的醒酒器，对他们的集体生活进行时间上的限制，不让他们过分地沉迷其中（伍尔夫 1975-80，4：50）。

1927年，弗吉尼亚给查尔斯顿公报投稿，这是一份由瓦妮莎·贝尔的孩子们出版的报纸，这篇稿子是一篇关于梅纳德的虚构的传记，题为《提尔顿人：梅纳德夫妇的生活和冒险经历》，内容怪异却又充满深情。这只是弗吉尼亚和瓦妮莎的孩子们所作的《杰出的查尔斯顿人》（先于利顿·斯特拉奇所作）系列文集中的一部分，其文本由弗吉尼亚执笔撰写，其解释说明则由少年老成的昆汀·贝尔（Quentin Bell）所写。一封写给瓦妮莎的信中提到了"提尔颈人"一词（伍尔夫 1975-80，3：415），但原稿在几年前才被发现，而且被大英图书馆买走。它现在还没有经过处理，而且不能用于公共用途。传记共有十八个小篇章，围绕着梅纳德一生中的重要时刻展开，绝大部分的论述都极其简洁。关于他在战争期间的服务，其评价如下：

> 凯恩斯先生
>
> 由于他的聪明才智
>
> 在战争期间
>
> 变得比之前更加富有

第七章包括一项说明，展示了梅纳德"向劳合·乔治准确地口述在接下来的一百万年中，世界将会被如何统治"。据说，当梅纳德购买了《民族》（Nation）杂志时，"民族"一词的大写和斜体都被忽略了，而且到处都在为这个被人信以为真的政变兴奋不已。最终，乔治国王化解了这次危机。最后，关于梅纳德那被人信以为真的告别谈话，弗吉尼亚给出了解释：

> 娶了洛波科娃夫人，稳固了西班牙货币比塞塔，获得了永恒的荣誉和难以计数的阿比西尼亚奖金之后，梅纳德最后到达了帝国的顶峰——直布罗陀之巅——，这里英国国旗迎风飘摆，身披雷神托尔的荣誉饰带（或者是大熊荣誉饰带）他在世界大会之中面对众人发表演讲，达到了事业的巅峰状态，把自己所从事的工作推向了顶点，在我们所在的这个星球上，无出其右。

到了20世纪20年代末期，弗吉尼亚已经对莉迪亚和梅纳德融入了热烈的感情，而且直至去世一直如此。她在1928年4月21日的日记中写道，"今天与莉迪亚和梅纳德共进晚餐：两对夫妻，人过中年，著名的丁克家庭。他和她都彬彬有礼，令人钦佩。梅纳德的两鬓已经开始发灰。他现在看起来好一些了：在我们面前不再傲慢自大：很简单，他在一门心思地应付俄国人，布尔什维克主义者，腺体发炎和家谱这类的事情；因此，当他的思维活跃，在其他方面也表现出精力旺盛的情况时，这就证明他一直拥有非凡的头脑……莉迪亚很沉着，而且自我克制。她说的事情都显得非常明智"（伍尔夫 1977-84，3：181）。随着战争的一触即发，她自1938年10月2日之后的日记，反映了他们最后时光里的关系。"梅纳德和莉迪亚情投意合——亲爱的老梅纳德，那么乐观、那么强健，而且有些可爱，上帝是多么英明啊。我亲吻他。愿一切都已被忘记，一切都已被原谅。愿终生保持现在的和平"（5：179）。

弗吉尼亚·伍尔夫，经济学家

梅纳德斜倚着，但是思如泉涌。边沁真是罪恶的起源。

——弗吉尼亚·伍尔夫，日记（1938年3月10日）

其实，弗吉尼亚并没有接受过经济学，或者其他任何学科的正式训练。但是，她的阅读范围极为广泛，而且悟性很好；同时对于形形色色的经济话题也颇感兴趣，虽然现代的经济学家们或许不承认这些话题是"经济"方面的。大量证据表明，梅纳德的著作一经出版，她就会迅速阅读，首先就是《和约的经济后果》一书，她将此书描述为"一本不带有丝毫艺术作品气息，却影响了全世界的书籍：一本伦理学著作"（伍尔夫1977-84，2：33）。她一生之中，也认识其他一些著名的经济学家，并且与他们保持来往。杰拉德·舍佛（Gerald Shove），剑桥的经济学家兼梅纳德的好朋友，曾经一段时间也处在了布鲁姆斯伯里小圈子的边缘地带。她时常与拉尔夫·霍特里碰面。她关于剑桥五月周的早期会议就包括"在房间里与霍特里跳加洛普舞曲"（伍尔夫1976，151）。当霍特里与桑科森·悉尼-特纳（Sanxon Sidney-Turner）一起，在1905年的假期去拜访斯蒂芬姐妹时，他们就是个"巨大的麻烦"。"他们安静地坐着，就一直那么完全安静地坐着；偶尔躲到一个角落里，因为一个拉丁语笑话而咯咯地笑个不停。或许他们爱上了妮莎；可谁知道呢？"（伍尔夫1975-80，1：208）。搬到戈登广场之后，与霍特里的关系多少缓和了些。弗吉尼亚回忆起曾经试着说服他"文学作品中有一种诸如感染力的东西"（伍尔夫1976，168）。

还有其他一些经济学家。休伯特·亨德森（Hubert Henderson），并不是她特别喜欢的一个人，是《民族》杂志的编辑，伦纳德是文学编辑。"梅纳德是他的后备人员。布鲁姆斯伯里是他讨厌之人"（伍尔夫1977-84，2：268）。她认识西德尼·韦伯和比特丽丝·韦伯，但不太喜欢他们；而且很后悔让"伟大的凯恩斯受到他们的完全控制"（伍尔夫1975-80，3：289）。在凯恩斯家中与弗兰克·拉姆齐一起共进晚餐之后，她将他描述为"像达尔文那样，心胸宽大、待人友好、强健有力，而且是一位伟大的数学家，却又笨拙得穿不上自己的靴子。坦言之，他确实是一位真正的信徒"（伍尔夫1977-84，2：231）。当大萧条席卷而来，英国失去了金本位制时，弗吉尼亚坐下来与理查德·卡恩"谈论了"很长时间的"经济学和政治"（4：45）。当我们在弗吉尼亚的日记中看到如下内容时：与经济学家们共度晚宴之后，她向他们抱怨说自己并不知道"如何投资自己的情绪资本"，就可以断定，她在一定程度上受到了他们思考方式和词汇运用的影响（2：231）。

让弗吉尼亚感到最为困惑的公共政策问题是：为何女性并未对社会、政治、文化和经济产生更多的影响。她并不赞同生物学方面的解释（那个时代常见的答案）——认为是由生理决定了女性们在这些领域上的表现，无法与男性达到一致。她在自己的论文、小说以及与朋友们的信件中反复思考这个问题。她觉得尤为令人不解的就是，即便是在工业革命之后，女性们的表现也比不上预期。"即便是在19世纪初期，她们中的很大一部分人都是默默无闻地生活着，结婚，生子，以致到后来我们才开始怀疑，问题是不是出在她们自身的情况上——她们嫁人的年龄，所生孩子数量，没有隐私，从未有过的收入，对她们造成压抑的习俗，以及她们从未接受过的教育，这些对她们的影响非常之大，以至于尽管中产阶级是我们发现优秀男人的集中阶层，但这个阶级里，能够与他们一较高下的女性仍然只是凤毛麟角，这一点着实令人无法理解。"（伍尔夫 1986-94，4：419）。在她第一本小说《远航》中，名叫赫斯特的一个男性角色得知已经24岁的主人公瑞秋仍未读过爱德华·吉本的书时，感到非常吃惊（伍尔夫［1915］1990，153）。但是之后他就开始怀疑，就像经济学家劳伦斯·萨默斯（Laurence Summers）在将近一个世纪之后的怀疑一样，作为一位女性，她是否能够对这些书籍有着完全的理解力，她在理解力方面的问题是天性使然还是后天培养所致。赫斯特沉思着，"谈论女性实在是件难事，我的意思是，其中在多大程度上是因为缺乏训练，又有多大程度是天生的无能。我自己并不明白你为何不理解——我只是猜想你直到现在还在过着一种荒诞的人生——你刚刚在一个排成纵队的漫步者［一排女学生］中间行走，我猜大概是你的头发披散在了背上的缘故"（159）。瑞秋发现自己无言以对。"当瑞秋试着去解释的时候，她发现这非常困难。她既不能说她觉得，自己披散着头发在漫步者中行走的景象格外地不公平而且令人恐惧，也无法解释赫斯特对于自己天性优越和经历突出的假设，对她来说这似乎不仅令人烦躁而且十分可怕——就像一扇门在她面前叮当作响一样"（160）。

弗吉尼亚总结道，关于女性为何没有在历史上有更好表现的解释，在于一种经济决定论。答案主要不在于生命机理，受限制的选举权，婚姻习俗，或者是宗教价值观，而在于收入和财富的分配。因为她们没有收入和财富，所以无法接受教育，没有隐私，也没有休闲时间。而且这个过程是自我更新的。另一位人物赫维特评论道："女儿们必须给儿子让步；男孩必须接受教育；他们必须做得非常好，以养活他们的妻子和家庭，所有这些会再次循环往复。与此同时，女人们只能活在幕后……你真的认为投票选举会起到任何作用吗？"（221）。经济决定论是弗吉尼亚在剑桥女子学院的两次演讲的主题，这两次演讲后来被整理为她那篇颇有影响的文章——《一间自己的屋子》（1929）。她在这篇文章中争论道，女性所做的贡献之所以相对较小，是因为她们没有控制资本（不动产）或是自由时间的权力，有了这些才能在家庭以外的地方做出贡献。在她第二篇关于这个话题的文章《三几尼金币》（Three Guineas）（1938）中，她显然是部分地基于了索尔斯坦·凡伯伦（Thorstein Veblen）思想，发展出了一套更为复杂的论证，被好胜本能驱使的男人们已经掌控了权力机关，比如政府、教育、军队、教堂和一些特殊职业，而且他们会把资源浪费在具有竞争性的炫耀上。尽管这些男人们已经具备允许他们大范围地致力于竞争游戏的雄厚遗产，但还是经常会发生对女性的剥削，以及暴力和战争；如果那些拥有更多的私人体验和更加仁慈的行为动力的女性们，可以更为有效地与社会融为一体，那世界就会更加美好。她激怒了自己的批评者们，其中包括梅纳德，因为她用那些展示了将军、传令官、大学生、法官和大主教佩戴着荒谬的徽章的照片来解释《三几尼金币》，认为几乎所有人都受到了凡伯伦那炫耀性消费需求的影响。梅纳德或许已经意识到，这种说法就是直接针对他的。在两年前为《听众》撰写的一篇题为《艺术与国家》的文章中，他就已经呼吁举行更多像最近的国王庆典那样的"公共仪式和典礼"，因为他相信公众渴望这么做。"我们认为这种情感是野蛮的，孩子气的或是有害的吗？我认为没有理由这么想。无论如何，提供合适的机会来满足这种几乎是人类的普遍需求的做法，在政府的治理艺术中的排名应该是很靠前的；那些过度忽视这些基本需求的社会体系，或许已经证明了它们自身正处在危险之中"（凯恩斯1982，346）。

弗吉尼亚非常清楚《一间自己的屋子》中提倡的改革是什么样的改革。收入和财富的重新分配会矫正社会中其他的不公平。她在《三几尼金币》中变得更为踌躇不决，因为她现在明白了，这个问题更深地植根于强大的人类竞争本能之中。她尤为担心的是，如果只有少数女性成为这种遗产的代理人，她们就会被同化，会接受男性的价值观，那么整体上就不会有太大意义的变化。弗吉尼亚暗示，关于这些问题，《三几尼金币》中唯一认可的长远解决方案就是，一定要进行高等教育改革。她给大学的建议直接来自布鲁姆斯伯里。"现在，既然历史和传记——圈外人可以获得的唯一证据——似乎证明从前那些大学的旧式教育既没有产生出对自由的特别尊重，也没有引起对战争的特殊憎恨，所以，很明显，你需要重新构建你的学院……不要有小教堂。不要建造那些玻璃橱窗下充满了装有线装书籍和首版资料的博物馆和图书馆。要确保这些图片和书籍是最新的，而且是不断变化的……贫困的学院也一定要教那些教学成本低廉，而且穷人家的学生都能实践得起的技能；比如医学、数学、音乐、绘画和文学。应该讲授人际交往的技巧；理解他人的生活和思维技巧，以及与之联系在一起的谈话、穿着和烹饪技巧……教师们应该从优秀的生活者和优秀的思考者中去选拔"（伍尔夫 1938，49-50）。

梅纳德并未对《三几尼金币》公开发表任何看法，但是昆汀·贝尔（1972，2：205），弗吉尼亚的外甥兼传记作者，非常自信地说道，凯恩斯认为它包含了一个"愚蠢的"论证，而且一定不是战争的阴云笼罩整个欧洲时所应当提出的观点。

要经济进步还是要文明社会？

我推断，假设未来100年内，没有重大的战争和巨大的人口增长，经济问题或许可以得到解决，至少是有望被解决，这意味着经济问题不是——如果我们展望未来——人类的永恒问题……这会是一种福祉吗？如果你完全相信生活的真正价值，那么这个前景至少开启了福祉的可能。

——约翰·梅纳德·凯恩斯，《我们孙辈的经济可能性》（1930）

"梅纳德，你对于不朽有什么感想？"我问道。梅纳德回答道："我是个理想主义者，所以我猜整体上我还是会认为，有些事情或许会持续下去的。很清楚，才智是唯一能让人兴奋的事物——物质并不存在。"

——弗吉尼亚·伍尔夫，日记（1931年12月27日）

有充分的证据表明，弗吉尼亚阅读了梅纳德大量的经济著作，都是在其写作过程中，或是刚一出版时就阅读的。她也大体上熟悉了他那不断演变的宏观经济理论的政策含义，可她对这些政策含义并不是十分满意。1933年9月，她向弗朗西斯·比瑞尔解释道，当梅纳德在努力做出一些源自《通论》的提案，也就是关于国家宏观经济干预的政治含义的提案时："我们打算回到提尔顿，去看待被梅纳德转变为我所怀疑的一种法西斯主义"（伍尔夫 1977-84，3：15）。相比她更为抽象的小说《海浪》，他更为偏爱她那本相对通俗的《岁月》（伍尔夫 1977-84，5：80），而且他尤为喜欢她对回忆录俱乐部的追忆。他发现她关于吉本——布鲁姆斯伯里的一位偶像——的文章，是他所了解的关于这一主体的最好的文章之一。梅纳德承认，"读过所有这些关于吉本的文章的"弗吉尼亚，尽管在重要的经济学问题上一定不是他的引导者，但在"回忆录和传记"方面一定是（凯恩斯 1982，330，331）。

所以，如果对于涵盖在《一间自己的屋子》和《三几尼金币》中的，弗吉尼亚认为是最独创的那些经济思想，梅纳德都提不起兴趣，而且如果弗吉尼亚对梅纳德请求政府关注总需求的做法持怀疑态度的话，那他们在经济讨论中还有什么共同点呢？答案或许在于一系列的信条，现代的经济学家或许认为这些信条不属于"经济"，可布鲁姆斯伯里的成员则确实是这么看的。布鲁姆斯伯里思想中的共同因素之一就是一种社会哲学，主要是罗杰·弗莱（Roger Fry）在 G.E.摩尔（G. E. Moore）的影响下发展起来，同时主要由克里夫·贝尔（Clive Bell）进行传播，嗣后又由其他人以各种方式不断地进行探索。其核心假设就是人类的进步不仅仅包括经济增长。他们强调说，进步就是一定要趋向于他们称之为"文明社会"的状态。为了进一步探究这一观点，他们假定人类生活被大致分为三类范畴，而且根据这些活动范畴的名字，其内容就不言自明。首先是要"有活动能力"，或者说是"生理生活"，在这个范围内，人们为自己的常规需求提供食物、饮料、寓所、生育，等等。接下来就是，人类或许能够控制，但可能无法从他们的生活完全消除的竞争性生活；这一点从本质上来讲毫无必要，因为争强好胜的竞争是无穷无尽而又空洞无意义的。最后，就是涵盖了所有的艺术、文学和纯科学的充满想象的生活——也就是精神生活。最后一类无疑包含了人类的生存元素，而且对于人类而言，它产生了从本质上与其他两种形式的生活截然不同的结果。克里夫·贝尔强调说，公民们充满想象力的生活能够尽可能丰富的社会，才是一个真正"文明的"社会。

尽管布鲁姆斯伯里的成员们非常确定，充满想象力的生活对人类最为重要，可对于这样的生活应该包括什么，或者是怎么去实现，他们却从未准确地达成一致意见。梅纳德向他们保证说，借助于资本积累和科技发展，支撑一个丰富的充满想象力生活的经济方式很快就会出现，但正如他在本节前面的引文中解释的，他非常担忧人类是否可以令人满意地把握住机会。在他看来，挑战是精神上而非经济上的。弗吉尼亚针对梅纳德对这一主题的沉思，在她的作品中进行了直接的回应，有时也会转弯抹角地在一些事情中进行思考：首先就是，这种充满想象力的生活到底是什么样的。当你看到它时，你能辨识出来吗？其次，想要在文明社会中改善这个充满想象力的生活，需要满足什么样的条件，需要采用什么样的策略？再次，实现这个目标的过程中，所面临的最大障碍是什么？最后，为了达到这个目的，应该适当安排什么样的政策？

　　贝尔（1928，149）在自己的作品中反思了如何创生出一个"文明社会"，他认为，实现文明社会的主要挑战就是培养出一小支拥有"价值观"并且"推崇理智"的审美家骨干队伍，这些审美家会资助，而且在某种程度上会领导那些实践艺术和文学的人士。这些审美家会像酵母那样，迟早会用他们的价值观把社会这个大面包发酵起来。在贝尔想象的社会里，资源短缺就意味着许多人不得不暂时成为审美家的"奴隶"。最终，状况会变得好起来，但在一段时间内，为了长远状况下能够拥有一个更加美好的社会，大众的需求不得不被抑制。

　　弗吉尼亚极度不同意梅纳德和克里夫·贝尔的这些观点。第一点，她怀疑梅纳德对储蓄结果和科技发展的预测过于乐观；她害怕人类的失败会成为阻碍。例如，她批判了一个预言电力发展会带来巨额回报的研究。"这是一个让人着迷的微缩模型，但往往和这种类型的所有预测一样，似乎太过强调电力的发展，对人类的发展却关注不足"（伍尔夫 1986-94，2：285）。她将收入和财富分配的主题引入了文明社会的讨论，这个主题在她对其他经济话题的思考中也占据主导地位；因为她感觉不到拥有无限收入和财富的极乐世界会很快到来，所以她相信，随着女性地位的提高和矛盾根源的消灭，在实现这个充满想象力的生活的过程中，令人满意的收入和财富分配会逐渐变得极为关键。她认为，当我们为总产出的增加欢呼时，对贫穷的忽略是一个极危险的错误。关于这一问题，她那些最为尖锐的评论涵盖在了她的第一本小说《远航》之中，此书写于布鲁姆斯伯里内部对文明社会的初期讨论最为激烈之时。在战争年代，布鲁姆斯伯里的成员们感觉到必须要探究文明社会的含义，因为英国的宣传机器一直在宣传这是一场捍卫"文明社会"的战争。当时克里夫·贝尔的书已经开始撰写了，但直到1928年才得以出版。《远航》中的一个角色，开始一次海洋远航，驶过伦敦时，对这个制造业中枢印象深刻。但那时她就被人提醒说，这种表面上的繁荣是以贫穷为代价的。"由于某种原因，这对她来说就像是大斗篷边缘上的一个小小的金色流苏……阿木布鲁斯夫人对此非常理解，毕竟贫穷才是最常见的事情，伦敦也是一个拥有不计其数的穷人的城市"（伍尔夫［1915］1990，4，5）。航行期间，在后来的小说中成为一个更为重要角色的理查德·达罗威，建议主人公瑞秋·芬瑞斯要始终保持一种想象："人并不是一系列的隔舱，而是一个有机体。想象力，芬瑞斯小姐；要运用你的想象力；这正是你们年轻的自由主义者失败的地方。把这世界想象成一个整体"（63）。但是，达罗威承认，阻碍你实现愿景与想象的或许就是"贫穷所带来的痛苦"（65）。另外一位说道，他最喜爱的三位作者之一是亨利·乔治，此人在《进步与贫困》（1879）中提出的财富再分配方案是英国费边主义者的最爱，弗吉尼亚的丈夫伦纳德与之交谊深厚（伍尔夫［1915］1990，50）。弗吉尼亚经常公开谴责下面这个教条：每个人的幸福都源自商品和服务的积累，因此即便是向那些非常富有的人征税，也会导致社会效用的严重下降。相反的是，她观察到，那些富人似乎经常都不是很快乐，所以由此推断，可以向他们征税，这样也无须花费巨大的社会成本。将他们的一部分财富在穷人之中进行重新分配，有助于为文明社会打下基础。她在讲述托马斯·科茨（Thomas Coutts）的故事时给人的感觉非常兴奋，她将此人描述为英国在19世纪时期最富有的人，可尽管如此，这个人在一生中饱尝痛苦。的确，科茨向他一位朋友写道，"我的精神垮了，我的思绪沉重而且纷乱，与其说我现在是被怜悯的对象，不如说是被憎恨的对象"（伍尔夫1986-94，3：187）。对于弗吉尼亚来说，似乎很清楚的一点是，像科茨先生这样一类人，如果从他们的收入和财富中抽出一点去减轻穷人的痛苦，他们几乎不会损失收入和财富。

除了减少贫穷和合理的收入分配之外，弗吉尼亚像梅纳德一样，都建议说，文明社会需要有对待生活与生活方式的正确态度，尤其需要对功利主义者的观点进行限制，即商品和服务的产量对社会是最为要紧的。《远航》中的一个角色在驶过伦敦的过程中观察到，"这看上去就像一个巨大的制造产地，这里的人们都在忙着制造东西，就像伦敦西区，有电灯，有巨大的闪耀着黄色光芒的平面玻璃窗，有悉心建筑的房屋，渺小的平民百姓们在人行道上快步走着，或是在公路上平滑地疾驶着，它就是一件已经完成的作品"（伍尔夫［1915］1990，4）。但是，如果制造业中没有发现正确的态度，那会在哪呢？或许是在艺术中，也可能是在政治中！理查德·达罗威本人是一位政治家，为后者提出了充分的理由："一群十足平凡之人；但我们会看到事情的两面性；我们或许笨手笨脚，但我们仍在尽自己最大的努力去理解事情。现在如果你的艺术家们发现事情一团糟的话，就只会耸耸肩膀，转过脸去，继续朝向他们的幻想行进——我承认这或许是非常美妙的幻想——然后，让东西继续一团糟"（39）。专业学者似乎也得不到答案。达罗威夫人评论了下面几位航海者："最糟糕的就是，你会感觉到，如果这些人——一个男人和他的妻子，还有他的侄女——没有在牛津或是剑桥或者某个类似的地方受过教育的话，他们或许就像大家一样，也都成了怪人。这个男人真的非常可爱（如果他剪掉指甲的话），这个女人也长着一张精致的脸庞，当然，只是穿得像一个装土豆的布袋子，而且留着像利伯蒂的女售货员那样的头发"（44）。另外一位乘客则怀疑，"下面这样是否必要：思想和学识应该虐待他们的身体，应该将他们的思想提升至一个高塔般的高度，从上面望去，人类于他们而言，就像是大大小小的老鼠在地上蠕动一样"（213）。但对于所有这些说法，达罗威先生承认，专业学者有其独特的作用。"他继续说道，'是哲学家，是学者，他们才是传递火把，让我们赖以生存之火长明的人。作为一位政治家，不能对这些人视而不见'"（72）。

克里夫·贝尔的建议是，为了实现文明社会，我们只需增加对艺术具有审美敏感的人的数目，而与之相反的是，弗吉尼亚则认为，我们必须注意个体和社会整体之间的态度和行为驱动之间的均衡。她尤为担心包括梅纳德的一些人所论证的"物欲"程度，这大概表明了她对想象力需求之上的生理需求和好胜需求的关注。但是她领会到，物欲让世界运转了下去，所以我们的挑战是将它减弱而非消除："这些是有钱人，是他们而非别人被授予去管理世界。在这些人中间放入一个更加生机勃勃的人，这个人更加在意生活或美，如果他试着与他们分享而不是去惩罚他们的话，那么，他们一定会感到非常苦恼，感到人生是在浪费时光"（伍尔夫［1915］1990，137）。弗吉尼亚的观点和布鲁姆斯伯里的另一位成员一样，认为社会的所有部分都可以为充满想象力的生活做出贡献。《远航》中的一个人物这么评论那些拥有土地的绅士阶层："他们从来没听说过吉本。他们只在意自己的野鸡和农夫。他们是在马背上看起来非常优秀的男人，就像人们在战争年代里必须要做到的那样。说说你不喜欢他们什么——他们是野蛮人，他们不理智；他们不理解自己，也不愿别人去了解他们，但他们仍是这个地球上最优秀最友善之人中的一部分！你可能会对我讲述的这些故事感到惊讶。可能你从来没有想到过这个国家正在发生着的浪漫故事。如果莎士比亚重生，我感觉他一定会在这些人中诞生。诞生于唐斯的那些老房子里"（209-10）。

充满想象力的生活：到底是什么样的？

过去十年间，国家美术馆双威当局就已经拒绝购置塞尚的作品，最近甚至同意将这位大师的重要画作暂借出去……即使下面这些都是不可避免的：官方世界应该以更慢的速度迁移，［罗杰］弗莱先生的声音，会迅速驶入未经发现的、满是新奇花朵和从未品尝过的水果的小岛，似乎应该来自荒野而非未来的应许之地，但你也会禁不住叹息，这本该如此。

——约翰·梅纳德·凯恩斯，《社会、政治以及文学作品集》（1982）

梅纳德和弗吉尼亚两人都赞同的一点是，在实现文明社会、巩固充满想象力的生活取得进展之前，我们必须准确地理解这充满想象力的生活到底是什么样的。追随着托尔斯泰和G.E.摩尔的脚步，罗杰·弗莱认为，充满想象力的生活主要是就艺术进行的审美情感的交流。弗莱相信，最为成功的视觉艺术交流者就是保罗·塞尚。弗吉尼亚有时会对那些她认为在文学中具有特殊影响的交流者的职业生涯有所涉猎，以此来检验这个关于交流的假设。蒙田（Michel Montaigne），这位"生活的艺术大师"，就是她的最爱之一。关于蒙田的散文，她尤为注意的是他对摩尔所谓的爱与诚实的价值观的强调，弗吉尼亚这样写道，"这些文章都是在试着与一个灵魂交流。至少在这一点上他是非常明确的。他想要的并不是名望；也不是在未来的日子里有人不断地引用他；他没有在市场中竖立雕像；他希望的只是与他的灵魂交流。交流是健康；交流是真理；交流是幸福。分享是我们的职责；大胆地往前走，将那些最病态的隐秘思想公之于众；不要隐藏；不要伪装；如果我们无知那就大方承认；如果我们爱自己的朋友那就让他们知道"（伍尔夫 1986-94，4：76，78）。至于为何审美交流会成为充满想象力生活的关键这个问题，弗吉尼亚则没有试图给出自己的答案。"为什么会有这种与别人交流的强烈欲望？是世界的美好事物已经足够了，还是出现了一些关于神秘的解释？有关于此的答案到底在哪里？对此并没有一个答案可寻"（4：79）。

詹姆斯·乔伊斯（James Joyce）是弗吉尼亚尊敬的另外一位作为审美情感交流者的作家。但对她而言，他的才能仍旧令人难以捉摸。"与我们称之为唯物主义者的那些人相反的是，乔伊斯先生是一个沉浸在精神生活中的人；他非常关注于揭示出内心热情的灵光闪现，甚至不在乎付出任何代价，这些灵光闪现通过人的头脑来折射出内在的讯息，而且为了维持这种热情，他奋起全部的勇气将那一切对他来说似乎是偶然之物的东西一概抛却，无论这些东西是不是具有撑得起后世读者想象力的那些线索的可能性和一致性，他都不在乎，读者们也无从想象他所接触或看到的那些事务。"（4：161）。弗吉尼亚相信，艺术家的有效交流，只需对参与社会和遗世独立进行正确的搭配即可。"他当时的状况非常危险。他必须将自己暴露给生活；他必须冒着被她的不诚实引入歧途或是被骗的危险；他必须从她那里夺走财富，然后让她的拙劣之作化为乌有。但某些时刻，他必须离开同伴，独自一人撤退至那个神秘的房间，在这里，如果他的战利品能够躲避过评论家的话，它们就会被他一直所深刻迷恋的过程强化成永恒，塑造成永恒"（4：405）。

但是，艺术家并不是充满想象力生活里的唯一居民。还有审美者，还有克里夫·贝尔的《文明社会》一书中那些著名的艺术品主顾。弗吉尼亚把他们看作一个完美无瑕的过程中的艺术家的合作者。"要想读懂一本书，阅读时候就应该像你在写这本书一样。不能像坐在法官的板凳上那样开始，而应该像站在犯人的被告席上那样。做他的同事，成为他的同谋。如果你只希望读书的话，你甚至也需要从撰写它们开始"（4：390）。

在探索审美交流的本质时，弗吉尼亚拓展了罗杰·弗莱在他那篇一定会与梅纳德产生共鸣的《论审美》中得出的一个观点。她非常赞同弗莱对托尔斯泰下面这个观点的反驳：在艺术作品中试图说教或者文以载道的任何尝试，都会妨碍审美情感的交流。在回顾布鲁姆斯伯里的小说家同伴 E.M.福斯特的作品时，她就抱怨说《霍华德庄园》里添加了太多的社会理论。"所以，我们努力找出意义所在，我们从充满想象力的魔法世界踏出，在这里，我们的技能自由地发挥；来到理论的昏暗世界，在这里，只有我们的智力在尽职地运行"（4：499）。作为理解成功且充满想象力的生活的一种方式，弗吉尼亚仔细回顾了从中受益的审美家。他们是"天性所致或环境使然，而处在了一个可以将自己的技能充分运用到重要之事上来的情境。他们不一定要很幸福或是很成功，但他们总是表现出一种热情，一种对自己所做之事的兴趣。他们充满生气"（4：431）。

弗吉尼亚坚持认为，所有的艺术在充满想象力的生活中都有一席之地，"音乐、文学、雕塑和建筑"（4：243）。可是，在英国，却唯独忽略了音乐，这个社会最终要为之付出代价。"想要变得文明，就要测度我们自己的能力，要让它们维持在一个完美的驯服状态；但是正如我们所设想的，我们其中一种才能的仁慈力量如此之小，伤害力量又如此深不可测，所以在我们培养它之前，首先要做的就是尽力削弱它、扼杀它。对于那些将自己的生命献给某个神祇的人，我们把他们当作基督徒一样对待，他们对某一个东方的神祇充满着狂热的崇拜。这可能源自一种不安的预知，当异教之神重新流行起来的时候，我们从来没有敬奉过的神仙就会报复我们。正是音乐之神，它会向我们的脑海中灌输疯狂，让我们损坏神殿的墙壁，同时会让我们厌恶自己那没有旋律的生活，让我们不停地跳舞、不停地旋转，直至向它的声音屈服"（1：29-30）。

自从弗吉尼亚相信艺术作品在充满想象力的生活中起着核心的作用之后，她就果断而努力地去对它们进行详细的描述。例如："真正的艺术品拥有一种共同的特质。每次读来，你都会注意到它们的变化，就好像是生命的力量在它们的叶子里流动一样，而且有了天空和植物，它们就有能力随着季节的变换来改变自己的形状和颜色。"而且"一本为了生存的书籍，必须拥有随着我们的变化而做出变化的能力，所以我们必须要问自己的是，夏洛特·勃朗特（Charlotte Bronte）是否能与我们的内心息息相关"（2：27）。

可是，如果艺术品是充满想象力的生活的核心，那大自然也是。一战期间，自然对于布鲁姆斯伯里的成员们来说具有一种新的意义，当时他们几乎所有人都至少在一段时间内，离开了伦敦市中心，前往苏塞克斯郡、威尔特郡、萨里郡，或者其他的地方过起了乡村生活。他们更多的时间待在地中海周围的乡村环境里。梅纳德搬到了查尔斯顿的农场去撰写《和约的经济后果》，后来在提尔顿租下了一幢房子。关于这种向外迁移的意义，尤其是布鲁姆斯伯里的评论家之间，曾经产生过相当大的讨论。这是在躲避现实或是逃避社会责任吗？弗吉尼亚认为两者都不是，对自然的亲近是对充满想象力的生活的一种补充和刺激。在这一点上，华兹华斯对她来讲是一个鼓舞："不仅仅是对自然的好奇或是偏爱驱使他到山间散步，去了解生长在那里的所有一切可以了解到的事物。相反，他在试着理解那些对他具有意义（无论它们的意义何在）的，而不是那些毫无意义的各种自然的痕迹。而且，由于他意识到，在所有的自然生物里，自己拥有经过完美调整的对称性，所以，在那些在任何情况下都被傲慢所引导的人之中（通过建造房屋和农场来破坏自然秩序），他的非难是最为强烈的"（1：107-08）。她认为，萨缪尔·泰勒·柯尔律治（Samuel Taylor Coleridge）也是一位能够欣赏所有的艺术和自然的罕见的审美家。"如果柯尔律治听音乐，他会想要长时间地听莫扎特和珀塞尔（Purcell）；如果喜欢一幅画作，就会在它面前出神；如果看到日落，就会在为能够注视它而感到欣喜若狂时，几乎如痴如醉"（2：224）。

像罗杰·弗莱一样，弗吉尼亚也观察到，在充满想象力的生活中，国外对于对自然的欣赏比国内更为强烈。她在评论一位驻扎在缅甸的殖民地公务员所写的自传时，写道，"他决定了，他要着手了解那鲜明的信仰，正是这信仰使得东方与西方生活的差异如此之大，而且判断到，基本的区别可以从在世之人和自然的讯息里找出，至少缅甸人仍旧抱有希望。受到这种信念的鼓舞，他就继续生活在当地人之中，向他们提出了欧洲人从不会向别人询问的问题：'你认为生命是什么？人的灵魂是什么？'在这种文明状况下，这些问题非常直率而且迫切，可它也提供了下面这种清晰的基调：多么广泛的答案都是可以的"（1：172）。她尤为钦佩美国的先验论者和亨利·戴维·梭罗（Henry David Thoreau）。"他从自然那里学到了静默和坚忍。他从未提及自己私人财产中让他最为感动的事情。而且，他也从自然中学会了满足，不是那种欠缺考虑的或是自私的满足，当然也不是满足于放弃，而是满足于对自然智慧的合乎理性的信任；而且也正如他所说，大自然里没有悲伤"（2：138）。她这样评论沃尔特·惠特曼（Walt Whitman）："他追逐愉快的能力似乎从未降低，包含的力量也变得越来越大"（2：207）。她很厌恶的一点是，西奥多·罗斯福（Teddy Roosevelt）痴迷于屠杀野生动物，但同时她也欣慰地注意到："愤怒的大自然向他给予了还击，让他的骨头都在发烧，并且因此而早早离世。在文明的这个最后阶段里，对于大家，对于同时拥有身体和头脑的同一个人来说，都是困难重重"（3：226）。

如何才能去过那种充满想象力的生活？

为什么我们不可以开始从物质的丰裕中去收获精神的果实呢？如果要这样做的话，那么这种值得一试的变化，其动力又当从何而来呢？

——约翰·梅纳德·凯恩斯，《克利索尔德》（1928）

我也深恐对已经哺育了无数代人的普通人习惯和本能所做的调整，在几十年内可能被弃于无地。

——约翰·梅纳德·凯恩斯，《我们孙儿辈的经济可能性》（1930）

对于弗吉尼亚来说，一个至关重要的问题，而且也是布鲁姆斯伯里聚会上经常讨论的问题就是，社会和行为科学能否开辟一条通向充满想象力生活的路径。对此，她有些怀疑。《远航》中一位聪慧的老者支持这样一种理论："混乱无序会最终胜出，事情的发生并无因由，每个人都在幻想和无知中摸索前行"（伍尔夫［1915］1990，235）。她力图验证的社会理论之一是（这种理论可能来自梅纳德或者他的经济学家朋友），随着人们变得更加富有，逐渐脱离了工作之苦，把时间都用在了生物性的生命之上，而且有了闲暇，也就是有了用于充满想象力的生活的时间之时，那么，文明社会自然而然地就会出现。或许正如经济学家们向她提出的，文明社会是一个具有收入弹性的商品。她第二本小说《夜与日》中有两位男主角，威廉·罗德尼（William Rodney）和拉尔夫·丹汉姆（Ralph Denham），都梦想着从工厂逃离到充满想象力的生活中去，首先要去写诗，其次是去撰写一部全新的英格兰史。这两人都非常确定，有了足够的收入，这些目标就都会实现。但他们也都赞同，除非能够早早地理解充满想象力的生活，否则它或许就会永远消失："拉尔夫大学毕业时总结出的结论，至今仍在支配他的大脑，仍在用一些忧郁的信念晕染着他的观点，绝大多数人的生活都是在强迫着去练习那些低级的天赋，而浪费掉那些宝贵的才能，直到有一天生活迫使我们同意，曾经一度作为我们留给后人的遗产中最感光辉的那一部分，其实并没有什么优点可言，也几乎没有价值"（伍尔夫［1919］1992，104）。

撰写《夜与日》时，弗吉尼亚几乎没有什么亲密的男性朋友；在这极少的人中，最为卓越的当属她弟弟在剑桥的朋友们，这可能就是《夜与日》中的拉尔夫·丹汉姆与梅纳德具有惊人的相似之处的原因之所在。拉尔夫对一位漂亮的年轻女孩具有吸引力并不是因为他是异性，这一点反映了梅纳德当时的偏好，而只是基于"客观话题的共同兴趣，比如穷人的房屋，或者是土地价值税"（66）。她的姐姐琼对拉尔夫的描述则表明，除了梅纳德之外，他不可能再是弗吉尼亚朋友圈里的任何人。

拉尔夫可能已经存了300或是400英镑。想想他为了存够这个数额而做出的牺牲，琼都会感到惊讶，他用这些钱做投机，买进一些股票，随后再抛出，有时会涨，有时也会跌，总是在冒着在某一天不幸失去所有资产的风险。但尽管她对此感到怀疑，但仍禁不住更加爱他，因为他将斯巴达式的自我克制与对她来说似乎有些浪漫和孩子气的愚笨，奇怪地结合了起来。拉尔夫对她的吸引力超过了世上的任何人，而且她经常会在他们经济探讨的中途戛然而止（尽管它们很重要），而去思考他性格中某些全新的方面。

尽管拉尔夫在股票市场闯荡了一番，但最能让他收获满足的，似乎还是对充满想象力生活的探索，以及对是否已经找到这种生活的永远不可知性。琼问他："你不幸福吗，拉尔夫？"他则回答道，"是的，你呢？但或许我和绝大多数人一样幸福。上帝知道我到底幸不幸福。什么是幸福？"（23）。这里提出的这个问题似乎是在说，如果拉尔夫（梅纳德），这位终极理性人，都无法清楚地明白如何在充满想象力的生活中得到真正的幸福，也不知道何时才能找到这种生活的话，那么谁可以呢？弗吉尼亚给出的答案似乎是说，可以通过多种途径来获取充满想象力的生活。它可能甚至出现在一位学者的令人愉快的晚宴之上。"灯火明亮；抛光木器映射着它们的光辉；美酒在席间传递；远在进餐之前，文明社会就已经大获全胜"（427）。探究罗杰·弗莱提出的一个想法时，弗吉尼亚就解释道，拉尔夫最终爱上的这位凯瑟琳·希尔伯里（Katherine Hilbury），就在秘密地寻找可以不用受到文学、音乐或是视觉艺术的干预，便能将航海者送至充满想象力生活的纯数学，它与纯科学的方式一样："独自一人待在她楼上的房间里，每天或是早早地起床，或是熬至深夜……努力钻研数学。地球上没有什么力量可以听她告解。所以，在她努力钻研的时候，她的行为就显得鬼鬼祟祟，偷偷摸摸，就像有些夜行动物一样"（34）。

结　论

梅纳德·凯恩斯是布鲁姆斯伯里的成员。他撰写了《和约的［经济］后果》一书。

　　　　　　　——弗吉尼亚·伍尔夫，写给本尼迪克特·尼克尔森
　　　　　　　（Benedict Nicholson）的信（1940年8月24日）

像丹尼尔·笛福（Daniel Defoe）、亨利·菲尔丁（Henry Fielding）、查尔斯·狄更斯（Charles Dickens）、汤姆·沃尔夫（Tom Wolfe）以及其他许多从事过经济思想、社会制度和政策思考的著名小说家一样，弗吉尼亚很少正面论述她的主题，或是为其他类似的替代方案进行辩护。她的态度主要是被动地做出回应，相比于直截了当，她更偏爱捉摸不定。她诸多的著作，都淋漓尽致地描绘了下面这些内容：收入和财富的分配，贫穷的缓解，艺术市场中艺术赞助的本质，批判者在成人教育中的作用，诗歌和散文的不同读者群，以及其他那些她认为对通过充满想象力的生活来实现文明社会所必不可少的事情。她特殊的天资或许已经被社会科学家解释成运用一组不同寻常的素材库和小说实验室来检验社会理论的能力。但弗吉尼亚进行过检验之后得出的主张却具有典型的不确定性，而且明显地被重新予以调整过，而且她的作品可能会被那些最没有耐心、最精明务实的社会科学家们仅仅看作是一种轻松的娱乐。与她同时代的从事写作的经济学家，被一种公认的方法束缚着，这种方法对那些用高度简化的假设——恰成小说的对立面——构建起来的模型青睐有加，而且他们认为"讲故事"严重违背了正统的方法论。这篇文章所表现出来的一个直接特征就是，梅纳德·凯恩斯，作为那个时代最杰出的经济学家，已经开始在深入地了解、理解，甚至是欣赏这位20世纪最具创新性的小说家之一所写的作品了。他密切注意着她的散文和小说，就像她关注着他的经济学一样。对这种不大可能的关系进行传记性研究，或许可以帮助我们领会这位经济学家的和这位小说家的成就所具有的某些特点，而在我们对这两人单独进行更为传统的研究时，这些特点是不会显现出来的。或许这也能够让我们明白，在当代，我们可以从这两种相当独立的文化——经济学和创造性写作——的深度契合中，期许些什么。

参考文献

Bell,Clive.1928.*Civilization*.London：Chatto and Windus.

Bell,Quentin.1972.*Virginia Woolf.A Biography*.London：Hogarth.

Forster,Edward Morgan.1910.*Howards End*.London：Arnold.

Fry, Roger. [1909] 1998.An Essay in Aesthetics.In *Art and the Market.Roger Fryon Commerce in Art*,edited by Craufurd D.Goodwin.Ann Arbor：University of Michigan Press.

Goodwin, Craufurd D.2006.The Art of an Ethical Life：Keynes and Bloomsbury.In *The Cambridge Companion to Keynes*.London：Cambridge University Press.

Keynes, John Maynard.1920.*The Economic Consequences of the Peace*.New York：Harcourt Brace and Howe.

——.1936.*The General Theory of Employment,Interest,and Money*.London：Macmillan.

——.1982.*Social, Political, and Literary Writings*.Vol.28 of *The Collected Writings of John Maynard Keynes*.London：Macmillan.

Woolf, Virginia.1927.Tiltoniad：The Life and Adventures of Mr.and Mrs.Keynes.Supplement to the *Charleston Bulletin*,uncataloged holdings of the British Library.

——.1929.*A Room of One's Own*.New York：Harcourt Brace.

——.1938.*Three Guineas*.New York：Harcourt Brace.

——.1975-80.*The Letters of Virginia Woolf*.6 vols.Edited by Nigel Nicolson and Joanne Trautmann.London：Hogarth.

——.1976.*Moments of Being：Unpublished Autobiographical Writings*.Edited by Jeanne Schulkind.London：Sussex University Press.

——.1977-84.*The Diary of Virginia Woolf*.5 vols.Edited by Anne Olivier Bell and Andrew McNeillie.New York：Harcourt Brace Jovanovich.

——.1986-94.*The Essays of Virginia Woolf*.4 vols.Edited by Andrew McNeillie.New York：Harcourt Brace Jovanovich.

——.[1915]1990.*The Voyage Out*.London：Hogarth.

——.[1919J 1992.*Night and Day*.London：Penguin.

团体的私密空间：约翰·梅纳德·凯恩斯与艺术

帕特里西亚·劳伦斯

约翰·梅纳德·凯恩斯早年之所以对艺术感兴趣，是因为其受到了一群艺术家朋友的熏陶，也就是我们后来所熟悉的布鲁姆斯伯里小圈子。作为英国最具影响力的文化和思想圈子之一，布鲁姆斯伯里小圈子在20世纪初期文学与艺术的品味和成就方向的塑造方面，起到了很大的作用。凯恩斯，作为其成员之一，也是经济学史上最为重要的人物之一。他年纪轻轻就已名声大噪；1911年，年仅28岁的他，发表了一篇关于印度货币政策的文章，从而确立了自己的学术地位。作为英国最重要的政策制定者之一，作为《就业、利息与货币通论》（1936）的作者，他颇具影响力，也可以接近英国政府领导者。与众多布鲁姆斯伯里成员不同的是，他"蜚声世界"。

鉴于这一背景，我们如何将其置于布鲁姆斯伯里的艺术家和作家之列呢？我作为一位不具备专业的凯恩斯经济学知识的文学评论者，又该如何展开这场对谈呢？我仔细斟酌了不同的传记方法。将一个人物展现为一群文化精英的一部分，而非一个孤独的反常分子，又具有什么优势呢？所以我转移到布鲁姆斯伯里这个团体，关注友谊与情感，以及"亲密性"在凯恩斯职业生涯中的重要性，因为这是传记写作的一个趋势所在。本文要论证下面这一观点：凯恩斯在生平的最后十年里，之所以对建立国家的艺术政策感兴趣，其原因植根于他早年间对布鲁姆斯伯里的艺术家朋友的感情和同情：私人感情对国家政策产生了影响。

后结构主义者的视角

凯恩斯对艺术的兴趣不断加深，我们探索他早年间的交际就能得到证据。

他的朋友圈，以及朋友圈的思想和情感轨迹，都记录在其论文、回忆录、评论以及本文引用的他与朋友的信件之中。本文考查了他与最亲密的朋友之一，凡妮莎·贝尔（Vanessa Bell）的早期信件，始于1907年；与莉迪亚·洛波科娃（Lydia Lopokova）的通信，1922年她在伦敦加入了佳吉列夫的芭蕾舞公司；与金斯利·马汀（Kingsley Martin）的信件，此人是他的老朋友，而且是《国家文艺》杂志的编辑。在经济学家的传记写作中，私人信件偶尔成了被低估的原始资料。正如帕萨·查特基（Partha Chatterjee）（1993，147）所指出的，信件阐释了"团体的私密空间……亲密的圈子"。它们揭露出感性生活、感情生活，以及经常被否认了的对思想形成非常重要的闲话。在本文的研究中，凯恩斯在信件和评论中发出的声音会被逐个解读，以解释感情和团体的内部空间是怎么样的一种情况。

此外，正如爱德华·萨义德（Edward Said）（1982，22）曾表明的那样，信件以及回忆录与评论，储存着"具有历史记忆和主体生命的并不那么具有连续性的活力"。所以，这一主体讲述的是其他故事，而不是"由权力机构所创作的官方版的具有连续性或思想性的传奇。"凯恩斯与朋友的信件以及回忆录为我们展示了被隐藏起来的部分内容：他对艺术在英国发挥着何种作用的观念、态度以及不断变化的观点。这一点不仅可以从他的早期职业生涯中观察到——D. E. 莫格里奇（1992）所关注的经济学家生平著作中的核心问题——从其晚年的职业生涯中亦能窥见一二。

凯恩斯收藏的艺术品以及他曾经居住的地方也构成了本文的一部分。在文献资料——比如一本传记——的研究中，颇有价值的就是一群人在交谈、情感、联系、故事以及观点中的互相激励，以及他们在哪生活、如何生活。本文就与这篇文集中克劳福德·古德温的文章一起来证明，一个经济学家的团体——包括私人的和非正式的制度关系——可以构成他或她生平的"一个思想上的刺激"。本文从一位后结构主义者的视角出发，而且加入了2006年HOPE会议所倡导的一种趋势，即开始全新地关注与思想家迈克尔·福柯和尤尔根·哈贝马斯有关的话语分析和"呼声（voice）"。正如瑞伊·德里达（Rei Treada）（2001，13）所指出的，在后结构主义者的研究中，"呼声"与"长相""可以看成是情感研究的一部分"。本文从一个文学视角，提供了一个更具包容性的、满足于情感、私人关系和主观性的思想与传记模型，但或许会以一种与特定的思想模型和经济学家传记中关于生平的描述有所对立的方式来给出。话语分析拓宽了"文本"的概念，而且开始关注演讲、著作、行话以及机构、团体、社会架构以及道德与社交素养。所以，传主的生活就是一个体现在传主身上的多重话语的"构造物"。传记作者的工作就是去发现这些话语的内在体系。比如，保罗·约翰·伊金，在本文集中关注于"叙事认同"的概念时就提出，那位在19世纪中期的伦敦东区卖豆瓣菜的小女孩作为一个"劳动者""就是她一种社会功能和自我描述的体现。"

在这里展示不同种类的话语——私人的、感情上的以及专业著作与学术关系，还有围绕在他身边的团体与艺术——时，我所提供的凯恩斯肖像更加饱满，涵盖性也更强。布鲁斯·考德威尔、保罗·约翰·伊金和杰里米·波普金也都在本文集中论述了不同的话语和叙事在塑造经济学家传记中的身份时所起到的作用。正如人类学家克里夫德·吉尔茨（Clifford Geertz）所提出来的，"浓墨重彩"成了一种值得追求的价值理念；正如形式主义批评家迈克尔·福柯（1977）所提出的，一生之中的"复调"和多重性的呼声与话语得到了承认。这一包含了私人、社交、体系架构以及道德的生平叙事，对那所谓的客观视角和激发了某些传记的呼声表示怀疑。这样的传记会篡改、摧毁，甚至是隔绝传主的呼声和读者对它的体验。提亚哥·马塔（Tiago Mata）、弗里德里克·S.李（Frederic S. Lee）和罗斯·艾米特（Ross Emmett）（本文集）也都在各种社会与制度环境中的经济学家口述史"故事"中，寻找这种珍贵的呼声。他们收集经济学家"团体"的信息，通常这些信息不会出现在公共记录当中，而且他们坚持认为，这应该成为经济学家生平和经济学科的社会历史叙述中的一部分。令人惊讶的一个转变是，罗伯特·伦纳德（Robert Leonard）（本文集）在他那开创性的关于奥斯卡·摩根斯坦（Oskar Morgenstern）的内心生活的描述中，对一位经济学家的私人呼声给出了一个戏剧化的"真实"再现。

年轻时期

既然凯恩斯关注现实和全球利益，他又是如何偶然地与布鲁姆斯伯里这个超脱的艺术和思想团体产生联系的呢？对于那些致力于人文学科的人士来说，修辞的运用通常是一个组织原则，凡妮莎·贝尔就将凯恩斯在布鲁姆斯伯里的早期角色比喻得非常恰当："你更像一尊佛像。你静静地坐着……试图营造出一种一切皆有可能的氛围。"但是贝尔（1907-36）在她1914年的信件中颇具讽刺意味地多说了这么一句："可能你说的话要多于佛。"她在自己的油画《回忆录俱乐部》中描绘了凯恩斯和布鲁姆斯伯里小圈子，回忆录俱乐部是一个拥有十三位亲密朋友的小群体，始于1920年；他们聚在一起，阅读其他人所作的致力于完整"真相"的回忆录。有人说凯恩斯不大可能是这个反传统的小圈子里的成员，但尽管如此，他依然坐在这幅画的中间位置，而且这篇文章——《佛陀一样的君子》——确立了自己在经济学专业的地位，在官方的政府圈子里，同样占据着重要位置。

凡妮莎·贝尔，《回忆录俱乐部》（ca.1943）。从左至右依次是：邓肯·格兰特，伦纳德·伍尔夫，大卫·加内特、凡妮莎和克里夫·贝尔（坐在沙发上），梅纳德和莉迪亚·凯恩斯（中间靠后的那一位），德斯蒙德和玛丽·麦卡锡、昆汀·贝尔、E.M.福斯特；墙上的画作分别是弗吉尼亚·伍尔夫、利顿·斯特拉奇和罗杰·弗莱（作此画时皆已故去）。国家肖像画廊。感谢安吉利卡·加内特惠允使用。

1919年之后，随着《和约的经济后果》一书的出版，凯恩斯成了公众名人，留给布鲁姆斯伯里的朋友以及他们的艺术兴趣的时间就更少了。尽管如此，他的友谊还是形成了某种模式。据弗吉尼亚·伍尔夫的丈夫伦纳德所说，前者在1931年的小说《海浪》中的内维尔一角就是以凯恩斯为原型来塑造的。一个小说人物的特点可以向我们阐明一个"生平"吗？我们从内维尔——

凯恩斯父亲中间的名字——了解到，他"像剪纸那样要求精确"，而且喜欢"秩序。"我们还可以从内维尔的行为"准则"中略知一二：

"但是，根据自己独立王国中某些神秘莫测的法则，只拥有权力是远远不够的。我总要想尽办法拉上窗帘保护自己的隐私，而且只想要一些喃喃私语。"（60）

由于经常出没于公共舞台，凯恩斯慢慢产生了逃离公共生活压力的需求。弗吉尼亚·伍尔夫（1985，206）在"老布鲁姆斯伯里圈子"一文中这么说凯恩斯："猪、戏剧和绘画——他全部都会谈论。但从来不会讨论首相和贵族。唉——梅纳德并不是个势利小人。"弗朗西斯·帕特里奇在《回忆》中写道，凯恩斯并非一直是一位高不可攀的经济学家；1926年在提尔顿举行的布鲁姆斯伯里聚会上，他与妻子，俄国著名芭蕾舞团佳吉列夫的芭蕾舞演员莉迪亚·洛波科娃跳了康康舞，后来被凡妮莎·贝尔在画作《凯恩斯夫妇》中作了戏仿。

凯恩斯对于他的艺术家朋友的经历，尤其是画家邓肯·格兰特的经历，耳濡目染，他们初识于1908年，当时凯恩斯25岁。据他在剑桥的一位朋友达迪·利兰兹（Dadie Rylands）所说，凯恩斯当时"对绘画几乎不感兴趣"。D.E.莫格里奇（1992）也已经证实，凯恩斯在布鲁姆斯伯里的朋友，认为他早年间的审美品位非常"老土"。他与格兰特的友谊，以及他与莉迪亚·洛波科娃那始于1922年的关系——两位都是具有创造性的艺术家——鼓舞着他进一步地理解、欣赏，进而到后来开始资助艺术。

凡妮莎·贝尔和罗杰·弗莱进一步让凯恩斯意识到艺术家在财务上的窘境，尤其是弗莱在1913—1916年成立了欧米茄工作室的时候，这就是一次鼓励装饰设计艺术的商业冒险行为。在这个工作室里，艺术家们每周可以花费几天的时间进行创作，同时销售自己作品，这样便可以将剩余的时间留给自己的艺术。凡妮莎·贝尔、邓肯·格兰特和罗杰·弗莱创作了一些"实用性"的作品。其中一部分作品至今仍然可以在维多利亚和阿尔伯特博物馆中欣赏到。2000年1月在考陶尔德艺术学院举行的一场名为"现代艺术：罗杰·弗莱的艺术视野"的展览会上，许多家居用品、地毯、陶器、服装、印刷的书籍和木刻版画，以及工艺品都在展出之列。凯恩斯那带有注解的艺术品目录也证明了，他早年间的艺术品位在不断地提高。

凡妮莎·贝尔，《凯恩斯夫妇》（1927?）。版权为凡妮莎·贝尔遗产机构所有。感谢亨利亚塔·加内特的惠允。

　　正如其他人所指出的，凯恩斯在对自己作品的修辞与语言的关注方面，要远胜于其他的经济学家。他不仅在伊顿获得了数学奖，其英文写作也是第一名。罗伯特·斯基德尔斯基（1992，317）这么描述他的写作风格："充满了想象、光芒与悖论。"如萧伯纳所说的，凯恩斯带着"兴趣"与"无法扑灭的文化火花"来撰写经济学和历史。这些"文化火花"从文学、绘画和戏剧世界飞向他那优雅而又富有学识的艺术和经济学著作，而且许多的文学评论家都对《和约的经济后果》一书的可读性赞叹不已。

　　凯恩斯经常去看芭蕾舞和戏剧，而且为《国家文艺》杂志和创于1923年的雅典娜协会撰写了简短的具有赞许意味的文章。他对艺术的公开见解——尽管是以他本人的长期个人投入为基础——与他和莉迪亚·洛波科娃的关系息息相关。他是一位业余的但又颇为敏锐的评论家。

战后时代

莉迪亚最终同意住在戈登广场，而凯恩斯每周中的大多数时间都住在韦伯位于剑桥的庭院那里，一边忙于国王学院理事会的工作，一边与瑟巴斯蒂安·斯普洛特（Sebastian Sprott）（一位代表着凯恩斯"旧式生活"的同性恋者）一起写作、骑行。尽管布鲁姆斯伯里的朋友们看起来非常沮丧，但他仍要在1925年与莉迪亚结婚。弗吉尼亚·伍尔夫（1977，76）在1923年11月写给雅克·普莱维尔（Jacques Raverat）的信中表达了他们对莉迪亚的矛盾态度："可怜的小家伙，陷入了布鲁姆斯伯里这个困境之中……没有人重视她。"可是随后在1925年凯恩斯结婚之前，做出了让步："娇小的莉迪亚，我喜欢：她是怎样思考的啊？就像一个展翅高飞的百灵鸟一样；一种光荣的天性鼓舞着她：我猜一定是非常善良的本性，指引她落在到了梅纳德的身旁"（181）。布鲁姆斯伯里的矛盾一直在继续，但莉迪亚为她与凯恩斯的关系带来了充满魅力而又生气勃勃的交流，而且被布鲁姆斯伯里的艺术家们绘成油画，同时还经常被巴勃罗·毕加索（Pablo Picasso）绘成素描。

尽管布鲁姆斯伯里是那样的态度，凯恩斯仍然深切地挚爱着这位俄国芭蕾舞演员，因为她让人陶醉，她天资聪颖，而且她那错误百出的英语同样诙谐幽默。他不仅将她描述为"一位诗人"，而且认为她的信件比那些著名的小说家都"更具有文学性"。对于她信中表达情感的种种迷人方式（在她一直需要的字典的帮助下），他也从不感到厌烦。"小宝贝儿……小宝贝儿……我要像大海一样拥抱你……我从心底向你发出我的呢喃……我将悦耳的钟声缠绕着你……我会送去我的悸动。"他的回信更为保守一些，但是充满深情，"我最亲爱的宝贝儿，今早母亲过来，给我带来了防止脱发的药膏，她认为这非常有效（你必须要帮我涂它了），给我讲讲你昨晚在大剧院跳舞的情景"（希尔和凯恩斯，1989，337）。

他们的通信不仅反映出凯恩斯对莉迪亚的爱意不断加深——他们几乎每天通信——而且还向我们表明，凯恩斯在一战之后的那些年里，每天都会沉浸在美术、舞蹈和戏剧当中。

1922年，凯恩斯第一次与莉迪亚的关系有着更深入的进展之时，他就写信跟她讲，为了能够在经济上生存下去，为了找到表演的机会，要成为一名芭蕾舞"制片人"。他对像莉迪亚这样的艺术家的窘境深表同情，这一点在他的信件中是很明显的，他向凡妮莎·贝尔借钱为午餐和芭蕾舞裙（1922年10月14日的信件，摘自Hill与凯恩斯1989，58）付款。他提出了颇具创意的经济关系，敦促莉迪亚出钱雇用伟大的俄国舞蹈家兼舞蹈指导，列昂尼德·玛丝尼（Leonid Massine），来作为她的芭蕾舞剧《多哥：或者是高贵的野蛮人》的制片人和舞蹈指导，每周50英镑。

为了设计装饰和服装，凯恩斯将她介绍给了邓肯·格兰特，因为她说格兰特是"一位真正的场景画家"，而邓肯·格兰特也很期待参与《多哥》（1923年9月22日的信件，摘自贝尔，1907-36）。由于凯恩斯一直相信艺术生产的价值，所以他这么劝告莉迪亚，"相比廉价的成功，高贵的失败更合人意，经济损失并不是那么重要"——尽管她对邓肯·格兰特的雇用，使得她与自己的舞蹈指导朋友薇拉·博文（Vera Bowen）产生了矛盾。博文将莉迪亚关于经济安排的新思想称作"凯恩斯的计划"。艺术鼓励委员会（CE-MA）的秘书玛丽·格拉斯哥（Mary Glasgow）（1975，262），也在1940年与凯恩斯的讨论中注意到，"标准才是至关重要的，而且对于重要的专业事务的保护也很重要。"

位于布鲁姆斯伯里圈子中心位置的凯恩斯，也帮助其他的艺术家朋友们将很多事情成为可能，这些人中的多数都用"家庭财富和某些资金的混合资产，比如在伦敦文学与艺术边缘上挣到的资金"来经营他们的财务生活（Moggridge 1992，218）。凡妮莎·贝尔与凯恩斯关系亲密，他们的大量通信——大概比他与弗吉尼亚·伍尔夫的还要亲密——也纠缠于一些流言蜚语和私人经济问题。凡妮莎增加了她那像莉迪亚一样的微薄收入，而且这些信件也表明她经常就个人与职业理财对凯恩斯进行咨询，此外咨询的事务还有投资；待在法国卡西斯时，咨询更好的外汇兑换比率；如何为一位患有精神疾病的妹妹卢拉管理收入；一战期间帮助安排邓肯·格兰特和大卫·加内特因出于良心而拒绝服役的事务；与大卫·里奇（David Leach）一起出面解决一个遭到毁约的玛丽女王旧居的装修合约，这个合约是她在1935年签订的；租下戈登广场的公寓；咨询可以出售她画作的艺术家机构；每年获得有保证的收入。还有就是她会经常这么写，"我彻底身无分文了"（1919年3月15日，摘自贝尔，1907-36），对于此，凯恩斯会回之以一贯的慷慨。

情感史：从“我”到“我们”的转变

当他们探讨和欣赏 G.E.摩尔哲学前沿的审美以及罗杰·弗莱的审美讨论时，除了这些信件之外，他们的对话、关系以及群体的哲学也都有密切关系。我们可以从凯恩斯的早期文章中觅得这一哲学的踪迹。摩尔，这位剑桥大学颇具影响力的教师，在他那著名的篇章“理想”中提倡了一种让凯恩斯受益终生的生活与艺术哲学：交谈的价值与乐趣，以及对美好事物的享受。

1938年9月，随着战争的再次濒临，凯恩斯写了一篇回忆录，《我的早期信仰》，他以怀疑的态度回顾了自己年轻时的思想圈子——布鲁姆斯伯里团体。这篇文章本是要交付给回忆录俱乐部的；可他在文中也赞扬了这个团体的“优点——我们的魅力，我们的智力，我们的超凡脱俗，我们的热情，”但攻击了它在一战之前的“天真”。凯恩斯写道：“我可以把我们看作水蜘蛛，它在水面上优雅地掠过，像空气一样轻盈适意，没有激起任何漩涡，也没有触动水下的潜流。”20世纪30年代，一位头脑清醒的经济学家已经密切接触那些“水下的潜流”：一战期间大量伤亡；凡尔赛和约的无能；20世纪30年代的经济萧条和失业问题；西班牙内战与欧洲不断壮大的法西斯运动。凯恩斯（1972，446-47）是在与年轻时的自己对话，在事后承认布鲁姆斯伯里“个人主义”的“奢华”，以及它对“遵守一般规则……的个人责任”的否决。凯恩斯将这段时间的自己称为“道德败坏者”，因为根据 D.H.劳伦斯对同性恋群体贴上的标签，凯恩斯的行为举止使得劳伦斯将这个群体中的某些人，也包括凯恩斯在内，称作英国社会里阴暗的、在道德上构成威胁的“甲壳虫”。

但是，1938年，凯恩斯（1972，244）又否认了之前的立场，他宣称，人们无法再“在平静的个人主义中安全地生活，这种个人主义是爱德华时代早期的非凡成就”。在这一信仰上，凯恩斯并非独自一人。即便是1911年和他的布鲁姆斯伯里朋友一起住在布伦斯威克广场的时候，他圈子里的知识分子和他——尽管自然而然地培养了他们自己的个人主义和才能——就已经开始撰写他们所生活的那个世界的“文明”，同时为了国家民众的利益而行动。经过一战的蹂躏，这种立场变得坚定起来。在剑桥知识分子当中，通过教育和艺术向其他阶层以及英格兰的其他省市拓展知识，成了一种趋势。总体来讲，评论家们会引用凯恩斯晚年的规划，来证明他对国家艺术的承诺；但“增广知识”的概念，只在布鲁姆斯伯里和他职业生涯初始阶段的剑桥朋友那里流传。

伯特兰·罗素在1912年从哲学转向实用主义，弗吉尼亚·伍尔夫尝试着向工人阶级妇女讲授文学和历史，这些都是教育和艺术普及——放弃梦寐以求的"个人主义"——趋势的例子。20世纪初叶，现代知识的家庭大学丛书如火如荼，主要出版一些由学者和哲学家面向大众所作的便宜书籍。最早受托出版的书籍之一就是罗素的《哲学问题》，罗素在书中非常感谢凯恩斯对研究归纳法所做出的贡献。在这本著作中，罗素从逻辑研究转向知识论，把他的哲学注意力集中到"桌子"之类的概念之上。对于"严格来讲，桌子并不为我们所熟知"这一事实，罗素受到了哲学上的困扰，但仅仅通过感官数据、记忆和归纳，他（［1911］1959，161）把这称为是我们对世界的"经验"。结果，罗素只得区分两种类型的知识：关于"真理"的知识和关于"事物"的知识。除此之外，他开始关注经验，以及"分享知识的冲动"的重要性。尽管别人对他研究的兴趣转移——他当时刚刚完成了《数学原理》——以及成为一位"公众人物"颇多批评，但罗素逐渐增强了他对将"知识"与"现实"世界联系起来的研究兴趣。

无独有偶。1905—1907年，弗吉尼亚·伍尔夫在位于窝达老街的莫利学院开设夜校，向工人阶级妇女讲授英国的历史、文学和写作，这家学院是在1880年由一位纺织巨头兼戒酒工人创立的。自从伍尔夫嫁给伦纳德·伍尔夫之后，她对工人阶级的同情不断加深，她的丈夫也支持她作品中致力于妇女合作协会的玛格丽特·卢伟林·戴维斯（Margaret Llewellyn Davies）这一形象。1913年，伦纳德和弗吉尼亚去英格兰北部旅行，看到了曼彻斯特、莱斯特、利兹和格拉斯哥的工作条件，在这里，他们"看到了各种各样的骇人听闻和出乎意外之事"（伍尔夫 在1913年4月11日的信件）。

一战之后，同样的同情心在凯恩斯身上也显现出来。他与伯特兰·罗素和伍尔夫夫妇一样，也把他的经济专长和知识看作宽广的文化视野的一部分。对他来说，经济学成了"文明的侍女"。凯恩斯认为巴黎和会是"一个古老的悲剧"，所以他（［1919］2003，4-5）撰写了《和约的经济后果》一书，"对一个即将消逝的文明所面临的动荡充满恐惧，尽管我是一名英国人，却感觉自己是欧洲人一样。"凯恩斯自职业生涯初期就相信，英国的经济和文化生活是互相联系的。他这么预言，"经济问题退居其次，回到它本来应在的位置上去，时日已然不会太久，我们心灵和头脑的舞台将会重新被那些真正的问题所占据"（Glasgow 1975，269）。

收藏家

作为1901年伊顿公学国王奖学金的获得者，年仅十八岁的凯恩斯获得了数学一等奖学金，然后用32英镑的奖金购买了许多书籍，其中六本摩洛哥装订版的《仙后》文集后来成了埃德蒙·斯彭瑟（Edmund Spenser）收藏的一部分。很少有人将凯恩斯与斯彭瑟联想到一起，但书籍和艺术对凯恩斯的吸引力，以及他对它们的热爱之情，都是其不为人知的一部分。他尤其酷爱绘画——在邓肯·格兰特、凡妮莎·贝尔和罗杰·弗莱的指导下购置作品，这三位在不同时期里向他建议该购买什么：一是在他投资成功要增加私人收藏之时，二是要增进国家肖像美术馆的收藏之时。此外，他还热爱英国文学，尤其是诗歌和戏剧（因为他来自一个热爱戏剧之家）。玛丽·格拉斯哥在凯恩斯于20世纪40年代早期写给她的信中注意到，他对戏剧和演员的关注以及从中得到的愉悦之感占据了大部分的篇幅。后来，在莉迪亚的指导下，他逐步开始职业性地赞助芭蕾舞。

1918年初，邓肯·格兰特在罗杰·弗莱的画室拿到一份销售目录之后，凯恩斯就开始收集油画。他说服凯恩斯从财政部借款，去巴黎为国家美术馆购置法国印象派画家狄加作品中的部分油画。1918年3月，凯恩斯和美术馆的一位代表C.J.霍姆斯来到巴黎，在轰炸声中采购油画。贝尔（1907-36，1918年3月15日的信件）写道："我们对你充满希望，而且觉得你待在财政部总算是有了理由。"3月27日，她又发电报：

即使是以损失其他的作品为代价，也一定要买到法国画家安格尔（Ingres）的自画像，塞尚、伊利（Elly）和柯罗（Corot）的作品。（Bell 1907-36）

他们最终买到了欧仁·德拉克罗瓦（Eugene Delacroix）、让·奥古斯特·多米尼克·安格尔（Jean-Auguste-Dominique Ingres）、让·巴蒂斯特·卡米耶·柯罗（Camille Corot）和爱杜尔·马奈（Edouard Manet）的作品；可不幸的是，霍姆斯本人对塞尚素有偏见，所以并未为美术馆购置后者的任何作品，这一点令凡妮莎感到失望。同时，凯恩斯自己也买了一幅安格尔的素描和两幅德拉克罗瓦的油画，送给邓肯·格兰特一幅波旁宫的装饰素描，还有塞尚的静物画。对塞尚的六个苹果这幅油画的购买，在艺术家的厅堂里引起了共鸣。凡妮莎·贝尔极力赞扬："塞尚的这幅作品实在令人惊讶，将其放在屋子里更加令人兴奋。它是如此精彩绝伦，如此栩栩如生"（Shone 1996，175）。弗吉尼亚·伍尔夫（1977-84，1918年4月13日的日记）如此沉思：

　　这六个苹果不会是什么呢？我开始好奇。那就是它们彼此之间的关系，它们的颜色，它们的统一性。此外，对于罗杰和凡妮莎来说，它是一个远比这错综复杂的问题。是一个纯油画或调和油画的问题；如果是纯的，那它的颜色就是翠绿色或鲜绿色；接下来就是油画颜色的涂抹；他所花费的时间，他打算如何改变它，还有他为什么以及在什么时候来完成这幅画——我们把它搬到了另一个房间里，噢，上帝呀！它在那些图片中的醒目，就像你在一堆假石头中放进了一颗真石头一样。

　　1919年，凯恩斯从《和约的经济后果》中获得一笔收入之后，又进行了一次精彩绝伦的采购，从一位德国逃亡者那里购得了乔治·修拉（George Seurat）的《拉·格兰德·加特研究》。他不仅被这幅图画的美妙所震撼，也很看重它的投资价值。1920年贝尔（1907-36，1920年5月15日的信件）写道："你买到了毕加索和布拉克（Braque）的重要绘画作品，我想和你谈谈。"凯恩斯用经济投机获得的资金继续收藏当代的英国艺术，同时加入了当代艺术协会。1921年，邓肯·格兰特和凡妮莎·贝尔力劝他收藏"便宜的现代作品"——尤其是一位年轻的法国穷画家兰道（Landau）的风景画。他们向他建议购买画作的方案，先将它们展示在剑桥大学，最后把它们存放在菲茨威廉博物馆。同样，凯恩斯本人也成了布鲁姆斯伯里艺术的绘画对象。凡妮莎·贝尔经常会从查尔斯顿发出请求——"请你赶快回来吧……你可以安静地坐一整天，让我们尽情地描绘。我们急需一位模特"——这使他成了艺术世界里得到最佳描绘的经济学家之一。凯恩斯不仅拥有贝尔和格兰特绘制的画像，而且还用它们来装饰自己在剑桥韦伯夫妇庭院那里租住的房间；在这里，他在国王学院终生担任财务主管一职。随后，凯恩斯开始写作《货币论》（1930），其周围也都是凡妮莎·贝尔和邓肯·格兰特所绘制的源自15世纪的波诺·德·费拉拉的装饰油画作品。这些感觉上像意大利风格的圣女象柱代表着法律、科学和历史，尽管凡妮莎·贝尔这么评论，"你或许不该去思考它——事实上，我们一直在改变艺术和科学。它们大约5英尺高，2.5英尺宽，所以完成它是一项相当艰巨的任务"（Shone 1996，222）。凯恩斯的房间——他的生活方式——反映了布鲁姆斯伯里对艺术、亲密以及家庭生活（他采用的一种方式）的融合风格，同时还可以观察到凡妮莎·贝尔和邓肯·格兰特的生活方式，以及他们在查尔斯顿家中的装饰。

保罗·塞尚，《苹果静物画》，有时候也被称作《六个苹果》。菲茨威廉博物馆。英国剑桥大学国王学院凯恩斯藏品。

文献评述：混迹于艺术家群体当中

　　将凯恩斯置于朋友圈和英国文化背景之中——而非经济学家同伴之中——的过程中，我的这篇文章也加入了下面这些作家的作品行列：珍妮弗·维克（Jennifer Wicke）的《达罗威夫人去赶集》（1994）、克劳福德·D.古德温（Craufurd D.Goodwin）的《艺术与市场：罗杰·弗莱的艺术生意》（1998）、杰德·艾斯特（Jed Esty）的《一个不断收缩的小岛：英国的现代思想和民族文化》（2004）以及D.E.莫格里奇令人印象深刻的《梅纳德·凯恩斯：一位经济学家的传记》（1992）。所有这些著作都把凯恩斯放置在一个全新而且更为广阔的文化背景之中，进而展示出一种全新的对凯恩斯本人及其经济原理和政策的文化理解。维克（1994，11）是一位文学评论家，他重读了凯恩斯与弗吉尼亚·伍尔夫的关系，指出，"这位经济学家创造的秩序本质上是临时的、短暂的，而且极为错综复杂，是一种覆盖在市场那喧嚣繁芜的困惑之上的心智投射。"她观察到，伍尔夫对意识和现代主义的比喻，和凯恩斯对市场的态度如出一辙：就我的理解，伍尔夫试图在她的小说中将"混乱"和"精神的原子"

记录在案；凯恩斯则通过他的当前消费理论与未来投资理论，来重新安置杂乱无章的市场。尽管这一对比可能稍有发挥，但维克开创了一个研究凯恩斯的新方向。同样，古德温（1998，本文集收录了这篇文章）是一位拥有广泛的审美兴趣的经济学家，他把凯恩斯与艺术评论家罗杰·弗莱和凡妮莎·贝尔放在一起。古德温还向我们解释了凯恩斯与弗莱的友谊以及他关于"文化经济学"的著作是如何激励着凯恩斯对艺术在社会中的地位以及对社会的支持作用展开反思和行动。此外，整体来讲，古德温的作品展示了经济模型和经济观点在20世纪30年代的重新塑造的过程与文学和文化的其他变化是同步进行的。最近，杰德·艾斯特在阅读凯恩斯经济理论的过程中拓展了这些观点，并将之与后者在30年代末期的文学同辈进行比较。他在他们"共同的语境……以及文本张力"之中发现，凯恩斯的《通论》、弗吉尼亚·伍尔夫的《幕间》以及T.S.艾略特的《四个四重奏》，都在"20世纪30年代的现代主义作家"所作的种种尝试中占据着一席之地："尝试着去忍受20世纪20年代取得巨大成功的知识传统的逐渐废弃，尝试着从英帝国主义那破败的躯体中找回英国民族文化的有价值的核心之所在"（Esty 2004，166-67）。最后，莫格里奇在他那丰富多彩的凯恩斯传记，以及2005年《凯恩斯、艺术与国家》一文中，描述并解释了凯恩斯对政府支持艺术的立场以及他的经济观点。凯恩斯在20世纪40年代对恢复民族艺术的强调——艾斯特认为，就像这些现代主义者一样——标志着一个重要的文化性时刻：英国在战争时期，用"我们"的道德和审美取代了"我"的。

晚年：对艺术的公开支持

从早期的私人收藏，过渡到对艺术的公共参与，凯恩斯的这种转变是自然而然的。他成了当代艺术协会的成员，而且，大约十年之后，还成为了伦敦艺术家协会（存续时间为1925至1933年）的发起人和担保人之一。凯恩斯结识了一群艺术家，他们发现自己陷入了没有机构可供他们出售作品的困境之中，因为"他们的收入不确定，也无规律……没有可循的成功模式可供依赖。"于是，他在汉诺威广场找了一间便宜的房子，然后在萨缪尔斯·考陶尔德（Samuels Courtauld）（此人后来在伦敦创建了漂亮的考陶尔德美术馆）的帮助下，创立了一个以合作原则为基础的机构，他出任艺术家的代理人，为他们提供展览和推售作品的机会。艺术家成员包括凡妮莎·贝尔、邓肯·格兰特、罗杰·弗莱以及其他人，而且如果他们售出的作品没有达到这一金额的话，协会还会保证他们每年会有150英镑的收入。凡妮莎·贝尔（1907-36，1927年2月13日的信件）从卡西斯给他写信讲述机构的事情，声称担保人应该愿意承担更多的风险，而且"会只愿意资助我们认可的优秀艺术家……即使它们起初还没有什么市场前景"。她还宣称，自己本人不赞同接受保罗·纳什（Paul Nash）和艾伦·沃尔顿（Alan Walton）的作品。

凯恩斯注意到，随着瑟吉·佳吉列夫（Serge Diaghilev）歌舞团在1919年的到来，欧洲大陆的文明开始与英国文明交叉融合。但是，自1919年开始，他就向朋友描述佳吉列夫的活动，与欧洲逃亡者——安娜·帕夫洛娃（Anna Pavlova）、瓦斯拉夫·尼金斯基（Vaslav Nijinsky）和玛丽亚·托尔奇夫（Maria Tallchief）——一起观看俄国歌舞团在伦敦的演出。但他也看到了它最终的垮台，分裂为两个群体：一个是在玛丝因（Massine）管理下的蒙特卡洛俄国芭蕾舞剧团；另一个是在瓦西里·德·巴瑟（Wassily de Basil）（他有时被认为是莉迪亚·洛波科娃的精神恋人）管理下的原初的俄国芭蕾舞剧团，1932年开始它就去了澳大利亚巡回演出（希尔与凯恩斯1989）。两个团队关系紧张，而且经过在伦敦的芭蕾舞大战之后，这些歌舞厅在1938年便各自寻求出路：玛丝因去了美国，德·巴瑟去了澳大利亚。

瑟吉·佳吉列夫（1872—1929）集先锋派艺术家的著名导演和芭蕾舞演员于一身，创造出早期现代主义的最佳壮丽奇观的舞蹈剧，他在芭蕾舞和绘画两方面都是最优秀的；而凯恩斯正是从他的逝世中看到了莉迪亚未来的职业生涯。尽管佳吉列夫最初非常蔑视英国观众，但他一直纠结于为自己的作品筹集经费，所以最终也慢慢开始欣赏英国观众。凯恩斯对佳吉列夫的布景很感兴趣，所以会观察羽安·格里斯（Juan Gris）为芭蕾舞剧《科隆布》所做舞台装饰的艺术效果，后来，在一些由莉迪亚·洛波科娃赞助的作品中，邓肯·格兰特也开始参与布景设计。当时最为才华出众的部分艺术家都参与设计，其中包括亨利·马蒂斯（Henri Matisse）、毕加索、安德烈·德兰（Andre Derain）、乔治·布拉克、马克斯·恩斯特（Max Ernst）和羽安·格里斯。凯恩斯鼓励这种发展，而且间接地通过芭蕾舞参与到现代主义艺术之中。

凯恩斯一直在为莉迪亚的芭蕾舞天才寻找发挥之地；1928年，他对一场在剑桥大学业余戏剧俱乐部进行的演出给出了评论，其中莉迪亚表演了伊戈尔·菲德洛维奇·斯特拉文斯基（Igor Stravinsky）的《士兵的故事》以及莎士比亚的《情女怨》。1930年，为了在佳吉列夫和帕夫洛娃逝世之后继续振兴伦敦的芭蕾舞，他成立了卡尔马戈芭蕾舞协会，这最终促成了维克–威尔斯（Vic-Wells）芭蕾舞团的成立。1935年卡尔马戈协会转让之后，他构想并资助了另一个机构——剑桥艺术剧院，至今这个剧院仍在进行演出。它于1936年开张，当时已经37岁的莉迪亚，在亨里克·易卜生（Henrik Ibsen）的《玩偶之家》和《建筑大师》中担当主角（易卜生是凯恩斯最喜爱的剧作家之一）。凯恩斯，这位布鲁姆斯伯里的进步分子，在全英国都没有给予妇女平等的时候，他做到了。他一直与易卜生非常合拍，而且也习惯于"现代女性这种意识的出现"。凯恩斯对作品中戏剧性的精妙之处和"诗歌"非常敏感，所以他曾经在埃莉诺拉·杜斯（Eleanora Duse）对易卜生的《海上夫人》演出的回复中观察到，她是如何"以诗歌为代价"来强调"现实性"的（凯恩斯1982，313）。观看了W.H.奥登（W.H.Auden）和克里斯多福·伊舍伍（Christopher Isherwood）的戏剧《边陲线上》之后，他在写给金斯利·马汀的一封信中猛烈地抨击了它的"幼稚和业余"（128）。他晚年时期的一位亲密好友玛丽·格拉斯哥，也认为凯恩斯的最爱一直是戏剧。

随着英国的参战，接踵而至的便是凯恩斯不断扩展的意识和信念：艺术品中的变迁与国家的兴衰和文化的运势有关。W.J.特纳在《国家文艺》杂志上写了一篇呼吁建造一座国家剧院的文章，凯恩斯（1982，357）回信予以支持："在战争的艺术中，我们是独裁者的聪明学生。仅此一次，我们在和平的艺术中适度地效仿他们吧！"1939年，凯恩斯给雷蒙德·莫蒂默（Raymond Mortimer）写信，谈到了莱斯舞蹈团的演出——因为其作品的前卫性不得不逃离希特勒的统治——而且还在信中展现了自己对艺术和政治相互交织在一起的兴趣。尽管据玛丽·格拉斯哥说，有人批判他对这个舞蹈团的赞助，但他仍坚持认为他们关于"一位独裁者的盛衰荣辱"的作品《编年史》，是"我们至今所拥有的唯一例子，那是一位艺术家的情感在应对苦难与政治目标都被忘却的当代情景上取得的巨大成功"（129）。

凯恩斯极力主张，艺术应该被送出伦敦，输送到地方上去，"在工厂中开办数以百场的音乐会；将戏剧搬至采矿的深山和战时的旅馆当中，这里的许多观众会是第一次看到现场表演；丰富那些在家里度过的假期，提升公园和公共场所的娱乐设备水平"（360）。他为英国成人教育学院工作以鼓励这种扩展。这对凯恩斯是一个新的转折，因为大部分的布鲁姆斯伯里成员对中部和兰开夏郡这些地方都一无所知。他努力地将艺术传播至北部工业城镇。尽管他在1926年受到了费边主义者比特丽丝·韦伯（Beatrice Webb）的攻击，她认为凯恩斯"轻视普通大众"（Webb与Webb，1992，102），但他在1924年写信给莉迪亚时（当时他在布莱克本附近为自由党候选人助选），表达了自己对——至少是——工业地区的工人阶级的同情：“我感觉这里非常民主，我很喜欢这儿的人，他们真诚而又聪慧——与伦敦的工人阶级着实不同”（希尔与凯恩斯1989，134）。

在《英国成人教育学院的功能：重建英国》一文中，凯恩斯（1982，360）描述了一个这样的芭蕾舞团：“与我们一起努力的”舞蹈团（向曼妮·兰伯特（Mne Rambert）致敬），在中部地区的一个工厂内进行了表演，这令3 000名工人高兴到了极点。”凯恩斯鼓励地方上的芭蕾舞，允许“每位欢乐的英国人以自己的方式愉悦自己”。战争结束之后，凯恩斯在1945年赞扬了BBC在下面两件事中发挥的作用：为工人阶级中的艺术找到了观众；为“形成新的品味和习惯，进而扩展听众的欲望和欣赏能力”找到了观众。凯恩斯当时的愿望就是，“在这个国家的每个受到空袭的小镇中，有人希望当地政府可以为戏剧、音乐和艺术的核心建筑群预先采取措施……而无须对好莱坞的电影做什么防护”（271）。

1936年，凯恩斯收到了J.R.阿克里（J.R.Ackerly）的一封信，此人在试着整理有关艺术和《听众》的现实情况的系列文章（336）。凯恩斯在他的文章中写道，艺术家不是容易帮助的对象，因为他们中的许多人，要么是“经济上漠不关心……要么是过于贪婪”。凯恩斯总结道，国家怎么做才能最有效地帮到艺术家，它应该去“促进一种开放、自由、直率、宽容、敢于尝试，以及乐观的氛围”（345）。罗杰·弗莱，这位克劳福德·古德温在《艺术与市场》一文中曾对之进行过专门描述的艺术家，在十二年前就已经写了一篇同名的文章，还有那篇为霍加斯出版社撰写的颇具影响的《艺术与商业》的文章。古德温注意到，在1926年这个小册子中，弗莱要发展出一个“文化经济学”的概念，这一点无疑影响了凯恩斯后来对艺术在社会中的地位以及对政府可以发挥支持作用的看法。

他也在努力地为芭蕾舞和民族性歌剧恢复柯芬特花园（Covent Garden）剧院，因为他一边忙于让伦敦成为“一个艺术大都市，一个让人逗留、让人为之感到惊喜的地方”（Glasgow 1975，264），一边又在努力地将艺术传播到地方上去。作为这种努力的一部分，他还支持并资助了CEMA。在玛丽·格拉斯哥对凯恩斯那充满深情的描绘中，多少让人想起了凡妮莎·贝尔的大佛比喻：

凯恩斯躺在沙发上，垫着白色枕头靠在深红色的天鹅绒窗帘上。（他的医生要求他尽可能多地躺着。）他立刻开始用无比的礼貌提出一些令人困惑的问题。他想知道委员会为何会将那么多的资金花费在非职业性的努力上。（262）

她称之为"令人敬畏"。凯恩斯逝世四年之后，CEMA发展成英国艺术委员会，正如诺尔·安南（Noel Annan）（1990，429）在《我们的时代》中评论的那样，这个重要的委员会已经不仅仅是国家为艺术投入资金的一种方式了。凯恩斯追随着为艺术提供赞助的欧洲传统，"让英国成了欧洲大陆的一部分……每年在国家大剧院、皇家莎士比亚剧团、皇家歌剧院和体育馆，以及博物馆和美术馆前排队的人群是越来越多。"正如安娜·乌普彻奇（Anna Upchurch）（2004，203）所说，这不仅是英国艺术委员会的先例，也是美国国家艺术基金会，以及加拿大、新西兰和澳大利亚的类似机构的先例。

政治与语言

但是，当凯恩斯和弗莱集中关注通过市场体系来指导艺术时，弗吉尼亚·伍尔夫在担忧国家的另一方面。她当时也写了一篇文章，名为《艺术家与政治》，在这篇文章里她评论道，"在一个有压力的时代，艺术是人们首先就会抛弃的奢侈品"（伍尔夫1948，227）。艺术家们害怕广播、报纸和政府的"扩音器"——临近二战以及二战期间——盖过私人的和个体的声音。她像其他的英国艺术家一样，质疑了公共语言在这段时间的滥用，也就是说，树立战争的意识、拯救民族于危难的宣传。但凯恩斯并未附和这样的批评。结果表明，即便是在他关于外交政策的作品中，他对个体那富有诗意的表达方式以及亲密关系的重要性都很敏感。1937年7月，他在新政治家与民族上撰写了一篇文章，主要是关于英国的外交政策和英国对西班牙内战的立场。他以对奥登的诗——《西班牙》所做的讨论开篇：

W.H.奥登所写的《西班牙》这首诗，适合站在伟大前辈的身旁来朗诵，然而，它又平静地表达了当代人对政治世界里令人悲痛的事件的情感。

尽管如此，凯恩斯对《西班牙》中两种思想体系的斗争极为反感，而且对于奥登的表达："不可避免的伤亡"，他并不认同，而且也不认同奥登认为"武力"可以解决矛盾的信念。他说，尽管奥登"教给我们，作为一个诗人应该怎样感受，我们应该怎样感受，但这篇文章的目标是要质疑他是否正确地引导了我们，至少是在此刻，我们应该怎样行动"（61）。凯恩斯刚写完这篇文章，凡妮莎·贝尔的儿子朱利安·贝尔（Julian Bell）就于1937年7月18日在西班牙内战中英勇就义，当时他驾着一辆救护车忙碌于毕尔巴鄂那残酷战场附近。朱利安像许多年轻的欧洲人和美国人一样，做出了奥登诗中所赞扬的"浪漫"选择。随后，凯恩斯写信给金斯利·马汀："朱利安在上周的去世，让我花费了比平常更多的时间来思考这些问题；而且试着从一件事中理出另一件事情"（73）。仅在第一篇文章发表16天之后，他就又写了《英国外交政策的进一步思考》一文，区分了"个人抗议的权利和国家政策的标准"，同时捍卫了朱利安或是任何人"用自己的生命作出抗议"的权利（77）。尽管如此，那些政府人士的态度仍截然不同，凯恩斯坚持认为："仅仅根据自身的个人感受，他们并不具备类似的具有代表性的抗议权利，除非他们相信这些感觉也代表着大多数人的感觉"（77）。通过讨论，凯恩斯开始相信政府，而且相信持异议者不该被疏远。

在《战争时期的艺术》一文中，凯恩斯赞扬了CEMA，因为它拯救了毕尔巴鄂的皇家剧院，这是英国在持续进行演出的最古老的剧院建筑。据凯恩斯（1982，360）所说，这家剧院是'极其偶然地从周围那些被狂轰滥炸的一片荒芜中'保留下来的。这一情形可以与早前的一个情景联系起来，也即，1918年处于战争中的巴黎，当时凯恩斯在财政部的资助下去那里为国家美术馆采购印象派作家的油画——塞尚和安捷尔的画作。这两幅图像——去饱受战争之苦的巴黎援救绘画；赞助CEMA，这使得他们在1942拯救了位于受到轰炸街区之中的布里斯托尔剧院——形成了一种演变，这或许也极好地表明了凯恩斯在布鲁姆斯伯里的私密空间中形成的对艺术的态度。他努力地在道德、文化和物质荒芜中保留一个文明的文化天堂，努力地为英国民族艺术的未来发展创造出一个"遮风挡雨的所在"。

尽管在传记的"理性重构"中一向被人忽略，本文还是表明，为何私人生活以及著名经济学家的回忆录、信件和日记之类的文件，此外还有他们圈子里的朋友那么重要。凯恩斯年轻时与布鲁姆斯伯里的邓肯·杜兰特、凡妮莎·贝尔和罗杰·弗莱的关系培养了他的审美品位以及他收藏艺术品的早期习惯，确立了他对艺术在日常文明生活中的重要性的态度。而且很重要的一点是，他对在战争期间推广芭蕾舞——受到他与莉迪亚·洛波科娃的关系的鼓舞——和中部地区剧院所体现出来的民主情感，促进了经济体制的发展，从而使得这种经验得到了更广泛的应用。在晚年时光里，他又找到了从经济上建立国家政策、获取艺术赞助的新方法，最终形成了值得效仿的成功模式——英国艺术委员会；现在许多国家都竞相追随凯恩斯的脚步。

参考文献

Annan, Noel.1990.*Our Age*.New York: Random House.

Bell, Vanessa.1907-36.Letters to J.M.Keynes(83 ALS+3 postcards+1 telegram).Morgan Library, New York.

Chatterjee, Partha.1993.*The Nation and Its Fragments*.Princeton, N.J.: Princeton University Press.

Esty, Jed.2004.*A Shrinking Island: Modernism and National Culture in England*.Princeton, N. J.: Princeton University Press.

Foucault, Michel.1977.*Discipline and Punish: The Birth of the Prison*.New York: Vintage.

Glasgow, Mary.1975.The Concept of the Arts Council.In *Essays on John Maynard Keynes*, edited by Milo Keynes.Cambridge: Cambridge University Press.

Goodwin, Craufurd D.1998.*Art and the Market.Reger Fry on Commerce in Art*.Ann Arbor: University of Michigan Press.

Hill, Polly, and Richard Keynes.1989.*Lydia and Maynard: The Letters of John Maynard Keynes and Lydia Lopokova*.New York: Scribner's.

Keynes, J.M.1972.*Essays in Biography*.Vol.10 of *The Collected Writings of John Maynard Keynes*.London: Macmillan.

——.1982.*Social, Political, and Literary Writings*.vol.28 of *The Collected Writings of John Maynard Keynes*.London: Macmillan.

——.[1919]2003.*The Economic Consequences of the Peace*.New Brunswick, N.J.: Transaction.

Moggridge, D.E.1992.*Maynard Keynes.An Economist's Biography*.London: Routledge.

——.2005.Keynes, the Arts, and the State.*HOPE* 37.3:535-55.

Russell, Bertrand.[1911]1959.*The Problems* of Philosophy.Oxford: Oxford University Press.

Said, Edward.1982.Opponents, Audiences, Constituencies, and Community.*Critical Inquiry* 9.1:1-26.

Scrase, David, and Peter Croft.1983.*Maynard Keynes: Collector of Pictures, Books, and Manuscipts*.Exhibition catalog, Fitzwilliam Museum, Cambridge.

Shone, Richard.1996.*Bloomsbury Portraits.Vanessa Bell, Duncan Grant, and Their Circle*.London: Phaidon.

Skidelsky, Robert.1992.*John Maynard Keynes: The Economist as Saviour (1920-37)*.New York: Penguin.

Terada, Rei.2001.*Feeling in Theory: Emotion after the "Death of the Subject."*Cambridge, Mass.: Harvard University Press.

Upchurch, Anna.2004.John Maynard Keynes, the Bloomsbury Group, and the Origins of the Arts Council Movement.*International Journal of Cultural Policy* 10.2:203-17.

Webb, Beatrice, and Sidney Webb.1992.*The Webbs in Asia: 1911-1912 Travel Diary*.Hampshire: Macmillan.

Wicke, Jennifer.1994.Mrs.Dalloway Goes to Market: Woolf, Keynes, and Modern Markets. *Novel* 28.1:5-23.

Woolf, Virginia.1913.Woolf to Dickinson.King's College Modern Archives, Cambridge, U.K.

——.1931.*The Waves*.New York: Harcourt Brace Jovanovich.

——.1948.The Artist and Politics.In *The Moment and Other Essays*.New York: Harcourt Brace Jovanovich.

——.1977.*Letters of Virginia Woolf* Vol.3.Editedby Nigel Nicholson and Joanne Trautmann. New York：Harcourt，Brace，Jovanovich.

——.1977—84.*The Diary of Virginia Woolf*.5 vols.Edited by Ann Olivier Bell.New York：Harcourt，Brace，Jovanovich.

——.1985.Old Bloomsbury.In *Moments of Being*, edited by Jeanne Schulkind.New York：Harcourt，Brace，Jovanovich.

第五部分

传记作家的写作

他传与自传：哈利·约翰森[1]

D.E.莫格里奇

如今，经济学家们在不断地创作各种自传体素材。就其在杂志和文集中的传播情况来看，这类素材的需求似乎相当充沛，且供给也在逐步增加。这类素材也成了文献探讨的主体，但迄今为止，重点仍主要集中在短篇回忆录（比如委托给让·克莱格尔（Jan Kregel）（1988-89）的《国民劳动银行季刊》的那些）和访谈之上。2003年，我就观察到了198篇此类文章——这还只是略低于总数的估计篇数，因为我并未将一些期刊涵盖在内，比如《经济学理论》和《宏观经济动态学》这类期刊上的相关文献。罗伊·温特劳布（Roy Weintraub）（2005）收录的回忆录具有明确的特点，其中最为明显的一点就是，所有这些自传体素材都关注作者弱冠之年的岁月。如果受访者本人依旧在职的话，访谈或许就与回忆录有所区别，因为他们可以将访谈涉及的年月安排得更长一点。但是，布鲁斯·考德威尔（Bruce Caldwell）（1998）在论述弗里德里希·哈耶克（Friedrich Hayek）时，就明确而周密地论证道，我们依然不得不应对自传体素材回忆的真实性和演变性。

考德威尔的论文同时提出了系列型自传作者或是受访者的问题，其中，哈耶克就是一个极好的例子。更为翔实的一个例子则是约翰·肯尼斯·加尔布雷斯（John Kenneth Galbraith），一本新近传记的主人公（Parker 2005）。加尔布雷斯先生逝于2006年，享年97岁，纵观其一生，他先后出版了一本长篇自传

① 感谢诸位允许我引用未出版的论文：伊丽莎白·辛普森（Elizabeth Simpson）（约翰森文件辑录）、剑桥大学国王学院的院长和学者（凯恩文件辑录）、米尔顿·弗里德曼（Milton Friedman）（弗里德曼文件辑录）、克里斯托弗·约翰森（Christopher 约翰森）（罗宾斯文件辑录）和芝加哥大学（芝加哥大学档案室）。感谢苏珊·霍森（Susan Howson）、某位匿名审稿人和2006年HOPE会议的与会者们对早期文稿的评论。所有引自约翰森自己的论文都参考了芝加哥大学雷根斯坦图书馆中的主题、箱号和档案标题。

政治经济史 第39期（年刊）DOI 10.1215/00182702-2006-050,2007年版权归杜克大学出版社所有。

（1981）、一本童年家族回忆录（1964）、几篇回忆录片段（1971，1979），以及一篇担任印度大使（1969）期间的日记和几篇访问东欧与中国的游记。而且，他随时准备接受访谈，这一点不仅针对最新的传记有效，对之前的传记同样如此，其中最为显著的当属派奇·拉穆森（Peggy Lamson）的采访（1991）；出于其他的目的也均可采访到他（Stanfield和Stanfield 2004）。如此多的素材，或许一致，也或许不一致。但即便前后一致，作传者运用之时仍会存在一定的问题。

接下来便是带有强烈的自传体要素的片段性历史，理查德·卡恩（Richard Kahn）（1974，1976，1984，1989）、琼·罗宾逊（Joan Robinson）（1978）和保罗·萨缪尔森（Paul Samuelson）（1998）的新作是为例证。

此外还有一些情节性的回忆录。最为著名的可能当属与旧布鲁姆斯伯里回忆录俱乐部相关的回忆录，凯恩斯写作了两篇回忆录，《梅尔基奥（Melchior）：一位被击败的敌人》（1921年2月2日）和《我的早期信仰》（1938年9月11日），后者不仅对凯恩斯的作传者大有裨益，对于那些对凯恩斯哲学发展深感兴趣之人同样大有帮助（Runde和Mizuhara 2003）。

最后，也有一些内容全面的自传。在经济学领域，这样的自传屈指可数，但有一部经典著作，那就是约翰·斯图亚特·穆勒（John Stuart Mill）的《自传》（［1873］1989）。此外，还可以把下面诸位作者的著作列入此类自传：詹姆斯·布坎南（James Buchanan）（1992）、艾莱克·卡恩克劳斯（Alec Cairncross）（1998）、埃莉诺·兰新·杜里斯（Eleanor Lansing Dulles）（1980）、S.赫伯特·弗兰克尔（S. Herbert Frankel）（1992）、米尔顿和罗斯·弗里德曼夫妇（1998）、约翰·肯尼斯·加尔布雷斯（1981）、本杰明·希金斯（Benjamin Higgins）（1992）、约翰·阿特金森·霍布森（John Atkinson Hobson）（1938）、卡尔文·布莱斯·胡佛（Calvin Bryce Hoover）（1965）、查尔斯·P.金德尔博格（Charles P. Kindleberger）（1991）、唐纳德·麦克道加尔（Donald MacDougall）（1987）、雷蒙·F.麦克赛尔（Raymond F.Mikesell）（2000）、弗朗哥·莫迪利亚尼（Franco Modigliani）（2001）、莱昂内尔·罗宾斯（Lionel Robbins）（1971）、埃里克·罗尔（Eric Roll）（1985）和乔治·斯蒂格勒（George Stigler）（1988）。

就我本人作为传记作者的经验来看，我必须要讨论两个人的自传体素材。第一位自然是凯恩斯。第二位就是我当前所作传记的主人公，哈利·约翰森（Harry Johnson）。

约翰森的情况之所以有趣是因为他给后继者留下了九部已经出版的和未出

版的自传体素材，其中七部可以追溯至1972年他的身体开始衰弱之后。《20世纪50年代的剑桥：一位经济学家的回忆录》（〔1974〕1978）和《20世纪30年代初期作为学术平台的剑桥：20世纪40年代末期的复兴》已经出版，与关于剑桥和凯恩斯的其他作品共同收录在《凯恩斯的影子》（约翰森和约翰森1978）。已经出版的还有下面这些文章：《大学宿舍团体的分析》（1945—1946）①、《自传随笔》（1969）、《哈利·约翰森对经济学的贡献：他本人的分析》（1974年2月1日，后来又叫作《自我评价》）；还有1974年7、8月间撰写的一系列回忆录：有的讲述其在1943年的生活情形，重点关注他在多伦多大学的本科学习生涯（1974回忆录Ⅰ）；有的讲述他在新斯科舍省安蒂戈尼什县的圣弗朗西斯泽维尔大学担任经济系主任的岁月（1943—1944）（1974回忆录Ⅱ）；还有他在伦敦经济学院（LSE）的时光（1974回忆录Ⅲ、Ⅳ和Ⅴ）。②

　　在处理约翰森这类素材的过程中，如果我着眼于自己的经济学前辈们，并不会获得太多的指导。只有穆勒的《自传》形成了一份翔实的素材——但这又并非经济学家所作。在加尔布雷斯的《苏格兰人》和《当代生活》这两篇文章中，他明确地提到了准确性与回忆之间的问题。

　　这种故事里的记忆在有意戏弄我们。我已经核对了姓名、地点和事件。但记录的却只是梗概，而且时间又在四十年前。我只求自己能够幸免。

　　（加尔布雷斯1964，Ⅷ）

　　我一直依赖回忆（尽管有时仍要借助于笔记、记录和出版作品），而且我对此拥有类似的信心。在较大事件的轮廓方面，在更为重要的谈话、行动、公告、演讲、情景和荒谬言论方面，我的记忆都非常准确。可不幸的是，在日期、中间名字、次要的地形以及其他一些必要细节的逼真性方面，它又存在缺陷。在帮助我们找到事情的真相时，差不多同样如此……（加尔布雷斯1981，Ⅷ）

　　加尔布雷斯的新近作传者并未领会运用这类素材时可能出现的任何问题——或者至少说他并未明确地处理这类问题。但是，在这本书里，他确实运用了新的证据来更正这些自传体记述（Parker 2005，573n.12；709 n. 17；737 n.99）；他还在没有阐明原因的情况下指出，相比自传，他更喜欢加尔布雷斯

---

　　①　这篇论文是1946—1947年间，约翰森作为多伦多大学的硕士生，在"工业中的人际关系"课程中提交的。它的自传性质来自它的讲述者哈利（他驻扎在加拿大部队总部）和它翔实的细节，这与哈利撰写的其他作品都大为不同。

　　②　这些回忆录都由伊丽莎白·辛普森保管，非常感激她为我提供复印版。

所作的报告，它与当今时代更为接近（690 nn.30，32）。

在穆勒的《自传》中，我们对它的构成和穆勒逝世之后对其原稿的评论都了解详尽（Stillinger 1983；Robson 和 Stillinger 1981）。关于穆勒记述的准确性、事件的重要性及其掩饰的影响，以及他的个人生平与思想之间的联系方面，亦是争论不休，各执己见。自然而然，观点就各不相同。"贺加斯式或是狄更斯式的讽刺手法"是穆勒记述其教育背景的一个有力要素（Sillinger 1991，34）。罗伯特·卡明（Robert Cumming）在1964年指出，穆勒关于自己"心理危机"的年代顺序存在内部不一致，但困难在于几乎没有证据能够表明穆勒在这个阶段的状况（Thomas 1971，342；1985，33；Ryan 1974，11）。就穆勒记述的哈丽雅特·泰勒（Harriet Taylor）对其思想所产生的影响这一点来看，同样众说纷纭。20世纪50年代，哈耶克（1951）认可穆勒的阐述，而且穆勒的第一位现代作传者麦克·圣·约翰·佩克（Michael St. John Packe）（1954）更为强调哈丽雅特的重要性，但是，60年代却呈现出了相反的景象。截止到1968年，约翰·罗布森（John Robson）评论道，"有个人被那些夸大之言所湮没"（56），而且在仔细审视证据之后，总结道：

那么，这项巨大的工作仅仅是向我们展示了一开始的羞怯胆小的形象而已。帕普（Pappe）的论文［1960］（ⅶ）得出的结论是："哈丽雅特帮助穆勒撰写作品，对这些作品的内容既了解又愿意积极参与。" ……或许会有人这么猜测，如果没有她，穆勒可能无法写出《论自由》与《自传》，可她终究不是这些著作的作者。同样，如果没有她，《功利主义》、《政治经济学原理》和关于自然与宗教作用的那些文章也可能不是现在这样……她在穆勒的学术生活和精神世界中占据非同寻常的地位，可这种地位并非无可比拟；而且无论在何种意义上，她都不是穆勒著作的"合作者"。（68）

后来，还有一些关于哈丽雅特的和善（Capaldi 2004）和厌恶（Carlisle 1991）的例子，但乔斯·哈里斯（Jose Harris）（2004，162）的最新结论听起来更可靠一些：

这些相当矛盾的论述（哈丽雅特既是最忠诚的研究助理又是思想导师）表明，她对穆勒精神面貌的质疑可能比穆勒自身愿意承认的，甚至是意识到的程度更为基础；可能它不仅相当于特定观点的激进化，或是得力助手的贡献，而是一种更为广泛的、以情感和社会哲学为基础的转换。但是，正如罗布森（1989，21）所言，"不会有最终的评判定论，也不会有真相到底为何的证据，每一代人都会加入新的陪审团。"

关于穆勒《自传》的文献非常清晰地表明，你必须要用文本检测可得的证据。同时，著者的意向在争论中也起着重要作用，因为穆勒（［1873］1989，25–26）在文章开端就明断了主题，随后又依据这些主题精心设计、重塑文本内容——尽管并非一直都很成功（Ryan 1991）。

对于哈利·约翰森来说，撰写回忆录的缘由可谓五花八门。最早的一篇是提供给研究生学期报告的原材料。1969年的《自传笔记》成了他在安大略省桑德湾湖首大学所出版著作的藏品，它不像他在书目摘要（Longawa 1984，703）中列出的那本《自我评论》。出版概要的第一版是为约翰森和妻子伊丽莎白在1973年2月19日于阿默斯特学院所做的一组访谈准备的，后经修订出版；如他所言，第二版是为了试图回答这个问题："那么，在撰写《通论》期间，剑桥作为经济讨论和研究之所，它是什么样子的？"（约翰森 1978，84），后来投稿给了1975年召开了一个研讨会，致力于探讨那段时间的创作。1974年的《自我评论》部分起源于一篇评论，因为杰拉尔德·库森（Gerard Curzon）告诉约翰森他被诺贝尔奖提名，而能够准确论述他兴趣范围的唯有约翰森自己。结果就写成了一篇以第三人称叙述的三十二页评论，其中加入了简要的履历和按照出版类型划分的书目摘要。当然，可能也有其他的影响因素。他在1973年得了中风，1974年从伦敦经济学院辞职，这些深深地触动了约翰森，迫使他重新评价自己的过去。他的中风还展现了这样一个问题：在重大事情发生之前，进行手工木刻是能够让他高度不安的情绪得以释放的重要手段。尽管他的双手都十分灵巧，但主要还是用左手进行雕刻。中风影响了他左边的身体，所以他不得不寻找能够用于雕刻的替代物。他试图用右手来操控一只绑在桌子上的老虎钳。曾经也有一段时间，他试着用电锯和艾尔玛的胶棒制作动物剪影。他还试着用橡皮泥捏一些小人儿。1974年的夏末，当他整理自己在伦敦的事务时，撰写回忆录也一度成了一种治疗方式，但最终，旅行成了最佳的治疗手段。然而，正如他在最后发表的论文中所说，自传不断地占用他的时间："经济学家的关系网和他们在国际货币改革中的角色"（1982）是对这两大关系网的反思（Bellagio和问题导向的较年轻经济学家会议，它们起源于一场由罗伯特·蒙代尔（Robert Mundell）和约翰森在1966年组织召开的研讨会）；他的颂词与追忆"鲁特·科恩（Ruth Cohen）：一位被忽视的现代资本理论贡献者"出现在《凯恩斯的影子》之中。

幸存下来的自传体素材绝大部分都着墨于弱冠之年。《自传笔记》与温特劳布探讨的回忆录范例一样——前七页关注约翰森的家庭和教育背景，接下来的两页是1949至1956年间在剑桥的经历，后面七页是他随后的职业生涯。他的《自我评价》从本质上来说更加不同寻常，因为它只用了三页来记录学生时代，三页记录剑桥经历，三页记录曼彻斯特，随后，1959-66年间在芝加哥的生活、在伦敦经济学院与芝加哥的岁月却分别占据了十一页。1974年片段回忆录的大部分内容也都着重于成年初期的那段时光，这一点与出版的剑桥回忆录一样。

这些回忆录的内部一致性已经很高，但仍旧存在一些矛盾之处。他在1974年的《回忆录Ⅰ》中宣称，他暑期在父母的多伦多郊外农场里工作，所以他的暑期居所无法提供同龄人所享受的社会生活；可是，1974年的《回忆录Ⅱ》中，他又告诉读者说，他每年夏令营都去参加一个在加蒂诺举行的为期两周的独木舟旅行。而加蒂诺的旅行又与他在《回忆录Ⅰ》中的记录相悖：他从未离开过多伦多，直到大四那年才作为战时应急割麦者去到萨斯喀彻温省恩福尔德。他在《自传笔记》中声称自己1959年前往芝加哥时，"并未打算关注加拿大的经济问题"；可是在《自我评价》中却再三声明而且承认"他已经就皇家委员会关于加拿大经济前景的初始报告，撰写了一篇全面的批判性综述文章"（约翰森 1974，10；约翰森 1958a）。

回忆录与其他可得材料之间难免存在出处。比如说，在他1974年的《回忆录Ⅰ》中，关于他1939至1943年间修过的本科课程，个别科目（尤其是政治学）的主要内容他通常都不是很清楚。在《自传笔记》中，约翰森又不记得自己为何会在1949年的1月份开始到剑桥教书，因为他1947年9月成为哈佛的博士生，这个时间他要用于解决1948年11月的哈佛通用考试（约翰森 1947）。

已经出版的剑桥回忆录也并非在所有细节方面都精准无误。约翰森（1978，128）说，当他1945年进入剑桥大学基督学院时，他"所思所想不够深远，所以未能确保进入国王学院，这说明我当时对经济学的了解还有所欠缺"，对于当时已经阅读并教授过凯恩斯《通论》的人来说，这是一条多么奇怪的陈述，而且作者的学院附属关系就标注在扉页之上。类似地，他尝试着引起读者对丹尼斯·罗伯特森（Dennis Robertson）在剑桥地位给予同情的做法，同样带来了问题。

包括他在内的许多人都会认为剑桥大学的教授职位是对认真学术生涯的最终嘉奖，但他被阻止授予；因为他已经去了伦敦经济学院做教授。于他而言，幸运的是，战争爆发了——伦敦经济学院搬到了剑桥。所以作为伦敦学院的教授，他却可仍居住在旧处。战争结束，当大家明确凯恩斯再也无法回归学术生涯时，这些人在承诺"阻止迫害""宽容待人，和平共处"等等做法的基础上，说服罗伯特森接受教授席位。（139）

这个故事的第一部分就存在问题：1938年罗伯特森前往伦敦经济学院的

时候，剑桥并没有空缺的教授席位，当时在任的 A. C.庇古教授，离退休还有一段时间。罗伯特森搬去伦敦的原因就更为复杂了。一是与罗伯特森在剑桥的争论有关，同时也反映出他当时脆弱的心理状态。第二个问题：战争爆发时，罗伯特森去了财政部，所以他不可能跟随伦敦经济学院回到剑桥，更不会收回他在 1938 年 12 月底辞去三一奖学金时所放弃的房间。第三，提及庇古的继任者问题，凯恩斯在 1944 年 1 月收到了邀请。但他拒绝了，因为他在退休之前不会担任太久，而且他也不需要这个席位来提升自己在剑桥的影响力。此外，他之所以这么做也是因为他知道罗伯特森会像他一样再次收到邀请（Moggridge 1992，603）。第四，关于罗伯特森的任命，在幸存的信件中没有任何迹象表明曾经有人关于未来的良好行为做出任何承诺。[1]

你可以继续关注剑桥回忆录中更加细微的情节。你也可以指出他关于伦敦岁月的回忆录中的类似问题。

但各种回忆录中的其他分歧则更加真实。下面我按照年代顺序进行具体讨论。主要涉及的内容有：20 世纪 40 年代至 50 年代期间关于流动性偏好的争论；约翰森对自己学术专业化领域的选择；他哈佛博士论文里的研究；他 1958 年离开曼彻斯特前往芝加哥的决定；以及他在芝加哥期间与货币经济学资深同事之间的关系。

约翰森出版的剑桥回忆录中，出现了大量关于剑桥就流动性偏好与可贷资金的争论问题。1949 年 1 月，约翰森作为助理讲师回到剑桥时，这些争论在如火如荼的进行之中，论文和已出版档案中关于这一点的记录与回忆录一致。然而，约翰森一战之后的剑桥岁月记录却表明，这个故事与他回忆录中的不同（1978，128–29，152）。

我们从他 1945—1946 年的讲座和读书笔记中可以查探出他对货币经济学的宣扬。说到正式的讲座，我们要提两个相关的讲座：琼·罗宾逊在 1945 年米迦勒学期的"货币学"和丹尼斯·罗伯特森在 1946 年复活节学期的"货币与经济波动理论"（约翰森关于两者的注释都在剑桥大学的 44 号箱子里）。罗宾逊的讲座关于利率决定因素的讨论很少：就约翰森的笔记来看，罗宾逊只在 11 月 9 日的讲座引言中谈及过可贷资金。他的讲座并没有在真正地讲述货币理论，而是在讲就业理论和就业政策。罗伯特森在 1946 年的第一个系列讲座最

---

① 罗伯特森（1944）承认他从理查德·卡恩那里收到了"一封给予帮助的"信件，尽管他仍在犹豫是否要接受；但我们这封信的内容一无所知。罗伯特森最终在 2 月 19 日下定决心接受这个职位。

终以《经济原理讲座》第三卷（1959）的形式出版。罗伯特森在这些讲座中批判了凯恩斯的利率理论。但是，直到1945—1946学年末，凯恩斯的信徒与罗伯特森本科教学之间的真正辩论才正式爆发，当时剑桥的凯恩斯主义者们知道了罗伯特森的讲座内容，所以他们认为自己必须给学生们接种反对罗伯特森复活节学期讲座的"疫苗"（例如，参见 Robertson 1946）。

这一点可以从约翰森督导莫里斯·多布（Maurice Dobb）时幸存下来的文章——正如约翰森（1978，128-29）所述，这篇文章中并未讨论这个问题（约翰森 1975c）——和他们荣誉学位考试的论文中得到确认：即便是在关于"货币"的论文中，也没有空间让学生展示他在流动性偏好与可贷资金问题的技能和见解。奥伯利·斯尔波士顿（Aubery Silberston）的回忆录也可以进一步确认这一点，此人是基督学院的另一位本科经济学家，他作为战俘学习了经济学之后已经返回学院；此外，顺便说一句，他也是由罗宾逊督导的。

不久我便发现，哈利已经知晓了经济学的诸多内容……可是，他并未对凯恩斯的经济学做过多研究，要知道这可是剑桥的一大特色啊……我清晰地记得，当时我与哈利围着学院的运动场走了一个多小时，试着理出凯恩斯流动性偏好理论的分类。我们几乎没有试着去批判它，只是试图去理解在当时看来仍是一个新颖且晦涩难懂的理论……我们直到年末才完全意识到丹尼斯·罗伯特森在批判凯恩斯的理论，因为罗伯特森只在最后一个学期讨论了这些问题。（Silberston 1978，2）

1947年，约翰森从多伦多返回剑桥之后才买了罗伯特森的《货币理论文集》一书，这一点将约翰森在1946年的兴趣程度显示的淋漓尽致。[①] 约翰森并不清楚他为何选择，甚至是如何选择了自己的专业领域。在他的《自传笔记》中，他将之归因于自己在剑桥"必须讲授货币学和银行学，同时允许他开设关于国际贸易理论的短期课程"（约翰森 1969，8）。在他的《自我评价》中，他以第三人称叙述道：

在多伦多的老师哈罗德·因尼斯（Harold Innis）、文森特·布拉德（Vincent Bladen）和卡尔·赫仑纳（Karl Helleiner），以及哈佛的约瑟夫·熊彼特（Joseph Schumpeter）的影响下，他在哈佛最初感兴趣的是经济史，尤其是经济思想史……但是，当时最引人注目的是那些追随"凯恩斯革命"的经济理论取得了蓬勃发展，而一般均衡的几何与数学方法的应用则不是那么显著，所以

---

① 这个复印件在作者手中。

他很清楚，经济史和思想史很可能成为研究中的一潭死水，于是他的兴趣迅速转向了埃尔文·汉森（Alvin Hansen）所教授的凯恩斯经济学和高特弗里德·哈博勒（Gottfried Haberler）所讲的国际贸易理论。（约翰森 1974，2-3）

然而，提及他与丹尼斯·罗伯特森在1948年2月关于他在剑桥的教学可能性时，他这么写道：

说起可能的课程主题，我现在最感兴趣的当属经济思想史，特别是在调查经济理论的发展以便阐明经济问题的本质方面，以及经济概念在解决经济问题的应用方面。但我在犹豫是否要选择这个主题，因为我很清楚，相比我现在能够提供的讲义，授课合格需要多年的研究和经验；所以，如果您乐意提供任何备选建议，我都会十分感激。我准备向我的"将军们"介绍货币银行学、国际贸易、经济理论和经济史，这些将会表明我在剑桥最为胜任哪些领域。（约翰森 1948）

罗伯特森在3月4日回复说，系里需要的可能是货币银行学领域和国际贸易领域。所以木已成舟。

约翰森关于自己哈佛博士论文的论述在1969年和1974年也有所不同：1969年，他说他"在哈佛没有机会着手开始一篇论文"，而且"从来没有写成一篇论文"（约翰森 1969，7）；1974年，他却写道："他原本打算在汉森的指导下，写一篇关于达尔顿（Dalton）廉价货币实验的论文……最后却因收到并接受了剑桥大学助理讲师职位的邀请而不得不放弃"（约翰森 ［1974］1978，3）。真实的故事更为复杂。

1949年，他在剑桥待了十个月之后，去申请国王学院的拉姆齐-贝瑞奖学金，此时，他跟选举团成员这么讲道：

目前，这项申请致力于研究战后英国的货币政策，特别要参考［当时的财政］大臣修斯·达尔顿［1946—1947年在任］的"廉价货币"政策。我们打算在未来18个月之内完成这项研究。（约翰森 1949）

1949年12月，第一次参与大学教师经济学协会的会议时，他就发现"其他三个人已经在从事廉价货币的研究，而且其中一人已经在向中部地区的一所大学提交了已经完稿的论文"，所以他已经收集了一些数据和背景资料。但他却这样告诉埃尔文·汉森：

我对英国的合资银行学深感兴趣，而且自战争伊始，几乎没有人就这一主题进行研究……而且我感觉，研究英国银行学在1930至1950年间的变化，会为原创作品提供更多的见解，同时提供更为普遍的效用。（约翰森 1951b）

因此，他请求允许改变主题。同时将关于这一新主题的首个成果封存起来，这篇文章原本已被《经济学刊》录用出刊（约翰森1951c）。汉森（1951）同意变更主题。但除了另一篇文章之外（约翰森1951a），约翰森在这项研究上并未取得过多的进展。相反，1956年7月，他收到卡尔·卡伊森（Carl Kaysen）的来信说，哈佛已经改变了学位要求，允许提交之前出版的作品，所以他修改并提交了发表在国际贸易与经济增长（1958f）上的一篇文章，最终于1957年8月由詹姆斯·杜伊森贝里（James Duesenberry）、保罗·萨缪尔森和弗朗哥·莫迪利亚尼共同考核通过。

1959年9月，约翰森离开曼彻斯特前往芝加哥，各种回忆录就此事的记录同样让人产生误解。1958年5月，允许离职，这距离芝加哥经济系匿名通过雇用他的时间不到一年。约翰森（1969，10-11）在他的《自传笔记》中陈述道：

我决定去芝加哥有两个原因。第一，越来越清晰的一点是，英国经济陷入了困境之中，主要原因在于它被凯恩斯主义经济学占领，同时它的政策又在支持工党的社会主义，而关于这一主题的唯一进步的趋势正发生在美国……第二，很明显，政府在财政和国际收支平衡方面的压力迫使它不得不实行自己日益倾向的政策：让高校系统资金短缺，强迫它重点关注教学与管理，而不再是研究。[①]

他在前面一段提到了这样一件事：詹姆斯·米德（James Meade）去往剑桥之后，伦敦经济学院有个教席虚位以待。他写道：

如果我被授予这个席位，出于对我在伦敦经济学院朋友的忠诚以及我对英国经济状况的关心，我一定会被迫接受；但相反，它被授予给了伊利·德文斯（Ely Devons），对此我喜出望外，因为我感觉他应该获得更为广阔的施展空间。（10）

在他的《自我评价》中，英国正在变为学术界的一潭死水的概念同样有所提及，正如他们观察到的现象："相比美国，英国的学术体系几乎没有为科学工作提供任何激励和时间"（约翰森1974，9）。同样地，真实的故事更为复杂。

1953—1954年，米尔顿·弗里德曼在剑桥休假的那一年，约翰森的名字

---

① "还有一个附带的考虑，我已经无法再拿到相当于7 000美元的年收入，而且赋税很重，我还要养家糊口，根本无法积累资金或是别的什么，而我的孩子们到了上学的年纪，此时金钱可以帮助他们改善教育机会"（约翰森1969,11）。他在《20世纪50年代的剑桥》中也提及了"英国各郡的学术生活所遭受的物质贫困"（约翰森1978,150）。

第一次引起芝加哥的注意。1953 年 10 月 28 日，弗里德曼给舒尔茨（T. W. Schultz）写信讲述更长远的人员引进计划时，将约翰森的名字介绍给了自己的同事。1954 年 3 月，弗里德曼重复这一建议；4 月，西北大学向他咨询哪些人可能担当高级和初级访问学者时，他就提议说约翰森是最理想的候选人，而且弗里德曼认为这次访学或许可以与芝加哥联合，将 1/4 的时间花费在芝加哥。芝加哥的 1/4 计划并未实现；1955 年，约翰森继西北大学之后的第二次受邀是在斯坦福大学。

芝加哥对约翰森始终保有兴趣。经济系平安度过危机之后开始重建，但失去梯加林·库普曼斯（Tjalling Koopmans）、雅各布·马尔沙克（Jacob Marschak）和弗里德里克·哈尔比森（Frederick Harbison）之后，再加上弗兰克·奈特（Frank Knight）退休，劳埃德·莫茨勒（Lloyd Metzler）病重，它急需从外界雇用高层次的人才（Schultz 1956）。结果，反响大振人心，于是第二年，经济系就开始考虑候选人。1957 年 4 月 9 日，系里开会讨论关于 W. 阿瑟·刘易斯（W. Arthur Lewis）的一项重要任命，此人是约翰森在曼彻斯特的同事。会议记录写道："整体来说，会议达成了一致意见，与会人员之中，没有任何人对他的任命持反对意见。"他们还记录到刘易斯的"首席替代者"就是约翰森。关于这两位的任命排名或者优先权的选举结果表明，13 位与会人员之中有 6 位支持约翰森，5 位支持刘易斯（会议记录 1957）。

5 月 28 日，经济系再次会晤讨论刘易斯和约翰森的任命问题。最终，"匿名通过了一项提议：授权主席推进协商授予哈利·约翰森在经济系的重要教职的事宜"（回忆录 1957）。

1957 年 7 月，当时约翰森在长岛美林中心忙于将《国际贸易与经济增长》修改为他的哈佛博士论文，D. 盖尔·约翰森前往拜访并打探他能够转移到芝加哥的可能性。尽管约翰森说他即便接受邀请也无法立即前往，但他给予了赞同的答复。此后，阿诺德·哈伯格（Arnold Harberger）似乎成了他在经济系的主要联系人，而其他人则充当着支持性的角色。1958 年，哈伯格在伦敦经济学院和剑桥的出现加快了事情的进展。

约翰森也接受了其他的询问。1957 年夏天，多伦多大学尝试着邀请约翰森，当时他的母亲还称赞他回绝了他们——这份录用"太微不足道了"（约翰森 1957a）。但约翰森（1957b）向多伦多大学经济系主任文森特·布尔德允诺说，"在没有给你机会看看你能做什么的前提下，我不会与美国的任何学校达成协议"，而且布尔德（1958）在 2 月 17 号写信回复了可能性的条款。1958 年 3 月，约翰·霍普金斯也询问了一项任职。

约翰森对芝加哥很感兴趣，可他并未急着与之协商。而是与卡尔·绍普（Carl Shoup）探讨哥伦比亚大学的福特基金访学教授职位；他与副校长和他在曼彻斯特的同事谈论过之后，在1958年1月15日告诉绍普，他准备在1960—1961学年前往哥伦比亚。1月22日，哥伦比亚大学回复说乐意等候他的加入；但是，3月10日，约翰森再次写信，拒绝了哥伦比亚大学的邀请。

我已决意前往美国，所以才会一再耽搁，以致最后改变心意；如若真的如此，为了对我新任学校的公平起见，我不得不终止与你的承诺。（约翰森1958b）

在此期间，哈伯格已经于1月29日和30日来到了曼彻斯特大学。

芝加哥大学仍未将约翰森完全收入麾下。2月，斯坦福大学和普林斯顿大学都向他抛出了诱人的橄榄枝。芝加哥大学也回之以更为优厚的条件。他也会收到芝加哥的准同事们的信件。其中，他这么回复劳埃德·莫茨勒：

感谢您寄来的两封信件。第一封信慷慨地帮助我了解到小众眼中的芝加哥生活到底是怎样的；我也很想让您知道，您出现在那，对我来说具有十分强大的吸引力——自从我1947年在美国经济学年会（AEA）会议上听了您的演讲，并拜读了您的作品之后，我就是您的粉丝。[①]（约翰森1958c）

1955年，他们对约翰森的《转移支付问题与汇率稳定》（1956）一文进行了讨论，第二封信，也是唯一幸存下来的一封信，就继续追查了当时未知的结局。

但是，幕后还有其他的因素在影响他们的协商。1957年，罗伯特森从剑桥大学政治经济学的终身教授席位上退休。米德被选为他的继任者，这就使得伦敦经济学院商业方面的教授开始特别注重国际贸易。罗宾斯在任时，伦敦经济学院的车轮一直在缓慢驱动——他故意为之。所以，国际经济学方面，艾伦·戴（Alan Day）和赫仑·马克尔（Helen Makower）就可以胜任，并没有即刻的教学需求，而且研究生的指导也不成问题。对罗宾斯来说，填补哈耶克的前任席位——图克经济学和统计学终身教授席位——才更为重要，这样伦敦经济学院才可以继续留住A.W.H.菲利普斯。这项任命不会有任何争议。替换米德则会显现出主要问题。有些职员或许会去申请。而且还要考虑一些外来者，约翰森就包含在内。1957年9月中旬的一篇文章阐明了整体情况，罗宾斯表达了他对约翰森的看法：

[①]　在1947年1月举行的大西洋城市会议上，莫茨勒于1月24日的分会议上探讨了国内与国际平衡。

约翰森，我之所以提到他，是因为我知道我们有些教授认为他非常合适。我也确实曾从学院一名年轻教员的口中听到过约翰森的名字，认为他是一个令人满意的选择。我毫不怀疑他会是一位聪慧的同事，而且我也认为在未来几年里，我们可能需要他的到来。但现在，我很清楚，我并不想雇用他。尽管他的文章才华横溢，但在我看来，似乎缺乏一种方向感，而且实践评判明显匮乏；此外，还有一个相关的情况，当艾伦·戴在财政部期间，约翰森作为戴的副手也并未成为一名成功的教师。我知道，负责邀请他的米德对此十分焦虑。[①]无论如何，我认为他至少不如我们约四位高级讲师优秀，所以如果将这样一个人任命为他们的上级，我会感到非常难过。（Robbins 1957）

潜伏在此背后的还有约翰森（1951d）对詹姆斯·米德的《国际收支平衡表》的严厉批评，这曾在伦敦经济学院引起了一场风波。[②]罗宾斯原本偏好的策略是在未来18个月到两年的时间内，将这个职位虚位以待，以期他中意的内部人选戴可以成长为适合人选；但现在，罗宾斯准备考虑一位比约翰森资深的外来者，最初考虑的是卡尔恩克劳斯。

罗宾斯有一点是对的，年轻的教员们持有不同的观点。罗宾斯只从一个人那里听到了约翰森的名字，因为他可能从未与其他人谈论过这个问题，这就是教授们与年轻教员们之间具有代沟的象征。迄今为止，约翰森在剑桥之外的较年轻一代的严谨经济学家之中，是无可争议的带头人。除此之外，他在伦敦经济学院的潜在任职与所有年轻经济学家们的期待紧密相联，他们期待约翰森提倡在课程中加入更多的数学，更为关注研究生的工作等等，这些都是他们迫切期待的改变。据理查德·李浦西（Richard Lipsey）（1978，S41 n.14）所说："我所认识的一位伦敦经济学院年轻教员那里有一个候选人名单，上面只有一个名字——H.G.约翰森。"

1958年2月3日，罗宾斯给伊利·德文斯写了一封私人信件，就像来自战时白厅的一位朋友卡尔恩克劳斯那样，去打探他能够担任这个席位的可能性。当时，德文斯（1951，1952，1954）已经发表了三篇关于国际贸易的文章。然而，罗宾斯认为，他们可以明确规定这个席位的专业领域，以使得"德文斯在

---

① 当时 Meade(1954)已经与约翰森讲了他的焦虑。

② 当时，Alan Peacock(1951)向约翰森汇报说："Robbins在另外一天的午宴上以洪亮的声调宣布他认为你一定对 J. E. M.Ralph[Turvey]有私人恩怨，我起身替你反击，可Lionel并未被击垮。"Robbins成功组织约翰森接任Meade的职位之后，从1951年到1958年3月15日(Arnold Harberger这一天在伦敦举行婚礼)，再未和约翰森讲一句话。

统计学方面的特殊资历能以独特的优势胜任这个席位"。德文斯对这个席位也很感兴趣，选举的安排也在逐步进行，最终，德文斯在 4 月 18 日获得了正式任命。他亦于 4 月 23 日正式接受这项任命，并且告知曼彻斯特大学的副校长，他将于 1959 年 4 月 1 日前往伦敦经济学院（Devons 1958）。罗宾斯喜出望外，"旗帜明确地飘出了霍顿街"（Robbins 1958）。据李浦西记录（1978，S43 n.14），宣布的那天，"令许多全职教授惊讶的是，年轻教员们认为哈利未能任职是个流言。"

约翰森或许会因他在曼彻斯特大学的同事而"感到高兴"，但看到德文斯如此缺乏专业性，他对"英国学术当权派可以将职位任命给与其专攻领域不相关的人"，而不以此人在这个领域的竞争力来决定任职的现象感到愤怒（Lipsey 1978，S43 n.14）。Lipsey（2001，616）记得哈伯格到伦敦经济学院的探访：

当约翰森发现自己未被任命之时（或者不久之后），他恰巧在伦敦。我们三人出门参加著名的哈伯格-约翰森豪饮，平时我难得碰上。关于那晚，我记得，我们凌晨四点出现在伦敦的某个街角，一辆出租车不愿搭载我们——我猜，可能在出租车司机看来，当时的我们太过狼狈。而我更为重要的记忆则是，哈伯格在努力说服哈利，口中不断地说着，既然哈利在英国不被赏识，那正是时候转到芝加哥。

截止到 5 月 10 日，约翰森（1958d）写信给弗里德曼，感谢他之前的来信（不幸丢失了），

这在我接受芝加哥的录用方面起到了一定的作用。但对于您之前提到的观点：英国的学术环境在抑制我，我并不赞同——相反——我们将来可以对之进行辩论。

他还在 5 月 12 日告诉理查德·卡恩他即将前往芝加哥（约翰森 1958e）。五月晚些时候，祝贺信纷至沓来。

所以，尽管 1969 年和 1974 年的回忆录都讲述了约翰森迁至美国的部分故事，但它的时间安排似乎都与伦敦经济学院的发展紧密相关。实际上，你或许可以进一步深究，罗宾斯在 2 月份的态度和他让正式入职进程开始的决定（1968），让约翰森开始"就放弃他在曼彻斯特大学期间所创造的社会科学成就这一事宜进行了大量的自我检讨"，如果德文斯在此期间向约翰森请教的话（而且很可能如此），约翰森在 3 月 10 日向绍普宣布自己要转移的决定就与故事贴合得恰到好处。后来关于英国学术环境的评论与弗里德曼的陈述并不啮合。约翰森（1978，150）说道："从专业角度来讲，我在曼彻斯特大学度过的

日子可能是我一生中最幸福的时光。"他还在1959年12月2日告诉杰克·约翰斯顿（Jack Johnston）说，

如果芝加哥大学在我到达曼彻斯特大学的第三个学年，而非第二个学年邀请我，我就会继续留在曼彻斯特；到了那个时候，事情就会按照我乐意的方式进行，我会处理好与伊利、比尔·麦肯齐（Bill［Mackenzie］）和麦克斯·格拉克曼（Max［Gluckman］）的关系，也会参加足够多的讨论以便让我感到这是我的经济系。（约翰森1959b）

可是，他自然不会将我以上概述的故事告诉他前任的曼彻斯特大学同事。

约翰森（1974，16）在他的《自我评价》中阐明，他在芝加哥"遵循他在剑桥的政策，避免与资深经济学家发生矛盾——尤其是米尔顿·弗里德曼"。这有些言过其实。1959年9月，他到达芝加哥，第一年没有任何教学任务。初到经济系的日子里，约翰森在两个场合故意制造麻烦。此后也一直没有改变。

1960年3月，约翰森和雅格迪什·巴哥瓦第（Jagdish Bhagwati）在《经济学刊》上共同发表了一篇论文《论国际贸易理论中的一些争议》。据巴哥瓦第（1977，224）说，论文的最后一节"基本上都是哈利的贡献"，论述了涉及国际平衡稳定性的马歇尔定理。在小节末尾，约翰森加了一个占据近一页篇幅的脚注，论述弗里德曼的断言和艾根·索曼（Egon Sohmen）所谓的证明：在一个不稳定的外汇市场中，均衡必须依附于稳定的均衡点。提起索曼的贡献，约翰森继续说：

如果谣传得出的结论具有充分的宣传价值的话，这些句子就阐明了无前提推论和诡辩论证会在多大程度上被认可为有效论点。（约翰森和巴哥瓦第1960，93）

巴哥瓦第（1977，224）后来回忆说：

我和哈利大为吃惊的是，米尔顿·弗里德曼在芝加哥竭力反对。奇怪的是，弗里德曼认为那个脚注是一份极不专业的文字，而且被哈利这个还不是那么重要的经济学家视为毫无根据的恃强凌弱。而且不幸的是，他并没有将这些意见仅仅局限在他本人和哈利之间。对我们来说，这种类型的小冲突完全是第一次见到，这也使得哈利深深地感到尴尬和不悦。

巴哥瓦第或许比哈利更为惊讶。约翰森（1959a）已经就出版日期事宜写信给《经济学刊》的编辑罗伊·哈罗德（Roy Harrod）：

非常抱歉，因特殊原因，出版时间将会延至1960年6月，因为我和巴哥瓦第明年都会在芝加哥大学，而文章的最后一部分受到芝加哥大学强烈持有的某些观点的尖锐批评。我希望这篇文章能够在他离开芝加哥大学之前见刊。

弗里德曼对引用索曼的不满最后出现在了《经济学刊》的档案之中。

收到你带有其附属评论的信件之前，我并未看过巴哥瓦第和约翰森的文章。你的信件促使我去看那篇文章，但我对眼前所见感到极为震惊。我已经告诉约翰森，他应该为自己感到羞愧，而且他欠你一个公开道歉。（引自 Sohmen 1960）

以索曼作为一方，约翰森和巴哥瓦第作为另一方的辩论，最终结束于1961年6月的《经济学刊》，后者在脚注中声明，"我们可能不应该在这个联系中使用'宣传'一词，但是，对于那些偶然读到我们脚注的读者来说，它似乎表达了一种蓄意欺骗的暗示，可我们从未有如此打算"（约翰森与 Bhagwati 1961，427）。这几乎算不上"一个公开道歉"，而且弗里德曼也不会乐意自己被看作一位"漫不经心的读者"。

1960年10月28日，约翰森在政治经济学俱乐部的一次鸡尾酒会上向芝加哥大学的研究生们发表了一个演讲——《凯恩斯主义者对芝加哥大学的印象》，其间，他对经济系的不满开始浮出水面。他说，"至少在芝加哥的某些领域"，一位凯恩斯主义者的意图总与他原本的意思背道而驰。在芝加哥，

凯恩斯主义者……是个软弱无能的家伙，他只会盲目地追随大师踏上错误的路线，拒绝修正或是发展最初的凯恩斯思想体系，或者是用任何方法检测它，也不再思考芝加哥经济学家们推到他们面前的那些所谓的决定性证据。（约翰森 1960a）

他特别提到这并不是他与芝加哥大学的第一次接触。他在凡伯伦（Veblen）和奈特的作品中就接触到了芝加哥大学的理论，1946—1947年在多伦多大学期间，他在一位芝加哥大学的研究生——哈罗德·因尼斯的指导下阅读了两人的著作。1947—1948年在哈佛大学期间，他再次接触到芝加哥，阅读了奥斯卡·兰格（Oskar Lange）和劳埃德·莫茨勒的著作，当时他们发展了凯恩斯主义理论，并将其与一般均衡理论结合起来。[①]当时，他还意识到，

在芝加哥大学有一群孤单的理论学家，他们在原则上致力于自由企业的研究，因为他们想重新构建一个完全竞争的世界，此时的政府只需具有现金兑换债券或是债券兑换现金的单一功能，便足以维持价格稳定。（1960a）

最后，在他离开曼彻斯特大学之前，他就已经了解了芝加哥，在这里，对

---

① 实际上，他1946—1947年间在多伦多就已经读过他们的著作。

假设进行仔细且富有独创性的统计学检测似乎充满希望。1955年春，他就从郊区埃文斯顿的安全性的角度进行了观测，他被"这个地方的传道热情和讨论的神学特点"所打击（1960a）。

约翰森继续讲道：

当我身处芝加哥之外，接触到芝加哥大学的经济学时，我就已经提出了三个重要主题或主旨——对作为人类社会的资本主义的本质和质量的推测，加之对正统经济理论与这一问题是否具有相关性的怀疑性质问；对静态均衡理论的神学解释；以及运用统计方式检测理论的主张。就目前来看，提及第一个主旨，我已经非常清楚，芝加哥现在在经济学上的原创表现已经消失殆尽——尽管我有自己的猜想，但我不能说是自杀还是他杀……我想，这种对社会投机漠不关心的，甚至是敌对的态度实在是令人遗憾……

相反……第二个主旨非常引人注目。除了南方的某些高校，芝加哥大学可能是国内唯一一所仍旧认为边际生产力原理是一种神圣的公平表现的高校……我还听说，芝加哥大学经济系的博士学位是经济学和神学联合博士学位，这在国内也是独一无二的，但这是一种不公平的夸张……那也确实存在［观点上的］高度一致性……但是，在一致同意的情况之下，你难免感受到一定的遵从压力；还能感受到他们为了确保自由企业的原则，一直都在恰当地申请一定程度的自我搜索；同时还有为了能够第一个攻击新观点，肃清任何可能的异端学说而承受的焦虑之感。尤其是在产品体系，这些感受会更为强烈，芝加哥大学的博士们通常很容易与其他学校区别开来……因为他们的表情有点冷酷且沉闷无趣，而且不会对学术笑话付之一笑。

第三，关于假设检测，还有一些经验主义研究。正是在这最后一个领域，芝加哥大学声称自己具有主要的且相当无可争议的权威，所以剩余的……研究工作就被限制在了一个相当狭窄的问题领域，而且被下面这个目标所主导：证明到底是价格体系有效率，还是政府无效率……而且，找出经济如何运行的唯一办法是在一个酒窖的计算器前面坐上两年这一点，也并不是十分明显。

如此直言不讳的演讲引起了一阵骚动。大卫·拉德勒（David Laidler）曾向我讲过，一些不知所措的研究生们不情愿地走向弗里德曼，询问他们是否可以被逗乐。只有少数成员赞同。安东尼·唐斯（Anthony Downs）（1960）恭贺约翰森具有"过人的札智、正直和锐利"。雅各布·明瑟尔（Jacob Mincer）称之为"一次公平的打击——其中包括不偏不倚和宽宏大量这两种意义上的公平"。但明瑟尔（1960）提到，他的同事都有些不满，尽管他无法判定这是在回应约翰森提及的芝加哥大学的统计检验还是他说的沉闷无趣。次年春天，琼·罗宾逊（1961a）访学芝加哥，她向理查德·卡恩汇报说，约翰森"犯了严重的过错，他多多少少受到了排斥"。她说他"受到了压制而且毫无出头的希望"（Robinson 1961b）。据当时也在芝加哥访学的埃尔文·马尔提（Alvin Marty）所说，约翰森当时担心自己恐怕要离开芝加哥，因为他在经济系的生活已经非常不愉快（Moggridge 2004）。

但是，他对弗里德曼的批评并未停止：你只需看看约翰森对《美国货币史》的评价、他自己的《凯恩斯革命和货币主义的反革命》中引用的"学术欺骗"就可以知晓（约翰森［1971］1978，198）。

我谈论了约翰森回忆录的事实准确度。可是，还有一些其他的常见特征可以反映约翰森对自己的定义。首先，他倾向于将自己看作圈外人。1939年，16岁的约翰森身处多伦多大学，是一位不谙世事、没有安全感的本科生；这一点对他来说，可能讲得通。但在圣弗朗西斯泽维尔，这一点一定讲得通，他发现自己当时是一位20岁的新教教徒，一位来自多伦多，仍受"橙色秩序"控制的'苏格兰醉汉'，同时掺杂着严重的爱尔兰式的无能，却在一个由"谨慎小心［正在］刺激民众忍耐力的……'清醒的苏格兰人'"所经营的天主教大学教书（1974回忆录Ⅱ，4）。这一点在他1945年10月初到剑桥或是1959年到芝加哥时也都能讲得通。他的这种姿态越是奇怪，1949年之后在剑桥待的时间就越长，尤其是他在1950年成为国王学院的职员，且不久又成为基督教徒之时，尽管他当时或许感到不如在Christopher Foster（2001）描绘的相对脱俗的氛围中那般舒适，这一点在他关于诺尔·安南（Noel Annan）的回忆录中有所记录。他在1966年作为罗宾斯的继任者回到伦敦经济学院就显得更为奇怪。这可能是因为芝加哥的圈子给了他一种距离感，他依然想要像一个检查新近发现的部落行为的社会人类学家那样行事，在这些人类学家最为私密的仪式上，他又是一位既不情愿又不赞同的参与者。而且非常有趣的是，他在芝加哥发表了1960年的演讲不久，便放弃了局外人的姿态。

约翰森回忆录中人物角色的第二个特点是：他一直强调自己如何在没有同事的帮助，或是在同事抑或管理当局的阻碍下一点点取得了进步。1946—1947年在多伦多期间（约翰森1978，86）、1949—1956年在剑桥期间（89-90），以及在伦敦经济学院期间，尤其是在20世纪70年代初他将货币学派发展为收支平衡理论期间（1974回忆录Ⅳ，38-39），这个特点确实是主题。对于约翰森在他的剑桥回忆录中对罗伯特森的所有强调来说，对于他在通信中归咎于罗伯特森的例子的倾向来说，以及对于他有意轻述自己原创性的癖好来说，[①]他都未记起罗伯特森给予他手稿的定期答复以及对他的鼓励。约翰森在剑桥处于一个奇怪的位置：尽管与剑桥的凯恩斯主义者为伍，可他在哈佛的受训经历告诉他，他并非完全是这些凯恩斯主义者的一员；而且不像他们中的任何一位，约翰森乐意与罗伯特森合作。曼彻斯特和芝加哥则更为职业、更为刺激，且受到了更多的热心帮助。

关于约翰森的自传体作品与佐证之间的冲突部分，我做了择取，对此就写到这里。有些差异之处或许无法避免。例如，即便他已经知道了上文列出的一些细节，他依然无法在1969年讲述他从曼彻斯特大学搬出时的完整故事，因为莱昂内尔·罗宾斯当时依然健在，而且他非常敬重的伊利·德文斯已经在1967年12月逝世。1974年，他在私下里除了复述那些本该收录在他的自传体回忆录的事件之外，不再受太多的束缚。他在1974年的《自我评价》讲述他对避免与米尔顿·弗里德曼发生冲突的看法，也不再完全束缚于潜在的读者。此外，在那件事中，文档中有公开的证据表明他们的意见不合，比如他在1970年发表的一个演讲——《凯恩斯革命与货币主义的反革命》。然而，鉴于他对芝加哥同事们职业水准的观点以及他在许多圈子中对经济系中"他们对抗我们"的看法，他在撰写手头的文稿时，可能会抑制自己对1960年的演讲的回忆。再者，这种抑制与他在英国的行为是一致的，为了增进对货币经济学的兴趣，他竭力避免强调自己与弗里德曼之间的任何差别。还有一些情况，他可能只相信了自己的记忆，导致他未能描述罗伯特森在1945年之前在剑桥身处何职：在他没有身处其中的案例中，比如在《20世纪30年代的剑桥》中提及的与穆勒·凯恩讲堂有关的内容，他实际上是咨询了菲利斯·迪恩（Phyllis Deane）的（约翰森1975a）。

但是，或许卡瑞格·R.巴尔克雷（Carig R. Barclay）（1986，97）才抓住了自传体事业的本质，他写道：

似乎所有的自传体回忆录都是可取的，但它们并不精准。一些特别记住的事情并未反映出某些事情发生的真正方式。这些错误……或许可以被一副准确的"自画像"来加以调节，因为并非任何"回忆"都会被认可为自己的回忆。一件事情所给人的亲近感与一项判定有关：这件事对于最可能出现的事情来说是真实的，对于应该发生的事情来说是一致的。

---

①　"我确实多半夸大了他人作品的无创意和认可度，但很可能我是从丹尼斯·罗伯特森那里学来的"（约翰森1972）。

参考文献

Barclay, Craig R.1986.Schematization of Autobiographical Memoirs.In *Autobiographical Memory*,edited by D.C.Rubin.Cambridge：Cambridge University Press.

Bhagwati, Jagdish N.1977.Harry G.Johnson.*Journal of International Economics* 7（September）：221-29.

Bladen,Vincent.1958.Letter to H.G.Johnson,17 February.Box 31,Correspondence to 1963, unsorted.

Buchanan, James M.1992.*Better Than Ploughing and Other Personal Essays*.Chicago：Univeisity of Chicago Press.

Cairncross,Alec.1998.*Living with the Century*.Fife：lynx.

Caldwell.Bruce.1998.Why Didn't Hayek Review Keynes's General Theory? *HOPE* 30.4：545-69.

Capaldi, Nicholas.2004.*John Stuart Mill: A Biography*.Cambridge：Cambridge University Press.

Carlisle, Janice.1991.*John Stuart Mill and the Writing of Character*.Athens：University of Georgia Press.

Cumming,Robert D.1964.Mill's History of His Ideas.*Journal of the History of Ideas* 24：235-66.

Devons, Ely.1951.Some Features of International Trade in 1950.*Three Banks Review* 10（June）：3-24.

——.1952.Some Aspects of United Kingdom Exports.*Lloyds Bank Review* 25（July）：28-45.

——.1954.Statistics of the United Kingdom Terms of Trade.*Manchester School* 22（September：258-75.

——.1958.Letter from D.W.Logan to E.Devons,18 April；letter from S.Caine to E.Devons, 25 April；letter from E.Devons to S.Caine,29 April.Devons Papers,British Library of Political and Economic Science.

Downs,Anthony.1960.Letter to Harry Johnson,3 November.Johnson Papers,box 25,Writing 1960.

Dulles,Eleanor Lansing.1980.*Chances of a Lifetime.A Memoir*.Englewood Cliffs,N.J.：Prentice Hall.

Foster, Christopher.2001.*Lord Noel Gilroy Annan,1916-2000：Fellow, Provost a Memoir*. Cambridge：King's College.

Frankel,S.Herbert.1992.An Economist's *Testimony.The Autobiography of S.Herbert Frankel*. Oxford：Centre for Postgraduate Hebrew Studies.

Friedman, Milton.1953.Letter to T.W.Schultz,28 October.Department of Economics,Records,box 42,folder 10,Prospective Appointments.Regenstein Library,University of Chicago.

Friedman,Milton,and Rose Friedman.1998.*Two Lucky People：Memoirs*.Chicago：University of Chicago Press.

Galbraith, John Kenneth.1958.*Journey to Poland and Yugoslavia*.Cambridge,Mass.：Harvard University Press.

——.1964.*The Scotch*.Boston：Houghton Mifflin.

——.1969.*Ambassador's Journal：A Personal Account of the Kennedy Years*.Boston：Houghton Mifflin.

——.1971.*A Contemporary Guide to Economics, Peace, and Laughter*.Boston：Houghton Mifflin.

——.1973.*A China Passage*.Boston：Houghton Mifflin.

——.1979.*Annals of an Abiding Liberal*.Boston：Houghton Mifflin.

——.1981.*A Life in Our Times：Memoirs*.Boston：Houghton Mifflin.

Hansen, A.H.1951.Letter to H.G.Johnson, 29 May.Johnson Papers, box 54, Toronto Correspondence 1952.

Harris, José 2004.Mill, John Stuart, 1806–1873.*Oxford Dictionary of National Biography* 38：155–75.

Hayek, F.A.1951.*John Stuart Mill and Harriet Taylor：Their Correspondence and Subsequent Marriage*.London：Macmillan.

Higgins, Benjamin Howard.1992.*All the Difference.A Development Economist's Quest*.Montreal：McGill-Queen's University Press.

Hobson, John Atkinson 1938.*Confessions of an Economic Heretic*.London：Allen and Unwin.

Hoover, Calvin Bryce.1965.*Memoirs of Capitalism, Communism, and Nazism*.Durham, N.C.：Duke University Press.

Johnson, Elizabeth S., and Harry G.Johnson.1978.*The Shadow of Keynes.Understanding Keynes, Cambridge, and Keynesian Economics*.Oxford：Blackwell.

Johnson, Harry G.1945–46.Analysis of Rooming House Group.Johnson Papers, box 54, Toombs, Human Relations in Industry.

——.1947.Letter to D H.Robertson, 3 December.Johnson Papers, box 44, Cambridge University.

——.1948.Letter to D.H.Robertson, 21 February.Johnson Papers, box 44, Cambridge University.

——.1949.Letter to the provost of King's College, 29 October.Johnson Papers, box 44, Cambridge University.

——.1951a.Clearing Bank Holdings of Public Debt, 1930–1950.*London and Cambridge Economic Service Bulletin* 29(November)：102–9.

——.1951b.Letter to A.H.Hansen, 24 May.HUG (FP) 3.11 A.H., Hansen Correspondence 1926–1959, file 1951.Houghton Library, Harvard University, Cambridge, Mass.

——.1951c.Some Implications of Secular Changes in Bank Assets and Liabilities in Great Britain.*Economic Journal* 61(September)：544–61.

——.1951d.The Taxonomic Approach to Economic Policy.*Economic Journal* 61 (December4：812–32.

——.1956.The Transfer Problem and Exchange Stability.*Journal of Political Economy* 64 (June)：212–25.

——.1957a.Letter from mother, 15 October.Johnson Papers, box 31, Correspondence to 1962, unsorted.

——.1957b.Letter to Vincent Bladen, 17 February.Department of Political Economy Papers, A65–0005/0001, 16 October.University of Toronto Archives.

——.1958a.Canada's Economic Prospects.*Canadian Journal of Economics and Political Science* 24(February)：104–10.

——.1958b.Letter, 10 March.Johnson Papers, box 33, Correspondence to 1963, unsorted.

——.1958c.Letter to L.Metzler, 11 April.Johnson Papers, box 43, Miscellaneous Correspondence.

——.1958d.Letter to M.Friedman,10 May.Friedman Papers,box 28,folder 33.Hoover Institution Archives,Stanford University,Stanford,Calif.

——.1958e.Letter to R.Kahn,12 May.RFK 13/48A.King's College,Cambridge.

——.1958f.*International Trade and Economic Growth.Essays in Pure Theory*.London：Allen and Unwin.

——.1959a.Letter to R.F.Harrod, 26 June.Royal Economic Society Archives, RES 6/2/111. British Library of Political and Economic Science.

——.1959b.Letter to J.Johnston,2 December.Johnson Papers,box 31,Correspondence to 1963,unsorted.

——.1960a.Writing 1960,Johnson Papers,box 25.

——.1960b.Writing 1960,3 November,Johnson Papers,box 35.

——.1965.A Quantity Theorist's Monetary History of the United States.*Ecomomic Journal* 75(June)：388-96.

——.1968.Ely Devons：Obituary.*LSE Magazine* 35(June)：13.

——.1969.Autobiographical Notes.28 June.

——.1972.Letter to M.Corden,30 July.Johnson Papers,box 51,Correspondence 1971-77.

——.1974.Harry Johnson's Contributions to Economics：An Analysis by Himself.Johnson Papers,box 31,Manuscripts 1974.

——.1975a.Letter from Phyllis Deane,12 August.Johnson Papers,box 35,Writings 1975 I.

——.1975b.*On Economics and Secrety*.Chicago：University of Chicago Press.

——.1975c.Writings,part 3,Johnson Papers,box 34.Cited in Johnson 1975b.

——.[1971]1978.The Keynesian Revolution and the Monetarist Counterrevolution.*In The Shadow of Keynes：Understanding Keynes, Cambridge, and Keynesian Economics*,by Elizabeth S.Johnson and Harry G.Johnson.Oxford：Blackwell.

——.[1974]1978.Cambridge in the 1950s：Memoirs of an Economist.In *The Shadow of Keynes：Understanding Keynes, Cambridge, and Keynesian Economics*,by Elizabeth S. Johnson and Harry G.Johnson.Oxford：Blackwell.

——.1978.Cambridge as an Academic Environment in the Early 1930s：A Reconstruction from the Late 1940s.In *The Shadow of Keynes.Understanding Keynes, Cambridge, and Keynesian Economics*,by Elizabeth S.Johnson and Harry G.Johnson.Oxford：Blackwell.

——.1982.Networks of Economists and Their Role in International Monetary Reform.In *Knowledge and Power in a Global Society*, edited by W.M.Evan.Beverly Hills, Calif.： Sage.

Johnson,Harry G.,and Jagdish N.Bhagwati.1960.Notes on Some Controversies in the Theory of International Trade.*Economic Journal* 70(March)：74-93.

——.1961.Notes on Some Controversies in the Theory of International Trade：A Rejoinder. *Economic Journal* 71(March)：427-30.

Kahn,Richard.1974.*On Re-reading Keynes*.Oxford：Oxford University Press for the British Academy.

——.1976.Historical Origins of the International Monetary Fund.In *Keynes and International Monetary Relations*,edited by A.P.Thirlwall.Basingstoke,U.K.Macmillan.

——.1984.*The Making of Keynes' General Theory*.Cambridge：Cambridge University Press.

——.1989.*The Economics of the Short Period*.London：Macmillan.

Keynes,John Maynard.1949.*Two Memoirs*.London：Rupert Hart-Davis.

Kindleberger,Charles P.1991.*The Life of an Economist：An Autobiography*.Oxford：Blackwell.

Kregel,Jan.1988–89.*Recollections of Eminent Economists*.2 vols.Basingstoke,U.K.:Macmillan.

Laine,Michael,ed.1991.*A Cultivated Mind:Essays on J.S.Mill Presented to John M.Robson*.Toronto:University of Toronto Press.

Lamson,Peggy.1991.*Speaking of Galbraith*.New York:Ticknor & Fields.

Lipsey,R.G.1978.Harry Johnson's Contributions to the Pure Theory of International Trade.*Canadian Journal of Economics* 11(November,supplement):S34–54.

——.2001.Harry as Mentor of Young Economists.*American Journal of Economics and Sociology* 60(July):611–18.

Longawa,Vicky M.1984.Harry G.Johnson:A Bibliography.*Journal of Political Economy* 92(August):659–711.

MacDougall,G.D.A.1987.*Don and Mandarin:Memoirs of an Economist*.London:Murray.

Meade,James.1954.Letter to H.G.Johnson,14 December.Johnson Papers,box 43.Mikesell,Raymond F.2000.*Foreign Adventures of an Economist*.Eugene:University of Oregon Press.

Mill,John Stuart.[1873]1989.*Autobiography*.Edited by John Robson.London:Penguin Classics.

Mincer,Jacob.1960.Letter to Harry Johnson,undated.Johnson Papers,box 25,Writings 1960.

Minutes.1957.Department meeting,9 April and 28 May.Department of Economics Records,box 41,folder 2.Regenstein Library,University of Chicago.

Modigliani,Franco.2001.*Adventures of an Economist*.New York:Texere.

Moggridge,D.E.1992.*Maynard Keynes:An Economist's Biography*:London Routledge.

——.2003.Biography and the History of Economics.In *A Companion to the History of Economic Thought*,edited by Warren J.Samuels,Jeff E.Biddle,and John B.Davis.Oxford:Blackwell.

——.2004.Interview with Alvin Marty,10 October,New York City.

Packe,Michael St.John.1954.*The Life of John Stuart Mill*.London:Secker and Warburg.

Parker,Richard.2005.*John Kenneth Galbraith:His Life,His Politics,His Economics*.New York:Farrar,Straus and Giroux.

Peacock,Alan.1951.Letter to H.G.Johnson,8 November.Johnson Papers,box 44,Correspondence 1949–56.

Robbins.Lionel.1957.Notes on the Vacant Chairs in Economics,17 September.

Robbins Papers,LSE Staff File II(1950–57).

——.1958.Letter to E.Devons,3 February;letter to E.Devons,1 May.Robbins Papers,LSE Staff File III(1953–61).

——.1971.*Autobiography of an Economist*.London:Macmillan.

Robertson,Dennis.1944.Letter to Kahn,11 February.Kahn Papers,13/88,King's College,Cambridge.

——.1946.Letters to J.Robinson,20 May and 3 November.Robertson Papers C8/1,Trinity College,Cambridge.

——.1959.*Lectures on Economic Principles*.London:Staples.

Robinson,Joan.1961a.Letter to Richard Kahn,21 April.RFK 13/90/6/219,King's College,Cambridge.

——.1961b.Letter to Richard Kahn,27 April.RFK 13/90/6/215,King's College,Cambridge.

——.1978.Reminiscences.In *Contributions to Modern Economics*.Oxford：Blackwell.

Robson, John M.1968.*The Improvement of Mankind：The Social and Political Thought of John Stuart Mill*.Toronto：University of Toronto Press.

——.1989.*Introduction to Mill's Autobiography*.London：Penguin.

Robson, John M., and Jack Stillinger, eds.1981.*Autobiography and Literary Essays* Vol.1 of *The Collected Works of John Stuart Mill*.London：Routledge.

Roll.Eric.1985.*Crowded Hours*.London：Faber.

Runde, Jochen, and Sohei Mizuhara.2003.*The Philosophy of Keynes´s Economics：Probability, Uncertainty*,and Convention.London：Routledge.

Ryan, Alan.1974.*J.S.Mill*.London：Routledge.

——.1991.Sense and Sensibility in Mill's Political Thought.In Laine 1991.

Samuelson, Paul A.1998.How *Foundations* Came to Be.*Journal of Economic Literature* 36 (September)：1375-86.

Schultz, T.W.1956.A Program to Rebuild the Department of Economics.Box 74, President's Papers 1952-60, folder 2, Economics Department 1955-58.Regenstein Library, University of Chicago.

Silberston, Z.A.1978.*Harry Johnson as a Young Man*.London：Imperial College.

Sohmen, Egon.1960.Letter to R.F.Harrod, 4 June.Royal Economic Society Archives, RES 6/1/ 451.British Library of Political and Economic Science.

Stanfjeld, James Ronald, and Jacqueline Bloom Stanfield, eds.2004.*Interviews with John Kenneth Galbraith*.Jackson：University of Mississippi Press.

Stigler, George.1988.M*emoirs of an Unregulated Economist*.New York：Basic Books.

Stillinger, Jack.1983.Who Wrote J.S.Mill's Autobiography?*Victorian Studies* 27(Autumn)：7- 23.

——.1991.John Mill's Education：Fact, Fiction, and Myth.In Laine 1991.

Thomas, William.1971.John Stuart Mill and the Uses of Autobiography.*History* 56.188：341- 59.

——.1985.Mill.Oxford：Oxford University Press.

Weintraub, E.Roy.2005.Autobiographical Memory and the History of Economics.*Journal of the History of Economic Thought* 27(March)：1-11.

传记写作：F.A.哈耶克带给我的职业训练[①]

布鲁斯·考德威尔

不相信那些关于童年影响的文章中的所言所语，使我成了一位科学家。也不要相信在其他文章中的那些类似的话。

——斯蒂芬·平克（Steven Pinker），《我们如何成为自己所是之人》（2004）

现今我非常关注这一点——我的记忆越来越具有多大的选择性……我最近意识到的另一种现象就是——我时常希望自己可以回归心理学，我在那一领域有那么多的想法——有多少记忆取决于你之前记住的事情。如果你之前就从来没有记住某件事情，通常情况下，它就消失了。

——F.A.哈耶克，W.W.巴特利三世采访，弗莱堡（1983年2月10日）

纽约动画片，倍感震惊的罗纳德·里根坐在电影院的图像：罗纳德·里根突然意识到一段珍贵的童年记忆原来是电影中的一个场景。

与列位一样，我是一名经济思想史学家。首先，这意味着我主要关注的只是传记写作的一个分支，也就是思想史部分；其次，我受训成了一名经济学家，而非史学家。所以，我可以说是边工作边学习传记写作的技巧。我这一学习过程中的导师，或者说是我进行这一领域研究的实验对象，是经济学家弗里德里希·A.哈耶克，也就是我选择的写作对象。结果表明，他对我产生了极大的影响，尽管如我所述（而且他也会非常欣赏这一点），他的帮助都是他自己那些带有明确目标的人类行为所产生的意外结果。

着手选择哈耶克作为研究对象时，我给自己定下了任务：要成为解释哈耶克思想形成背景及其发展过程的典范。我认为，不同的人会向那些试着按照自己的想法为朋友作传的人提出不同的挑战。在哈耶克的例子中，我所面临的一

① 非常感激来自罗伊·温特劳布、一位匿名评审人和杜克大学于2006年4月7日至9日举办的HOPE会议"传记写作与经济学史"分会的与会者们的有益评论。同时非常感谢斯蒂芬·克莱斯格（Stephen Kresge）和哈耶克遗作管理协会允许我引用巴特利对哈耶克进行的采访。

个问题是，要试着为他思想发展过程中的变动和转折提供一种貌似合理的解释。他思想旅程的概略图景应该可以说明这为什么可以成为一个值得研究的问题。

年轻的哈耶克对自然科学表现出浓厚的兴趣，关注重点是生物学，尤其是植物学。在维也纳大学读书期间（他是一战之后直接注册入学的），他旁听了各种各样的课程，但集中关注心理学和经济学。当他最终选择从事经济学职业时，起初的贡献是货币理论和商业周期理论。尽管两次世界大战之间的那个阶段，他在继续从事这两方面的工作，但同时也开始撰写关于社会主义经济学和后来我们所说的"知识问题"的一些论文。二战时，他再次变换了方向，写作了一本关于计划体制的政治含义的畅销书——《通往奴役之路》，这让他蜚声世界，当然，在某些方面，也让他在专业经济学家的声誉方面受到打击。随后他又立刻转变方向，1945年夏季便开始撰写一本关于心理学基础的书籍，即《感觉的秩序》。此书出版于1952年，吸收了他早年学生时代的心理学作品。20世纪50和60年代，哈耶克转入政治哲学和社会科学方法论领域，此间还发展出了文化演进理论和自发秩序的理论。在20世纪的社会理论家里，极少有人从事如此多的领域。

因为我接受的是作为一名经济学家的学术训练，所以对他所致力的其他领域，并不具备特殊的专业知识。我从一开始就明白，试着去理解、至少是弄清楚他那变化多端的思想历程将会是我的主要任务。我意识到，在这个学术专业化的年代，几乎每一位去试着探讨像哈耶克这般人物的学者，都会（应该会）遭遇类似的能力不足的感觉；这一点让我有了些许安慰。

尽管如此，当我偶然间发现了一份哈耶克赢得诺贝尔奖之后所完成的、厚达五百多页的采访副本时，我还是大受鼓舞。这些采访是于1978年10月和11月完成的，由加州大学洛杉矶分校口述史项目主办。它们的内容极为翔实：哈耶克以清晰的散文风格谈论了自己思想的发展和背景，以及他一生之中遇见的诸多人士。这些采访在帮助我重构他的思想路径方面，必然会发挥极大的作用。1989年，杜克大学为了庆祝取得了卡尔·门格尔的手稿，组织了第一次HOPE会议，我也正是在这次会议上了解到奥地利学派的诸多背景信息。我已经阅读了哈耶克所著的许多作品，而且在20世纪20年代初期，我应斯蒂芬·克莱斯格之邀，担任了《F.A.哈耶克作品集》的副总编辑，去编辑这一系列文集中的两卷。我在门格尔会议上所了解到的信息让我打好了基础，来迎接哈耶克的上场；这些访谈允许我概略地描绘出他在职业舞台上多变的历程。这似乎是个完美的规划。啊，真是年轻人的天真美好（或者实际上来讲，我已是初入中年）。

职业训练第一课：哈耶克提醒我回忆常不可靠

一句话，基于回忆的自传性记述不可靠。实验心理学家斯蒂芬·平克向我们讲述了个中原因。我们经历中相当重要的决定性因素——基因和机遇，都是不为自己所见的。但我们又喜欢讲故事，所以会编造一些偶然的片段，以串成一个连贯的故事。我们或许还想宽厚地对待我们的读者："生活的精确展现，是出了名的无聊之事——想想家庭剧就知道了。"最后一点，但同样也是重要的一点，"我们都想让自己看起来很优秀"（Pinker 2004，84）。

哈耶克显然也赞同这一点，而且像平克一样，他在一场让他追忆过往的访问中，也是这么讲的，还饱含讽刺性的意味。[①]尔·波普尔的传记作者马拉奇·哈克恩，在比较波普尔的自传体作品和波普尔档案中的证据时，就发现了这一点，因为他发现了多个不符之处。哈克恩（2000，14）对此所作的回应值得我们重复提及：

关于他的思想发展，[波普尔]所做的描述，给人的乃是一种落后于时代的错觉，那就是回转到过去，用世界大战时的眼光来理解其后期的哲学。起初，我怀疑是他健忘，或者是故意曲解，但是似乎这两者都无法解释他所给出的描述（而且这两者也都是不可能发生的）。自传在年代上记述存在错误，本是件稀松平常的事，而且波普尔的记忆错误之甚，甚至已经无法让我感到错愕，因为我在其他地方仍然会不时地发现这类错误。

我们在这里似乎有许多事情要讲。首先，我们所回忆的一直都是从我们接受的大量感官输入中挑选出来的，而且不同的人会选择不同的事情。而可笑的是，根据波普尔传记作者的经历，当波普尔要求自己的学生观察他们在课堂上的所见，并将其记录下来的时候，波普尔常常是自己来对此加以解释的（他试着去证明，科学并不是以归纳为基础，而是一个假设–演绎体系）。很明显，在没有进一步指导的情况下，每个人都会选择不同的事情予以记录。此外，在

---

① 哈耶克自己对心理学的研究集中在"回忆的作用"这一部分。参见哈耶克1952和考德威尔2004的第12章。我承认本文采用的方法，即我回忆撰写哈耶克的过程中所遭遇的种种经历的部分，同样值得怀疑。

自传体叙述中，无论我们选择什么，它接下来都会融入到一个更大的故事中——我们会构建自己生平的故事，正如波普尔构建了一个叙述自己思想发展过程的故事一样。最后，随着不断的重复，我们的解释就成了自己回忆之事，或者至少当别人问起我们时，这些解释成了我们所回想之事。唐纳德·莫格里奇（2003，597）强调了最后这一点，他引用了一本关于回忆的书（F.C.巴里特所著），并且注意到了作者的以下结论："从字面意义上讲，准确的复制是非常罕见的"；"随着人们的频繁复制，回忆细节的形式和条目很快就会被强化，然后基本上不再变化"；"在长篇回忆中，精心设计就更为常见；或许就会有越来越多的添油加醋或者发明创造"；"如果细节与传主预先形成的兴趣和爱好刚好一致的话，它就会格外出彩。它就会被人们牢记，尽管它们经常都是捕风捉影而来的。"

　　下面我们就来讲述一下，哈耶克如何帮助我理解了这一切。当我编纂《作品集》中题为《反对凯恩斯和剑桥的经济学说》这一篇时，我经历了与哈克恩所体验过的相同感觉：困惑与疑虑交织在一起。哈耶克从维也纳前往伦敦政治经济学院（LSE）授课时，他与约翰·梅纳德·凯恩斯进行过一场相当著名的公开论战。哈耶克针对凯恩斯的《货币论》（1930），发表了一篇分为上下两部分的评论，对之进行了猛烈的抨击，突然间拉开了争论的大幕，而凯恩斯在哈耶克下半部评论出版之前就予以了回击，迅速地从捍卫自己的作品转向对哈耶克同一主题的作品——《价格与生产》（1932），进行猛烈的批判。五年之后，凯恩斯出版了《通论》一书，这本书不仅确立了他自己的名誉，也促进了整个世界对"凯恩斯政策"的采纳；而哈耶克出于理论上和政治上的原因，都认为这些政策乃是基于人们对实际情况判断错误而做出的。哈耶克又从来不是一个会放弃挑战的人。那么问题就来了：根据两人之前的历史表现，哈耶克为何没有评论凯恩斯的《通论》呢？我发现，从历史编纂学上来讲，这是一个特别有趣的问题，因为这涉及对下面这两个问题的解释：为何有些事情没有发生，为何有些事情却发生了。[①]这时，作者就要承担起两项责任：首先，确定为何期望某些事情会发生是合理的；然后再证明它为何没有发生。我认为这仍然是一个可以回答的问题，因为，很幸运地是，这是哈耶克经常谈论的小插曲。事实上，我掌握了一些资料，知道他曾经在何处讨论过它：他早先在1963年10月

----

① 在歇洛克·福尔摩斯的"银色马"故事之后，解释为何有些事情没有发生的这个问题或许可以称为一个"不会吠叫的狗"的问题，这一点可以参看 Weintraub 1991,54。

所做的未经发表的演讲；发表于1966年的一篇文章；1978年的访谈，期间他不止一次地谈论过这个小插曲；1983年发表的一篇文章；以及与比尔·巴特利进行的访谈，大概是在20世纪80年代中期的某个时间。

读者对于接下来要出现的是事情应该会很期待。正如我在HOPE会议的文章中关于这个谜题所做的证明（Caldwell 1998），哈耶克的解释主要存在两个问题。首先，这些年间，关于为何没有进行评论，他至少给出了六种不同的答案。（简单来讲：他讨厌公开辩论；他认为凯恩斯会再更改自己的思想；他认为《通论》是时代的宣传手册，并不是那么值得去评论；他不得不挑战凯恩斯整个宏观方法，这项任务太过庞大；他当时正在《资本的纯理论》一书中准备自己的理论模型，而当他完成了这个模型之后，他们又站在了同一立场上，都在对抗具有通货膨胀倾向的战时政策；他期待凯恩斯很快便会跳出来反对自己的那些"凯恩斯理论"的追随者，可凯恩斯突然就去世了。）在哈耶克这些原因中，有些要比其他更有意义一些，所以我认为我仍然可以讲出一个看似合理的故事。[1]但还有另外一个问题：哈耶克讲述特定的原因时，无论在哪个时候讲述的，他使用的言语几乎一字不差，即使是在相隔20年时间的资料里，亦是如此！很明显，哈耶克清晰地记得他之前讲过的故事，而不仅仅是这段插曲本身。

像哈克恩对波普尔的感觉一样，我起初也有些震惊，但现在感觉当初不该这样。实际上，由于我觉察到了这一点，所以意识到自己同样对这种实际的情况感到"内疚"。我经常受邀谈论哈耶克，而且当我真正去谈论时（明显是"即兴的"），又感觉自己回到了同一种行之有效的故事和叙述事情的方式，因为这可以让我表达自己认为正确的任何观点。采访的时候，人们都不希望自己听起来像个傻瓜；重复之前的片段是逃避问题的好方法。

---

① 在我的论文中,我赞同"讨厌公开辩论"和"在准备自己的理论模型"这两点。根据苏珊·霍森（Susan Howson）对哈耶克在1936年写给弗里茨·马赫卢普（Fritz Machlup）和高特弗莱德·哈博勒（Gottfried Haberler）的信件的查阅,她（2001）又添加了另外一个原因。庇古（A.C.Pigou）在1936年5月刊的《经济学刊》上发表了一篇言辞犀利的批评性评论,而这个期刊本来是哈耶克评论的逻辑输出之地。很明显,哈耶克不想让自己看起来像是在'故意加大火力',所以他告诉哈博勒,如果他会投稿的话,一定会向《经济学杂志》投递一篇评论。可他没有这么做。克劳福德·古德温（Craufurd Goodwin）在会上提供了关于这个谜题的一个答案:或许是有人请求哈耶克撰写一篇评论！但是,当然了,如果他真想这样做的话,哈耶克仍旧可以将那篇评论投给《经济学杂志》）。

一个局部的解决方案：与档案记录交朋友

同时期的档案记录，显然可以对我们称之为回忆的重建进行检验。当然，若要使重建成为可能，档案也是必不可少的。在哈耶克的例子中，这不是问题——它现在装在130个箱子里，更多的资料不久又会增加进来。尽管如此，档案经常只是部分的解决方案。它们可以帮助我们整理出日期和一系列重大事件，进而帮我们看清楚，传主的叙述在年代上是否能够讲得通。我认为，马拉奇·哈克恩在重构波普尔当时的所思所想时，已经极为有效地证明了档案在这个目标中的作用。

哈耶克的档案产生了类似的效果。例如，在一次访谈中，哈耶克说自己从1946年开始着手撰写《感觉的秩序》，但我们从他的信件中知道，他实际上在1945年夏天就已经开始。从哈耶克在20世纪30年代期间写给弗里茨·马赫卢普的信件中，我们就能相当准确地追溯出哈耶克撰写《资本的纯理论》一书时所遭遇的痛苦经历（或者，可能更好一些，只有错误的开端，以及进展上举步维艰），因为马赫卢普提供了详细的撰写建议。他与马赫卢普在战争期间的通信，同样可以让我们重构他从《理性的滥用》转向《通往奴役之路》的进程。尽管如此，最好的例子可能还是和贝弗利奇备忘录有关的内容。

哈耶克（1994，102）在一次访谈中提到，《通往奴役之路》最初是要针对威廉·贝弗利奇备忘录而创作的，此人是伦敦政治经济学院的院长。

从访谈来看，哈耶克在20世纪30年代末期似乎写过一篇回忆录，或是将它送给了贝弗利奇。当我在哈耶克的档案中寻找这篇回忆录时，这一点就成了我的推测。我从来都没找到它，所以我推断它已经被弄丢了，是哈耶克某次搬家而造成的损失之一。[①]

2004年6月，在剑桥大学的一次会议上，我提到了那篇丢失的备忘录，而当时的另一位与会者苏珊·霍森爽朗地说道："我在贝弗利奇的论文集中看到过那篇备忘录。"苏珊有那篇备忘录的影印本，存于她在剑桥大学的阁楼上；她是那么善良，在那天晚上就将它拿了出来，并且给了我一份副本。

---

① 在1975年的一封信中，哈耶克曾经解释过，他的搬迁"导致他过去积存的信件遭受到周期性的损失"。

　　我知道我之前在哈耶克的档案中看到过这份备忘录。一回到家，我就比较了这两份文本，很清楚的是，它们的文本完全一致。有一点不同的是，哈耶克档案副本上标注的日期是"1933年春"；而根据备忘录的内容，哈耶克所提及的事件都是是年五月所发生的。在苏珊的资料搜寻下，我们发现了这份备忘录，而且确定其文章内容所涉的时间是1933年的5月或6月。这份备忘录在《作品集》的《通往奴役之路》（2007）一辑之中得以重印。

　　我一直没有意识到这份备忘录就藏在眼前的原因是，我在哈耶克的回忆中看到的字眼是：他写于1939年。[1]所以我得到了两条教训：要有保留地看待回忆；无论何时，只要有可能，要云查询多种档案资料。[2]

　　尽管如此，有时还是会出现档案起不到多大帮助的问题。最为典型的问题不是时间测定的问题，而是动机问题。很显然，即便是那些声称要解释动机的信件也不一定准确，因为这样的解释很可能是出于利己的打算的，正如我们的回忆通常所做的那样。

　　除此之外，有一些问题，就其性质而言，是无法让人回答的。我最常被问到的一个问题就是，为什么哈耶克没有得到芝加哥大学经济系的任职，而去了社会思想委员会？哈耶克对此有自己的想法，而且像约翰·内夫（John Nef）和米尔顿·弗里德曼（Milton Friedman）这些在场的同时代人一样，他们都有自己的看法．其中充满了太多的故事。但是，列席了存在争议的任职会议的人都知道．即便对于那些亲眼目睹了职位申请审议的人来说，无论最终做出了什么样的决定，复杂的故事都会以推测作结，都会以对"声称的"而非"真正的"原因所做的假设作为结尾。在这种例子中，即使存在，书面证明本身也是值得被质疑的。如果说《维特根斯坦的扑克牌》教会了我们什么的话，那就是，后来逐渐被看作具有重要意义的事件回忆，很可能掺杂了多元的重构内容，因此，最终仍会保持和最初一样的神秘。

---

　　① 哈耶克将他的备忘录改写成杂志文章,发表于1938年,后来这篇文章又成了一个更长的公共政策小册子,发表于1939年;后来这两篇文章在哈耶克1997中得以再版。哈耶克看到后来源于这份备忘录的作品的日期,或许自己都对这份备忘录的日期感到困惑。

　　② 当然,这样的搜寻可能很容易驱使你在一个故事中发现进一步的不连贯之处,然后就会选定一篇表面上连贯的故事。但它能帮你校正日期。正如哈克恩所表明的那样,它还可以发现一部分不属于这个人本身的那些故事内容。

职业训练第二课：哈耶克迫使我面对那厚重的历史

我循着惯例为撰写哈耶克做准备。例如，为了编辑《反对凯恩斯和剑桥的经济学说》，我通读哈耶克和凯恩斯的著作，随后又阅读了大量的关于他们著作内容的二手文献。编辑关于社会主义的文集时，我也是这样做的。每一次的文献都是相当之多，所以我认为自己在做的学术工作既优秀又精确。但正是在这个过程之中，我突然意识到，如果我继续这样下去的话，我会犯下满足于历史表层的过失。

20世纪90年代初（至少这是我开始意识到这一点之时），经济思想史学家们开始探讨表层历史与厚重历史的问题。（我猜这种区别会让历史学家们发笑。）表层历史是说，重构思想史上的某个论点或是事件时，表层历史会限制自身，进而只看一些经济学文本。而厚重历史的目标则在于将这些论点置于整个背景之中，试着判别出大量的其他因素——政治的、社会的、文化的，以及诸如此类的——因为它们曾经或许也产生了影响。对我而言，厚重历史的典范就是彼得·克拉克（Peter Clarke）（［1988］1990）那本关于最终引发凯恩斯革命之过程的书籍。在我的思想史课堂上，我仍然在将他的书列为参考文献，此外还有布拉德利·贝特曼（Bradley Bateman）关于凯恩斯史学研究方法的讨论，后者发表于1994年的HOPE会议上（Clarke 1994；Bateman 1994）。

尽管我因为种种原因而不愿称自己为厚重的历史学家（至少厚重历史的践行者听起来会更好一些），但正是哈耶克帮我实现了我自己所要求的厚度。他之所以能做到，是因为他是一位如此马虎、偶尔还会出错的材料引用者。

我是在为《作品集》中的《通往奴役之路》做脚注时发现这个问题的。关于《作品集》，我们要努力去做的部分内容就是核查哈耶克引证的精确性。好吧，我得说，《通往奴役之路》这本书，足有50%的引证都是不准确的，绝大部分都是一些琐碎的地方：他会落下一些词语，或是措辞方面进行小小的改动。这样的问题实在是太多了，所以我改变了最初想要在每一个改动的地方都做上批注的决定，只是在出现重大的不符时才做出标注。还有一些问题就是，他还在不少地方将页码，甚至是资料的名字标错。哈耶克有一个让人更加抓狂的习惯是，他会直接引用某个人，却又不说他引自谁，或者是这个引证在哪里能够找到。他偶尔会提供一些线索：比如，他会这么说，"正如最近《经济学家》上的重要文章中所述"。而我的工作就是要努力地去将所有这些事情追查到底。

为了让你们觉得有趣，我会稍微提一提那些更具挑战性的例子。在第12章中，他广泛地引用了一战期间及其刚结束之时，在德国出版的民族主义和社会主义书籍，而且接下去的一章，他又大量地引用历史学家卡尔（E.H.Carr）和自然科学家瓦丁顿（C.D.Waddington）的著作。所有这些，他都没有给出引用的页码，我也就不得不将其逐个找出。在这本书的美国平装版的前言中，他详细地引述了一段满是恶语诽谤的话，我想这应该是在图书出版行业中一本很少为人所知的书中找到的。我无法在我从馆际互借得到的复制本中找到这段话，而在我看了芝加哥大学出版社的档案后，从中找到了一本，但是作者似乎不愿意被引述，就在作者对这本书后续的版权索要高价，甚至不惜以诉讼相威胁面前，我几乎就要放弃了。所以，我当时不得不先找出这本无名之书的初版，以找出这段话。最后一个例子：在第11章中，哈耶克（2007，177）提出了如下的挑战：

我会让读者来猜，到底是在德国还是在俄国，象棋手们会收到这样的官方劝诫："象棋本身是中立的，我们必须一次性地完成它。而且，对于'为了象棋而下象棋'这句套话，就像'为了艺术而艺术'这句套话一样，我们必须一次性地对它做出颠覆性的谴责。"

如果你想知道答案，可以在《作品集》中找到。

总之，在我努力做好哈耶克著作编辑工作的过程中，对于诸多长期无人问津的书籍，我被迫地至少要去浏览，有时要阅读，还是说实话吧，有时是读了不知多少遍。这样做了以后，我就意识到他是在回应诸多不同的那个时代的发展与争论。尤其是在《通往奴役之路》一书中，其中许多内容都没有涉及经济学家。

努力完成对一个人的脚注，阅读他所回应的那些问题，让我缓慢却准确地进入了他的思想，走进了他的时代。如果我现在还算不上是一名厚重的历史学家的话，那我可能至少比以前更宽广一点了。这一切都要感谢哈耶克没能把他的引用标注正确。但是，普通的传记作者要是遵循着这个方法去做的话，或许也会硕果累累，不是只有那些核查脚注准确性的学者才会如此。

职业训练第三课：利用同辈们的专业知识

目前为止，我说的都是一些相当平常的事情——可是，所有这些都是真实的写照。

不，我没有那么疯狂，要扩展到关于真理本质的延伸讨论中去。但是，要将事情保持在一个平常的，或者可以说是一个基本的水准上：至少在某一方面，对于一位历史学家来说，真相仅仅意味着努力做到对事实准确无误的记录。研究哈耶克就给我上了另外一课：做到事实的准确无误，是如此让人费尽苦心。

最初以一个学者的身份开始工作时，我研究的领域是经济学方法论。当我做了一些类似于历史的研究时，我才意识到自己实际所做的事情更接近于理性重构，甚至是对历史的推测，而非真正的历史。在这样的努力中，提供一个一致的描述，或者是讲一个动听的故事，都胜过让事实准确无误。当我从芝加哥大学出版社收到关于我对《反对凯恩斯和剑桥的经济学说》一书所做的读者给出的报告时，我收到了一个非常生动有趣的提醒，它提醒我作为历史学家应该具有的担当。这位读者就是唐纳德·莫格里奇，他写了整整四页来指出我在该文中犯下的毛病。我永远感激这个提醒，因为它让我避免了很多硬伤。我从两位匿名评审人那里收到了关于《通往奴役之路》的类似报告。对于那些我提供了哈耶克引用错误的说明的脚注，其中一个报告还给予了更正。对于那位特殊的匿名评审人，我所有能说的，就只有——非常感谢。你们可以赢得莫格里奇的赞赏。

即使你认为自己已经将事实做到了准确无误，但历史最终还是一种解释性的运用。人们可以，而且将会以不同的方式解读完全相同的事实。我们忙于解释，而且我们会一直将自己的观点带到工作中去。

实际上，我是在一个大学暑假待在家里时发现这一点的，当时正在和我大学时的女朋友打电话聊天，因为她住的地方和我隔了好几个州。当时是我试着和她分手的初期阶段。（不管怎么说，这是我的回忆！）之后我就听到我那爱管闲事又偷听电话的妈妈，将我们的对话讲给爸爸听，告诉他，我这个粗心的女朋友是如何虐待我的！母亲的偏爱是可以理解的，但这不仅限于母亲。比尔·巴特利准备为哈耶克作传，所以他在20世纪80年代组织了一系列的访谈以收集关于哈耶克过去的信息。巴特利是一位哲学家，波普尔的学生，而且曾经也是波普尔的传记作者。当我阅读这些访谈内容时，感觉很明显的一点就是，他的波普尔式哲学背景决定了他的提问以及后续跟进的问题。就我个人带有偏见的认识来看，巴特利的方法无疑是带有偏见的。

所以，关于如何利用你所在的科学团体，这一点让我得出了第二条建议：一旦你认为自己已经把事实搞得准确无误了，就找个人来读读你的手稿，这个人必须和你一样了解这些事实，但他的理解又要有所区别，这至少能够起到预防出现极强的偏见性的作用。对我来说，这个人就是菲尔·米洛斯基（Phil Mirowski）。我们志趣相同，而且经常对一些事实有共识，但很少有类似的阅读材料。菲尔作为一个这样的批评者，经常发出我喜欢听到的那种声音。

最后，如果你的项目真的很大的话，比如说是一本书，很容易犯下面这样的错误：每一章的细节都很正确，却忘了这些章节应该融入一个更大的主题。与其他每一位一样，读者也想要连贯一致的故事。就我自己的书——《哈耶克的挑战》——来说，如果有任何的连贯迹象的话，那就是因为玛丽·摩根（Mary Morgan）对我的初稿认真地做了"编辑阅读"的缘故，这给了我极大的支持。她给我的指导非常恳切，却也很严格，这里我将其中一部分重新写在这里：

从每一章的分布和段落这个标准上来说，所有内容都非常流畅……就全书这个整体，以及一些章节的框架和内容而言，我发现自己还存在一些疑问。

你想要第一部分在整本书中担当什么角色？第一部分的"故事"，或者说叙事策略是什么？……第二部分和第三部分的分隔是什么？

你应该保持历史的清晰：17章应该属于第二部分，18章应该作为全书的结语。但它也可能根本不属于这本书。

最为坦率的就是：

这是怎样放到一起的？

阅读这些建议从不是件轻松的事，但在帮助我理出原稿的思路方面，它们的价值不可估量。

结论：一些工作格言

我在这里给出了许多我自己的心得，所以最后，我将其概括成几句针对思想史学家的工作格言吧：谨慎运用口述史的资料；与档案资料成为朋友；不仅阅读脚注，还要阅读脚注中提及的一些材料；不要忘记三位 M，找到属于自己的，相当于莫格里奇、米洛斯基和摩根的三位同伴；你一定会做得更好。

参考文献

Bateman, Bradley.1994.In the Realm of Concept and Circumstance.*HOPE* 26(Spring): 99–116.

Caldwell, Bruce.1998.Why Didn´t Hayek Review Keynes´s *General Theory?HOPY* 30(Winter): 545–69.

——.2004.*Hayek´s Challenge: An Intellectual Biography of F.A.Hayek*.Chicago: University of Chicago Press.

Clarke, Peter.[1988]1990.*The Keynesian Revolution in the Making*,1924–1936.Oxford: Clarendon.

——.1994.Keynes in History.*HOPE* 26(Spring): 117–35.

Edmonds, David, and John Eidinow.2001.*Wittgenstein´s Poker.The Story of a Ten-Minute Argument between Two Great Philosophers*.New York: Ecco.

Hacohen, Malachi.2000.*Karl Popper.The Formative Years*, 1902–1945.Cambridge: Cambridge University Press.

Hayek, F.A.1932.*Prices and Production*.London: Routledge.

——.1952.*The Sensory Order: An Inquiry into the Foundations of Theoretical Psychology*.Chicago: University of Chicago Press.

——.1975.Letter to Helmut Wagner, 8 January, box 56, number 42.Hayek Collection, Hoover Institution Archives, Stanford, Calif.

——.1994.*Hayek on Hayek.An Autobiographical Dialogue*.Edited by Stephen Kresge and Leif Wenar.Chicago: University of Chicago Press.

——.1997.*Socialism and War.Essays, Documents, and Reviews*.In vol.10 of *The Collected Works of F.A.Hayek*,edited by Bruce Caldwell.Chicago: University of Chicago Press.

——.2007.*The Road to Serfdom.Text and Documents*.In vol.2 of *The Collected Works of F.A.Hayek*,edited by Bruce Caldwell.Chicago: University of Chicago Press.

Howson, Susan.2001.Why Didn´s Hayek Review Keynes´s *General Theory?* A Partial Answer.*HOPE* 33(Summer): 369–74.

Keynes, J.M.1930.*A Treatise on Money*.2 vols.London: Macmillan.

——.1936.*The General Theory of Employment, Interest, and Money*.London: Macmillan.

Moggridge, D.E.2003.Biography and the History of Economics.In *A Companion to the History of Economic Thought*, edited by Warren Samuels, Jeff Biddle, and John Davis.Oxford: Blackwell.

Pinker, Steven.2004.How We May Have Become What We Are.In *How n Child Becomes a Scientist*,edited by John Brockman.New York: Pantheon Books.

Weintraub, E.Roy.1991.*Stabilizing Dynamics: Constructing Econcimic Knowledge*.Cambridge: Cambridge University Press.

马歇尔传记沉思录

彼得·格罗尼维根

  自从我写的传记作品《阿尔弗雷德·马歇尔》由 Elgar 出版以来，已有超过十年光景，而要是从 1984 年之后我于剑桥开始为写作此书开展一些预备工作算起，二十年的时间已经悄然而逝。那篇导言展现了传记写作当中一种慎之又慎的态度，在其最后一段里，我曾简略地总结道："正是在维纳的精神传统下，我写出这部有关马歇尔的传记的，对传主的生平记叙尽力做到详尽无遗。希望能够尽可能如实地将他呈现在世人面前。我完整地保留了马歇尔社会哲学部分的思考，将这些与他的经济学联系起来，既要防止囿于某一个时期阶段，又要以一种浓郁的风格来尽情展现。"（Groenewegon 1995，16）。下文的反思旨在替"科学作传人"重新解释这种简要的意向声明的方法论含义。雅各布·维纳对马歇尔这本特殊的思想传记的看法是什么呢？一本"据实而录"的传记存在什么样的潜在制约呢？经济学的传记为何需要了解传主的社会哲学，以及更一般地来讲，为何要了解传主生活和工作的知识背景以及其他方面的背景；而且对于经济学史家来说，运用这一特殊方法又有何特殊价值？此外，我们很容易证明，在马歇尔的例子中，传记研究会帮助我们理解他自 19 世纪 60 年代至 20 世纪 20 年代的经济学演变过程。它还可以解开马歇尔身上的迷思，同时有助于将其经济学置于合适的位置。本文意在就这些方面进行阐述，共分为四个部分。第一部分考查维纳的评论，他认为马歇尔的传记是马歇尔研究中非常重要的一部分，这在我的传记中有详细的引用（Groenewegen 1995，16）。第二部分详述适宜的历史环境对思想传记的重要性之影响。第三部分考察传记作者面临的下面两个选择中所存在的潜在问题：按类型分类来关注传主的"活动"，或者按照更加严格的年代顺序进行处理。第四部分得出结论，重申作者的坚定信念：科学传记在理解经济学说史方面极为重要。

  出于对全面完整的马歇尔传记之需，我们也可以在这里做出一个评论。我在《凯恩斯之后的马歇尔传》中相当详细地讨论了这一点（Groenewegen

[1996] 2003）。尽管所写的马歇尔回忆录文采斐然，而且受到了弗吉尼亚·伍尔夫（Virginia Woolf）和利顿·斯特拉奇（Lytton Strachey）的大力揄扬，但那篇回忆录在一些关键点上确实存在缺陷。因此，它从来不能算得上是一本正式的传记，因为正如凯恩斯在 1924 年完成了马歇尔回忆录时，约翰·内维尔·凯恩斯（John Neville Keynes）向他的儿子所建议的那样，这篇回忆录忽略了一本完整传记的要求。然而，这仍是一份颇感怡人的对马歇尔所做的个人回忆录，因为它的作者几乎完全了解传主的整个生平。但是，私人熟识并不是传记作者的必备品质，而正如维纳（[1941] 1991）指出的，讣告往往有它们自己的特殊问题存在。下面我们第一部分就来讨论这些问题。

I

在维纳题为《马歇尔的经济学，关于这个人和他的时代》的文章中，他对现代的马歇尔传记作家们给出了相当中肯的评价。上文已经表明，我在传记的开篇一章，在批评凯恩斯的马歇尔回忆录作为传记方面存在的问题时（因为它最初毕竟是作为一篇讣告予以发表的），广泛性地引用了这一评论。维纳在文中做出了如下的批判：

如今马歇尔已经过世很久了，可"不说死者坏话"这一原则只是对最近过世之人的一种道德上的准则或是表达礼貌的方式。所以，无论是对马歇尔本人或是他的作品，不予苛刻对待或是有所保留都是毫无意义的。毫无疑问，他在这两方面确实存在缺点，其中有些缺点还使他的朋友受到了影响，所以我们或许可以把它们看作严重的缺点。但我同样确信，即便是他的优点，也不值得让我们钦佩到盲目模仿。每一代人都应该，也将会形成属于自己的经济学，可以从上一代人那里借鉴，或是受到影响，或是以此为基础进行改进，或是有所退步。如今，马歇尔的经济学很明显代表了过去一代，而且在逐渐远离我们这一代的经济学……但是作为一位社会哲学家，马歇尔不仅仅是一个时代的代表。如果他在不久的将来成为另外一个时代代表的话，那将是一件值得关注的事，而且不会令人感到惊讶。（维纳 [1941] 1991，127）

如果传记作者们想要避免圣徒传记或是颂词这类风格，那就应该将维纳的话牢牢地记在心里。撰写自己这本关于马歇尔的生平与著作的书籍时，我就试着将这一点明确地做到充分的地步。当然，其他许多传记作者同样是这样来对待他们的传主的。在传记中，传主行为的所有相关事实都应该理所当然地予以展现。当然，搜寻一个人生平的相关细节并不是不需成本。下面这个事实恰好证明了这一点：1994年，罗纳德·科斯为了寻找马歇尔的母亲、父亲以及关系更远的亲人的资料时，就花费了相当高昂的研究成本（参见其中的第八、九两章，尤其是第130页那些不计其数的脚注）。传记作者还需要具备一些侦探的技能，以便于发掘出自己传主在某些方面的生活细节。我们需要孜孜以求地追寻一些蛛丝马迹，这样才能找出一些实际的事例，这些蛛丝马迹或是出现在他们通信中那些不经意间的评论里，或是在那些已经发表的或未经发表的作品中的自传性评论里。如果不是一尊粗枝大叶的雕塑，或者是关于偶像崇拜的小册子，它可以说得上是现代传记作者为传主绘制的画像。这个事实仅仅在维纳的声明——严肃的传记只适于撰写那些过世已久之人——中提供了一个颇有道理的话外之音。关于维纳所给出的这番格言一般的话语的价值，如果要想给出令人信服的说明，还需将罗伊·哈罗德（Roy Harrod）（［1955］1961）所作的凯恩斯传记（它在许多方面都过于草率，比如，完全隐没了凯恩斯的同性恋倾向）与唐纳德·莫格里奇（Donald Moggridge）（1992）所作的以及罗伯特·斯基德尔斯基（Robert Skidelsky）（1983，1992，2000）所作的同名传记进行对比。

尽管维纳并未直接提及，这里仍要再指出两点。而且它们与撰写经济学家的传记具有很大的关联。首先，"想象中的回忆"是传记作者惯用的策略，这样便可以进入传主的生命过程，进而更好地推测他或她会如何应对特定的情境。撰写马歇尔的传记时，我就经常这么做。其中包括我对马歇尔在不同时期的行为所进行的评估：中学时期、大学时期，以及研究生毕业寻找工作时期。我推测马歇尔在中学时代和大学时代都非常明显地喜欢拔得头筹，就是其中一个例子。这就有助于解释他为什么轻易地放弃了数学，因为当时他在1865年的数学荣誉学位考试中没能获得第一名。马歇尔的虚荣心，不仅可以从这件事中看出，从其他事情中同样如此，所以它帮我做了这个假设。艺术家威廉·罗森斯坦（William Rothenstein）直言不讳地批评了这种虚荣心。作为马歇尔官方肖像的绘画师，罗森斯坦贴切地将马歇尔描绘成了一位"自负的模特"。

其次，档案中蓄意扭曲的资料使得传记作者的任务更加艰巨。我在剑桥研究马歇尔的论文时，偶然间注意到了这一点。我可以举出下面两个例子。第一，马歇尔晚年对论文进行分类、标注日期，要不然就是注解，这些老年时的活动有的地方是故意地误导他人的。第二，1924年，玛丽·佩里·马歇尔将丈夫的诗作拿给凯恩斯，以帮助其撰写回忆录，可现在它们却统统消失不见了，这就是有损形象的资料被毁灭殆尽的例子，这次是由马歇尔的遗孀做的。以这种形式从档案中消失的其他材料，我们是无法查明了，但这种由传主的朋友、亲人或是传主本身所做的保护性行为，增加了我们撰写出一部毫不掩饰的传记的难度。

‖

　　我在撰写马歇尔传记时，曾尝试着将他的生活中事实和活动置于当时的历史环境之中。第1章（Groenewegen 1995，尤其是9-13页）确实是相当做作地在这么做，将"马歇尔处于成长时期的维多利亚时代中期几十年的"（即19世纪40、50和60年代）主要特征进行粗略的总结，然后将马歇尔的早期生活置于其中。可与此截然不同的是，关于马歇尔的童年和学校生活的那一章（第3章），大部分内容都是我认为与之相关的历史背景，因为马歇尔自己的童年经历几乎没有为他的传记作者保存下来。但我们保留了足够的材料来探讨这两个问题：马歇尔读中学期间，极度厌恶学习"古典文学"，但年轻的时候又极度喜爱数学，更普遍一点来说，是喜欢科学探究。这种情况同样适用于第4章，主要是马歇尔在剑桥大学圣约翰学院时期的大学生活。这一章侧重于同一时期的本科生的普通生活背景，而不是马歇尔实际所经历的大学生活细节，因为事实上，马歇尔在圣约翰学院的学生时期几乎没什么特别可讲的。在第5章，我们提供了大量的知识背景以清楚地说明马歇尔宗教信仰缺失（163-67）的来龙去脉，而且更重要的一点是，通过列出他最初学习政治经济学的必要背景（145-54），进而与他的经济学初学者的身份联系起来。第7章主要是关于马歇尔作为一名学者和老师的初始的工作经历，大部分材料是关于布里斯托尔大学（275-76）的创立，以及马歇尔担任其第一任校长和政治经济学教授（279-82）期间所取得的发展以及存在的财政问题。这一点同样适用于第10章的内容，主要是关于马歇尔自1885年起在剑桥大学担任教授时的工作。当然，我同样要描述下面这些必不可少的背景：剑桥大学的政治经济学教授职位、马歇尔的前任（302-04），以及马歇尔在担任剑桥大学教授23年的时间里所承担的官方职责，这一点是必须要探讨的。

　　接下来的六章，全都用于讨论马歇尔作为大学教授的具体生活和社交活动，同时提供了大量的材料，以将这些事件融入它们的背景之中。在第11章中，马歇尔以大学教授的身份向政府提供建议，同时我也系统地给出了历史背景，以解释他作为经济学专家或是皇家委员会成员的身份参加的政府调查的过程，在劳动委员会的例子中，这主要体现在提供评估方面的证据。与本文第三部分的讨论相关的是，这一章逐一地给出了马歇尔所给出那些对货币证据的处理（343），这就明确地放弃使用年代表的方式，但是，我在他和他的妻子与慈善组织协会存在长期联系这一更为广阔的背景下，考查了他在济贫委员会所发挥的作用。鉴于这一官方工作在马歇尔作为剑桥和布里斯托尔的理论经济学家生活中所具有的重要性，这一章的篇幅不可避免地变得很长。关于马歇尔《经济学原理》一开始的写作及其随后修订的章节（第12章）同样很长，其中将这一过程与其他的写作活动相互连接以作为必要的背景（比如，405-06，426-27）。第13章和14章尤其需要充足的关于历史背景的知识，分别讲述了马歇尔作为理想的倡导者和偶成的雄辩家的内容，此外还就他对女权主义的彻底转变和女性在大学中的地位进行了叙述。这两章主要是用于强调，早期那些关于马歇尔的传记描述（尤其是庇古在1925年给出的描述，81-90），没有充分地反思马歇尔的性格、工作和信仰。他们关注的马歇尔，是位"严肃的"学者，小心地避开了争论，仅仅致力于寻找科学真相而非各种引起争端的社会改革问题（Groenewegen 1995，443）。马歇尔与坎宁汉姆（Cunningham）、欧根·冯·庞巴维克、克努特·维克赛尔（Kunt Wicksell）以及卡尔·皮尔森（Karl Pearson）的争论是其有意地参与到激烈争论中的突出的个例。更为一般地来讲，这一点同样适用于他在大学俱乐部和协会中的角色，尤其是他作为一位大学教授，曾非常积极地到反对剑桥向女学生提供学位。随后几个关于马歇尔的态度和活动的章节——第15章是经济学和政治学优等生考试的创设，第16章是他的政治观点，还有第19章，是关于他最后的文集的内容——一成不变地包含了必需的背景，主要是这些主题的当代实践和信念（581-82页，第16章中关于亨利·乔治（Henry George）的内容是个很好的例子）。

　　对于我在不同的章节加入这些背景的方法，评论者们给出了相当不同的反应。大多数还是赞同我将马歇尔置于社会背景之中进行考察的，尽管部分评论者认为这篇最终作品过于冗长，而且细节如此之多，以至于淹没了传记中传主的核心特点，他们在这些方面的趋势上进行了谴责。正如弗里德曼（1996）的评论清楚地表明的那样，传记中的细节是过多还是过少，取决于读者对传主的关注程度。对于像弗里德曼这样狂热的马歇尔主义者来说，大量的细节无疑是没有问题的。如果撰写本书时一直采用的是按照年代顺序进行论述的方法，我是否应该更为简洁地来展示这些细节呢？下面我们就继续对此进行简要地探究。

Ⅲ

　　我在规划马歇尔传记的结构时，最艰难的决定就是，应该在多大程度上依循着马歇尔一生的年代顺序去写这本传记。尤其是对于马歇尔的职业生涯，我另外一个选择就是集中关注他重要活动方面的资料。最后，我决定在这本书的核心章节（7~19章）之中来来如此记述那些活动，这占到了全书内容的2/3。前六章和后两章大体上是按照年代顺序进行构建的。但是，关于年代顺序和活动内容的文本划分，这种概括多少有些不够精确。例如，第8章关于马歇尔的婚姻那一章的标题，就表明它涵盖的时间是1877年至1924年。然而，当我们讨论新娘和她的祖先（Gronenewegen 1995，225-28）时，一些原始的资料可以追溯到了1850年之前，而且明确地包含了1872—1876年间阿尔弗雷德与玛丽恋爱和订婚的那段时光（228-30）。同样地，第12章中关于"《经济学原理》的漫长征途"的内容也从1881年，即在巴勒莫的家中开始致力于《原理》一书写作的那一年，延伸到1922年，即那本书的第八版在马歇尔有生之年进行最后一次"重印"的那一年，其中马歇尔对内容进行了一些细微的修订。

　　一位评论家（Moggridge 1997，289）显然理解了在我所讲述的关于马歇尔有生之年的绝大部分内容中，为何是活动而不是年代顺序占据了主要地位。因为没有足够的资料去按照严格的年代顺序讲述马歇尔的故事。而且那篇评论还认为，即便年代顺序可行，传记也可能没有"那么有趣或是有价值"。我们基于可用的资料，对马歇尔担任剑桥教授的"职业"学术生涯中的某一年进行年代考查，就可以证明上述评论的准确性。所以，我选择了1886年。对于它大部分的年表来说，基本的资料来源包括约翰·内维尔·凯恩斯（John Neville Keynes）的未发表的日记和马歇尔公开通信集的第一卷（Whitaker 1996）。

　　由于1886年是马歇尔在剑桥担任教授的第二年，所以教学任务占据了这一年中的绝大多数时间。在1886年的复活节学期，马歇尔讲授了"投机、税收等内容"，或者是他选定的约翰·斯图亚特·穆勒（John Stuart Mill）的《政治经济学原理》，尤其是第4册和第5册的一些内容。1886年的米迦勒学期，马歇尔又讲授了生产和价值课程。这两门课程，每周都会上两次。此外，在这个学期里，马歇尔还腾出时间，让自己可以"在家中"接见学生，每周会有四个下午，也就是每个周一到周四的下午四点至七点。这种教学方式为周末腾出了时间，所以偶尔会从剑桥出发进行一些旅行。最后一次的这种旅行就是在1886年1月22日至24日的周末，去牛津拜访本杰明·乔伊特（Benjamin Jowett），并与汉弗莱·沃德（Humphrey Ward）夫妇和瓦尔登（Weldon）先生（哈罗公学的新晋男教师）会合。另外，周末他还参与一些课外活动，比如1886年3月5日在市政厅发表的关于"经济的力量"之演讲。

但是，就证据来看，1886年，马歇尔夫妇绝大部分的时间都在剑桥度过。举例言之，整个8月份他们都待在剑桥，通常情况下这是他们去欧洲度假的一个月。这使得他们有时间布置好新家——位于马丁利路6号的巴利奥尔克罗夫特，并于7月份完工。鉴于这一原因，马歇尔夫妇在1886年的暑期度假很可能仅限于7月份的部分时间。随后，他们就待在诺福克郡克罗默附近的谢灵厄姆（Sherringham），马歇尔在这里向福克斯韦尔写了两封信（1886年7月17日和26日，1996年在惠特克重印）。这两封信中提到，马歇尔在这个简短的暑期休息中，大部分的时间仍致力于他的《经济学原理》，实际上这和他在19世纪80年代的大多数暑假里一样。但马歇尔是否在7月24日那天休息一下，以庆祝他的生日，则并未记录。

马歇尔夫妇在1886年8月初搬进新家这件事，一定进行得非常顺利，因为教授和弗朗西斯·阿玛撒·沃克尔（Francis Amasa Walker）夫人在星期三（8月10日）受邀来到家中，而且在周六（8月13日）的午餐上与约翰·内维尔·凯恩斯偶遇。正如上文表明的，1886年的最后四个月也主要是在剑桥度过，因为马歇尔的教学工作和其他紧迫的工作，需要他留在剑桥。这就包括在10月份就济贫法研究向查尔斯·布斯（Charles Booth）提供建议。1886年早些时候（5月份），马歇尔就参与到政府工作中去，为皇家经济学会中的萧条和贸易委员会提供咨询服务。1885年上半年，货币问题继续占用着马歇尔的时间，在5月24日至《统计学家》的信件和6月份至罗伯特·吉芬（Robert Giffen）的信件中都有所展示，其中后者阐释了马歇尔在货币政策领域对复本位制的"个人偏爱"。

1886年的复活节学期还包含马歇尔在学术管理方面的一些事情。3月中旬举行了一场道德科学委员会的会议，其中马歇尔作为会员如期出席了会议。会议商议的结果可能包括马歇尔在3月15日写给副校长的一封信中提议的为政治经济学的学生设立一项特殊的奖学金。5月11日，约翰·内维尔·凯恩斯的日记里记述了道德科学委员会召开的一场争议相当激烈的会议，其中马歇尔和亨利·西季威克（Henry Sidgwick）之间存在相当大的矛盾，大概内容是西季威克作为主席是否有权利审查马歇尔所出的政治经济学试卷。这个问题直到5月29号才得到解决。他亲自通知凯恩斯，同时写信告诉福克斯韦尔说，政治经济学的试卷已经获得批准，因为他本人和西季威克进行了和解。凯恩斯在6月6日的日记中记录了在马歇尔夫妇家举行的一场晚宴（可能是庆祝），出席者有凯恩斯、福克斯韦尔以及马歇尔之前在牛津的学生L.L.普莱斯。一周之后（6月13日），凯恩斯的日记还记录了马歇尔在写给凯恩斯的一封"秘密信件"中就道德科学荣誉学位考试结果的"质量之差"所进行的评论。马歇尔在1886年与西季威克的大多数争论，都与他对西季威克审查他的政治经济学试卷的坚绝反对有关，而且这在1885年就已经引起了类似的争吵（Groenewegen 1995，307-08）。

总之，1886年是马歇尔巩固剑桥大学政治经济学教授这一新职位的关键一年。1886年间，马歇尔搬进了剑桥的住所，他和妻子的余生也都在这里度过；他继续与西季威克就他考查政治经济学学生的教授权利的大小争吵不休；他开始偶尔向政府提供货币及其相关问题的建议。另外，他所保存的1886年通信显示：他分别于10月份和11月份收到了克拉克（J.B.Clark）（《财富的哲学》）和列昂·瓦尔拉斯（Leon Walras）（《货币理论》）的最新著作；他在家中招待了不同的拜访者；还有，他在暑假里认真地致力于自己的《经济学原理》的写作。他甚至在1886年将几封信件给了新闻界发表（2月11日的《泰晤士报》，5月24日的《统计学家》）。这一年最后似乎以圣约翰学院在12月27日至31日举行的圣诞欢庆活动作为尾声，但马歇尔参与的积极程度我们就不得而知了。剩下的证据都无法确切地表明马歇尔夫妇是如何度过了这一年的9月份的。他们离开剑桥前往海边开始了另外一个不长的假期呢，还是实际上更为可能的情况，即待在新家为10月份的新学年做准备呢？

按照这种形式逐年描述个人生平的大事件，或者更为甚者，如果在撰写"生平"的过程中遵循了维多利亚后期实行的严格年代顺序，我们就需要很多注释，以便让读者清楚所发生事件的那些信息。尤其是，我们不得不提供大量的交叉性的文献引用，将这些事件与其后果和缘起联系起来。读者或许可以在书中注意到，我在致力于描绘公元1886年处于43~44岁的马歇尔时，有三个稍长的段落并未遵循严格的年代顺序。如果按照年代顺序论述，本就令人费解的细节的错综复杂（引自Skidelsky［1996］对本书的评论），会变得更为浩繁，因为如果生平中的许多事件在传记中存在任何连续性的话，它们就不能简单地按照年代顺序进行描绘。

此外，这三段也并未用到在马歇尔通信中所涵盖的一些1886年的细节。2

月 26 日，马歇尔就劳动统计方面的内容给阿瑟·H.D.阿克兰德（Arthur H.D. Acland）写信；3 月 24 日就殖民地海关联盟写信给赫伯特·福克斯韦尔（Herbert Foxwell）；3 月 27 日关于政治经济学俱乐部的历史；6 月 17 日就印度货币和其他事务写信给埃奇沃思（Edgeworth）；10 月 27 日写信给奥斯卡·勃朗宁（Oscar Browning），关于派瑞姆（Pryme）的宣传作品集转移到哲学学会图书馆收藏的内容；11 月 13 日就一位印度人士关于《工业经济学》翻译计划写信给麦克米兰出版公司；11 月 17 日就派瑞姆文集及其如何装帧写信给福克斯韦尔；最后，11 月 29 日，弗朗西斯·沃克尔教授寄给马歇尔一封关于第二兵团历史的信件（尽管这封信可能一直到 12 月份才在巴利奥尔克罗夫特收到），与此同时，马歇尔从剑桥写信给卡尔·皮尔森，表明自己想要见面的欲望。

如果让我再写一遍马歇尔的传记，我相信自己仍会部分按照年代顺序，部分按照活动细节进行内容上的分配。"可以使用的资料"使得其他道路全都不通，而对作为学者的经济学家的生活加以论述，让我们很难避免用活动内容来撰写大部分的生平。在这里，我或许需要表明的是，陶尔斯腾·嘎达伦德（Torsten Gardlund）的《克努特·维克赛尔传》（1958）所使用的对传主的描述方式同样如此，正如大卫·维斯兰尔（David Weatherall）（1976）的李嘉图传记和高登·弗莱彻（Gordon Flecture）的《理解丹尼斯·罗伯特森（Dennis Robertson）》（2000）一样。对活动的强调似乎成为进入经济学家传记的一种方法。

IV

作为马歇尔的传记作者，我从这一沉思中仅得出几点结论。相比我开始撰写马歇尔的传记时，或是维纳在 1940 年提出它时，维纳所要求的"直抒胸臆"的传记，对一位经济学家传记作者来说，如今已不再那么具有争议。同样，在传记中提供真实背景的要求也很少再有人质疑。可以质疑的就是细节的数量和类型，这是传记作者需要做出判断、进行取舍的一个重要方面，也是没有始终达成一致的方面。最后，年表与活动记述的结合，似乎是为经济学家传记作者安排的最佳途径，因为严格的年代顺序描述经常陷入可用资料过少的困境。此外，经济学家传主所从事的活动，对于经济史学家来说，通常都是具有特殊价值的传记材料。

最后一点需要进一步的强调。对于经济思想史学家来说，传记尤为有价值，因为它可以为所论述的经济学家的发展思想的方式提供必要的背景。在马歇尔的例子中，我们不难从他生平的角度来给出具体的例子。他利用暑假进行旅行的活动就是一个例子。马歇尔所拥有的对当代产业运行的渊博知识，极大程度上是因为他在很多的暑假里对工业小镇和工厂的参观而得到加强的，而且他曾称这一活动是自己的"入职培训"。有关这些内容的发现充实了《经济学原理》第四部中关于生产理论的大部分内容，这正如它们实际上对之后的《工业与贸易》的大部分内容和之前的《工业经济学》所产生的影响一样。我在传记的第7章试图将这一持续一生的习惯所带来的结果放在他的作品背景之中，有时直接将这些作品中的某些特殊内容与他在旅行中作出的评论直接联系起来。马歇尔作为经济学家的常规活动，让我们能够深刻地理解他某些理论的经验主义本质。

因此，我毫不怀疑经济学家传记对经济史学家的价值，尽管这个价值能够达到什么样的程度并不是始终都可以被轻易地概括。我同样承认，自己很喜欢阅读经济学家的传记，或者是一般性的传记，其中包括自传。就个人而言，我为了撰写马歇尔传记而进行的十年研究，教会我大量的马歇尔经济学，这些内容即使在出版的传记中并未得到展示，我还是觉得受益良多。正如伯纳德·科里（Bernard Corry）（1996，27）在他对我这本书的评论中表明的那样，无论是为了重新解读，或是给出原创性的批判性评论，经济学家的传记都有别于这位经济学家的科学专著。从而，它为经济思想史学家的作品提供的乃是一种极为珍贵的养分，而且对这种养分的性质，我们很难进行总结。为了以个人所见来结束这份沉思录，我可以这么说，我自己绝不后悔将十年、哪怕是自己的一生专注在撰写马歇尔的传记上。作为一名经济史学家，这个过程教会了我诸多知识，不仅仅关乎马歇尔。此外，听到我关于马歇尔传记的文集帮到了一名研究者研究马歇尔的经济学这一消息，总是让我深感欣慰，而且进一步强化了我那本就强烈的信念：传记对经济史学家价值非凡。

参考文献

Coase, R.H.1994.*Essays on Economics and Economists*.Chicago:University of Chicago Press.

Corry, Bernard A.1996.The Soaring Eagle:Alfred Marshall, 1842–1924.*History of Economic Thought Newsletter*,no.56(Summer):26–27

Fletcter Gordon.2000.*Understanding Dennis Robertson:The Man and His Work*.Cheltenham. U.K.:Elgar.

Friedman, Milton.1996.Review of A Soaring Eagle:Alfred Marshall(1842–1924). by Peter Groenewegen.*Journal of Economic Literature* 34.4:1989–91.

Gardlund, Torsten.1958.*The Life of Knut Wicksell*. Stockholm:Almqvist and Wiksell.Groenewegen, Peter.1995.*A Soaring Eagle:Alfred Marshall(1842–1924)*. Cheltenham, U.K.: Elgar.

——.[1996]2003.Marshall Biography after Keynes.In *Classics and Moderns*,By Peter Groenewegen.London:Routledge.

Harrod,R.F.[1995]1961.*The Life of John Maynard Keynes*. London:Macmillan.Keynes,J.M. [1924]1972.Alfred Marshall.In *Essays in Biography*,vol.10 of *The Collected Writings of John Maynard Keynes*.London:Macmillan for the Royal Economic Society.

Marshall,Alfred.1890.*Principles of Economics*.LondonLMacmillan.

——.1920.*Principles of Economics.8th ed*.LondonLMacmillan.

——.[1893]1997.Address to the British Economic Association on Economics and Ethics.In vol.2 of *Alfred Marshall, Collected Essays, 1872–1917*,edited by Peter Groenewegen. Bristiol,U.K.:Overstone.

Moggridge,Don.1992.*Maynard Keynes:An Economist's Biography*.London:Routledge.

——.1997.Marshall in Context:A Review Essay.*Research in the History of Economic Thought and Methodology* 15:287–94.

Pigou, A.C.,ed,1925.*Memorials of Alfred Marshall*.London:Macmillan.

Skidelsky,Robert.1933.*Hopes Betrayed, 1883–1920*.Vol.1 of *John Maynard Keynes*.London: Macmillan.

——.1992.*The Economist as Saviour, 1920–1937*.Vol.2 of f *John Maynard Keynes*.London Macmillan.

——.1996.The Sage Who Was Reluctant to Publish.*Times Literary Supplement*,26 January. 11–12.

——.2000.*Fighting for Britain, 1937–1946*.Vol.3 of f *John Maynard Keynes*.London:Macmillan.

Viner,Jacob.[1941]1991.Marshall's Economics,in Relation to the Man and His Times.In *Essays on the Intellectual History of Economics*,edited by Douglas A.Irwin.Princeton,N.J: Princeton University Press.

Weatherall,David.1976.*David Ricardo:A Biography*.The Hague:Martinus Nijhoff.

Whitaker,John K.,ed.1996.*The Correspondence of Alfred Marshall, Economist*.3 vols.Cambridge:Cambridge University Press for the Royal Economic Society.

个人后记

E.罗伊·温特劳布

　　蒂莫西·加尔顿·艾什（Timothy Garton Ash）的个人史《档案》（1997）讲述了艾什这位成熟的历史学家兼记者，如何在20世纪90年代中期回到柏林的故事；他曾于20世纪70年代末80年代初在柏林读书。此次旅行，他获得了东德国家安全局斯塔西为之保留的档案。他在浏览这份档案的过程中，试着去了解这份档案记录的生活，理解它勾勒的这个人。查阅了他保留的同期日记以及他当时寄出和收到的不计其数的信件之后，他写道：

　　去探寻自己将曾经的生活遗忘了多少，绝对是件令人苦恼的事情。即便现在手握这份备忘记录材料——档案、日记和信件——我仍旧只能摸索着去重现想象之中曾经的我。因为每个人……都是在对记忆和忘记的不断混合中建立起来的。但是，如果我连自己在十五年前的样子都无法描绘出来，我又有什么机会能够撰写出别人的历史呢？（221）

　　如每位历史学家所期望的那样，艾什试图借助偶然情况在时间、地点和团体方面的更多交汇，来重构情境化的个人故事。但我们很少有机会像艾什那样，可以利用关于自己生活的外部记录来延缓我们的回忆和重大事记。再者，就像杰里米·波普金（Jeremy Popkin）在《历史、历史学家与自传》（2005）中讲述的那样，尝试自传写作的历史学家处于一个两难境地：他们不得不让历史学家的情感对抗自己的自传记述和私人情感，因为叙述自己的生活时难免夹杂些许个人感情。同时，我们很难提供一份高度分层的情境化记述，所以当对方是同一位历史学家时，这位历史学家就会试着构思出另一种记述。路德维希·维特根斯坦（Ludwig Wittgenstein）（1984，34-34e）说得恰如其分："再没有事情像不欺骗自己一样困难了。"

　　当治疗师和一位当事人一起试着重现一个更加有益于当前生活的自我故事时，他们必须要面对自我欺骗，即便这种观点不幸表明其间存在一个我们无法企及的真实故事。但是，即便治疗师帮助当事人意识到，个人故事最好多少有些实用的特点，而非是正确或错误的特点，这个问题仍会使得一些人遭受历史情感的折磨。

最近，读到耶罗姆·卡拉贝尔（Jerome Karabel）的作品《中意者》（2005）时，我深刻地意识到了这种困难。这本书的副标题是"哈佛、耶鲁和普林斯顿录用与拒绝的隐秘史"，它让我感到不安。因为我那五岁的儿子和大学教师的侄子，我过去一直是用哈佛、耶鲁、哥伦比亚以及其他大学的奖旗来装饰房间的。我的父亲在20世纪30年代就成为纽约大学的本科生和研究生，可他依然是在获得纽约圣约翰大学的全职教授职位之后，才成为进入宾夕法尼亚大学经济系的第二位犹太人。他始终认为这种不公平的道路不会重现在我身上。因为我不像他，我会取得优异的成绩和毫无瑕疵的经历记录（这样会取得特别高的大学理事会得分），它们足以保证我被最好的学校录用，进而确保我获得进入最优秀的学术机构的机会（大概是要继续他的工作）。随着二战的胜利和战后罗斯福自由主义共识的凸显，对我的家庭来说，美国梦的实现指日可待。自十二岁起，我就一直抱着学术成功就会带来大学录取通知奖励的思想来勾勒我的学校生活，而且我也清楚地知道那到底意味着什么，因为我已经拿到了哈佛大学和耶鲁大学的学院概况一览表。卡拉贝尔的历史讲述了地狱里为何没有雪人的机会的故事，对于我也是如此，我本该在1960年被哈佛大学或是耶鲁大学录取的。卡拉贝尔所揭露的正是哈佛、耶鲁和普林斯顿如何共同或是单独地将大多数犹太人拒之门外的记录。

我在1960年创作且保存至今的生平记述，主要关注的就是我被哈佛和耶鲁拒之门外的失败之事。我在1960年失败了，这次被拒使得我的相对价值开始准确地沿着我之前被教授的方法来定义自我，也就是，学术成功和学校的天赋与成就检验这个人的成绩。因此，在最后几个月里，我不得不重新创作我自己的生平叙文中的某一部分。我不得不重新情境化我自己的经历以便理解我大学录取通知简介上那段话的含义："一位个头矮小、皮肤黝黑，且（对于面试官来说）容易辨认的犹太人，来自大西洋沿岸中部某州的郊区公立学校。"尽管我个人对自己取得的成就非常满意，但无论父亲告诉过我什么，无论我的老师说过什么，它们从未帮上什么，也从未成为我获取哈佛或耶鲁大学的录取凭证的工具。在我自身的自传记述中（Weintraub 2002，250-251），关于这段经历的初稿忽略了卡拉贝尔的语境，现在看来，这段描述的不完整似乎把我置于困窘不堪之境地。

自传记述和历史学家们在故事的尺度和框架上存在的分歧非常明显，尽管它们几乎并未引起那些可以在经济学家的私人证词和文本解释之间轻松游走的经济史学家们的注意。虽然艾什这本书的情况相反，但他很少用著者的自我意识来处理历史、传记和自传之间的联系。20世纪90年代，当时我试图创作出一本关于20世纪的数学和经济学的联合历史作品、一本关于我的经济学家父亲和他的数学家兄弟的传记，以及我自己作为数理经济学家的自传，可在经济学说史中没有关于这种著作的模型，也没有任何经济史学家的讨论可以警示我这项工程有多么困难。所以从真正意义上讲，我一直等了十多年才开始让我的那些在这个子学科耕耘的同事来面对这些事情。当我在艾佛林·佛哥特这里找到了一位志同道合的探索者时，我们就着手组织2006年4月在杜克举行会议，以方便经济学史家们提出创作和利用生平记述时的各种复杂情况。这本书荟萃的与会者的稿件，实际上标志着他们自己对经济学说史中的他传与自传的高度重视，或许还能帮助我们发现一些新的方式来思考经济学家的人生。

参考文献

Ash, T.G.1997.*The File:A Personal History*.London:Flamingo.

Karabel, J.2005.*The Chosen:The Hidden History of Admission and Exclusion at Harvard, Yale, and Princeton*.Boston:Houghton Mifflin.

Popkin, J.D.2005.*History, Historians, and Autobiography*.Chicago:University of Chicago Press.

Weintraub, E.R.2002.*How Economics Became a Mathematical Science*.Durham, N.C.:Duke University Press.

Wittgenstein, L.1984.*Culture and Value*.Chicago:University of Chicago Press.

作者简介

罗杰·E.巴克豪斯（Roger E.Backhouse），英国伯明翰大学的历史兼经济哲学教授，《平凡的商业人生》（2002）一书的作者。

布鲁斯·考德威尔（Bruce Caldwell）在格林斯博罗的北卡罗来纳大学教授经济思想史。过去的20年间，他的研究一直集中于诺贝尔奖得主——经济学家兼社会理论家弗里德里希·A.哈耶克的多层面著作。2002年起，他开始担任《F.A.哈耶克作品集》的总编辑，最终会呈现出一套权威的哈耶克著作学术文集。他那本题为《哈耶克的挑战》的学术传记在2004年由芝加哥大学出版社出版。

劳伊克·查尔斯（Loïc Charles）是巴黎第二大学的经济学副教授，还是巴黎国家人口研究所的会员研究员。他主要的研究兴趣是18世纪的法国经济思想史。他已经就这个主题在《欧洲经济思想史杂志》和HOPE会议上发表了数篇文章。他目前正在准备呈现给克里斯汀·泰尔（Christine There）一本关于弗朗西斯·魁奈（Francois Quesnay）和重农主义的著作。

威廉姆·科尔曼（William Coleman）是澳大利亚国立大学经济学院的一位讲师。他已经撰写了经济学在社会中的角逐地位的大量作品。2003年，他的《经济学及其敌人》一书赢得了美国图书馆协会颁发的优秀学术奖。1997年，他凭借自己在1995年出版的《经济学起源中的理性主义与反理性主义》一书，赢得了经济学社会史最佳标题奖。

罗伯特·W.迪曼德（Robert W. Dimand）是加拿大安大略省圣凯瑟琳斯市布鲁克大学的一名经济学教授。作为麦吉尔大学和耶鲁大学的毕业生，他撰写了《凯恩斯革命的起源》（1988）一书，与人合著了《妇女在古典经济思想中的地位》（与C.尼兰德（C. Nyland）；2003）和《庆祝欧文·费雪》两本书，同时编辑了《国际经济学的起源》（2004）和《欧文·费雪：批评性的回应》（2007）两本著作。

保罗·约翰·伊金（Paul John Eakin）已经发表了大量关于自传与他传写作的作品。他最新的作品是《我们的生活怎么成为故事：创造自我》（1999）和一本编纂的论文集《传记写作的道德准则》（2004）。他刚刚完成了一本关于自传和叙事认同的作品。伊金是印第安纳大学鲁特·N.郝尔丝英语名誉教授。

罗斯·B.艾米特（Rose B. Emmett）是密歇根州立大学詹姆斯·麦迪逊学院的政治经济学兼政治理论和宪政民主副教授。他编纂了一本由劳特利奇出版社出版的论文集《弗兰克·奈特和美国经济学的芝加哥学派》，同时编纂了出自埃尔加出版社的《芝加哥经济学派手册》。他与瓦伦·萨缪尔斯（Warren Samuels）和杰夫·比德尔（Jeff Biddle）共同编纂了《经济思想史和方法论研究》。

艾佛林·L.佛哥特（Evelyn L. Forget）是加拿大马尼托巴湖大学医学系的经济学教授。她特别感兴趣的是政策和决策制定者如何理解和运用经济学，这一兴趣主要体现在她的著作和文章之中，其中包括《让-巴蒂斯特·萨伊的社会经济学》（1999）和《女性经济学家传记辞典》（与罗伯特·迪曼德和玛丽·安娜·迪曼德（Mary Ann Dimand）合著）。她当前的项目中包含了一些由北美洲在20世纪60年代至80年代间执行的关于保障年收入的田野实验研究。

克劳福德·D.古德温（Craufurd D.Goodwin）是杜克大学的詹姆斯·B.杜克（James B. Duke）经济学教授，他曾在此担任过经济系主任、副教务长和研究生院院长。《政治经济史》的编辑兼《现代经济学的历史视角》系列书籍编辑，最近发表了一些关于布鲁姆斯伯里小圈子的文章，同时编辑了罗杰·弗莱的论文集《艺术与市场：罗杰·弗莱的商业艺术》（1998）。他最近在研究艾尔多·列奥波尔得（Aldo Leopold）的环境道德准则和对功利主义经济学的批判回应。

彼得·格罗尼韦根（Peter Groenewegen）是悉尼大学的荣休经济学教授，对经济思想史的许多方面都做出了广泛贡献。最近，他为帕尔格雷夫·麦克米伦出版社完成了对阿尔弗雷德·马歇尔经济思想的评估，目前正在完善一本关于悉尼大学经济系的历史的著作。

马拉奇·汉姆·哈克恩（Malachi Haim Hacohen）是杜克大学的历史学、政治学兼宗教学副教授，同时还是一位贝斯研究员。他的《卡尔·波普尔：形成期》（2000）被AHA授予了赫伯特·巴克斯特·亚当姆斯（Herbert Baxter Adams）奖和维克特·阿德勒（Victor Adler）国家奖（奥地利国家奖）。他的研究目前集中于中欧的知识分子、犹太教与基督教的关系以及欧洲单一民族国家的多元文化和民族国家困境方面。最近出版的著作包括：《从帝王政权到世界主义：中欧的犹太知识分子，1867—1968》（2006）；在由鲁特·格兰特（Ruth Grant）编辑的《命名邪恶，判定邪恶》上发表的《自由主义的困境与道德判断》（2006）和在由伊安·加尔威（Ian Jarvie）和大卫·米勒（David Miller）编辑的《卡尔·波普尔百年活动》上发表的《学术领域的青年波普尔》（2005）。

让-奥特玛尔·荷西（Jan-Otmar Hesse）是美因河畔法兰克福的歌德大学的经济学和社会历史学讲师。他正在筹备一本关于1945至1975年间的德国经济学历史的书籍。他最近发表了关于经济秩序语义学和纳粹德国经济学教科书的竞争的文章，以及关于米歇尔·福柯对秩序自由主义和社会市场经济的观点的文章。

帕特里西亚·劳伦斯（Patricia Laurence）是纽约市立大学的英语教授，目前任教于布鲁克林学院。她最近出版了一本专著：《朱利安·贝尔：暴力的和平主义者》（2006）和一本群体传记：《丽丽·布里斯克的中国眼光：布鲁姆斯伯里、现代主义与中国》（2003）。

弗里德里克·S.李（Frederic S. Lee）是密苏里大学堪萨斯分校的经济学教授。他研究的是非正统经济学。他已经就非正统经济学的历史撰写了许多文章，并已发表在各种非正统经济学杂志上。

罗伯特·伦纳德（Robert Leonard）是魁北克大学蒙特利尔分校的经济学教授。他撰写科学与文化背景下的20世纪的经济学历史；他的著作《冯·诺依曼和摩根斯坦与博弈论的创立，1900—1960》于2008年由剑桥大学出版社出版。

提亚哥·马塔（Tiago Mata）是葡萄牙里斯本技术大学的博士后研究员。2005年，他以题为《经济学争议：激进的政治经济学和后凯恩斯主义经济学的整理，1960—1980》的论文取得了伦敦经济学院的博士学位。他目前正在研究经济学知识在美国和英国大众媒体中的表现。

D.E.莫格里奇（D. E. Moggridge）是多伦多大学的经济学教授。他曾（和伊丽莎白·约翰森（Elizabeth Johnson）一起）为皇家经济协会编辑《约翰·梅纳德·凯恩斯全集》（1971-889），与苏珊·霍森一起编辑詹姆斯·米德和莱昂内尔·罗宾斯的日记；还是《梅纳德·凯恩斯：一位经济学家的传记》（1992）和《哈利·约翰森：在经济学里度过的一生》（2008）两书的作者。

杰里米·D.波普金（Jeremy D. Popkin）是肯塔基州大学的T.小马歇尔·哈恩的历史学教授。除了关于法国历史的作品之外，波普金教授还出版了《历史、历史学家与自传》（2005）一书和一系列关于学术自传的不同方面的文章。他最新的著作《直面激进改革：海地起义的目击者证词》（2008）一书以第一人称这种非常不同的文学形式进行描绘：以目击者的眼光描述导致1804年海地独立战争爆发的伟大奴隶起义。

麦克·里亚（Mike Reay）是科罗拉多学院的一名社会学访学助理教授。他对经济活动和专家的权威比较感兴趣，尤其是对知识、忽视和个体与社会位置之间的误解类型这些方面感兴趣，诸如不同的职业之类的社会位置会在一定程度彼此隔离。他在研究这些主题时不仅涵盖美国经济学的情况，而且在更为广泛的程度上研究科学权威理论、隐性知识、不同亚文化的消费者商品评价，以及无意识大笑的本质。

克里斯汀·泰尔（Christine There）是巴黎国家人口学研究所的研究员。她专攻法国的政治经济史，而且撰写了它在1789年前的历史。最近，她与劳伊克·查尔斯和让–克劳迪·皮罗特（Jean-Claude Perrot）合编了《弗朗西斯·魁奈的综合经济工作和其他文章》（2005）。

E.罗伊·温特劳布（E. Roy Weintraub）被培训成了一位数学家，尽管他的专业职业曾是一位经济学家。近些年来，他的研究和教学活动都重点集中于20世纪的数学和经济学的交叉历史。他在经济学说史方面的工作帮助他形成了对经济学家和历史学家的理解：他的《一般均衡理论》（1985）、《稳定动态》（1991）、《发展中的博弈论历史》（编辑）（1992）和《经济学如何成为数学科学》（2002）已经记录了经济学从一门历史学科转向一门数学学科的转变过程。作为经济学说史协会的前任主席，他是七本书籍的作者、另外三本书籍的编辑，同时在专业杂志和编纂文集中发表了不计其数的文章。他的著作也被翻译成日文、中文、法语、希腊语、西班牙语、匈牙利语和意大利语。目前，他是政治经济史和经济学公报的副编辑，是《科学与文化理论》系列著作的联合编辑。

译后记

      翻译这部关于传记研究的经济思想史著作既有偶然的一面，也有个人兴趣的一面。首先要感谢东北财经大学出版社的蔡丽老师和李季老师，蔡丽把我推荐给了李季老师，当时李老师正在组织翻译一套关于经济思想史方面的译丛。

      基于我对经济思想史的兴趣，我选择了这本书。翻译这本书虽然非常不易，但是却带给了我诸多新的感受。首先，这是一本极为出色的反思经济思想史上传记写作的上乘之作，作者们都是经济思想史研究领域的方家，有的还是一些著名传记的作者，他们对于这一问题的反思，使我们进一步加深了对经济学中理论体系背后的人的世界之理解。其次，这不是一本容易翻译的书。最后，这恐怕也不是一本那么容易阅读的书，不过，对于那些关心经济学生产事业背后的人之因素的读者来说，这又的确是一本非常值得推荐的好书。

      在翻译和校对这本书的两年时间里，我要感谢李季老师的宽容、东财出版社于梅等编辑老师的关爱，感谢她们。两年来，家里既有添丁的喜悦，又有家人伤病带来的困扰，诸般感受，五味杂陈。

      本书在许多方面都得到了我的妹妹李静的帮助，很多地方她初译了文本，但是所有文本最后都由我重新译过，因此本书翻译上的一切责任概由我来承担。我的妹妹李静英文很好，而且对于传记方面的思想史，她也颇有心得。在这里，要对她特别献上我的谢意！此外，还要感谢我的妻子叶星，我的母亲边士兰和岳母陈国芬，她们帮我分担了大部分的家务，为我腾出了充裕的工作时间，当然，还有两个可爱的女儿李果行和李敏行带给我的幸福与责任。

      此外，还要感谢我的同事和学生在讨论班中对本书翻译工作的支持，他们是：张利风、茹玉璁、马汴京、王正新、唐珏、陈亦政、郑吉锋、沈叶婷、鲍宗港、朱晓玲、马青、刘望、谷佳音、陶佳权、林红、胡梦倩、刘瑜、史祯之、顾卓琪、毛润超、胡想相、张原浩、汤红林、刘才进、朱丹、张佳韵、沈佳森、余璇、樊倩莹、王家俊、吴凡、郑悠然、杨家萍、陈颖、陈家骏、孙阳、刘朝良、杨洛、汪智杰，特此致谢。当然，囿于译者的水平，书中一定还有不少错讹之处，恳请各位读者能够不吝指正。

感谢你们所有人的爱！让我能够在这个扰攘的尘世上，安守这一方安静的书桌。

李井奎

于浙江财经大学·钱塘之滨